U1012200

财政部规划教材
全国高职高专院校财经类教材

# 金融科技应用基础

黄菊英　温淑贤　邓亚昊　主　编
蒲　娜　张　军　王　谦　叶　乔　副主编

中国财经出版传媒集团
中国财政经济出版社

**图书在版编目（CIP）数据**

金融科技应用基础 / 黄菊英，温淑贤，邓亚昊主编．-- 北京：中国财政经济出版社，2022.10
财政部规划教材　全国高职高专院校财经类教材
ISBN 978-7-5223-1633-8

Ⅰ.①金…　Ⅱ.①黄…②温…③邓…　Ⅲ.①金融－科学技术－高等职业教育－教材　Ⅳ.①F830

中国版本图书馆 CIP 数据核字（2022）第 138876 号

责任编辑：张　铮　　　　责任印制：张　健
封面设计：卜建辰　　　　责任校对：张　凡

中国财政经济出版社 出版
**URL**：http://www.cfeph.cn
E-mail：cfeph@cfeph.cn
**（版权所有　翻印必究）**
社址：北京市海淀区阜成路甲 28 号　邮政编码：100142
营销中心电话：010-88191522
天猫网店：中国财政经济出版社旗舰店
网址：https://zgczjjcbs.tmall.com
**北京富生印刷厂印刷**　各地新华书店经销
成品尺寸：185mm×260mm　16 开　20 印张　499 000 字
2022 年 10 月第 1 版　2022 年 10 月北京第 1 次印刷
定价：58.00 元
ISBN 978-7-5223-1633-8
（图书出现印装问题，本社负责调换，电话：010-88190548）
本社质量投诉电话：010-88190744
**打击盗版举报热线：010-88191661　QQ：2242791300**

# 前　言

近年来，我国高度重视人工智能、大数据、云计算等新一代信息技术加速突破应用的新趋势，进一步推动金融科技创新发展，抢抓机遇，引领未来。金融科技已经成为推动我国金融业转型升级和高质量发展的新引擎，更使人们感受到了金融科技在金融普惠、加强客户体验及透明度等方面的优越性。

随着金融科技服务范围的扩大、数字化经济转型的推进，社会对金融科技人才的需求具有持续性和长期性。金融科技人才应当是具有互联网思维、掌握数字科技和大数据分析能力，并且深刻理解金融业务知识的复合型人才，他们懂科技、又懂业务，具有开放心态、创新视野和持续学习能力。复合型人才的培养需要配套高质量教材，这也是编写本教材的初心和使命。

本教材注重与实际工作的一致性，详细介绍了金融科技的底层技术及场景应用，运用任务驱动、项目导向的教学模式，嵌入典型案例和新闻事件，配套活动内容进行练习。主要特点如下：

1. 按照教学规律和学生的认知规律，合理构建教材各任务之间的内联关系，确立基于工作过程系统化的教材主线。学习项目的设计具有一定的趣味性，同时还体现了职业性和实用性，能引导学生从被动学习变为主动学习。

2. 切实编入行业的新技术、新理论、新案例，引进金融科技企业正在运用的规范、规程、标准等内容，让学生模拟真实的工作场景，缩短学校教育与企业需求之间的距离，更好地满足企业用人的需要。

3. 针对新时代学生的学习特点，将理论转变为图表、表格、图片等形式，或者用数字化的形式呈现，如动画、视频等，还加入了大量新闻事件的网页二维码，提高趣味性的同时，提高学生对知识和工作岗位的接受。

本书共 11 个项目，由重庆城市管理职业学院黄菊英、温淑贤；重庆商务职业学院邓亚昊担任主编。重庆城市管理职业学院张军、王谦、叶乔；成都职业技术学院蒲娜担任副主编。重庆城市管理职业学院郑冰湜、李思懿、林鑫、王欣、乔诗婷；咸宁职业技术学院曾罗婧；贵州财经职业学院张薇；重庆中科云从科技有限公司夏新平、唐诗琦；四川省特种设备检验研究院胡珂等参加了编写。本书的具体编写分工为：

单元1黄菊英、夏新平、唐诗琦；单元2温淑贤；单元3蒲娜；单元4邓亚昊；单元5黄菊英、温淑贤、夏新平；单元6叶乔；单元7王谦；单元8张薇；单元9黄菊英、夏新平、张军、郑冰混、胡珂、黄孝平；单元10曾罗婧；单元11黄菊英、夏新平、唐诗琦、李思懿、林鑫、王欣、乔诗婷。

重庆中科云从科技有限公司、航天信息股份有限公司、四川省特种设备检验研究院、重庆航天信息有限公司等参与了本书的研讨和编写，提出了建设性的意见。全书由黄菊英、温淑贤负责修改、总撰并定稿。重庆中科云从科技有限公司朱必樟、刘春桃；航天信息股份有限公司郭悦、康晋荣、付佰花、付雪婷；重庆航天信息有限公司杨斌等担任主审。

教师可以电子邮件形式向中国财政经济出版社索取本书的配套资源（注明学校、全书名、版次），Email：caijingjiaocai@163. com。配套资源亦可访问以下网址下载 http：//jiaocai. cfeph. cn。

本书在编写过程中得到了金融机构和金融科技专业人士的指导和帮助，也参阅和借鉴了大量的文献资料，吸取了大量有价值的观点，在此向所有文献作者表示深深的谢意。

限于编者水平，书中疏漏之处在所难免，敬请广大读者提出宝贵意见，以便今后改进和完善。

# 目　录

单元1
# 认识金融科技

## 知识目标

1. 了解金融科技简史技术基础
2. 掌握金融科技的内涵
3. 熟悉金融科技的理论基础
4. 熟悉金融科技的应用场景

## 技能目标

1. 能讲述金融科技简史
2. 能运用金融科技的技术
3. 能使用金融科技平台
4. 能解释金融科技的应用场景

## 素质目标

1. 培养学生的独立思考、分析问题以及解决问题的能力
2. 培养正确的学习目的和学习态度，形成良好的团队合作意识
3. 培养学生需具备全球化、专业化的职业视角

## 思政目标

1. 帮助学生了解国家战略，树立大国情怀
2. 帮助学生了解民族复兴，产生制度自信
3. 培养学生守住底线的能力，提高风险控制的意识

## 情景引入

**疫情下金融科技助力企业复工复产**

——主动接洽小微延期还款 推进在线信贷

安徽省金融助企纾困政策措施专题研究会强调，要打好金融助企纾困政策“组合拳”，构建政策落地有效机制，更好地满足市场主体特别是中小微企业的融资需求。

一位助贷机构负责人向记者透露，过去一个多月时间，他们正借助大数据技术与AI科技，协助多家合作银行主动接洽受疫情影响的小微企业主，磋商延期还款方案。

“以往，我们都是等待小微企业与个体户主动递交延期还款申请，但这次我们决定化被动为主动——通过大数据模型与AI技术，根据客群特征与地域等因素，主动遴选出可能受疫情冲击的小微企业主，向他们推介差异化的延期还款方案。”他指出。通过智能客服机器人技术的沟通反馈，他们已与不少小微企业主达成了延期3个月还款的方案，对于部分资金周转压力较大的个体户，延期还款时间达到6个月。

资料来源：https://xw.qq.com/cmsid/20220510A00OZP07.

## 思考实践

1. 什么是金融科技？金融科技的技术有哪些？
2. 你知道金融科技在我国的现状吗？

# 任务1.1 认知金融科技

### 1.1.1 金融科技简史

#### 1.1.1.1 电子信息时代

随着电子信息时代的到来，人们的生活也发生了翻天覆地的变化，国民经济受到电子信息的影响也得到了快速发展。电子信息工程从研发到广泛应用到社会中，发展速度惊人，属于社会发展的必备因素，是不可或缺的高新产业。目前，随着社会科学技术的不断发展，对电子信息的需求也在逐步加大，同时向电子信息提出了更大的挑战，电子信息产业想要实现自身的可持续发展必须做到与时俱进、适应社会发展的趋势。因此，在原有的基础上进行电子信息的创新和发展是顺应时代的要求，是实现社会可持续发展的重要因素。

电子信息技术的发展速度之快，使其成为社会主义新时期的高新产业代表，为社会的发展和进步起到了重要作用。近几年，电子信息的发展重点放到了信息产品的制造以及产业的制造上，同时也扩展了领域，如多媒体业务、通讯业务以及网络游戏等，完成电子信息的巅峰。因此，越来越多的技术、产品应运而生，同时带动了行业的发展，为社会经济的发展起到了促进作用。现阶段，随着社会经济、市场经济的不断发展，对开发型人才、技术型人才的需求越来越大，要求越来越高，只有如此才能实现电子信息产业的发展，生产出更多的产品和技术为人们的生活和工作提供帮助，提高我国的经济增长，实现经济的可持续发展。

这一阶段，信息技术已渗透到金融领域的各个机构、业务和环节，在传统互联网快速发展背景下，我国金融业通过运用现代通信技术、计算机技术等，大幅提高了业务自动化水平与服务效率，逐步向“金融信息化”迈进。传统金融业实现了线上化，在IT技术的支持之下，将之前的线下柜台业务转移至PC端，其中的典型代表就是网上银行。

### 1.1.1.2 金融科技的时代

这一阶段，金融业通过大数据、云计算、人工智能、区块链这些新的IT技术来改变传统的金融信息采集来源、风险定价模型、投资决策过程、信用中介角色，因此可以大幅提升传统金融的效率，解决传统金融的痛点。金融科技不但丰富了投融资方式，为风险管理提供更多方法，还改变了传统的支付手段，为数据安全问题提供了新的解决方案，使金融移动化和用户交互成为此阶段的突出成就。更值得关注的是近几年来中国逐渐在金融科技的发展进程中占据一席之地，并共同带动着行业迈向更规范、服务合作体系更多元的金融科技时代（图1-1）。

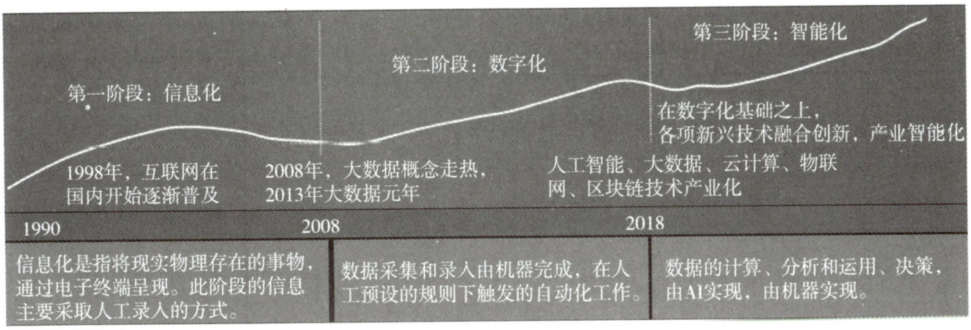


图1-1 金融科技的历史演进

以数字科技为驱动，多领域交叉融合的第四次工业革命蓬勃开展，其核心特征是数字经济，或者说产业的数字化。中国正在主动参与甚至引领第四次工业革命浪潮。产业数字化浪潮分为三个阶段，信息化、数字化和智能化。如今，数字化已经逐步渗透到各个行业。在金融领域，中国的支付科技、信贷科技、保险科技、资管科技等均快速发展。

数字科技的发展，推动着各个产业的数字化进程。除了信息与通讯产业之外，在主要产业中，金融、文娱和零售的数字化水平较高，制造、教育和政府产业较低。随着近两年数字科技应用的愈加成熟，政务、制造、房产、农业等领域数字化水平不断提升。金融产业的数字化水平最高，为人工智能、大数据、云计算、区块链等技术的深度应用提供了基础条件（表 1－1 至表 1－4）。

**表 1－1　金融科技的技术演变：大数据**

| | |
|---|---|
| 数据仓库 | 企业数据构建在关系型数据库上，例如 Oracle、Mysql，但关系型数据库已经无法支撑大规模数据集的存储和分析 |
| 大数据分析平台 | 一线互联网公司纷纷使用 Hadoop 技术栈来构建企业大数据分析平台，千人千面的推荐系统、精准定向程序化交易的广告系统、互联网征信、大数据风控系统开始出现 |
| 业务数据化 | Spark 技术框架成熟，解决流式（实时）计算的问题；BI 与数据可视化帮助企业进行数据分析以实现商业价值或风险分析 |
| 业务智能化 | Flink 技术在中国市场的迅猛落地；数据应用走向智能化，通过知识图谱和数据智能，辅助企业进行决策 |

**表 1－2　金融科技的技术演变：云计算**

| 积累阶段<br>1958－1999 | 初始阶段<br>1999－2006 | 形成阶段<br>2006－2009 | 发展阶段<br>2009－2015 | 现今阶段<br>2015－至今 |
|---|---|---|---|---|
| 虚拟化、网格、分布式、并行等技术不断成熟 | SaaS/IaaS 出现 | PaaS 等云计算三种形式全部出现；IT、电信、互联网大力发展云服务 | 功能种类逐渐完善；传统企业逐步上云 | 形成主流平台和标准，阿里、腾讯占据国内公有云过半市场份额 |

**表 1－3　金融科技的技术演变：人工智能**

| 第一阶段：人工智能起步期 | | 第二阶段：机器学习时期 | | 第三阶段：深度学习时期 |
|---|---|---|---|---|
| 达特茅斯会议提出人工智能 | 算力突破受限，机器未能完成大数据训练 | 人工智能计算机 DARPA 未实现，政府投入缩减 | AlphaGo 战胜世界围棋冠军李世石 | 谷歌量子霸权论文登 *Nature* 清华“天机”AI 芯片发布 |

1956　1957　1970　1986　2000　2014　2016　2018　2019

| | | | |
|---|---|---|---|
| 罗森布拉特发明第一款神经网络 Perceptron | BP 算法出现，大规模神经网络训练 | 深度学习算法成功，语音和视觉识别领域识别率为 99% 和 95% | 联合国发布《发展 4.0：自动化和 AI 为亚洲可持续发展带来的机遇与挑战》 |

表 1－4 金融科技的技术演变：区块链

| 2008－2013<br>加密货币时代 | 2014－2017<br>智能合约时代 | 2018 至今<br>大规模应用时代 |
|---|---|---|
| ①中本聪发表比特币白皮书，标志着第一个区块链应用诞生；<br>②比特币网络正式上线；<br>③现实世界第一笔比特币交易，由 Laszlo Hanyecz 进行，他以 10000BTC 的价格购买了两个 PapaJohn 比萨（约合 25 美元）；<br>④Litecoin 发布；<br>⑤以太坊项目开启。 | ①去中心化自治组织“The DAO”诞生；<br>②以太坊遭遇黑客攻击，发生硬分叉，出现以太坊经典（ETC）、以太坊（ETH）并行，两条链各自代表不同的社区共识和价值观；<br>③比特币分叉：BTH 和 BTC，BTH 开始支持；<br>④智能合约。 | ①欧盟政府承诺出资 3 亿美元开发区块链项目；<br>②Facebook 发布 Libra 白皮书；<br>③3000 多个 Dapp 被创建，其中 2700 个建立在以太坊上；<br>④我国多个省市出台区块链专项发展政策，“落地”应用领域和场景，涉及金融、制造、民生、政务和通信等多个方向。 |

## 1.1.2 金融科技的技术基础

### 1.1.2.1 物联网

物联网（Internet of Things，IoT）是指通过各种信息传感器、射频识别技术、全球定位系统、红外感应器、激光扫描器等各种装置与技术，实时采集任何需要监控、连接、互动的物体或过程，采集其声、光、热、电、力学、化学、生物、位置等各种需要的信息，通过各类可能的网络接入，实现物与物、物与人的泛在连接，实现对物品和过程的智能化感知、识别和管理。物联网是一个基于互联网、传统电信网等的信息承载体，它让所有能够被独立寻址的普通物理对象形成互联互通的网络。

物联网技术如何被应用到金融领域

物联网即“万物相连的互联网”，是互联网基础上的延伸和扩展的网络，将各种信息传感设备与网络结合起来而形成的一个巨大网络，实现任何时间、任何地点，人、机、物的互联互通。

物联网是新一代信息技术的重要组成部分，又叫泛互联，意指物物相连，万物万联。由此，“物联网就是物物相连的互联网”。这有两层意思：第一，物联网的核心和基础仍然是互联网，是在互联网基础上的延伸和扩展的网络；第二，其用户端延伸和扩展到了任何物品与物品之间，进行信息交换和通信。因此，物联网的定义是通过射频识别、红外感应器、全球定位系统、激光扫描器等信息传感设备，按约定的协议，把任何物品与互联网相连接，进行信息交换和通信，以实现对物品的智能化识别、定位、跟踪、监控和管理的一种网络。

### 1.1.2.2 物联网的特征

物联网的基本特征从通信对象和过程来看，物与物、人与物之间的信息交互是物联网的核心。物联网的基本特征可概括为整体感知、可靠传输和智能处理。

（1）整体感知——可以利用射频识别、二维码、智能传感器等感知设备感知获取物体的各类信息。

（2）可靠传输——通过对互联网、无线网络的融合，将物体的信息实时、准确地传送，以便信息交流、分享。

（3）智能处理——使用各种智能技术，对感知和传送到的数据、信息进行分析处理，实现监测与控制的智能化。

根据物联网的以上特征，结合信息科学的观点，围绕信息的流动过程，可以归纳出物联网处理信息的功能：

①获取信息的功能。主要是信息的感知、识别，信息的感知是指对事物属性状态及其变化方式的知觉和敏感；信息的识别指能把所感受到的事物状态用一定方式表示出来。

②传送信息的功能。主要是信息发送、传输、接收等环节，最后把获取的事物状态信息及其变化的方式从时间（或空间）上的一点传送到另一点的任务，这就是常说的通信过程。

③处理信息的功能。是指信息的加工过程，利用已有的信息或感知的信息产生新的信息，实际是制定决策的过程。

④施效信息的功能。指信息最终发挥效用的过程，有很多的表现形式，比较重要的是通过调节对象事物的状态及其变换方式，始终使对象处于预先设计的状态。

**【想一想】**

你知道生活中哪些设备会产生物联网？举例说明。

物联网可以为金融发展赋能吗？举例说明。

### 1.1.2.3 云计算

云计算旨在通过网络把多个成本相对较低的计算实体整合成一个具有强大计算能力的完美系统，并借助先进的商业模式让终端用户可以得到这些强大计算能力的服务。云计算的一个核心理念就是通过不断提高“云”的处理能力，不断减少用户终端的处理负担，最终使其简化成一个单纯的输入输出设备，并能按需享受“云”强大的计算处理能力。物联网感知层获取大量数据信息，在经过网络层传输以后，放到一个标准平台上，再利用高性能的云计算对其进行处理，赋予这些数据智能，才能最终转换成对终端用户有用的信息。云计算的核心思想是按需提供弹性的信息化资源与服务，实现基础设施资源共享，进而向用户提供服务（表 1－5）。

云计算的主要特征如下：

（1）弹性扩展：按需购买，可以随时增加或减少资源容量；

（2）费用低：无须购买软硬件，无须承担管理维护等人力成本；

（3）速度快：只需点下鼠标；

（4）工作效率高：专注自身业务，无须关注底层硬件维护和管理；

（5）性能佳：规模效益，遍布各地数据中心，降低网络延迟；

（6）可靠性强：冗余站点对数据镜像处理，提供数据备份，可实现业务连续性。

**表1-5　　云计算模式与传统模式对比**

| 比较项目 | 传统模式 | 云计算模式 |
| --- | --- | --- |
| 接入方式 | 用户通过 LAN 等方式连接到传统数据中心 | 用户通过 LAN 等方式连接到传统数据中心 |
| 应用使用方式 | 用户通常需要将应用安装到本地后才能使用 | 用户可直接使用云提供的各种应用，无须在终端安装具体应用 |
| 服务器类型及数量 | 大型服务器，数量较少 | 小型服务器，数量庞大 |
| 应用与服务器的关系 | 应用加载在物理服务器上 | 应用加载在云端服务器上 |

**【拓展学习】**

**阿里云平台**

阿里云平台致力于帮助金融机构加快自身数字化进程，打造数字化金融服务，实现业务在线，渠道开放，金融智能，生态融合，架构敏捷，技术云化，推动金融业务更加普惠、便捷和温暖。

数字化时代的到来，对于业务场景和模式带来了机遇和挑战，金融机构的创新、敏捷、开放的能力建设，对核心交易系统、大数据平台及数据资产管理平台、业务共享能力提出了新的要求，分布式核心、数据中台、业务中台作为下一代的双中台数字化转型建设的技术方向，以业务创新及用户体验升级为目标，达到业务、架构、运维的精妙平衡（图1-2）。

**图1-2　阿里云行业解决方案**

### 1.1.2.4　大数据

对于“大数据”（Big data），研究机构 Gartner 给出了这样的定义：“大数据”是需要新处理模式才能具有更强的决策力、洞察发现力和流程优化能力来适应海量、高增长率和多样化的信息资产。

麦肯锡全球研究所给出的定义是：一种规模大到在获取、存储、管理、分析方面大大超出了传统数据库软件工具能力范围的数据集合，具有海量的数据规模、快速的数据流转、多样的数据类型和价值密度低四大特征。

大数据技术的战略意义不在于掌握庞大的数据信息，而在于对这些含有意义的数据进行专业化处理。换而言之，如果把大数据比作一种产业，那么这种产业实现盈利的关键，在于提高对数据的“加工能力”，通过“加工”实现数据的“增值”。

从技术上看，大数据与云计算的关系就像一枚硬币的正反面一样密不可分。大数据必然无法用单台的计算机进行处理，必须采用分布式架构。它的特色在于对海量数据进行分布式数据挖掘。但它必须依托云计算的分布式处理、分布式数据库和云存储、虚拟化技术。

随着云时代的来临，大数据（Big data）也吸引了越来越多的关注。分析师团队认为，大数据（Big data）通常用来形容一个公司创造的大量非结构化数据和半结构化数据，这些数据在下载到关系型数据库用于分析时会花费过多时间和金钱。大数据分析常和云计算联系到一起，因为实时的大型数据集分析需要像 MapReduce 一样的框架来向数十、数百或甚至数千的电脑分配工作。

**【拓展学习】**

最小的基本单位是 bit，按顺序给出所有单位：bit、Byte、KB、MB、GB、TB、PB、EB、ZB、YB、BB、NB、DB。

它们按照进率 1,024（2 的十次方）来计算：

1 Byte = 8 bit

1 KB = 1, 024 Bytes = 8, 192 bit

1 MB = 1, 024 KB = 1, 048, 576 Bytes

1 GB = 1, 024 MB = 1, 048, 576 KB

1 TB = 1, 024 GB = 1, 048, 576 MB

1 PB = 1, 024 TB = 1, 048, 576 GB

1 EB = 1, 024 PB = 1, 048, 576 TB

1 ZB = 1, 024 EB = 1, 048, 576 PB

1 YB = 1, 024 ZB = 1, 048, 576 EB

1 BB = 1, 024 YB = 1, 048, 576 ZB

1 NB = 1, 024 BB = 1, 048, 576 YB

1 DB = 1, 024 NB = 1, 048, 576 BB

案例：“大数据+金融”助贷很给力

大数据需要特殊的技术，以有效地处理大量复杂的数据。适用于大数据的技术，包括大规模并行处理（MPP）数据库、数据挖掘、分布式文件系统、分布式数据库、云计算平台、互联网和可扩展的存储系统。

大数据包括结构化、半结构化和非结构化数据，非结构化数据越来越成为数据的主要部分。据 IDC 的调查报告显示：企业中 80% 的数据都是非结构化数据，这些数据每年都按指数增长60%。大数据就是互联网发展到现今阶段的一种表象或特征而已，在以云计算为代表的技术创新大幕的衬托下，原本看起来很难收集和使用的数据开始容易被利用起来了，通过各行各业的不断创新，大数据会逐步为人类创造更多的价值。

大数据的特征包括以下方面：

（1）容量（Volume）：数据的大小决定所考虑的数据的价值和潜在的信息；

（2）种类（Variety）：数据类型的多样性；

（3）速度（Velocity）：指获得数据的速度；

（4）可变性（Variability）：妨碍了处理和有效地管理数据的过程；

（5）真实性（Veracity）：数据的质量；

（6）复杂性（Complexity）：数据量巨大，来源多渠道；

（7）价值（Value）：合理运用大数据，以低成本创造高价值。

#### 1.1.2.5 区块链

区块链，就是一个又一个区块组成的链条。每一个区块中保存了一定的信息，它们按照各自产生的时间顺序连接成链条。这个链条被保存在所有的服务器中，只要整个系统中有一台服务器可以工作，整条区块链就是安全的。这些服务器在区块链系统中被称为节点，它们为整个区块链系统提供存储空间和算力支持。如果要修改区块链中的信息，必须征得半数以上节点的同意并修改所有节点中的信息，而这些节点通常掌握在不同的主体手中，因此篡改区块链中的信息是一件极其困难的事。相比于传统的网络，区块链具有两大核心特点：数据难以篡改和去中心化。基于这两个特点，区块链所记录的信息更加真实可靠，可以帮助解决人们互不信任的问题。

区块链的类型包括以下方面：

（1）公有区块链。世界上任何个体或者团体都可以发送交易，且交易能够获得该区块链的有效确认，任何人都可以参与其共识过程。公有区块链是最早的区块链，也是应用最广泛的区块链，各大bitcoins系列的虚拟数字货币均基于公有区块链，世界上有且仅有一条该币种对应的区块链。

（2）联合（行业）区块链。由某个群体内部指定多个预选的节点为记账人，每个块的生成由所有的预选节点共同决定（预选节点参与共识过程），其他接入节点可以参与交易，但不过问记账过程（本质上还是托管记账，只是变成分布式记账，预选节点的多少，如何决定每个块的记账者成为该区块链的主要风险点），其他任何人可以通过该区块链开放的API进行限定查询。

（3）私有区块链。仅仅使用区块链的总账技术进行记账，可以是一个公司，也可以是个人，独享该区块链的写入权限，本链与其他的分布式存储方案没有太大区别。传统金融都是想实验尝试私有区块链，而公链的应用例如bitcoin已经工业化，私链的应用产品还在摸索当中。

### 1.1.2.6 人工智能

人工智能（Artificial Intelligence，AI）是研究、开发用于模拟、延伸和扩展人的智能的理论、方法、技术及应用系统的一门新的技术科学。

人工智能是计算机科学的一个分支，它企图了解智能的实质，并生产出一种新的能以人类智能相似的方式做出反应的智能机器，该领域的研究包括机器人、语言识别、图像识别、自然语言处理和专家系统等。人工智能从诞生以来，理论和技术日益成熟，应用领域也不断扩大，可以设想，未来人工智能带来的科技产品，将会是人类智慧的“容器”。人工智能可以对人的意识、思维的信息过程的模拟。人工智能不是人的智能，但能像人那样思考、也可能超过人的智能。

人工智能是研究使计算机来模拟人的某些思维过程和智能行为（如学习、推理、思考、规划等）的学科，主要包括计算机实现智能的原理、制造类似于人脑智能的计算机，使计算机能实现更高层次的应用。人工智能将涉及计算机科学、心理学、哲学和语言学等学科。可以说几乎是自然科学和社会科学的所有学科，其范围已远远超出了计算机科学的范畴，人工智能与思维科学的关系是实践和理论的关系，人工智能是处于思维科学的技术应用层次，是它的一个应用分支（图 1－3）。

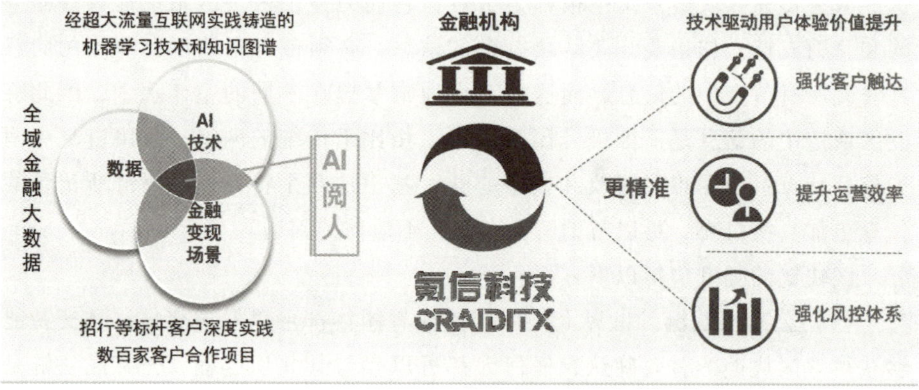


图 1－3 人工智能赋能金融机构

其中，四类人工智能技术重塑金融生态，具体如下。

1. 计算机视觉

普通个人用户对计算机视觉技术在金融领域的广泛应用有明显感知：传统的线下柜台、面对面的交互、验证模式被线上化逐步取代。与此同时，业务模式的改变，意味着过去基于线下流程的风控模式需要变革。通过计算机视觉技术对用户进行安全、有效、便捷的身份核验，已经成为金融行业“标配”。

计算机视觉技术是指，通过计算机等设备，对客观世界中的目标产生的图像、视频进行分析处理，使得目标能够更好地被计算机所理解，从而取代以往由人的肉眼来识别目标的过程。计算机视觉的底层技术是神经网络算法，以及基于算法和大量图片数据集训练得到的视觉模型。其中，人脸识别、活体检测等计算机视觉的标准化场景，其视觉模型一般也是标准化的，这些技术在相应的金融场景中已经得到广泛应用。

此外，还存在很多应用计算机视觉的非标准化场景。比如，通过识别无人机图像来对企业资产状况进行评估、对保险进行定价等场景，需要个性化的视觉模型。在金融领域，非标准化的场景应用仍有待发掘，同时也需要场景数据进一步积累。

在金融业，计算机视觉主要应用在金融机构内部流程以及与客户交互的自动化方面，对风险控制、客户服务等核心价值链产生影响，这些影响体现为对现有重复性的人工作业进行取代、提升，并创造出新的客户交互模式。例如，刷脸支付是一个典型的计算机视觉技术应用场景。收款方通过对货品类型和数量的识别直接计算出价格；支付方则通过“刷脸”，完成支付过程中的身份认证、风控，避免了相对繁琐的密码等验证方式。这一新型交互方式提升了支付流程端到端的自动化程度，也提升了用户支付服务的满意度。

目前阶段，计算机视觉技术在金融机构中已经得到了相对普遍的应用，其创造的价值也已经受到广泛认可，主要体现在自动化带来的运营成本改善上。在风控相关业务场景中，进一步识别风险特征等方面，计算机视觉技术仍有巨大潜力有待挖掘。

2. 语音识别

语音识别技术广义上包括语音合成（TTS）、声纹识别等一系列基于语音信号的技术，也包括 NLP 技术所提供的语义理解能力。由于电销、客服、回访等场景的广泛存在，语音识别技术在金融机构中渗透相当广泛。在提升用户交互满意度、进一步降本增效上，语音识别的应用价值仍有进一步提升空间。

语音识别技术将人发出的声音转化为计算机能够理解的形式，并通过计算机来模拟人发出语音。其中，声纹识别也是一项在金融领域有重要应用的细分技术，通过人的声纹来判断两段语音是否属于同一人。在实际应用场景中，它不但能够对同一人的两段语音做一致性比对，还可以区分同一场景中的多人身份。不同类型的语音技术，其底层都是基于语音信号的声学模型和语言模型。由于不同行业的术语、表达方式等存在较大差异，语音相关模型一般需要针对特定行业和场景进行定制化训练。这也意味着，金融行业专属语料数据的不断积累和更新，是一项重要壁垒。

从技术成熟度角度来看，语音识别技术方兴未艾，尤其是中文语音识别在模型上与拉丁语系存在较大差距，在识别准确率、场景深度交互等方面还有较大提升空间。语音技术的相关应用几乎成为中大型金融机构的标配，如客服机器人、合规场景的质检等，实际创造的价值更多体现在对人力的替代，深度、复杂的场景应用中还有待进一步探索。

短期内，语音识别技术应用仍将是以自动化为核心，未来则有望向智能化进一步发展，这也有待于金融场景语料数据的进一步积累以及深度学习等算法层面的进一步突破。

3. 自然语言处理

在金融领域，NLP（自然语言处理）是一项在所有价值链环节都有着广泛潜在应用的技术，尽管目前成熟度仍不足以支撑其为金融机构创造较高的价值，但前景可期。

NLP是人工智能分支之一，是计算语言学、计算机科学等多学科的交叉技术，其能够使计算机去处理和分析自然语言，最终目的是实现计算机与自然语言的有效交互。常见的NLP应用方向包括句法语义分析、信息抽取、文本挖掘、机器翻译、信息检索、问答系统、对话系统等，而机器学习是实现这些应用方向的重要技术手段。在实际落地中，由于不同垂直领域存在不同的词汇、术语，因此NLP技术一般需要通过大量垂直领域的文本资料加以训练，从而对识别模型进行不断优化后才能真正实现商用。

当前阶段，受限于技术成熟度，NLP技术为金融行业创造的价值还相对有限，仅仅应用在自动化相关的场景下，例如文本合规检查、数据检索等，主要价值体现在帮助金融机构降低运营成本上，广泛应用于智能客服。着眼于未来，NLP技术有望成为金融机构智能分析决策的基础，尤其是与各类大数据分析技术的结合，有可能对于金融价值链造成颠覆。

例如，智能投研平台Kensho基于NLP技术对于海量数据的挖掘、整合、分析，辅助财经新闻人员进行快速数据提取。未来结合知识图谱与大数据分析，智能投研在某些方面可以达到超越人类的投资分析水平，从而产生新的金融商业模式。

4. 知识图谱

在金融应用中，知识图谱与NLP和大数据分析相辅相成。目前阶段，知识图谱技术的成熟度距离大规模应用尚存在距离，但由于其“金融大脑”的核心地位，未来将有望成为智慧金融生态的基石（图1-4）。

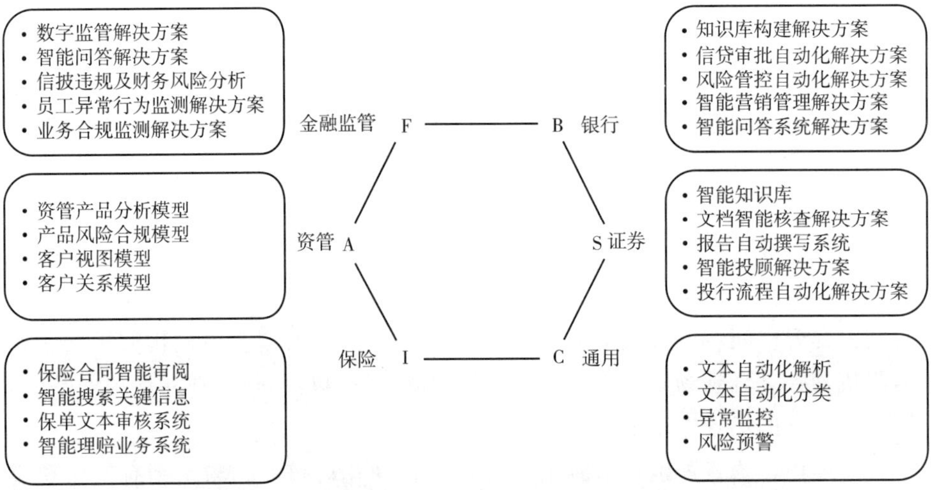


**图1-4 知识图谱标准件已全面赋能主流金融场景**

在金融应用场景中，知识图谱与NLP和大数据分析存在高度关联。知识图谱本质上是一种大规模语义网络，是一种基于图的数据结构，由节点和边组成。知识图谱将现实世界中的“实体”以及它们之间的联系，抽象成图结构中的“点”和“边”，从而形成一张关系网络，为计算机提供了从关系角度去分析问题的能力。而在金融知识图谱的构建过程中，往往需要借助NLP技术，如知识抽取、实体对齐等。另一方面，单一的知识在模型构建、知识推理等方面，知识图谱与大数据分析的结合同样重要，进而构建智能分析决策能力。狭义的知识图谱本身只是语义网络，并不具备直接的金融应用价值，本部分所涉及的技术包括图谱本身，也包括基于图的各类分析技术。

从金融实际应用中所需的各类技术来判断，知识图谱技术本身应用成熟度仍有很大的提升空间，金融机构在部分领域，如信贷风控的关联关系构建与分析上，已经在尝试应用知识图谱技术解决小微企业风控、黑产攻击等问题，但整体应用深度和效果还相当有限。

在金融领域，知识图谱拥有巨大的价值创造潜力，因为知识图谱技术将成为未来智慧金融生态中最为重要的知识库和“大脑”，在金融价值链的各个环节发挥创新化的作用，带动金融行业新交互模式、经营模式、商业模式诞生。

### 1.1.3　金融科技的概念

金融科技一词源自英文单词“Financial Techology”，但它并不是“Finance”（金融）加“Technology”（科技）的简单组合，而是利用前沿科学技术为金融服务与金融产品进行科技赋能，从而降低企业营运成本，提高业务运转效率。

微课　金融科技的概述和发展

早期，美国硅谷的科技公司将无线传输、生物识别等信息技术应用到网络支付等相关金融业务中，旨在改进业务流程、提升安全水平。后来，云计算、大数据、区块链等一系列技术被广泛运用于银行、保险、证券、资产管理等金融领域，且逐步向各个业务环节渗透，开始体系化、专业化的发展。

根据金融稳定理事会的定义，“金融科技主要是指由大数据、区块链、云计算、人工智能等新兴前沿技术带动，对金融市场以及金融服务业务供给产生重大影响的新兴业务模式、新技术应用、新产品服务等。”

从本质上看，金融科技体现的是一种发展理念，即始终将先进技术作为工具和手段，助力金融业务发展。

### 1.1.4　金融科技对传统金融的影响

金融科技的本质与应用

金融科技的快速崛起，除了有迅速发展的科技作为支撑外，也与当下我国居民金融资产积累较多、互联网金融盛行等社会经济环境息息相关。同时，金融科技也是我国金融业供给侧改革的重要组成部分，其发展正好填补了我国传统金融供给不足的空白，为普惠金融和共享金融提供了新的解决方案，成为促进实体经济健康发展的重要推动力。金融科技正以前所未有的速度促进金融行业的改变，推动其在提高效率、降低成本、增强透明、促进普惠的道路上稳步迈进。

金融科技对传统金融业的影响表现在以下方面：

1. 助力银行转型

在应对金融科技的变革中，银行业不断探索通过调整业务模式、风控体系、获客渠道、技术框架等重塑未来竞争力，实现从传统银行向数字银行、智慧银行的转型。一是发展适应自身发展特点、具有创新性又不偏离金融属性的业务模式。二是根据金融科技中技术占据重要地位的特点，有针对性地调整或重塑风控体系，平衡创新、风险和收益之间的关系。三是面对客户不断变化的需求，银行开始探索如何在不断变化的市场中利用各项新技术进行有效获客。四是在金融科技浪潮中，银行也在提升自身技术平台的开放和试错能力，建立新旧并存的技术体系。

2. 支付与清算

科技发展对支付方式的冲击显而易见。银行是支付电子化的先行者，但支付宝、微信等第三方支付企业抓住互联网发展阶段用户需求变化的契机，利用新兴技术改善用户体验，对银行的支付业务形成了补充和竞争，且大有后者居上的趋势。面对市场份额逐渐被蚕食的局面，银行开始反击，大力推广移动银行业务，为用户提供“随身银行”。一时间，手机银行 App 呈现爆发式增长。与此同时，无论是银行还是第三方支付机构，都在不断尝试将新技术应用到支付领域，包括指纹、虹膜、人脸在内的生物识别技术，以及支付标记化技术等。通过多渠道推广新的支付方式，金融机构逐渐改变了用户的支付习惯，并培养了用户的忠诚度。

3. 融资与投资管理

中小微企业融资难题一直是金融服务体系的痛点。对传统金融机构而言，拥有信用等级高的客户和丰富的金融业务是其优势，但业务场景较少、信贷模式缺乏创新则是其短板。相对地，金融科技公司的优势是拥有丰富的业务场景、卓越的数据挖掘能力和庞大的用户流量，劣势是客户质量参差不齐。随着大数据、人工智能等技术的应用，以及网络信贷平台的出现，两者越来越多地从互相竞争变成互相合作，融资问题正在逐步得到缓解 .

另一方面，人工智能的应用也引领了智能投顾的发展。不同于传统投资顾问需要高素质理财员为客户提供咨询服务，智能投顾借助人工智能技术、辅以少量人工干预的方式，为用户提供量身定制的投资组合建议，从而减少投资环节，降低服务门槛。

4. 普惠金融

普惠金融一直是我国金融服务体系中重要的一部分，2017 年的国家金融工作会议明确提出了“借助互联网等现代信息技术手段助力普惠金融”。为了增大金融服务实体经济的覆盖面、提升金融服务效率、改善经济金融发展过程中的不平衡、不充分的问题，大力发展普惠金融成为社会共识。以科技为驱动力，打开普惠金融新局面，则成为当前解决数字普惠金融发展中面临的问题，促使弱势群体能享受同等的金融服务的最佳途径。在政策导向及需求的推动下，包括银行在内的金融机构大胆尝试，并取得较好的成果。一方面，技术进步降低了金融服务成本，同时使得数据内容更加丰富，可以更好地评估服务群体的风险，特别是区块链技术的发展使得去信任的价值转移成为可能；另一方面，技术进步扩大了金融服务边界，使普惠金融业务的推广更广泛、深入。不难看出，无论是支付、信贷还是财富管理，都是金融机构大力推动科技创新，充分利用信息科技手段服务普惠金融，让普惠金融的商业模式变得可持续发展。

5. 改变监管理念

金融科技在推动传统金融业转型、催生新金融业态的同时，也给金融行业和科技行业带来了全新的挑战，同时，快速发展的金融科技加速了混业经营的发展，也使监管理念发生改变。如何建立合适的、包容的金融监管体制，成了亟待解决的问题。此外，各种新兴技术的运用在提供便利的同时也具有风险，监管需要平衡创新与风险，保证科技与金融的结合不偏离服务实体经济的本质，从而保障金融科技的可持续发展。

金融科技的到来，为金融行业的发展注入了新活力，推动传统金融机构不断谋求创新，并革新服务方式和经营理念。网络借贷、移动支付和智能理财等创新金融形式不断渗透到人们生活的方方面面，更新了数字时代下人们对科技对金融的认识。如何有效地发挥和提升金融科技、对金融创新和升级的作用，推动金融行业的全面发展，是金融及科技领域正积极探索的问题。新一代信息技术浪潮蓬勃发展，促进了技术与经济社会各领域的融合与创新，金融行业作为社会经济发展的重要领域，在科技的影响下也发生了极大的变化。

# 任务1.2　金融科技的应用场景

## 1.2.1　支付结算

### 1.2.1.1　通联支付——智慧停车场景解决方案

作为国内第三方支付行业头部企业之一，近年来通联支付持续向基于支付的金融科技服务商转型，打造“支付 + 营销 + SaaS 服务”的通商云开放平台，构建互通互联的智慧商业生态。通商云开放平台基于商户订单支付体系，向多方开放综合支付、交易记账和出入金管理等服务能力，已在多个行业形成专业解决方案和成熟应用。以智慧停车场景为例，在通商云开放平台上，通联支付与 SaaS 服务商整合行业场景解决方案，以支付和账户为基础连接用户和产业各方，助力传统停车场景数字化改造（图 1 -5）。

通联支付官网
https：//www.allinpay.com/

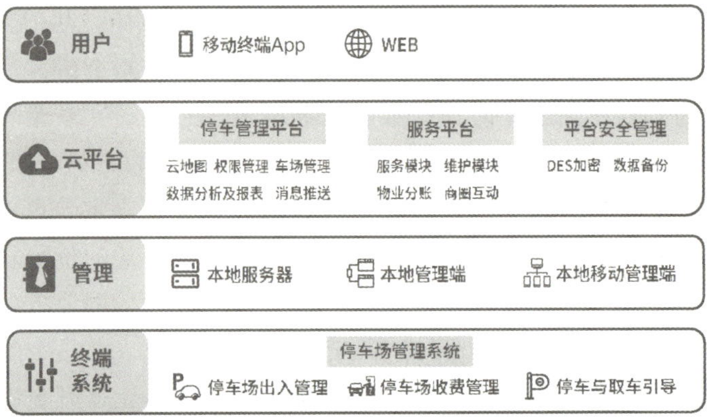


图 1-5　通联支付产品架构

• 互联网 +”停车产业逐渐形成，人车场互联互通、停车系统智能化已成必然趋势；

• 通联支付基于业务会员系统，以支付为信息交互基础，与停车场景实现互联互通的应用解决方案；

• 统一的会员管理平台与通用硬件管理平台结合，可对接任意一家主流硬件设备厂商；

• 联动前端业务，将支付与会员紧密结合，配合场景端需求获取信息，构建连接停车场、商圈、银行资源的数字化场景触点网络，精准营销会员，共同经营客户。

### 1.2.1.2　通联支付——金融科技赋能零售卖场

传统行业数字化转型已成为不可逆转的趋势。在疫情影响之下，零售卖场行业更要响应变化，迎接新业态。基于这一市场趋势，通联支付携手 SaaS 服务商和金融机构，通过产品融合、资源共享的方式，整合解决方案，为零售卖场行业赋能，提升运营支付效能，完善数字营销体系，增强金融服务支撑（图 1-6）。

图 1-6　通联支付官网首页

为卖场业务场景提供综合支付、交易记账和出入金管理的金融科技服务输出，为平台提供资金安全和运营合规解决方案，助力卖场行业规范管理，提升实体企业的管理效率；

融合线上线下场景，为卖场打造数字营销服务体系，挖掘会员资产价值，实现用户精准营销，联合多方开展导业分流，助力卖场构建互联互通的智慧商圈生态；

为卖场提供金融增值服务，基于客户的场景及数据，为其引入金融合作机构，提供专业的信贷、消金等金融产品支撑，助力实体经济发展。

### 1.2.2　消费信贷——大数据征信

随着金融科技概念的兴起，大数据在金融领域的应用也日益受到关注，其中最重要的应用就是大数据征信体系。一般来说，目前我国的征信系统数据主要来源于各种国家政府部门或金融机构外加公共机构的数据。

征信体系，是指专业化的机构，依法采集、整理、保存、加工个人或公司的信用信息，并向合法使用者提供信用信息的服务，其活动的开展依赖于对大量数据的收集、整理和分析。而大数据分析刚好就是对海量数据进行储存和分析的技术。

大数据征信则利用数据分析和模型进行风险评估，依据评估分数，预测还款人的还款能力、还款意愿以及欺诈风险。通过大数据技术，可以更加全面地分析用户数据，现在的电商行业（比如淘宝网、京东电商）做出判断的消费数据信息就是大数据征信，他们和一些第三方的互联网金融机构都有属于自己的可靠大数据征信来源，大数据与征信行业的结合将成为不可阻挡的趋势（图1－7）。

大数据征信的优势：

（1）大数据征信分析基础更多样，大数据征信的数据来源较广，不仅包

| 模式 | 举例 | 数据来源 |
|---|---|---|
| 基于电商平台 | 芝麻信用模式 | 依托淘宝、天猫、支付宝等平台 |
| | 京东金融模式 | 依托京东电商平台和物流平台 |
| 基于社交平台 | 腾讯征信模式 | 依托腾讯社交网络平台 |
| | 闪银模式 | 依托SNS社区（如微博、微信、人人网等） |
| 基于同业共享 | NFCS | 依托P2P网贷平台、与P2P实现信息共享 |
| | MSP | 依托与小贷公司、担保公司等实现行业信息共享 |
| 基于网贷平台 | 宜信模式 | 依托用户自主提交的传统征信数据（如信用报告、教育水平、工资单等） |
| | 元宝铺模式 | 依托授权电商后台数据 |
| | 拍拍贷模式 | 依托用户线上行为数据、社交网络信息等 |

**图1－7　中国大数据征信私营征信机构发展模式**

括传统征信主要参考的信贷历史数据，还包括客户交易行为、人际关系等半结构化数据。借款人的网购记录、社交网络都可以作为信息的来源。多样化的数据来源可以从不同角度反映一个人的信用状况，经过合理筛选后，比传统征信的结论更加全面。目前大数据征信机构用于信用分析的数据主要有网购类网站数据、互联网贷款的借贷数据、社交网站的关系数据等。

（2）大数据征信采集的数据更加广泛。传统征信主要采集贷款数据、信用卡数据等历史记录整合出征信报告，仅能覆盖与银行发生过信贷关系的群体，这样的用户范围十分有限。大数据征信采用新的信用评估体系，数据主要来源于互联网，用户的上网行为都可以通过数据挖掘、云计算、大数据等网络技术进行分析后得出信用报告。因此，大数据征信的覆盖范围更加广泛，不仅能够为更多用户提供服务，也更加全面和真实。

（3）大数据征信的成本更低。由于云计算云存储技术的兴起，单个主体的征信信息采集非常容易，征信服务的边际成本低速度快，使得征信服务的费用降低而且服务的范围扩大。利用云存储和云计算技术进行信息的扩展，其运营成本相比于人员需求而言，显著降低，低成本优势显而易见。

（4）大数据征信带来了更具时效性的评判标准。传统风控缺乏实效性数据的输入，其风控模型反映的往往是滞后数据的结果。利用滞后数据的评估结果来管理信用风险，本身产生的结构性风险很大。大数据的数据采集和计算能力，可以帮助企业建立实时的风险管理视图。借助于全面多纬度的数据、自我学习能力的风控模型、实时计算结果，企业可以提升量化风险评估能力。

总而言之，大数据征信能够降低信息不对称性，从而更全面地了解授信对象，并增加反欺诈能力，同时更精准地进行风险定价，但目前尚不能完全取代传统征信。在未来，结合人工智能等技术，大数据风控可以更加严谨，将进一步提升金融业的风控水平。

浅识大数据征信

**【训练 1－1】**

请查找一家我国头部消费信贷互联网平台，整合资料，制作 PPT，并进行课堂展示。

## 1.2.3　财富管理

### 1.2.3.1　金融科技赋能财富管理

在共同富裕的目标以及房住不炒的背景下，中国居民的财富配置结构持续平衡，金融资产配比明显上升。伴随居民财富的增长，财富管理业务将迎来高速增长的机遇期，成为银行、券商资管、信托、保险等财富管理机构争相布局的“新赛道”。在疫情的大环境催化下，投资者的交易、咨询和日常信息的获取习惯都发生了根本性改变，这也同时迫使商业银行在财富管理业务的数字化转型道路上加快了脚步。

首先，金融科技的运用有助于推进财富管理行业稳健转型。

财富管理业如能正确地运用各类金融科技手段，在存量资产处置、增量业务培育、服务流程优化等重点领域发力，可以持续提升财富管理的科技含量和创新水平，有助于为行业改革转型提供新的动能和新的可能。

其次，可以提升财富管理行业的服务效率。

目前，随着中国经济发展、居民收入水平提高和技术进步，我国社会财富管理需求正发生一系列深刻变化。需求类型从单一的储蓄存款逐步向千人千面的综合金融服务转变，需求范围从主要面向国内理财市场扩展到全球化资产配置，需求期限从短期理财偏好转向侧重家庭财富的中长期筹划和代际传承，反映出强烈的需求驱动。在这种情况下，金融科技的应用可以有效提升服务效率，一方面从需求角度，可以精准分析客户画像，判断客户需求偏好，识别客户的潜在需求；另一方面从产品及服务角度，可以为客户提供匹配其风险偏好的定制化投资组合，随后挖掘及识别宏微观信息中的风险信号、设计产品、风险控制，以此触发资产组合再平衡。

最后，有助于增强财富管理体系普惠水平。

从发展普惠金融的角度看，互联网、生物识别、智能终端等技术的不断拓展延伸了服务的广度，促进了普惠金融的发展。过去，我国金融体系更多强调通过银行中介动员社会资源，为经济建设提供低成本资金，长期以来对于居民财富管理重视不够，特别是对于中低收入者逐渐增长的财富管理需求缺乏足够回应。近年来，随着我国城乡居民收入总量持续增长，收入结构不断优化，大众理财市场的容量和潜力持续拓展。金融科技的应用有助于扩大理财服务的触达范围，以客户需求为核心趋势，借助智能征信技术与智能投顾平台为大量长尾客户提供服务。

#### 1.2.3.2 金融科技赋能财富管理典型案例——嘉信理财

20世纪90年代中期开始，亿创理财等小型公司已经开始通过互联网服务公司提供股票交易，嘉信理财面对新机遇敏捷反应，于1995年推出Schwab.com网站，于1996年推出eSchwab服务。嘉信凭借早期技术积淀迅速开发出互联网服务，并与公司的已有业务有机整合起来，破除了线上线下双轨。通过这次转型嘉信理财在业内树立起创新驱动的形象，互联网服务有效增强了客户体验、降低了服务单客的成本，实现了客户账户数和资产规模的迅速累积（图1-8）。

进入21世纪以来，互联网市场竞争加剧、居民财富管理需求旺盛，嘉信转型全品类综合金融服务商，通过技术革新辅助业务的多元化。为迎合客户智能化投资需求，嘉信于2015年推出智能投顾平台Schwab Intelligent Portfolios，上线3个月获得了24亿美元的资产规模和3万个账户（图1-9）。

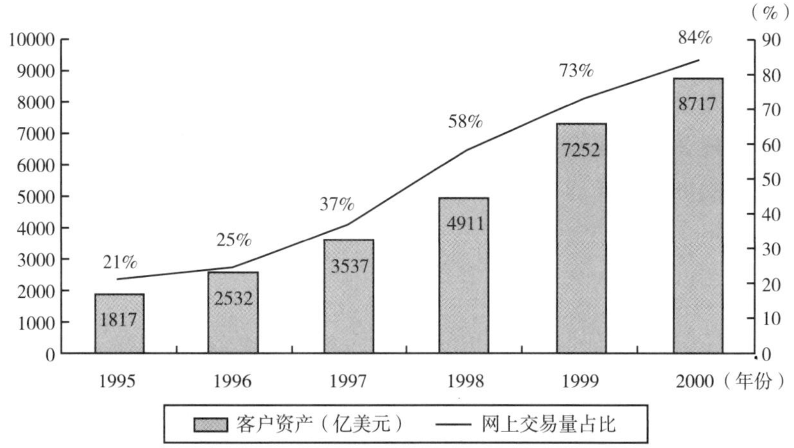


**图1－8　嘉信理财在推出线上服务后资产规模快速提升**

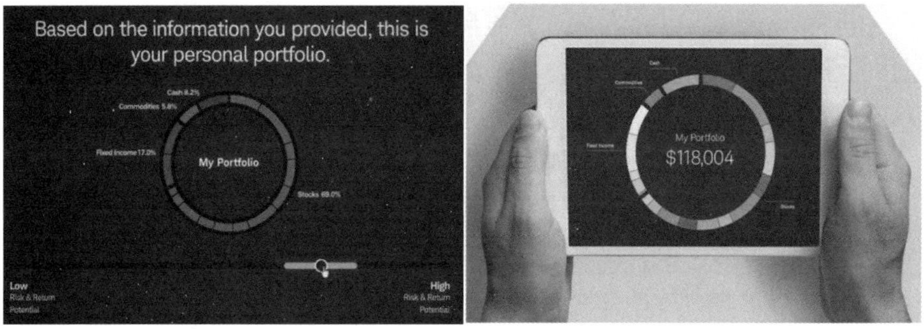


**图1－9　嘉信智能投顾**

嘉信理财采用线上线下、内生增长与外部 RIA 合作的综合客户渠道战略。线上渠道是互联网券商的优势所在，嘉信理财同时积极拓展线下渠道。截至2020 年底，嘉信理财活跃经纪账户 2963 万，退休金账户及银行账户分别 205万、150 万，客户数远超摩根士丹利、高盛等传统投行机构。

嘉信理财高度重视数字化对业务的扩展和赋能，在美国证券市场每一轮变革趋势中都适时推出数字化应用服务，引领创新，打通各个业务板块，提供一体化和一站式的服务。数字化也带来规模效应和运营效率的提升，公司平均资产费用率（成本费用/客户平均资产）处于行业较低水平。公司数字化可以分为三个阶段（图 1－10）。

嘉信理财对国内财富管理机构的启示包括以下几点：

（1）加快财富管理数字化转型。财富管理数字化和线上化是行业发展的重要趋势，包括通过数字化的平台和交互方式直接服务客户，以及通过数字化赋能前台投资顾问。对于瑞银、摩根士丹利等机构，更偏向于投顾赋能，在客户维护、销售支持、资产配置、产品管理、日常工作等方面，帮助投顾提高服务质量和效率。对于嘉信理财、盈透证券、东方财富等互联网券商，

| | | | | |
|---|---|---|---|---|
| 计算机技术普及及应用阶段（1971–90年代初） | 1979–1980年，研发业内首个基于计算机的交易系统BETA | 1982年，推出嘉信报价系统Schwab Quotes，业内首个7*24小时订单报价 | 1985年，推出投资组合软件Equalizer，探索在线服务模式 | 1989年，推出“电信经纪人”TeleBrocker，兼备报价和实时交易功能 |
| 互联网技术兴起阶段（20世纪90年代中期开始） | 1992年，推出OneSource平台，同一个账户能够购买多只基金 | 1995年，推出在线交易业务，将经纪和交易线上化，成为最大网上经纪商 | 1996年，推出eSchwab网上交易服务，开启基于互联网的证券业务 | 1999年，为在线交易账户提供多个股票订单录入服务，推出高级共同基金筛选器 |
| 人工智能兴起阶段（2010年以后） | 2015年，推出智能投顾平台Schwab Intelligent Portfolios | 2016年，推出机构智能投资组合，通过平台技术及投资顾问为客户提供服务 | 2017年，推出新的混合型顾问服务，嘉信智能服务（SIA） | 2018年，开设创新加速器，为零售客户提供创新数字解决方案 |

**图1－10 嘉信理财数字化发展**

更侧重于在前台应用平台服务客户，提供便捷的经纪交易、产品超市、资讯、社区等服务，通过低价、高效等优势吸引客户。

（2）打造开放的平台生态系统。财富管理是个体系化的生态圈，其业务链接个人与机构客户、金融产品、投资顾问以及金融科技和数据公司，嘉信理财通过外部RIA的模式不断链接优质投顾资源和产品资源，将客户和客户资产沉淀在自身平台上，并利用其他多元变现方式获得可持续的营业收入，国内部分机构也在探索开放自身财富管理生态圈，形成“优质产品＋客户＋优秀投顾”的相互吸引汇聚。

（3）持续提升产品与解决方案能力。由单只基金向组合管理以及财富规划是财富转型升级的趋势，嘉信理财从共同基金超市模式，进一步扩展到自动化投资组合、专业投顾服务以及账户委托管理模式，持续提升面向客户的产品与解决方案，从服务价值和收费来看，组合管理与解决方案客户黏性更高，费率远高于基金产品的销售。

（4）建立规模效应，保持技术投入与产品迭代实力。规模效应带来的低成本优势是很好的护城河，能够帮助公司保持高盈利能力，支持持续的研发投入和产品迭代。嘉信理财近三年平均客户资产成本化率只有16bps，远低于其他财富管理机构，推动公司近三年平均ROE达到15%。从行业机构发展经验来看，建立规模效应的核心是通过各种内生增长和外延并购方式完成客户量与资产规模跨越式的增长。

**【训练1－2】**

请查找一家我国财富管理和投资领域运用金融科技的头部互联网平台，整合资料，制作PPT，并进行课堂展示。

### 1.2.4　供应链金融

#### 1.2.4.1　供应链金融市场前景

供应链金融主要的三种模式是应收账款融资、库存融资和预付账款融资。目前，由于库存融资和预付账款融资的风控还较为局限，应收账款模式是银行应用最广的供应链金融模式。因此，中小微企业应收账款可以作为测算供应链金融市场规模的主要依据。

根据亿欧智库测算，中国 2019 年供应链金融市场规模已经达到 8.3 万亿元，在 2023 年将达到 12.6 万亿元。随着更加成熟的技术融入，库存融资和预付账款融资的风控能力将得到提升，因此，中国供应链金融市场规模将再一次爆发式增长。

目前，中国供应链金融市场发展速度较为缓慢，主要原因之一是银行缺乏内生动力布局供应链金融。对于金融业来说，风控是其业务运转最重要的考虑因素。

但中小微企业风险较高，风控难度大，导致银行布局供应链金融的内生动力不足。因此即使供应链金融市场空间很大，行业发展速度依然缓慢（图 1－11）。

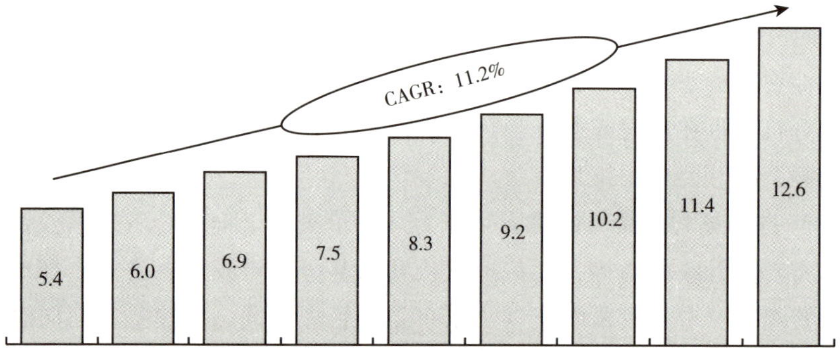


**图 1－11　中国供应链金融市场规模**

资料来源：亿欧智库测算。

#### 1.2.4.2　供应链金融风控模式发展

供应链金融发展初期，银行运用线下人工模式进行审核，但由于中小企业信息真实度难以判断，运用线下风控模式的供应链金融不良贷款率居高不下。信贷工厂模式主要运用标准化“流水线”，对于差异化要求较高的供应链金融风控有一定局限性。对于供应链金融来说，涉及主体较多，各主体之间关联性也较强；其次，中小微企业融资需求短频快且各企业需求差异较大，这两个原因导致传统人工审核方式不足以满足供应链金融风控需求。随着大数据风控模式应用，银行通过线上数据整合应用，可实现供应链金融综合风险控制。但目前供应链金融风控还未步入 4.0 数字化时代（图 1－12）。

**供应链金融1.0：线下化**

2007年前
阶段一：线下模式

线下风控模式主要依靠人工审核；
经过一段时间培训，客户经理通过调查走访等方式判断借款企业偿还能力以及内部风险控制；
主要判断依据为企业法人资信以及经营状况。

**供应链金融2.0：线上化**

2007–2015年
阶段二：以信贷工厂为例的模式

信贷工厂模式主要依靠标准化“流水线”集中审核处理；
在信贷工厂模式中，银行将中小微企业信贷业务分为营销、审批、放款、贷后管理以及客户维护等环节，每个环节都有专人负责进行风险管理；
主要判断因素根据各环节有所差异。

**供应链金融3.0：平台化**

2015至今
阶段三：以大数据风控为例的模式

大数据风控模式依靠大数据技术处理数据并构建模型审核借款企业借贷需求；
在大数据风控模式中，银行可以通过互联网渠道进行获客、审批、放款以及贷后管理等一系列小微信贷流程。基于互联网，大数据技术可以将大量数据智能化处理，并形成模型进行信贷全流程风险监控。很大程度提升了银行风控效能，从而减少不良贷款率；
主要判断依据为大量经营以及交易等数据。

**供应链金融4.0：数字化**

阶段四：以数字化风控为例的模式

数字化风控模式依靠多样技术处理多维度数据并根据环节不同设置不同模型；
在数字化风控模式中，银行通过对供应链金融不同环节业务的理解，设置合理风险控制目标，并利用以大数据技术为基础，其他新兴技术叠加的技术能力实现各环节风控目标。从而在供应链金融3.0大数据风控模型基础之上，实现风控管理闭环；
主要判断依据为企业多维度数据和业务自身特点。

**图1－12　供应链金融的发展历程**

### 1.2.4.3　供应链金融风控技术创新

相较于人工风控，大数据风控具有准确化、实时化以及自动化等优势。但由于大数据技术本身较为滞后，仍面临数据安全、数据质量和数据有效性等问题，不足以满足具有复杂性特征的供应链金融风控需求。随着新兴技术逐渐渗透在金融业，人工智能、区块链以及物联网等新兴信息技术在供应链金融风控中的应用将解决大数据风控问题，从而增强风控准确性、提高供应链金融风控效能（表1－6）。

**表1－6　　供应链金融风控架构图**

| | | |
|---|---|---|
| 大数据＋人工智能风控 | | |
| 大数据和人工智能的结合应用相对成熟，人工智能有利于数据价值挖掘与决策，很大程度解决了数据有效性等问题。 | | |
| 人工智能应用场景 | | |
| 反欺诈分析 | 供应链画像刻画 | 预警系统建设 |
| 大数据＋区块链风控 | | |
| 特征 | 优势 | 解决大数据技术痛点 |
| 分布式 | 用于银行监控企业数据，数据收集公开透明，具有开放性优势。 | 数据孤岛 |
| 不可篡改 | 每一节点皆受到监督，从而减少单一节点数据造假风险。 | 数据泄露 |
| 去中心化 | 节点设置将记录所有操作，包括数据调取；同时加密处理也加大了数据安全性。 | 数据低质 |

续表

| 大数据 + 物联网风控 | |
|---|---|
| 物联网技术实现实物和虚拟信息相融合，在供应链金融中起到贷后监控实物的作用，真正实现物信合体；<br>物联网技术与大数据技术相结合，从不同维度获取数据，实现信息流、资金流、物流和商流交叉验证，从而减少单一大数据风控数据低质等问题，大幅度提高供应链金融风控效能。 | 例：江苏银行推出"物联网智能贷后监控预警系统"实现智能、高效风控。 |

#### 1.2.4.4 应用案例：众企安链

众企安链成立于2020年，是国内首家互联网保险公司众安保险（HK：6060）旗下众安科技孵化的生态合作伙伴上海聚啊信息技术有限公司运营的供应链金融科技服务品牌。

众企安链定位于企业级服务，通过将人工智能、区块链、大数据等技术和供应链场景相结合，打造"金融 + 场景 + 技术"跨界融合供应链金融服务解决方案（图1－13）。

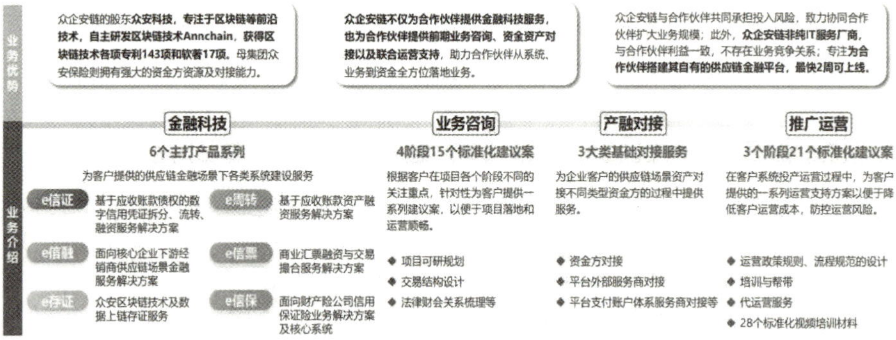


**图1－13 众企安链的产品架构**

资料来源：众企安链。

众企安链成立以来，已服务农业、连锁零售快消、能源大宗、建筑、物流、医药以及金融七大行业的龙头企业。此外，众企安链根据不同行业以及不同场景为合作伙伴对接相应银行资源。2020年度，众企安链通过核心技术能力和专业团队的金融、产业能力，成为行业内新增合作伙伴最多的企业。

例如，基于隆平数字科技有限公司自有的种业产业链和农业供应链，众企安链为"隆平数科"打造自有产融平台"隆平链"；又如众企安链助力"美宜佳"建立针对小额分散类营收资产，引入风控决策引擎工具和数据，实现在线风控核查及业务全流程自动化处理的供应链金融平台（图1－14、图1－15）。

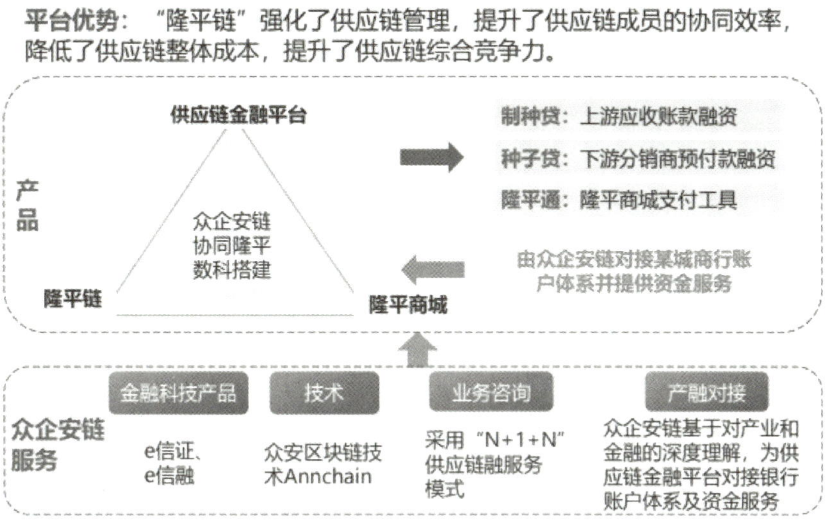


图1-14 隆平数科供应链金融服务平台

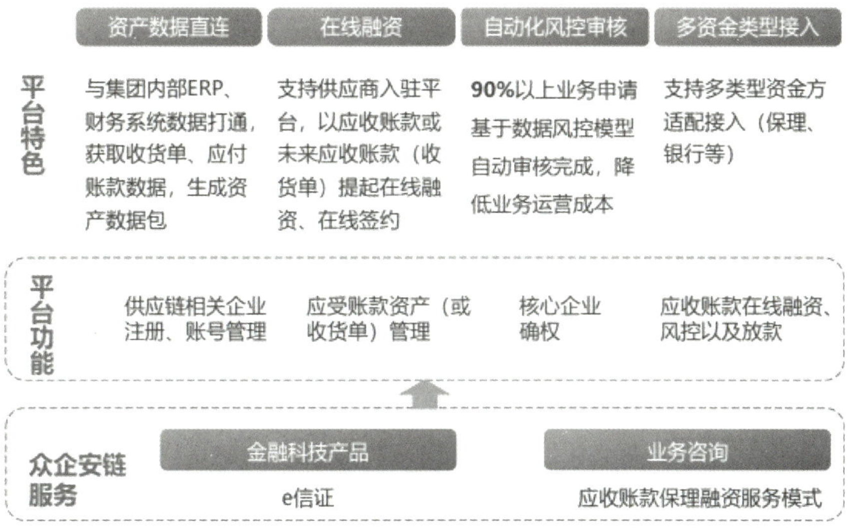


图1-15 美宜佳供应链金融服务平台

### 1.2.5 智慧金融

#### 1.2.5.1 智慧金融定义及内涵

智慧金融是依托于互联网技术，运用大数据、人工智能、云计算等金融科技手段，使金融行业在业务流程、业务开拓和客户服务等方面得到全面的智慧提升，实现金融产品、风控、营销、服务的智慧化。

#### 1.2.5.2 智慧金融行业主要产品及服务

智慧金融产品，是指依托智能金融场景服务如智慧风控、智慧运营等打造的产品。近年来，我国智慧金融产品层出不穷，以下列举部分银行推出的相关产品及服务（表1-7）。

表 1－7 智慧金融行业主要产品及服务

| 产品/服务 | 主要内容 |
|---|---|
| 产品 | ◇ 工商银行：融智 e 信、智慧银行生态系统 ECOS、小微 e 贷、融 e 行、融 e 联等；<br>◇ 农业银行：农银 e 贷、智能化风控平台、案防监测预警平台、智能反欺诈平台、智能反洗钱平台、零售智慧营销平台等；<br>◇ 招商银行：智能风控平台“天秤系统”、AI 服务平台、“政采贷”、“退税贷”、Open API 平台等；<br>◇ 光大银行：线上普惠贷款和智能风控“随心贷”；打造“阳光区块链”，推出“区块链支付”、“区块链托管”、“区块链代发”等金融产品；普惠金融云和贸易金融云；新一代客服平台；5G 光大超市等。<br>◇ 平安银行：平安银行智慧托管系统；小微业务三大平台（数字投行、数字经营管家、数字账户）；11 个 AI 中台（AI 客服、AI 风控、AI 营销、AI 语音、AI 质检等）；一站式开放金融机构交易平台－“行 e 通”；基础技术平台：银行私有云平台、分布式 PaaS 平台、开放平台、区块链平台等。 |
| 服务 | 智能营销、智能风控、智能投顾、智能理赔、智能监管等服务 |

#### 1.2.5.3 智慧金融的属性及特征

“智慧金融”作为更加高效、安全、个性化的综合性金融解决方案，贯穿于金融服务垂直全流程，使资金融通的基础性作用以更加灵活、快速、精准的方式，服务于智能产业转型升级，以及智能生活提质增效，进一步推动实体经济的高质量发展和社会民生的持续改善。智慧金融的发展将围绕以下四个特征渐次推进。

（1）定制化。充分结合用户的年龄、收入和消费结构、健康情况阶段性需求和未来规划风险承受能力等数据和信息，从目前较为共性化标准化的金融服务和产品，向更具个性化、定制化服务的方向发展。

（2）综合性。除了满足个人和企业用户的支付转账、理财借贷等基础性金融需求之外，智慧金融将在财务规划、资产管理、保险保障、风险管理、决策支持等领域提供更为全面、综合性的金融解决方案。

（3）可控性。在金融业务数据互联互通开放共享的基础上，从过去的手工报送监管数据，到实时、自动化方式进行数据收集、分析、报送，监管部门可以更为全面及时地掌握相关领域风险集中度、关联度等信息，进一步提升金融活动可控性和风险监测水平。

（4）协同化。从纵向层面，金融机构技术企业的密切合作将形成常态化机制，各主体之间优势互补，形成“点－线－面”不同维度的合作格局。从横向层面，在金融服务产业之外，智慧金融将充分发挥协同作用，助推传统商业模式的转型升级，培育数字经济领域新的增长点，让普通百姓获得更加高效便捷、经济、安全的金融服务，成为促进实体经济体质增效、“智能生活”“惠民生”方面的催化剂。

#### 1.2.5.4 智慧金融行业技术环境及基础设施

金融机构应用人工智能技术，目的是为自身创造新的价值。随着部分人工智能技术规模化商业应用，创新已经渗透到金融产业每一环节，并在自动化、智能化、创新化三个层面重塑金融价值链。我们将金融核心价值链定义为四大环节：产品设计、市场营销、风险控制、客户服务，这四大环节加上人力、财务、IT等支持性活动，共同构成金融行业价值链。人工智能技术为金融行业创造价值层次：自动化、智能化、创新化。

自动化主要涉及流程性工作，多数场景下是单一的感知智能技术，如计算机视觉、语音识别的应用。一方面是金融机构内部的操作流程，如利用ocr识别技术，完成证件信息识别，解放相关人力，降低运营成本。另一方面是金融机构与客户的交互流程，如通过人脸或语音等生物特征识别，自动认证客户身份，取代密码等验证方式，优化用户体验。

智能化主要是分析、推理和决策性工作。应用场景中往往涉及数据挖掘，以及NLP、深度学习、增强学习等认知智能技术和算法。

创新化是人工智能技术应用带来的金融价值链的变革，其基础在于人工智能技术在某些细分领域的广泛应用，核心是金融机构业务流程、组织架构、商业模式的重塑。

三个层次价值创造最终体现为：获取增量业务、降低风险成本、改善运营成本、提升客户满意度。

#### 1.2.5.5 应用领域

人工智能在金融领域的落地场景主要集中在八个方面：智能风控、智能营销、智能投研、身份识别、智能客服、智能保险、智能监管、智能投顾。根据Research数据显示，2019年在AI+金融的主要落地场景中，AI风控、智能保险和智能客服占据了整个智能金融领域70%以上的市场规模。风控+AI技术也被银行业和互联网金融公司看作最有价值的技术落地场景。另外保险行业逐步探索出AI技术的场景落地价值，AI在该行业的市场潜力也将逐渐被挖掘，智能保险的产业规模占据整个AI+金融领域的比例也将不断攀升。从技术上，AI风控主要依托于传统机器学习技术和数据标签的训练。

（1）精准营销。在营销场景中，知识图谱可以通过整合多数据源，形成关于潜在客户的知识网络描述。

针对个人客户，知识图谱通过其个人爱好、电商交易数据、社交数据等个人画像信息，分析客户行为，挖掘客户潜在需求，从而针对性地推送相关产品，实现精准营销。

针对企业客户，知识图谱通过分析其基础信息、投资关系、任职关系、专利数据、诉讼数据、失信数据、新闻报道内容，实现对涵盖企业间的资金关系、实际控制人关系、供应链关系、竞品关系的知识网络构建，从而为企业推荐合适产品和服务。

（2）产品组合设计。精准营销更多涉及单一产品的推荐和销售，而客户的需求往往是多元化的，想要覆盖客户多元化的需求，知识图谱技术的进一步应用必不可少。

在金融业务交互场景中，KYC（了解你的客户）和KYP（了解你的产品）两个过程可以基于知识图谱，将客户和相关的产品快速结构化和知识化。在此基础上，快速针对某一客户的各类需求构建专属的产品组合，实现千人千面的智能产品组合设计，辅助销售人员更好地服务客户甚至对其进行取代。

（3）风险评估与反欺诈。反欺诈是风控中非常重要的一道环节。反欺诈的难点，一方面在于整合结构化和非结构化的多数据源，构建统一的反欺诈模型，另一方面在于欺诈案件常常采取组团欺诈等新型方式，导致欺诈过程包含的关系网络较为复杂，利用普通的大数据分析难以洞察。知识图谱作为关系的最佳表示方式，允许便捷地添加新的数据源，还可以通过直观的表示方法有效分析复杂关系网络中存在的潜在风险。比如，在信贷风控场景中，知识图谱可以将借款人的消费记录、行为记录、网上的浏览记录等整合到一起，从而进行分析和预测。

### 1.2.6 风险控制

风险管理是金融活动的核心。智能风控是应用智能化技术加强金融领域风险管控的重要手段。智能风控在金融领域的应用可保障金融机构的业务效率和安全性，扩展业务覆盖人群完善业务流程，降低风控成本，促进风控管理差异化和信贷业务人情化。智能风控行业运用互联网、大数据、人工智能、区块链等先进技术手段、措施和方法，达到机器和业务流程的智能化转型，突破以人工方式进行经验控制的传统风控的局限性和空间性。

在信贷领域，智能风控的应用可覆盖包括贷前、贷中和贷后三个阶段的信贷业务全流程。

（1）贷前风控。在贷前风控业务环节，可分为获客、身份验证、授信管理等环节，帮助下游信贷场景对其客户进行申请人风险评分和预测。

在获客环节，智能风控体系可基于大数据建立用户画像，基于人工智能技术对用户进行产品生命周期管理。在身份验证环节，通过生物特征识别等技术核验申请人身份，以及用关联技术对申请人进行关联分析，构建智能反欺诈模型，避免及排除团伙诈欺的可能性。在授信管理环节，智能风控服务商可基于数据源，通过建模进行风险定价，针对有优质信贷资格的客户可降低贷款费率，对于信贷资信差的客户，可提高费率，实现资金有效分配，保证资源优化配置。

（2）贷中风控。在贷中风控环节，智能风控服务商将助力信贷场景实现交易欺诈识别，通过接入大数据协助贷方实现借款方的动态监控、异常行为预警等风控管理流程，有效防范与控制欺诈交易等贷中风险。贷中风险控制主要包括信用评分、风险定价、审批、交易监控和交易反欺诈五大环节，智能风控服务商将利用智能化手段为下游信贷场景的信贷交易进行风险判定。

伴随互联网信贷的发展，线上信贷业务逐渐增多，为避免信贷欺诈的发生，部分金融机构选择与上游供应商或第三方智能反欺诈机构进行合作，通过金融机构内部数据和第三方数据融合，基于高维度变量和丰富应用场景，构建反欺诈模型。同时，智能风控服务商利用大数据、机器学习等技术优化反欺诈规则，提高欺诈案件识别率，为下游信贷场景降低欺诈风险。

（3）贷后风控。贷后风控是信贷管理的最终环节，贷后风控可针对有逾期征兆或行为的信贷用户进行管理、识别和催收，贷后风控的精细化程度将影响信贷场景的业务管理质量。智能风控服务商可利用机器学习等技术精准估计违约风险，制定风险管理策略，并通过自动监控策略执行情况及时优化调整方案，提升业务端风险管理体系的有效性，打造信贷风控闭环。贷后风险控制主要包括贷后监控、存量客户管理、催收三大环节。

### 1.2.7　金融科技监管

#### 1.2.7.1　金融科技监管的概念

金融科技监管，也称监管科技，是指应用 IT 新技术帮助银行和其他金融机构满足监管监控、报告、合规和风险管理等方面的挑战。金融科技监管帮助企业有效管理监管合规性的各式风险并降低与合规相关的成本，其本质是“利用最新的科技手段来服务于监管和合规，以实现金融机构稳定的永续发展”。

金融科技监管需要深厚的风险合规专业知识和先进的金融科技赋能技术支持，通过实施更明智的决策来转型管理风险和合规职能方式，包括从监管变更管理到特定的合规流程优化，如反洗钱、制裁合规、持续监督和压力测试等。

金融科技监管的总体框架如图 1－16 所示，其快速发展的驱动力来自趋严的监管政策、日新月异的金融科技（金融科技）、复杂的运维管理和资源成本的压力。从监管层面看，金融科技在促进业务创新的同时也带来了监管复

金融科技监管的基本逻辑

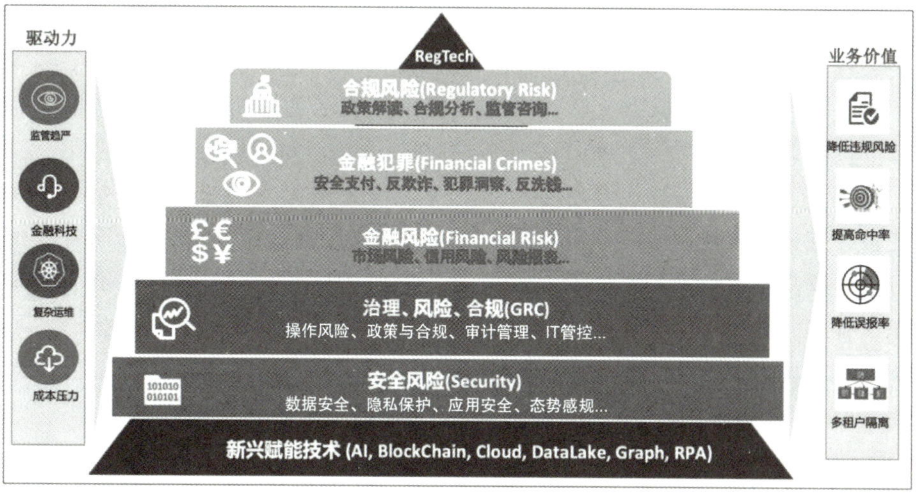


图 1－16　金融科技监管总体框架

杂性的挑战。金融科技业务模式背后是庞大、复杂、异构、关联的信息系统，海量的信息流和复杂数据结构客观上给识别风险造成了监测和管控的难度。

自上而下来看，金融科技监管的重点领域包括合规风险与策略、金融犯罪、金融风险、治理－风险－合规、安全风险及赋能技术六个层次，它们的主要定位分别描述如下：

（1）合规风险——罚款、处罚和大型合规团队不再是开展业务所必须付出的代价。专业知识与先进技术的正确组合可以帮助银行快速理解和管理新出台的政策以及不断变化的法规。例如 IBM Promontory（鹏睿）合规风险管理与策略咨询服务广泛覆盖反洗钱、制裁、反腐败、隐私与数据保护、网络与信息安全、消费者保护等各个方面，协助海内外金融机构借助专家的力量了解、适应当地监管与合规要求，建立、健全合规体系，制定合规措施、流程和改进计划。

（2）金融犯罪——指的是银行内部人员、客户或第三方，单独或伙同他人，通过虚构事实或隐瞒真相的方法，从银行或客户骗取不正当好处或利益，造成银行资金、声誉或其他损失的行为，范围涵盖智能实时风控、申请反欺诈、交易反欺诈、安全支付、反洗钱洞察、欺诈监督等，高命中率、低误报率、最短时间的侦测和阻断是防范金融犯罪的关键。

（3）金融风险——巴塞尔 IV 全球银行改革方案给金融环境增添了不确定性和复杂性，中国银保监会也积极响应推出了如《银行账户利率风险监管标准》（IRRBB）、《交易对手违约风险计量规则》（SACCR）、《商业银行大额风险暴露管理办法》等规定。金融机构需要准确评估风险，主动管理市场风险、信用风险和流动性风险，在风险数据集成－新巴塞尔协议 RDA 合规中，建立统一风险指标平台去汇总和分析各类风险指标，汇总风险数据以延展到不同的应用并统一管理口径。

（4）操作风险——也称治理风险合规，内容包括政策与合规管理、财务控制、IT 管控、内部审计、供应商管理，提供从主流的内控风险框架到支撑系统再到管理决策的全面支持，实现从制定战略目标、损失事件识别、风险指标（KRI）建立、风险分析和评估、风险应对、活动控制、工作流程、监督审核的完整过程。

（5）安全风险——保护企业网络信息安全、数据安全，远离网络威胁的侵害，为客户构建基于认知技术的企业级安全免疫体系，包括安全事件检测与分析及优先级排序、数据安全风险可视化及敏感数据保护、软件开发生命周期管理、应用安全管理及漏洞扫描等，建立符合监管要求的安全运维中心（SOC），提高安全感知能力并支持 GDPR 等监管合规要求。

（6）新兴赋能技术——金融科技监管的实现需要一个综合的技术支撑，除了传统的 IT 技术之外，其新兴赋能技术包括 AI、BlockChain、Cloud、Data Lake、GraphDB、RPA 等等，通过以大数据为基础的数据湖实现金融科技监管所需的工商、海关、税务、司法、通信、互联网等数据管理和治理流程；通过 AI 解读政策法规、生成反欺诈规则、洞察威胁；通过图数据库进行关联分析和异常模式发现；通过机器人流程自动化 RPA 改进手动监管合规流程效率，通过容器云和多云管理提供金融科技监管应用的运行环境和 API 开放支持等。

#### 1.2.7.2　监管科技在数据管理中的应用场景

监管科技是在金融与科技更加紧密结合的背景下，以数据为核心驱动，以云计算、人工智能、区块链等新技术为依托，以更高效的合规和更有效的监管为价值导向的解决方案。在具体表现形态上，监管科技有两大分支，运用于监管端的监管科技和运用于金融机构合规端的监管科技。

监管科技在监管端的运用可以分为数据收集和数据分析两大方面。数据收集过程中可以形成报告（自动化报告、实时检测报告），进行数据管理（数据整合、数据确认、数据可视化、云计算、大数据），以及通过虚拟助手采集消费者、被监管机构相关信息并进行交流（图 1－17）。

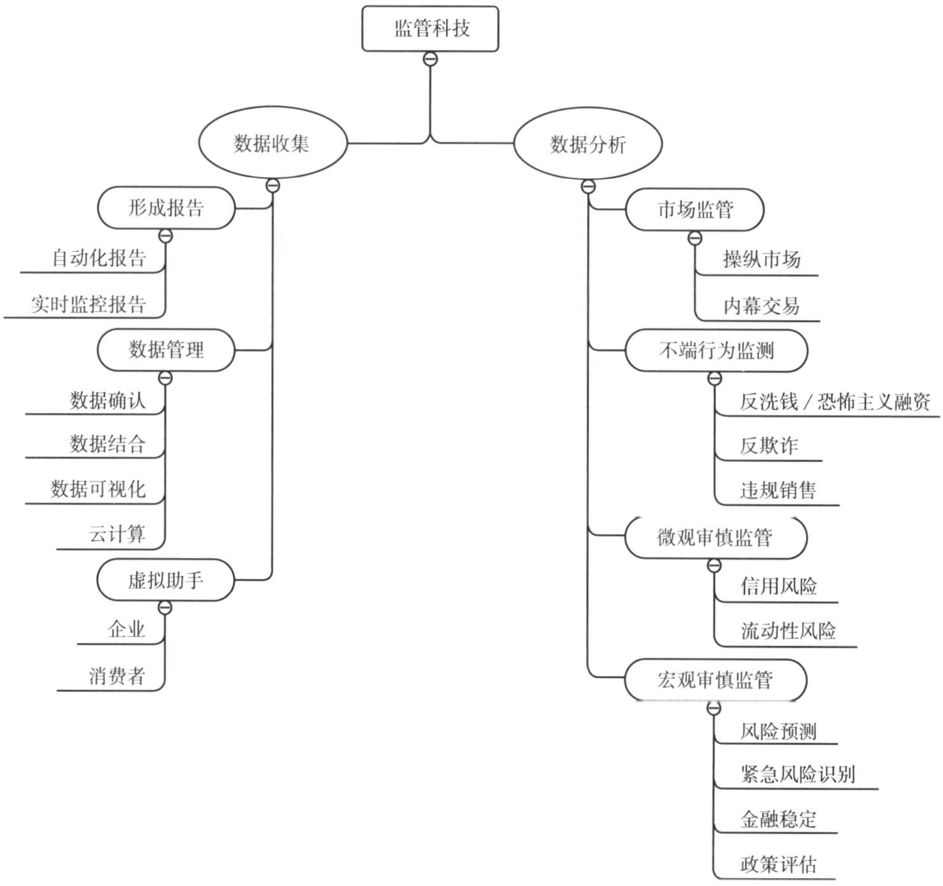


**图 1－17　监管科技运用情况**

按照各个环节所实现的功能，数据管理可以划分为数据存储、数据传输、数据验证、数据整合和数据可视化五个细分领域。不同领域里的数据管理工作侧重点不同，并没有主次之分，但由于不同领域的技术成熟度存在差异，监管科技的应用程度也有所不同。

1. 数据存储

数据存储是数据管理的起点，数据管理往往需要对同一数据进行多次使用。因此，需要为数据设计存储基础设施，通行的方案是建立数据库。但对于如何划分数据，或者说如何对数据库进行分类，并没有一个统一的标准。尽管在大多数数据管理方案中，管理者倾向于按照特定功能建立多个数据库，但学界认为，最好的数据库需要从业务策略开始设计，而不是从单个应用程序和特定功能开始。纵观国际上监管科技的实践情况，建立通行数据库是比较成熟的做法。从监管机构的监管战略出发，根据所需和期望的数据范围、质量、结构和可用性来划定数据存入标准，在此基础上，可以创建质量保证机制来提高数据的准确性和精密度。基于这种方法，可以得到一个数据集，这个数据集就是通行数据库。使用者可以根据管理需求和用户访问模板对通行数据库进行二次建模。通行数据库可以从根本上改变监管者的数据管理方法，使其朝着更精简、更高效的数据基础设施方向发展。

2. 数据传输

数据传输指的是数据在不同数据源或存储设备之间的传递，目前国际上较为成熟的数据传输方案主要有三个：一是应用程序编程接口（以下简称API）。API 是一个应用程序如何与另一个应用程序交互的协议集，通常用于促进数据交换。二是基于云计算的数据传输方案。云计算是一种高效和可扩展的数据存储解决方案，可以实现 TB 量级的大数据传输。三是分布式账本技术（以下简称 DLT）。DLT 允许通过一种一致的算法进行自动验证，该算法在不同地点复制、共享和同步数字数据。

从各国的监管科技实践经验来看，基于云计算的传输对基础设施要求严格，分布式账本的传输效率较低，API 作为数据传输介质的应用最为广泛。API 可以在没有人工干预的情况下直接在数据库之间传输大量数据，从而克服了通过电子邮件或网页传输文件的大小限制，并减少了耗时和容易出错的手工提交。

3. 数据验证

数据验证在各国监管科技中使用较为广泛。例如，新加坡金融管理局使用数据验证技术，包括数据清洗和数据质量检查；奥地利国民银行开发了一个基于 ML（机器学习）和非监督学习的数据验证模型，用来去除错误的数据。

4. 数据整合

数据整合涉及以不同格式的数据集成，这些数据一般来自多个数据集。不同的数据集通常包含关于同一主题的不同维度的相关信息（如公司、个人），但由于存在数据接口不一致等问题，将它们集成起来可能非常麻烦。尤其是当不同的数据集之间没有可用的唯一标识符（键值）时，传统的数据整合方法几乎无法使用。使用 ML 方法可以有效地解决这个问题，ML 算法依据数据的概率分布来匹配数据集，以此来整合不同的数据库。

数据整合是很多监管科技应用程序的重要组成部分。监管科技应用程序能够结合多个数据源来支持分析工作，这通常涉及连接结构化数据和非结构化数据；意大利银行将可疑交易报告（结构化数据）与新闻评论（非结构化数据）结合起来，用于反洗钱监测；卢旺达国家银行将监管数据与来自内部系统的数据相结合，为监管者和决策者提供有意义的信息。

5. 数据可视化

数据可视化模块指的是位于大数据架构之上的接口，这些接口以最小的延迟提供无缝交互的用户体验。它们常常代替需要手动更新的静态电子表格生成的仪表板。为了从数据中提取最有意义和可操作的信息，大数据仪表板允许进行大量的分析操作，例如向上钻取（在一个维度上总结数据）和向下钻取（沿一个维度更深入地挖掘数据），以及跨多个维度对数据进行切片、分割、转置和覆盖。

许多监管机构需要应用数据可视化技术。毕竟数据不等于信息，考虑到数据的数量、密度和复杂性，需要强大的可视化工具以一种容易理解的方式向监管者提供信息。例如新加坡金融管理局开发的监督仪表板，它简化了数据使用的体验，并为监管者提供对其投资组合中金融机构健康状况的“一目了然”的可见性；澳大利亚证券投资委员会使用 iBase 程序来表示结构化数据源的时间、关联和因果关系；荷兰中央银行投入大量精力将数据输出转换成逻辑指标，如自行开发的动态网络可视化。

在大数据时代，监管机构在构建集数据收集、转换与计算分析于一体的数据生态体系的同时，还需要加强对数据的管理。高效率的数据管理和数据运营不仅能降低数据开发成本，还提高了监管科技的适用性，为监管机构决策提供更好的数据化支撑。

## 课程思政

1. 帮助学生了解国家战略，树立大国情怀

通过讲故事，融入“一带一路”和亚投行，展示国家战略对世界各国金融科技产生重大影响和深远意义，帮助学生解国家战略，树立大国情怀。

2. 帮助学生了解民族复兴，产生制度自信

通过视频 + 案例的展示，让学生看到我国金融科技全世界领先的现状，让学生意识到民族的复兴和祖国的繁荣，产生制度自信。

3. 培养学生守住底线的能力，提高风险控制的意识

在金融科技风控、金融科技征信、金融科技监管三个部分，通过案例的形式，融入金融机构风险控制的重要性，培养学生守住底线的能力，提高风险控制的意识。

## 项目评价

对于每一个项目，结合业务能力和评价指标，根据掌握情况在下表相应的方框中打√，自测结果共分为三类：A 掌握，B 基本掌握，C 未掌握。

**项目测评表**

| 任务 | 任务布置 | 评价指标 | 自测结果 | 要求 |
|---|---|---|---|---|
| 认识金融科技 | 调查一家第三方支付金融科技平台 | 1. 调查材料的翔实情况<br>2. 团队合作的具体情况<br>3. 平台介绍 PPT<br>4. 课堂展示表现 | □A □B □C | 1. 记录翔实<br>2. 条理清晰 |
| | 调查一家消费金融金融科技平台 | 1. 调查材料的翔实情况<br>2. 团队合作的具体情况<br>3. 平台介绍 PPT<br>4. 课堂展示表现 | □A □B □C | 1. 记录翔实<br>2. 条理清晰 |
| | 调查一家财富管理平台 | 1. 调查材料的翔实情况<br>2. 团队合作的具体情况<br>3. 平台介绍 PPT<br>4. 课堂展示表现 | □A □B □C | 1. 记录翔实<br>2. 条理清晰<br>3. 逻辑在线<br>4. 展示风采 |

## 项目测试题

### 一、单项选择题

1. 金融科技不包含（　　）要素。

A. 金融　　B. 科技

C. 融合　　D. 支付

2. 大数据的起源是（　　）。

A. 金融　　B. 电信

C. 互联网　　D. 公共管理

3. 以下说法错误的是（　　）。

A. 大数据处理海量数据更加容易

B. 大数据更加便宜

C. 大数据处理昂贵

D. 大数据可以改变许多行业的商业模式

4. 智能机器人可以根据什么得到信息（　　）。

A. 思维能力　　B. 行为能力

C. 感知能力　　D. 学习能力

5. 解决风控模型优化的问题可使用（　　）技术。

A. 大数据　　B. 区块链

C. 云计算　　D. 人工智能

6. 以下哪一项不属于云计算的特点（　　）。

A. 规模小　　B. 虚拟化

C. 高可靠性　　D. 通用性及高扩展性

7. 征信大数据的挖掘分析技术包括（　　）。

A. 离线数据处理引擎　　B. 实时数据处理引擎

C. 数据分析技术　　D. 以上都是

8. 以下哪一项属于金融科技的内容（　　）。

A. 事后的　　B. 手动的

C. 结构性的　　D. 智能的

**二、多项选择题**

1. 云计算模式具备的基本特征有（　　）。

A. 按需自助服务　　B. 广泛的网络访问

C. 资源共享　　D. 快速的可伸缩性和可度量的服务

2. 位置信息的获取主要有（　　）渠道。

A. WIFI 定位　　B. IP 地址

C. GPS 定位　　D. 运营商基站定位

3. 区块链构成的三要素是（　　）。

A. 对等网络　　B. 共识机制

C. 密码学　　D. 统一记账机构

4. 目前国际上对金融科技监管的模式是（　　）。

A. 自由放任　　B. 特别许可

C. 监管沙盒　　D. 新设框架

5. 用户最基本的金融需求是（　　）。

A. 支付需求　　B. 融资需求

C. 风险管理　　D. 投资理财

6. 智能风控主要是依托高维度的大数据和人工智能技术对风险进行及时有效的识别、预警、防识，包含（　　）。

A. 数据收集　　B. 行为建模

C. 用户画像　　D. 风险定价

**三、判断题**

1. 对于金融监管部门而言，最大的难题在于如何平衡金融创新与金融风险，做到既能够激发创新又能够控制风险。（　　）

2. 监督学习不需要给数据打标签，而无监督学习需要给数据打标签。（　　）

3. 云计算在原有服务器基础上增加云计算功能，使计算速度迅速减慢。（　　）

4. 云计算、大数据、人工智能和区块链等新兴技术彼此独立。（　　）

5. 目前，网络银行的运行机制主要是传统银行在 Internet 上建立网站提供服务。（　　）

6. 数据类型繁多（也就是多维度的表现形式）。比如，网络日志、视频、图片、地理位置信息等等。 （ ）

7. 数据必须依赖云计算，不可能是局域网的。 （ ）

8. 互联网金融企业通过云计算、大数据以及先进的信息技术，能够尽快了解到市场资金的供求变化，却无法解决信息不对称的问题。 （ ）

9. 数据是结构化的，而大数据则包括了结构化数据、半结构化数据和非结构化数据。 （ ）

10. 机器学习是要基于大量数据的，也就是说它的智能是用大量数据喂出来的。 （ ）

**四、综合案例**

**平安金融云——以差异化构建“更懂金融的云”**

作为专注于为金融行业提供云计算服务的平台，今天的平安金融云不仅拥有遍布全国的云基础设施，还拥有金融行业端到端的全场景解决方案。通过构建多元云生态，并以多模式提供全栈云服务能力，平安金融云走出了一条差异化的发展之路。

经过多年的发展，平安金融云持续推进差异化竞争策略，致力构建“更懂金融的云”，并在金融行业树立了领先优势；在金融云价值输出上，平安金融云一直秉持建（合规建云）、上（专业上云）、管（智能管云）、用（敏捷用云）一体化的思路。在建云的同时，将丰富的上云、管运、用云的经验输出给金融行业用户。

此外，在金融全栈信创云建设方面，平安金融云以一云多芯、兼容多态异构硬件，满足了信创云需求，并通过开放的信创生态，形成了丰富的场景化解决方案；在金融分布式 PaaS 能力构建上，平安金融云无缝支持云原生能力，一站式支持多种业务场景，使开发运维效率极大提升。提问：请你通过案例中存在的问题，设计解决方案或解决流程，在方案或流程中加入金融科技的应用和展望。

**完成步骤：**

1. 开展网络搜索，关于平安金融云进行全面的分析；
2. 理顺平安金融云为金融机构提供的解决方案或解决流程；
3. 制作 PPT，并上台展示。

# 单元 2
# 第三方支付

## 知识目标

1. 掌握电子支付和第三方支付的含义
2. 理解第三方支付的特点和优势
3. 了解第三方支付的本质和类型
4. 熟悉第三方支付的盈利模式和政策监管
5. 掌握金融科技在第三方支付的应用

## 技能目标

1. 能辨析电子支付和第三方支付
2. 能画出第三方支付的流程图
3. 能搜索并展示第三方支付平台
4. 能解释第三方支付应用金融科技的底层逻辑

## 素质目标

1. 锻炼学生团队沟通能力和经济分析能力
2. 培养学生适应我国金融改革就业岗位的能力
3. 培养学生需具备全球化、专业化的职业视角

## 思政目标

1. 培养学生具有协作和创新精神的职业道德
2. 树立学生经世济民的理想信念
3. 树立学生法治意识与诚信意识
4. 增强学生的民族自豪感和国家认同感

## 情景引入

**支付宝通过工信部首批适老化及无障碍水平评测**

近日，工业和信息化部“互联网应用适老化及无障碍改造专项行动”，公布了首批通过适老化及无障碍水平评测的 App，支付宝成为首批通过评测的 App 之一。

作为工信部 App 适老化和无障碍服务升级的第一批试点企业，过去一年，我们持续推进自身产品和服务的改造优化。

去年 7 月，支付宝上线“长辈模式”，除字体图标加大、操作页面简化外，去除了老年人不常用的功能及营销推送，65 岁以上老人使用有一键直达人工服务入口。

为视障用户研发的“挥一挥”验证码，也通过国家级无障碍专利开放工作组对全行业免费开放。

同时，通过“蓝马甲”志愿行动，一年累计走进 60 多个城市，服务老人超过 20 万人次。

负责人表示：我们还会继续努力，为老年人及特殊群体提供更便捷的服务，但对长辈们来说，最重要的还是你的陪伴。我的同事把他的真实故事拍成一部宣传片，希望大家过年更《用心》的陪伴家人。

（资料来源：同花顺财经，http：//field. 10jqka. com. cn/20220124/c636275882. shtml。）

## 思考实践

1. 支付宝属于电子支付吗？是第三方支付吗？
2. 你知道第三方支付平台还有哪些功能呢？

# 任务 2. 1　认识电子支付

### 2. 1. 1　支付体系的历史沿革

在社会商品经济发展过程中，支付结算问题与货币问题由来已久。支付体系是国家的货币转移机制，是核心的金融基础设施。发达的支付体系是衡量金融发展成就的重要标尺，是促进经济增长的重要手段。几千年来，随着人类社会的进步，生产力水平的进步，科技水平的进步，人们不断创新和发展支付方式。

在原始社会，人们自发产生了以物易物的交易行为，随着交易的不断扩大，一般等价物随之出现，实物货币的出现大大提高了人们的经济往来。

在封建社会，金属货币凭借其质地均匀、易于分割的特点流传开来，在我国历史上，铜、金、银币作为实物货币成为当时的支付工具。

随着商业的发展和交易量的扩大，加上金属货币的笨重特点，纸币逐渐成为支付工具。我国北宋时期产生了世界上最早的纸币——交子。在西方国家，随着银行的陆续出现，其发行的货币成为人们日常生活的主要支付方式。

银行卡的出现让支付更加便捷，特别是随着电子计算机的出现与普及，POS机刷卡支付、电话支付、网银支付、移动支付逐步走进人们的生活，支付体系也发生了翻天覆地的变化（图2－1）。

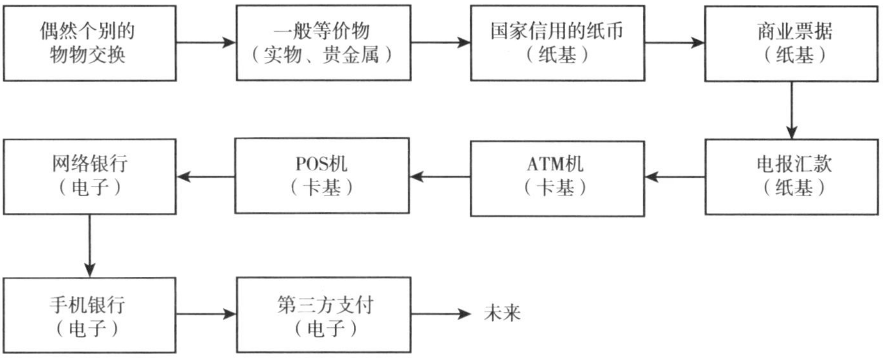


**图2－1　支付体系的历史沿革**

总体而言，支付体系经历了3个时代，分别是实物支付时代、信用支付时代和电子支付时代。

微课　支付方式的演变

1. 实物支付时代

马克思说："金银天然不是货币，但货币天然是金银"，以金银作为货币几乎是所有国家共同的历史。从实物交换到货币交换的转变是支付技术发生的第一次重要变革，一切商品的价值都集中地、统一地表现在一种贵金属商品，如黄金白银上。黄金白银作为实物交换时期最重要的一般等价物，具有币值稳定、易于携带、价值大且易于分割、便于贮藏等特点。

2. 信用支付时代

纸币的出现是支付技术发生的第二次重大变革。纸币是在信用没有充分发展的条件下，由国家印制并发行，代替金属货币使用的价值符号。从由贵金属做后盾的纸币——也就是我们以前说的银票，发展到如今与贵金属无关的纸币，意味着货币形式发展到了一个新的阶段。

3. 电子支付时代

我们现在所处的时代就是电子支付时代，这是一场支付系统正在进行的变革。电子支付使用的是一种以电子数据形式存储在计算机中并通过计算机网络而使用的资金，也就是我们通常所说的"电子货币"。我们通常使用的电子支付工具包括：电子信用卡、电子钱包和网络货币等。

### 2.1.2 电子支付概述

1. 电子支付概念

为规范和引导电子支付的健康发展，保障当事人的合法权益，防范支付风险，确保银行和客户资金的安全，2005 年 10 月 26 日，中国人民银行发布了《电子支付指引（第一号）》，其中对电子支付有以下规定：电子支付是指单位、个人（以下简称客户）直接或授权他人通过电子终端发出支付指令，实现货币支付与资金转移的行为。

笔者认为，电子支付是指消费者、商家和金融机构之间使用安全电子手段把支付信息通过信息网络安全地传送到银行或相应的处理机构，用来实现货币支付或资金流转的行为。

电子支付采用现代技术通过数字流转来完成支付信息传输，支付手段均是数字信息。

2. 电子支付的特点

电子支付是指电子交易的当事人，包括消费者、厂商和金融机构，使用安全电子手段通过网络进行的货币支付或资金流。与传统的支付方式相比，电子支付具有以下特征：

①电子支付使用最先进的通信手段，用户只要拥有智能手机或其他智能端即可。

②电子支付可以完全突破时间和空间的限制。

③具有方便、快捷、高效、经济的优势。

④电子支付的工作环境是基于一个开放的系统平台。

**【议一议】**

现金支付的弊端有哪些？谈谈为什么电子支付在我国普及率如此高？

### 2.1.3 电子支付的工具

电子支付的工具主要有 POS 机支付、电话银行支付、网络银行支付、手机银行支付、移动支付等。

#### 2.1.3.1 POS 机支付

科普第三方支付－POS 机收单

随着经济的发展和银行卡的普及，人们消费观念的转变，越来越多的消费者倾向于选择利用刷卡的渠道进行消费，这样的方式快捷方便，比起传统的现金结算要便利许多。因此 POS 刷卡成了线下消费的主流支付方式，无论是大型商超还是小型便利店，POS 机几乎是所有商户的必备，这也是因其自身具备的众多优势，才使得被市场所认可，POS 刷卡对商户端与用户端双方都是有益的，一方面提高了支付效率，另一方面也节约了用户的时间，消除了携带现金的烦恼。

1. POS机支付的原理

POS机是通过读卡器读取银行卡上的持卡人磁条信息，由POS操作人员输入交易金额，持卡人输入个人识别信息（即密码），POS把这些信息通过银联中心，上送发卡银行系统，完成联机交易，给出成功与否的信息，并打印相应的票据。POS的应用实现了信用卡、借记卡等银行卡的联机消费，实现了电子资金自动转账，使用起来安全、快捷、可靠，保证了交易的安全、快捷和准确，避免了手工查询黑名单和压单等繁杂劳动，提高了工作效率。

2. POS机的操作流程

（1）持卡人消费后，由POS机操作人员输入交易金额；

（2）持卡人通过刷卡、插卡或者挥卡等方式让POS机的读卡器读取银行卡上的持卡人信息；

（3）持卡人输入个人识别信息（如密码）；

（4）POS机将读取的信息通过银联中心，发送给发卡行系统，完成联机交易；

（5）发卡行反馈给出成功与否的信息，并打印相应的票据留存。

3. POS机支付的种类

（1）根据通讯方式的不同，POS机划分为固定POS机和移动POS机。

固定POS机需要连接网线或者电话线，故又称有线POS机，安装后位置相对固定，其优点在于通讯信号相对稳定，拨号速度快，成本相对较低，软件升级和维护相对容易；其缺点是需要连线操作，客人需要到收银台付账。

移动POS机需要插入RF－SIM卡，不需要连接网线或者电话线，故又称无线POS机、手持POS机，其优点在于体积小，可自由移动，具有完善的功能模块，使用方便（图2－2）。

**图2－2　POS示例图**

（2）根据开放程度和服务范围化的不同，POS机划分为传统POS机和智能POS机（表2－1）。

表 2-1 传统 POS 机和智能 POS 机的区别

| 功能 | 传统 POS 机 | 智能 POS 机 |
|---|---|---|
| 开放性 | 封闭的，无法与其他设备关联 | 开放的，与收银系统、EPR、系统管理、会员系统连接，帮助商户建立数据通信 |
| 搭载系统 | 嵌入式操作系统和专用的处理芯片 | 安卓等通用型操作系统 |
| 收款服务 | 单一的刷卡收款方式，其他收款方式需要增加外接设备 | 所有付款方式集为一体，包括闪付、扫码、第三方支付等 |
| 增值服务 | 功能单一，以刷卡为主 | 除了聚合支付方式，还提供会员管理、营销、店铺管理等多种增值服务 |
| 商户体验 | 独立的收银体系，升级困难，有价格优势 | 机具体积小，使用方便，但是价格微高 |

#### 2.1.3.2 电话银行支付

电话银行支付是电子支付的一种线下实现形式，是指消费者使用电话（固定电话、手机）或其他类似电话的终端设备，通过银行系统就能从个人银行账户里直接完成付款的方式。

人们需要到银行网点为电话支付业务绑定特定电话（固定电话或手机，可绑定 4 个）。电话支付采取客户个人操作密码唯一性，交易封闭管理等安全措施，流程上还增加了简单密码限制、短信验证码等控制，保障了整个操作过程及交易资金安全、可靠。

中国建设银行官网显示，电话银行可为银行客户提供自助语音和人工服务相结合的金融服务，包括账户查询、转账汇款、缴费、个贷查询、公积金查询、金融信息查询、账户挂失、信用卡还款、投资理财以及信息咨询、投诉、建议等多种服务，其中转账汇款、缴费、信用卡还款、投资理财这 4 项属于电子银行支付范畴（表 2-2）。

表 2-2 电话银行支付业务简介——以中国建设银行为例

| 业务名称 | 业务简介 |
|---|---|
| 转账汇款 | (1) 适用功能：此功能包含转账汇款、预约转账和信用卡还款功能。<br>(2) 适用客户：电话银行个人高级客户和普通客户。(根据所需功能不同，适用客户也有所不同。<br>(3) 适用账户：电话银行签约账户及非签约账户。(根据选择的功能不同、客户的签约情况不同，选择不同账户进行交易。 |
| 缴费 | (1) 适用功能：通信费、电费、燃气费、水费等、客户进线选择缴费功能后输入缴费种类、缴费地区区号办理缴费（具体缴费类别以当地分行缴费菜单为准）。<br>(2) 适用客户：电话银行个人高级客户和个人普通客户。<br>(3) 适用账户：除龙卡贷记卡以外的所有建行个人签约/非签约活期账户，准贷记卡不能透支缴费。 |

续表

| 业务名称 | 业务简介 |
| --- | --- |
| 信用卡还款 | (1) 适用功能：此功能包括信用卡还款、转接信用卡中心的功能。<br>(2) 适用客户：电话银行个人高级客户、普通客户和游客。(游客也可以适用转接信用卡中心功能)<br>(3) 适用账户：办理信用卡还款时，付款账户必须使用本人名下同一身份证开户的卡类账户（贷记卡除外）。 |
| 投资理财 | (1) 适用功能：包含第三方保证金存管、外汇交易、账户贵金属、基金、国债、银期直通车、结算通等功能。<br>(2) 适用客户：电话银行个人高级客户和普通客户。(根据所需功能不同，适用客户也有所不同)<br>(3) 适用账户：除龙卡贷记卡以外的所有建行个人活期储蓄账户。(根据所需功能不同，适用账户也有所不同) |

智研咨询发布的《2021－2027年中国电话支付行业市场深度分析及投资前景趋势报告》显示：在电子商务快速发展的今天，网络支付和移动支付已经成为电子支付的主要工具，电话支付业务数量和比重呈现明显下降趋势。2020年，中国电话支付业务数量2.34亿笔，电话支付业务数量占电子支付业务数量的比重仅为0.10%。

#### 2.1.3.3　网络银行支付

网络银行又称网上银行、在线银行，是指银行通过互联网向客户提供的，包括银行传统业务和新兴业务在内的各种金融服务，网络银行支付是网络银行的其中一个重要功能。

1. 网络银行支付的优点

对银行而言，网上银行支付可以起到扩展服务、推动转型、提高效益、树立形象的作用，是相比传统渠道，网上银行支付的开展可以降低银行的经营成本，增加业务交易量，同时也可以为客户提供便捷的银行服务。

对客户而言，网上银行支付没有时间和空间的限制，使用方便，有较强的互动性，可提供较为个性化的服务。

2. 网络银行支付的身份认证方式

以中国邮政储蓄银行为例，想要使用该银行网络银行支付的功能，就需要去该行网点柜台进行注册开通。在网络银行支付时可以采取三种身份认证方式。

第一类：UK＋短信

在柜面注册时，可以选择购买UK（U－key/U盾）作为认证方式，同时增加手机短信作为辅助认证方式。当登录邮储银行个人网银进行交易时，在交易确认页面，除插入UK输入UK密码外，还需输入正确的手机短信验证码，交易方可成功。

“UK + 短信”客户转账、跨行汇款、网上支付业务，单笔及日累计交易限额均为 200 万元；汇兑业务，单笔交易限额 5 万元、日累计交易限额 200 万元；跨境汇款业务，单笔汇出等值 2000 美元（含）、每日累计等值 5000 美元（含）。

第二类：电子令牌 + 短信

在进行柜面注册时，可以选择购买电子令牌作为认证方式。当登录储蓄银行个人网银进行资金交易时，在交易确认页面输入电子令牌动态交易密码，交易即可成功。

电子令牌客户转账、跨行汇款、网上支付业务，单笔及日累计交易限额均为 20 万元；汇兑业务，单笔交易限额 5 万元、日累计交易限额 20 万元。

第三类：手机短信

在进行柜面注册时，选择手机短信作为认证方式。当客户登录储蓄银行个人网银进行资金交易时，系统向客户在柜面注册时提供的手机号码发送 6 位验证码，只需在交易确认页面输入正确的手机验证码，交易即可成功。

手机短信客户转账、跨行汇款、汇兑业务、网上支付业务，单笔及日累计交易限额均为 1 万元。

3. 网络银行支付的流程

以电商购物为例，在网站上下单之后，选择银行卡支付通常会跳转到一个收银台页面，选择相关银行，点击到银行支付最后将会跳转到相应的银行页面。跳转到银行页面之后，我们首先需要下载按照银行安全控件，这样我们才能输入银行卡的相关信息。其次我们还需要使用银行给的安全设备，比如 U 盾，令牌器，令牌码等。在银行网站支付成功之后，就可以点击返回同步跳回到电商的网站，整个流程如图 2 – 3 所示：

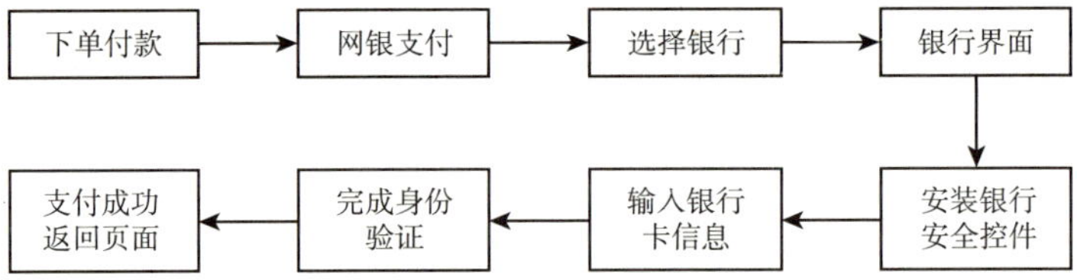


**图 2 – 3 网银支付的流程**

可以看到网银支付整个链路非常长，任何一步都可能发生失败，支付过程客户体验感不好。

### 2.1.3.4 手机银行支付

伴随移动互联网的发展以及智能手机的普及，手机银行逐渐成为银行服务客户的一个最主要的电子渠道，成为银行展示金融科技成果，实现数字化、智能化服务的落地平台，在银行业数字化转型进程中扮演着重要角色。为方便客户使用，各家银行不断对手机银行 App 版本进行迭代更新，手机银行的功能不断丰富完善。据统计，2020 年，我国银行业平均离柜率已经高达

90.88%，这得益于手机银行的大范围普及。

目前，手机银行为客户提供的服务不仅局限于存款、贷款、理财、结算、转账等金融服务，还包括生活缴费等多种便利生活的非金融服务，综合化服务特点突出。

手机银行支付是手机银行 App 的一个重要功能。手机银行支付是通过移动通信网络将客户的移动电话与银行连接，实现通过手机界面直接完成支付。

通过建设银行手机银行 App 发现，融合了电商与各类生活服务支付场景，覆盖生活缴费、餐饮服务、交通出行、购物消费、教育缴费、政务服务等领域，构建“金融 + 生活 + 社交”三大生态的融合场景。手机银行支付的方式包括付款码、扫码付、指纹支付、密码支付等，支付方式多样化，最大程度的便捷老百姓的生活（图 2－4）。

**图 2－4 建设银行龙支付页面截图**

**【想一想】**

为什么各家商业银行的手机银行 App 里都融入了生活社交支付场景，但是使用量远远低于支付宝和微信支付呢？

### 2.1.3.5 移动支付

1. 扫码支付

扫码支付又称二维码支付，也称条码支付。为规范条码（二维码）支付业务，保护消费者合法权益，促进条码支付业务健康发展，中国人民银行在 2017 年底发布了中国人民银行条码支付业务规范（试行）。

条码支付业务是指银行业金融机构（以下简称银行）、非银行支付机构（以下简称支付机构）应用条码技术，实现收付款人之间货币资金转移的业务活动。条码支付业务包括付款扫码和收款扫码。

付款扫码是指付款人通过移动终端识读收款人展示的条码完成支付的行为。

收款扫码是指收款人通过识读付款人移动终端展示的条码完成支付的行为。

央行文件－条码支付业务规范

因为相比现金支付来说，二维码支付直接省去了商家对接消费者的程序，也减少了收到假币的风险，消费者也不用带着一堆现金零钱出门。但是二维码也有一些不足，比如在没有网络信号的地方，是无法扫码支付的，二维码也比较容易被植入病毒。所以一般建议不要随意扫来历不明的二维码的提示。

当然还有为了防止一些支付的风险，也出台了相关限额的规定——《非银行支付机构网络支付业务管理办法》中为条码支付立了规矩：若使用静态扫码支付，同一客户银行或支付机构单日累计交易金额应不超过 500 元，使用动态扫码支付则最高不限额。

静态扫码是指付款人通过手机、Pad 等移动终端识读收款人展示的条码完成支付的行为，是用户主动扫码付款。我们常见的路边摊、菜市、杂货店等贴在墙上或者打印好的二维码就属于静态条码。

动态扫码是指收款人通过识读付款人移动终端展示的条码完成收款的行为，是用户被动扫码支付。我们在超市或者其他门店购物付款时，出示微信或支付宝付款码给收银员的二维码，就属于动态扫码。

2. NFC 支付

NFC（Near Field Communication），也称为近场通信技术，由恩智浦、索尼以及诺基亚共同研发而成。NFC 技术主要分为卡模式以及点对点两种工作方式，由于芯片属于被动激活机制，具备 NFC 技术的手机即便关机依然可以正常使用，这点特性决定了它可以替代大多数的 IC 卡使用。而在点对点模式当中，则可以实现数据传输。

NFC 支付是指消费者在购买商品或服务时，采用 NFC 技术通过手机、金融 IC 卡等设备完成支付的一种支付方式。一是支付的处理在现场进行，并且在线下进行，不需要使用移动网络，二是使用 NFC 射频通道实现与 POS 收款机或自动售货机等设备的本地通讯。移动 NFC 支付是通过移动智能终端设备（智能手机、智能穿戴设备等）进行的 NFC 支付。

在线下支付环境交易时，NFC 是一种近场通讯技术，支付时无需互联网。支付时将手机近距离贴近支持 NFC 的 POS 机，安全模块将提供设备账号和交易专用动态安全码，随后用指纹密码方式即可完成支付操作。NFC 的支付过程不会暴露在公用无线网络中。

目前，使用 NFC 支付的所有信息仅在银行和设备间传递，不会暴露给第三方。而在使用互联网支付方式时，所有的交易信息都会被如支付宝或微信的第三方获取，也有银行卡信息泄露和个人隐私泄露的危险。

NFC 手机支付方式比传统卡支付方式更安全。商家在操作刷卡时，可能会有留存卡信息的风险。另外，在移动设备上使用指纹等生物验证模式，相比数字密码更具有唯一性（表 2－3）。

**表 2－3　NFC 支付、支付宝微信支付与传统信用卡支付对比**

| 支付方式 | 支付速度 | 交易安全 | 数据安全 | 网络环境 |
|---|---|---|---|---|
| NFC 支付 | 流程少 | 银联结算，不保留任何消费数据 | 卡信息和密码存储于安全模块，独立于操作系统 | 无网络付款 |
| 微信/支付宝支付 | 流程较多 | 支付宝、微信结算保留所有消费数据 | 卡信息和密码存储于操作系统 App | 网络环境付款 |
| 信用卡支付 | 流程较多 | 商家可能留存卡信息 | 卡信息完全暴露，密码不留存 | 无网络付款 |

**【拓展学习】**

线上支付是指买卖双方通过电子商务网站进行交易，并完成支付的行为，也称在线支付，例如在淘宝、京东购物都属于线上支付。

线下支付是相对于线上支付来讲，不是通过网上交易的，是面对面交易的支付行为，比如超市买东西，当面给现金都属于线下支付（图 2－5）。

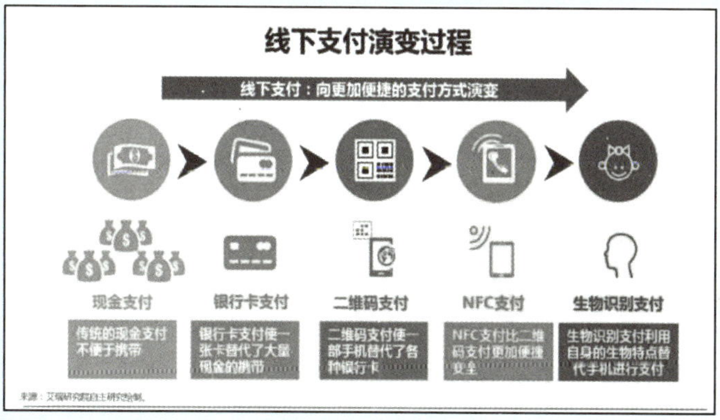


**图 2－5　线下支付演变过程**

资料来源：艾瑞研究院。

大量的电子支付已经模糊了线上线下支付的概念，因为哪怕是超市购物或乘坐公共交通，我们都很少使用现金支付，扫码支付、NFC 支付已经成为我们的生活常态，这些支付方式都属于电子支付。

3. 指纹（刷脸）支付

指纹（刷脸）支付是利用指纹（人脸）识别的生物识别技术，将支付工具和指纹（人脸）进行关联，在具备指纹（人脸）识别的支付平台或银行终端上按下自己预留的指纹（人脸）进行消费、支付，具有方便、安全的优点。

对客户来说，客户无须携带任何支付介质，可消除由于银行卡消磁、忘记携带等带来的不便，使消费更加便利、时尚，可有效避免由于银行卡被盗、复制、诈骗所带来的资金风险。每个人的指纹（人脸）天生具有独一无二的特性，这种支付方式极具个人特色，让用户体验性很好。

### 2.1.4 电子支付的现状——移动支付

随着智能手机使用量的增长以及手机应用程序带来更多功能，消费者的行为发生了改变。现代消费者对可获得的金融服务更感兴趣，这些金融服务简单易用，方便消费者掌控。移动电话的增长和多功能性非常适合账单支付，使移动支付成为消费者可靠的替代支付方式。

仔细想想，如今生活中绝大多数场景确实通过手机就能完成支付：商场购物，生活缴费，买电影票，出行停车……移动支付的普及正在悄然改变着我们的生活。

作为通道和载体，移动支付已经渗透到衣食住行，覆盖了存在刚性需求的零售、交通出行、医疗社保、公共缴费等生活场景。在人脸识别为代表的生物识别技术、小程序创新的加持下，移动支付的快速连接能力，呈现多维度、轻量化、私域化的发展趋势。

我国移动支付行业市场呈现出如下特点。

1. 移动支付成为主要支付方式

根据 Worldplay 发布的《2021 全球支付报告》数据显示，我国国内所有的支付方式中，移动支付的占比达到 50%，成为我国消费者选择最多的支付方式。截至 2021 年 6 月，中国网络支付用户规模达到 8.72 亿（87221 万），较 2020 年 12 月增长 1787 万，占网民整体的 86.3%。

支付企业在移动支付的全面布局，也带动了手机在线支付用户的增长。2011－2020 年，我国移动支付用户规模逐年增长，中国互联网络信息中心发布的第 47 次《中国互联网络发展状况统计报告》数据显示，截至 2020 年 12 月，我国移动支付用户规模达到 8.54 亿，比 2019 年 6 月增长了 34.9%，网民移动支付的使用比例由 2018 年底的 72.5% 提升至 86.4%。

2. 中国移动支付业务规模突破 400 万亿元

据中国人民银行发布的数据显示，截止到 2020 年年底，我国移动支付业务 1232.20 亿笔，金额 432.16 万亿元，同比分别增长 21.48% 和 24.50%。

移动支付应用继续呈现小额高频、便民服务特点，操作简单和无须携带现金或银行卡仍是用户选择移动支付的主因。移动支付应用的主要场景是生活消费和投资理财，用户最常使用的移动支付方式为扫码支付，条码支付已为大多数消费者接受，并在零售、餐饮、公共交通等场景广泛应用。扫二维码和手机 NFC 支付是用户搭乘公共交通时最常使用的移动支付方式。个人信息泄露是移动支付用户最常遇到的安全问题。

3. 第三方移动支付成为主力军

由于第三方支付 App 的活跃，使得人们逐渐习惯于使用第三方移动支付进行支付，并成为移动支付中市场规模最大的一环。2020 年中国第三方移动支付市场交易总规模实现 271 万亿元，增速达到 19.9%。其中，支付宝、财付通两大巨头在 C 端占绝对优势，在中国第三方移动支付市场两者的份额加起来超过 90%，其他支付机构在产业端寻求新的增量市场成为关键。

2021 年 2 月，中国银联发布了《2020 移动支付安全大调查报告》，根据调查数据，有 98% 的受访者将移动支付视为最常用的支付方式，平均每人每天使用移动支付三次，其中二维码支付最受欢迎。

**【想一想】**

什么是第三方支付？

为什么在我国，第三方移动支付是支付主力军？

# 任务 2.2　探寻第三方支付的逻辑

第三方支付的诞生起源于电子商务非现金交易的需求，交易双方在时间和空间处于分离状态，作为中介机构承担便利支付和信用担保的职能，进而促成交易发生。

## 2.2.1　第三方支付的概述

第三方支付是指具备一定实力和信誉保障的非银行机构，借助通信、计算机和信息安全技术，采用与各大银行签约的方式，在用户与银行支付结算系统间建立连接的电子支付模式。

要理解第三方支付，就需要把握 2 点，分别是：①具备一定实力和信誉保障。②非银行机构。

第三方支付平台是指支付平台提供商通过通信、计算机和信息安全技术，在商家和银行之间建立连接，从而实现消费者、金融机构以及商家之间货币支付、现金流转、资金清算、查询统计的一个平台。之所以称第三方，是因为这些支付平台并不涉及资金的所有权，而只是起到连接作用。

非金融机构支付服务管理办法实施细则

根据央行2010年在《非金融机构支付服务管理办法》中给出的非金融机构支付服务的定义，从广义上讲，第三方支付是指非金融机构作为收、付款人的支付中介所提供的网络支付、预付卡、银行卡收单以及中国人民银行确定的其他支付服务。第三方支付已不仅仅局限于最初的互联网支付，而是成为线上线下全面覆盖，应用场景更为丰富的综合支付工具。

在通过第三方平台的交易中，买方选购商品后，使用第三方平台提供的账户进行货款支付，由对方通知卖家货款到达、进行发货；买方检验物品后，就可以通知付款给卖家。第三方支付平台的出现，从理论上讲，彻底杜绝了电子交易中的欺诈行为，这也是由它的以下特点决定的：

（1）第三方支付平台的支付手段多样且灵活，用户可以使用网络支付，电话支付，手机短信支付等多种方式进行支付。

（2）第三方支付平台不仅具有资金传递功能而且可以对交易双方进行约束和监督。

（3）第三方支付平台是一个为网络交易提供保障的独立机构。

**【拓展学习】**

**支付宝的由来**

支付宝是中国最大的第三方支付公司。支付宝最初是为了解决淘宝网络交易安全所设的一个功能，该功能首先使用“第三方担保交易模式”。

在淘宝网创办之初，团队士气高涨，大家拼劲儿十足，整个网站也很活跃，有很多用户在论坛上发帖，用户咨询业务也很热情，但奇葩的是没有交易，因为淘宝初期的交易方式无非就两种：要么同城交易见面；要么远程交易汇款。在中国人传统的商业思维中，“一手交钱，一手交货”是天经地义的事情，而在网上交易中，这种传统的交易模式没有先例，淘宝的成长也随之陷入困境。

碰巧的是，淘宝的创始人在一次逛淘宝网论坛时发现，关于支付信任问题，不仅淘宝网团队为此头疼，淘宝社区中的买家和卖家也在讨论这个问题，他就主动发帖和这些用户讨论。一来二去，他的思路越来越清晰。他想，既然用户最关心的是钱，那么只要保证资金安全，用户就敢用淘宝网了。因此，如果能在淘宝网推出一种基于担保交易的支付工具，问题就解决了。

2003年10月18日，淘宝网首次推出支付宝服务。

2004年，支付宝从淘宝网分拆独立，逐渐向更多的合作方提供支付服务，发展成为中国最大的第三方支付平台。

（资料来源：知乎 https：//zhuanlan. zhihu. com/p/57020635）

## 2.2.2　第三方支付平台的类型

### 2.2.2.1　有电子交易平台且具备担保功能的第三方支付

指依托电子商务平台前提下第三方支付和各商业银行相互合作的模式，作为介于买卖双方之间的线上资金过渡转移方，在买卖方确定商品交易时，买方在线上提交订单的前提下将资金先转入第三方机构渠道，等卖方发货、买方确认收货这些必要环节完成，经过确认完成系统后第三方支付机构再将资金转给卖方，完成交易过程，以支付宝、财付通为代表（图2－6）。

**【训练2－1】使用第三方支付流程图**

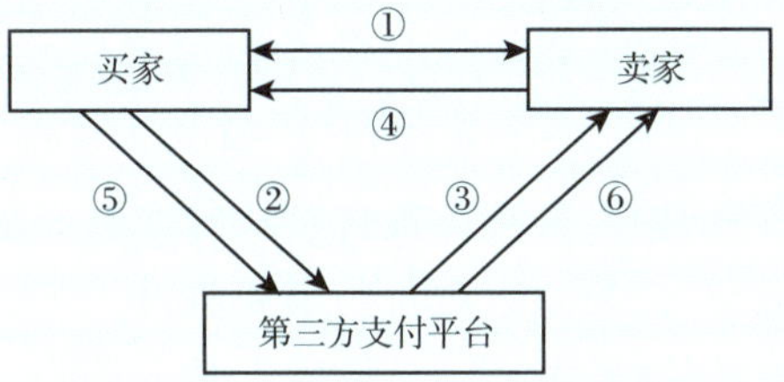


①____________________

②____________________

③____________________

④____________________

⑤____________________

⑥____________________

要求：请你写下从①—⑥每一个流程的具体情况。

这种类型的第三方支付平台，是通过电子交易平台独立开发或者合作开发的，与众多家银行建立合作关系，同时凭借其公司自身的实力、影响力和良好的信誉来承担交易双方之间担保的第三方支付平台，利用自身现有的电子商务平台和中介担保支付平台来吸引更多的商家开展经营活动。

这类平台通常都拥有自己一定的客户资源，并能通过每笔交易记录有效地建立个人的信用评价体系，其优势特点主要在于可信性较高，而且能承担中介担保的职能。这类机构主要适用于C2C、B2C市场的客户群体，大部分支付服务是针对个人或者中小型商户所提供的。

图2－6　支付宝、财付通的Logo

### 2.2.2.2　独立第三方支付平台

独立第三方支付平台是平台完全独立于电子商务网站，不负有担保功能，仅仅为用户提供订单处理与支付系统解决方案。以快钱、易宝支付、汇付天下、拉卡拉等为典型代表（图2－7）。

图2－7　块钱、拉卡拉、易宝支付的Logo

在这种模式中，支付平台是银行金融网络系统和 Internet 之间的接口，为需要的商家提供网上支付通道。平台分别与消费者、银行、商户签订合同并提供服务，是单纯的中介机构。一方面其与商户及消费者构成选择与被选择的关系，另一方面与主流银行进行合作，与银行开展结算业务，实质上起到了一种“网关”的作用，但和早期纯网关型企业又有很大区别。事实上，独立第三方支付企业最初都是凭借支付网关模式立足的。

**【训练 2-2】**

请在网络上搜索一家第三方支付平台，以小组为单位完成调研、PPT 制作、课堂展示。

### 2.2.3 第三方支付的优势

在缺乏有效信用体系的网络交易环境中，第三方支付模式的推出，在一定程度上解决了网上银行支付方式不能对交易双方进行约束和监督，支付方式比较单一，以及在整个交易过程中，货物质量、交易诚信、退换要求等方面无法得到可靠的保证，交易欺诈广泛存在等问题。其优势体现在以下几方面：

对商家而言，通过第三方支付平台可以规避无法收到客户货款的风险，同时能够为客户提供多样化的支付工具。尤其为无法与银行网关建立接口的中小企业提供了便捷的支付平台。

对客户而言，不但可以规避无法收到货物的风险，而且货物质量在一定程度上也有了保障，增强客户网上交易的信心。

对银行而言，通过第三方平台银行可以扩展业务范畴，同时也节省了为大量中小企业提供网关接口的开发和维护费用。

**【拓展学习】**

**中国支付行业发展史**

20 世纪 90 年代之前，现金是最主要的支付手段，人们的日常出行，购物及旅行也便离不开现金。钱包里日益增加的现金很大程度上为百姓的生活增加了便利和安全感。

随着改革开放实施，国家采取多项措施，提高了国内银行业的多元化。中国各大国有银行在承继原有职能的同时，相继拓展新职能。银行卡的出现弥补了大额现金交易的不安全性和不便，不仅减少了现金和支票的流通，也打破了银行业务在时间和空间上的限制。因而现代支付行业的发展的基础是银行业。

随着银行卡支付飞速发展，持卡人数和交易数额不断增加，更多的需求刺激了银行推出更加便捷和方便的服务。在全球电子商务悄然兴起的

1996年，中国银行率先建立网上银行服务，同年我国互联网用户为10万，网络银行服务体系逐渐完善，电子支付开始在中国初步展现。

随着电子商务的发展，各大互联网公司（特别是电子商务平台）面临两个亟待解决的现实问题，一是互不相识的卖家和买家之间的信任问题，二是用户持有不同银行的银行卡，而不同银行之间的网络接口各自为政，由此第三方支付平台应运而生。

一方面，第三方支付平台用来解决不同银行卡的网上银行对接，为持有不同银行账户的收付双方提供了统一接口。另一方面，第三方支付平台提供了信用保障，在买家付款后发挥担保作用，等确认收货后才最终付款，简化了支付流程，解决了异常交易中的信用缺失问题。通过第三方支付平台完成了从消费者到商户以及金融机构间的货币支付、资金清算、查询统计等系列过程（表2-4）。

**表2-4 中国支付发展史**

| 支付方式 | 货币支付 | 银行支付 | 互联网及移动支付 |
|---|---|---|---|
| 别称 | 第一方支付 | 第二方支付 | 第三方支付 |
| 交易方式 | 货币直接进行交易 | 通过银行完成支付 | 使用电子设备完成支付 |
| 优点 | 简单直接 | 安全、低风险 | 支付便捷，交易速度快 |
| 缺点 | 效率低、携带不便、风险较高 | 多张银行卡共存，多个银行办理业务，管理麻烦 | 私人信息容易泄露 |

### 2.2.4 第三方支付的作用

（1）降低成本。对接多家银行成本极高，而第三方支付平台降低了企业直连银行的成本，满足了企业专注发展在线业务的收付要求；

（2）个性定制服务。第三方支付平台还可以为被服务企业提供个性化的支付结算服务，满足企业的商业需求；

（3）操作更为简单。第三方支付平台的支付方式更多样化，而早期的网银支付方式相对比较少并且操作流程复杂；

（4）保障交易双方利益。第三方支付平台应用于电子商务领域时，能够提供中介流转服务，解决网上交易中的信用问题，保障交易双方利益。

### 2.2.5 第三方支付的本质

支付的本质要素有两个，第一是账户，第二是鉴权。无论支付的形式如何变换，这两个本质要素是不可或缺的。真正理解了支付的原理，才能理解第三方支付的本质。

以我们熟知的信用卡为例，在POS机上刷卡是目前最常见的信用卡使用方式。

刷卡时，收银员一般根据发卡行选择相应的 POS 机，将磁条式信用卡的磁条在 POS 机上划过，或者将芯片式信用卡插入卡槽，连通银行等支付网关，输入相应的金额，然后交由持卡人输入密码，远程支付网关接受信息，验证密码成功之后，POS 机上的刷卡程序就成功完成了。

这个支付过程有两个要求：第一，刷卡的动作，为什么要刷卡呢？其实是传递你的信用卡对应的银行账户信息。第二，输入密码。为什么要输入密码呢？其实就是验证你是否有动用这个银行账户进行支付的权限。

总结起来，其本质就是两个步骤，一是传递支付账号，二是鉴定权限。

1. 二维码的支付

本质上二维码就是一段文字，只不过对文字进行了编码，人类无法看懂。而电脑程序，例如智能手机中的 App，则可以读懂其中内容，而且这段文字中还可以包含网页的地址，所以扫描二维码还可以直接跳转到指定的网页。那么扫二维码支付，其实就是读取二维码中包含的银行账户，然后输入支付密码完成支付。所以本质上来看，这和 POS 机上刷卡支付也没有什么不一样。同样是，第一传递账户，第二输入密码。只不过传递支付账号的方式不是刷卡得到，而是扫码得到的。

2. 指纹支付和刷脸支付

指纹支付，也是分两步，在第一步传递完支付账号之后，通过指纹来进行鉴定权限，也就是说用输入指纹来代替输入密码的过程。形式上虽然不同，但是其原理和本质是一致的而且指纹属于生物特征，比起键盘输入的密码，具有不易丢失，无须记忆，方便快速的优点。所以同样是，第一传递账户，第二输入密码。

刷脸支付的密码，输入的则是你的脸部图像照。图像识别脸部的时候，账户号码和密码输入可以一并完成，在刷脸支付时，只需要面对摄像头，系统会分析面部特征，连接个人支付账户，整个消费过程不需要钱包，银行卡，也不需要输入密码。因为你的脸就代表了你的支付账户和密码。

### 2.2.6 第三方支付的盈利模式

1. 沉淀资金

客户在使用虚拟账户消费转账过程中，会在备付金账户内沉淀出一定规模的资金。这部分资金的利息收入归第三方支付机构所有，但只能进行银行存款、基金购买，不能进行放贷等投资。

以支付宝为例，根据支付宝的交易流程，用户只有在满意商品并确认收货后，支付宝才会把货款打给商家，从消费者购买商品付出货款到收到商品确认收货，这中间资金产生的时间差使得沉淀资金得到产生。沉淀资金主要有两部分构成：一是在商品运输过程中产生的在途资金和交易完成后，很多用户并不会自己选择确认收货，而是等系统自动确认收货，这也是沉淀资金的主要构成；二是不使用支付宝时，用户的大部分资金都在支付宝余额中，这也形成了支付宝沉淀资金的第二大来源。由于移动支付的安全性，支付宝的用户也就越来越多，沉淀资金量也就越大，支付宝如果用这些沉淀资金来进行投资，将会获得巨大收益。例如，就每年的“双十一”成交量来看，支付宝就可以从中借机获得大量的沉淀资金，支付宝通过与淘宝、天猫等合作，在每年的“双十一”购物狂欢节中起到了支付中介的作用。

2. 手续费收入

手续费收入是第三方支付向用户收取手续费和向银行支付的手续费之差，一般指第三方支付中的线下收单业务。

（1）针对个人客户主要有的转账、提现、外币支付等交易方式。

（2）针对企业主要有布放智能 POS 机、为企业提供款项查询、转移支付、退款等清算交易。

3. 服务费

（1）理财相关的业务的服务费。第三方支付平台凭借其强大的流量和雄厚的实力，代理销售很多金融产品，包括商业银行和券商的理财产品，基金公司的基金产品，保险公司的保险产品等，向这些金融机构收取服务费已经成为第三方支付平台的一项重要收入来源（图 2－8）。

**图 2－8　支付宝“理财”板块的截图**

（2）代缴费业务。此类业务是第三方支付平台对其他合作商户收取的部分服务费用，如支付宝增值业务中的缴纳水电费、医院挂号、校园一卡通等功能，第三方商户向支付宝缴纳代理服务费，用户便可以通过支付宝完成整个缴费流程。

（3）平台衍生收入。第三方企业依托平台累积客户资源，制造支付场景创造平台衍生收入，分别对企业端客户及个人客户端客户提供金融服务或产品销售，例如蚂蚁金服依托支付宝第三方支付平台，拓展业务至小额贷款、网络银行、在线融资、在线理财、保险等多个衍生领域。

第三方支付平台还可以通过客户信息、交易信息的聚合，衍生出如互联网营销、征信、金融等增值服务。因此，第三方支付也成为金融科技行业中重要的一环，有助于打通各项业务节点形成生态闭环。

**【训练 2－3】**

请你查一查支付宝和微信提现的手续费收费标准，并用表格的形式展示。

### 2.2.7 第三方支付的政策监管

随着我国银行卡渗透率的不断提高和电子商务、互联网金融的快速发展，第三方支付从最初的支付中介逐步发展成为潜力巨大的新兴产业。在加速发展与快速创新的同时，第三方支付也面临着诸多风险问题，行业秩序也急需整治。

首先，主体资格和经营范围的风险。第三方支付，从事的业务介于网络运营和金融服务之间，其法律地位尚不明确。虽然多数第三方支付试图确立自己是为用户提供网络代收代付的中介地位，但是从所有这些第三方支付实际业务运行来看，支付中介服务实质上类似于结算业务。此外，在为买方和卖方提供第三方担保的同时平台上积聚了大量在途资金，表现出类似银行吸收存款的功能。按照我国《商业银行法》规定，吸收存款，发放贷款，办理结算是银行的专有业务。第三方支付平台经营的业务已突破了现有的一些特许经营的限制，究竟应当如何定位，是我们应该深思的问题。

其次，在途资金和虚拟账户资金沉淀的风险。在支付过程中，无论是第三方支付平台模式还是内部交易模式，都有一种资金吸存行为，当吸收的资金达到相当的规模以后，就产生了资金安全问题和支付风险问题。

在第三方支付平台模式中，沉淀下来的在途资金往往放在第三方在银行开立的账户中，一般商家的资金会滞留两天至数周不等，这部分在途资金，可能发生的风险有：第一，在途资金的不断加大，使得第三方支付平台本身信用风险指数加大。第三方支付平台为网上交易双方提供担保，那么谁来为第三方提供担保？第二，第三方支付平台中有大量资金沉淀，如果缺乏有效的流动性管理，则可能引发支付风险。

在内部交易模式下，涉及虚拟货币的发行和使用。目前虚拟货币尚未纳入央行的监管范围，且游离于银行系统之外，难以跟踪平台内部的资金流向，它将对现实社会产生什么样的影响还不明确。但目前虚拟货币的发行是完全不受控制的，当越来越多的人认可和使用虚拟货币后，一旦虚拟货币与现实货币对接出现问题时，将是一个巨大的灾难。没有人愿意为这种风险买单，也买不起。

最后，《反洗钱法》带来的洗钱风险。央行在发布的《反洗钱报告》中称，网上银行在银行业务中占据的比重上升迅速，而且交易大都通过电话、计算机网络进行，银行和客户很少见面，这给银行了解客户带来了很大的难度，也成为洗钱风险的易发、高发领域。第三方支付机构作为非银行金融中介，利用信息技术手段连接收付双方的银行账户，提供资金结算、转移及其延伸服务。第三方支付为持有不同银行账户的收付双方提供了统一接口，可以简化支付流程并提供信用保障，也降低了交易成本。

第三方支付在我国得到了快速的发展，不但是居民生活的重要支付方式，也催生了很多新的商业模式，成为移动互联网时代商业活动的关键基础设施，但是因为存在很大的风险，因此必须接受严格的监管。

在我国，第三方支付是受到中国人民银行监管。从 2010 年中国人民银行首次颁发《支付业务许可证》以来，第三方支付行业已经走过了 10 多个年头，产业发展行至今，支付产业“严监管”常态化已经走向深水区，政策后置效应开始显现，行业发展模式面临换挡，高速发展向高质量发展的挑战不断加剧。

1. 支付业务许可证

支付业务许可证

中国人民银行为了加强对非金融机构从事支付业务的监管，于 2010 年 6 月正式对外公布了《非金融机构支付服务管理办法》。非金融机构提供支付服务需要按规定取得《支付业务许可证》方可成为支付机构，就此第三方支付牌照应运而生。《支付业务许可证》的发放，将赋予支付企业合法地位，使第三方支付业务可以延伸到政策监管更严格、专业性要求更高的金融领域，如基金、保险等理财服务市场。

2011 年 5 月中国人民银行对外公布了首批 27 家获得“支付业务许可证”的企业名单，它们可以从事互联网支付、移动电话支付、银行卡收单、预付卡发行与受理、货币汇兑等诸多支付业务。其中，既有支付宝、财付通、快钱、汇付天下等民营第三方支付企业，也有银联商务有限公司、广州银联网络支付有限公司、北京银联商务有限公司等国字头企业。截止 2022 年 6 月，有 220 家公司持有支付业务许可证，被注销许可证的公司有 51 家。

《非金融机构支付服务管理办法》规定，《支付业务许可证》自颁发之日起，有效期 5 年。支付机构拟于《支付业务许可证》期满后继续从事支付业务的，应当在期满前 6 个月内向所在地人民银行分支机构提出续展申请。

人民银行通过《支付业务许可证》续展，综合评判非银行支付机构许可存续期间的整体经营稳健性和合规性，以及支付业务的运营能力、风险防控能力、客户权益保障能力、发展可持续性等情况，充分考虑行业发展现状和监管政策导向，建立健全市场退出机制。如支付机构在许可持续期间一直未展业，或支付业务大幅萎缩甚至已停止一段时期，或存在重大违法违规行为等，其存续经营能力、合规经营意识、风控水平等均需引起重点关注。人民银行将以续展工作为契机，对机构是否继续具备支付业务经营资质、所从事支付业务是否具备可持续发展能力等进行审查，审慎作出续展决定，推进市场清理整顿，净化行业发展环境。

**【拓展学习】**

## 支付牌照上演大浪淘沙

央行官网发布非银行支付机构《支付业务许可证》续展公示信息(2022年6月第四批)。79家参与续展的机构中，有52家完成续展，8家中止续展，19家支付机构牌照被注销。

从央行官网看到，79家参与续展的机构中，其中北京滴滴支付技术有限公司、上海程付通支付有限公司、深圳市美的支付科技有限公司等52家机构通过续展考核。而8家机构因存在《中国人民银行行政许可实施办法》第二十四条规定的情形，中国人民银行决定中止对其牌照续展申请的审查。这8家机构包括：汇潮支付有限公司、上海瀚银信息技术有限公司、银视通信息科技有限公司、嘉联支付有限公司、九派天下支付有限公司、中钢银通信息技术服务有限公司、江西缴费通信息技术股份有限公司、云南本元支付管理有限公司。这8家中止受理的支付机构牌照类型不再限于预付卡，银行卡收单和移动支付以及互联网支付牌照都涵盖在内。

19家被注销的牌照中，汇通宝支付由于未遵守《中国人民银行行政许可实施办法》第十七条规定被央行摘牌。据了解，这也是首次主要因“未如实提交有关材料和反映真实情况”被摘牌的机构。剩余被注销牌照的机构中，商银信支付服务有限责任公司、上海亿付数字技术有限公司、上海商业高新技术发展有限公司等10家机构未提交《支付业务许可证》有效期续展申请，不再续展。据悉，第四批支付机构最初发牌为95家，占所有支付牌照数量（271）的35%，是最多的一批支付牌照。

支付牌照上演大浪淘沙竞争激烈。央行对申请支付牌照的公司要求很高，审批很严格，能获得央行支付牌照的支付公司都是合格正规的公司。记者了解到，作为2021年已续展的汇付天下，在深耕业务方面，去年公司就发布“斗拱”支付平台，该平台是一个云原生的支付平台，让支付作为数字化的重要基础设施迎来再一次的重构升级。未来，汇付天下还将持续加大科技投入，力求构筑产业支付时代的核心竞争力。科雅顾问有限公司陈先生告诉记者，支付平台降低了政府、企业和事业单位直连银行的成本，满足了企业专注发展在线业务的收付要求。第三方支付公司在一定程度上解决了用户无法在网上银行支付的问题，并且因为有央行支付牌照，资金清算有保障，客户也更信赖，而移动支付是行业发展的新蓝海。

**【训练2-4】**

你知道哪些公司拥有支付业务许可证吗？请打开中国人民银行官网进行查询。

2. 支付机构反洗钱

支付机构反洗钱和反恐怖融资管理办法

洗钱风险是指将违法所得及其产生的收益通过各种手段掩饰、隐瞒其来源和性质，使其在形式上合法化带来的风险。第三方支付提供了资金划拨的功能，由于部分第三方网上支付工具不需进行实名认证便可完成交易，不法分子便利用第三方支付的中介性质隐匿资金来源，使资金在形式上合法化。

洗钱风险目前主要来自两方面：一是黑客通过虚拟交易的方式，将盗取的他人账户资金转入自己账户；二是通过虚拟卡交易，向虚拟账户中转入金融体系之外的现金，从而隐匿资金的源头。随着跨境支付的快速发展，境外非法资金有可能通过第三方支付通道输入境内，进而增加跨境洗钱风险。

为预防洗钱和恐怖融资活动，加强对支付机构反洗钱和反恐怖融资工作的监督管理，按照《中华人民共和国反洗钱法》、《非金融机构支付服务管理办法》，中国人民银行于2012年制定了《支付机构反洗钱和反恐怖融资管理办法》。

3. 客户备付金存管

备付金风险指第三方支付机构挪用、占用或借用客户备付金可能引发损失的风险，是第三方支付行业存在的主要内部风险。

2013年6月出台的《支付机构客户备付金存管办法》，要求第三方支付机构的客户备付金必须全额缴存至相应的备付金专用账户且不得擅自挪用、占用或借用。备付金管理是行业监管政策红线，也是第三方支付机构业务运营的底线。

支付机构客户备付金存管办法

在第三方支付平台的运营模式下，交易双方的资金划转普遍存在延时支付和清算的情况，这使得第三方支付机构账户沉淀了大量的资金。挪用客户备付金会扰乱市场秩序，可能造成重大损失，严重损害客户权益，危及行业生存，是严重的违规行为。因非法大量挪用客户备付金，人民银行已经注销了浙江易士、广东益民和上海畅购三家支付机构的支付牌照。

4. 直连模式迁移至网联平台处理

在线下消费时，所有的跨行支付都是由收单机构请求银联来完成付款。而使用第三方支付时，第三方支付机构直接连接了一家家的银行，相当于绕过了银联与银行直接联系，原本应该由银联承担的工作，阴差阳错地落到了支付机构身上。

你知道网联清算有限公司吗

支付机构通过自建的系统，接入银行的系统，对于用户和商家同行的交易，在银行内部完成交易，对于用户和商家不在同行的交易，通过在不同的银行分别开设备付金调拨备付金的方式完成。在这样的体系里，同行交易内部完成，跨行的交易却没有经过监管部门，无法获知真实的交易情况，无法掌握资金流向，无法进行有效的金融监管，无法正常开展反洗钱业务以及宏观经济的调控。

在中国人民银行指导下，由中国支付清算协会按照市场化方式组织非银行支付机构以“共建、共有、共享”原则共同参股出资，于2017年8月在京注册成立了非银行支付机构网络支付清算平台，简称“网联”。

2017年8月4日，央行支付结算司向有关金融机构下发了《中国人民银行支付结算司关于将非银行支付机构网络支付业务由直连模式迁移至网联平台处理的通知》（以下简称209号文）。209号文要求，自2018年6月30日起，支付机构受理的涉及银行账户的网络支付业务全部通过网联平台处理。同时，要求各银行和支付机构应于2018年10月15日前完成接入网联平台和业务迁移相关准备工作。

网联主要是为第三方支付机构提供一个统一的独立清算平台。也就是说，之前的第三方支付机构（微信、支付宝等）线上支付是直接对接各大银行的，而现在只需要对接网联，再由网联作为中间平台实现与银行对接。有了交易数据后，网联就可以执行对支付机构的监督工作。

5. 条码支付安全管理

近年来，随着移动互联网技术与智能手机的普及，以二维码为代表的“条码支付”迅速发展。据了解，条码支付是指银行或支付机构应用条码技术，实现收款人、付款人之间货币资金转移的业务活动，通常包括“扫码付款”和“扫码收款”两种方式。

不过，扫码支付在走入人们生活的同时，风险也逐渐浮出水面。相比于银行卡支付，条码支付没有物理卡片载体，也缺少专业设备支持，在信息安全方面存在一定隐患。比如，不法分子通过手机病毒，将消费者手机中的支付账号、密码、身份证信息、联系人信息、照片等隐私信息窃取，甚至可能通过直接截获短信验证码来盗刷手机用户银行卡。

条码支付由于门槛较低、成本低廉、支付便捷，近年来受到了商户、消费者、银行及支付机构的青睐，在服务普通消费者方面起到了很好的作用。

从技术层面看，二维码通过几何图形来记录数据和储存信息，支付终端缺乏识别与拦截功能，就可能产生安全漏洞和隐患。

从市场层面看，部分支付机构在拓展业务时，通过不当的交叉补贴、滥用优势地位来排除和限制竞争，导致不公平竞争。

从合规层面看，部分市场机构片面追求业务发展速度，违规发展商户，带来各类安全隐患。

2018年中国人民发布了《条码支付业务规范（试行）》和《条码支付受理终端技术规范（试行）》，相关规定自2018年4月1日起施行。通知和规范提出的业务规范要求和安全管理措施非但不会制约支付创新发展，反而能够指引支付业务创新沿着安全规范的方向发展，保障行业发展的稳健和长远。

以下是十多年来我国第三方支付的政策文件，具体见表2-5。

表 2-5 我国第三方支付的政策梳理

| 实施时间 | 政策名称 | 主要内容 |
|---|---|---|
| 2010.06 | 《支付业务许可证》 | 中国人民银行对外公布了首批27家获得“支付业务许可证”的企业名单，支付牌照的发放意味着非银行金融机构的经验有法可依。 |
| 2012.03 | 《支付机构反洗钱和反恐怖融资管理办法》 | 明确了非银行支付机构反洗钱内部控制和风险管理要求，要求非银行金融机构应当开展洗钱和恐怖融资风险自评估，制定相应的风险管理政策。 |
| 2013.6（已废止） | 《支付机构客户备付金存管办法》 | 支付机构接收的客户备付金必须全额缴存至支付机构在备付金银行开立的备付金专用存款账户。 |
| 2015.12 | 《非银行支付机构网络支付业务管理办法》 | 支付机构应当遵循主要服务电子商务发展和为社会提供小额、快捷、便民小微支付服务的宗旨，基于客户的银行账户或者按照本办法规定为客户开立支付账户提供网络支付服务，提出了静态码限额支付条款。 |
| 2016.4 | 《国务院办公厅关于印发互联网金融风险专项整治工作实施方案的通知》 | 按照“打击非法、保护合法，积极稳妥、有序化解，明确分工、强化协作，远近结合、边整边改“的工作原则，区别对待、分类施策，集中力量对P2P网络借贷、股权众筹、互联网保险、第三方支付、通过互联网开展资产管理及跨界从事金融业务、互联网金融领域广告等重点领域进行整治。 |
| 2016.4 | 《非银行支付机构风险专项整治工作实施方案》 | 按照安全与效率兼顾、鼓励创新与规范发展相结合、监管与服务并重、监管标准一致性的原则，规范非银行支付机构（以下简称支付机构）经营模式，清理整治无证机构，遏制市场乱象，优化市场环境。促进支付机构坚持服务电子商务发展和为社会提供小额、快捷、便民小微支付服务的宗旨，坚持支付中介的性质和职能。 |
| 2016.7 | 《非银行支付机构网络支付业务管理办法》 | 第三方账户实名制及个人支付账户分别Ⅰ、Ⅱ、Ⅲ类，保证账户安全，维护正常经济秩序，有效防止洗钱、恐怖融资等。 |
| 2017.4 | 《中国人民银行办公厅关于实施支付机构客户备付金集中存管有关事项的通知》 | 切实保护消费者资金安全，纠正和防止支付机构挪用、占用客户备付金，保障客户资金安全，并引导支付机构回归业务本源。 |
| 2017.12 | 《中国人民银行办公厅关于加强条码支付安全管理的通知》 | 为加强条码支付安全管理，切实保障人民群众财产安全和合法权益，强化条码支付技术风险防范，规范条码支付交易报文管理，加强条码支付产品质量管理，加大督导管理力度。 |

续表

| 实施时间 | 政策名称 | 主要内容 |
| --- | --- | --- |
| 2018.6 | 《关于将非银行支付机构网络支付业务由直连模式迁移至网联平台处理的通知》 | 网联能对第三方支付起到统一管理的作用，不过在系统建设、机构接入、定价机制完善等方面还需要时间，能否如预期一样发挥效能也需要观察。 |
| 2018.7 | 《中国人民银行办公厅关于支付机构客户备付金全部集中交存有关事宜的通知》 | 2018 年 7 月 9 日起，按月逐步提高支付机构客户备付金集中交存比例，到 2019 年 1 月 14 日实现 100% 集中交存。规避非银行支付机构不得挪用、占用客户备付金问题。 |
| 2018.7 | 《中国人民银行关于非银行支付机构开展大额交易报告工作有关要求的通知》 | 非银行支付机构与银行机构应当加强信息传递，为对方履行大额交易报告义务提供完整、准确、及时的客户身份信息和交易信息，持续完善资金上下游链条信息。 |
| 2021.04 | 《金融机构反洗钱和反恐怖融资监督管理办法》 | 央行发文完善反洗钱监管工作，非银行支付机构等纳入反洗钱监管。 |

2021 年 1 月中国人民银行下发《非银行支付机构条例（征求意见稿）》（以下简称《条例》），《条例》起草说明也指出，防范支付领域金融风险是守住不发生系统性金融风险底线的重要一环，从《办法》到《条例》是对支付机构监管法律层级的提升，也会让支付市场更加规范有效，让老百姓日常支付更放心安全。

# 任务 2.3 梳理金融科技在第三方支付的应用

支付是交易完成的重要环节和数据收集的重要节点，而支付数据由多方共同经手，例如，收单业务中，收单方、银联、发卡方、商户均可获得收单数据，不仅如此，消费者通过智能终端详细记录个人消费数据，包括支付的金额、时间、地点、频率、商品/服务等，因此大数据是第三方支付企业浑然天成的优势。事实上，在互联网金融时代，这些支付大数据对于第三方支付企业来说不亚于一座待挖掘的潜能无限的金矿，这为金融科技赋能第三方支付平台奠定了坚实的基础。

## 2.3.1 金融科技在第三方支付的应用场景

电子支付可以精确记录交易主体的每一笔交易，结合云计算和大数据分析手段，能够更有效地识别交易主体的信用状况，从而帮助金融机构深度挖掘潜在客户群，银行和移动支付企业也可以围绕重点行业、关键客户开展更为灵活的服务，不断挖掘支付场景的潜能，更好地服务实体和个人的各种金融服务需求。主要表现在精准营销、消费金融信贷、反洗钱、个人征信风险控制等方面。

#### 2.3.1.1 应用场景一：精准营销

基于数据的支付增值服务是支付产业链中差异化能力最高的一环：支付业务本身具备同质性，而支付交易数据具备高频、时效性好、信息量大的特点，通过寻找交易数据变现的途径扩展商业模式、成为支付公司谋求长期发展的必然方向。

在积累用户交易数据和场景化的业务数据基础上，通过数据分析，为用户推送个性化的营销服务信息，提升营销转化率。在O2O服务中，支付是连接线上线下，实现交易闭环的重要环节，支付在O2O服务的渗透有助于线下数据线上化（线下向线上导流），而线上数据不断丰富更有助于个性化推送的实现（线上向线下导流）。

**【拓展学习】**

**辣妈帮携手微信支付，精准营销助推品牌新增长**

在母婴行业沉淀7年的辣妈帮成为微信支付首批经营服务商，致力于协同微信支付一起为母婴亲子商家提供更多增值服务。基于此，辣妈帮提出“基于母婴精准数据小程序电商解决方案”，并荣获微信支付行业创新大赛中唯一一个“母婴亲子类优秀案例”奖。

在辣妈帮以“数据生命链，母婴新格局”为主题的2019战略发布会上，微信支付母婴行业负责人姚俊晔曾指出，微信支付与辣妈帮联合搭建的母婴人群模型，可通过数据精准锁定新客，引爆品牌新增长。

基于辣妈帮自身品牌势能自然流量、铺设全国3000家医院的医务渠道以及接入医院智慧妇幼系统的三大流量来源，辣妈帮从源头接触母婴用户，筑立了夯实的行业壁垒。母婴行业的营销特性在于获取新客是商家不变的需求，而辣妈帮恰好可以为商家精准地找到目标用户。辣妈帮高度精炼的人群画像能为品牌商匹配不同的营销策略，实现不同力度的投放，以减少推广成本、降低品牌整体营销成本，大大提升品牌营销费用管控效用。此外，小程序电商的优惠力度还能够精准匹配人群，帮助品牌商优化投放运营策略调控，提升转化率的及时性。不仅如此，还可通过Lookalike人群拓展功能筛选精准潜客，为品牌商锁定新客，扩大潜客来源。

随着移动支付的渗透，消费者购物已成为随时随地都可能发生的行为，品牌商已纷纷从原来线下以“场”为核心的商业战场，移动到线上以“人”为核心的数字化战场。辣妈帮与微信支付体系数据打通后，利用长期积累的精细化母婴用户画像，借由辣妈帮母婴微信社群矩阵找到目标消费人群，打破以往用户获取线上优惠券需到店核销的长链路模式。同时，利用小程序商城连接线上线下购物场景的能力，紧靠微信社交关系链生态优势，突破时间、空间、货品限制，实现全场景、多触点的覆盖，精准触达母婴用户，形成线上消费及裂变口碑传播，帮助品牌商找到更多相似目标用户。此前辣妈帮与全棉时代的业务合作，就是很好的案例示范。

#### 2.3.1.2 应用场景二：消费金融信贷

在传统的信贷模式中，放款人基于三方面的考量决定是否给企业放贷：一是借款人与企业是否有明显的个人利益牵扯；二是企业是否能够提供足量抵押品；三是对企业的经营信息进行评定，包括资产负债状况、盈利能力、过往借款经历等等。在这种模式下，在面对初创企业贷款或者无抵押贷款时，传统的信贷审批方式能做的很少。信息不对称导致金融机构参与的积极性下降，小微企业等中小型经营主体面临很大信贷缺口。金融科技的出现在很大程度上缓解了这个难题。

金融科技对传统信贷的颠覆主要体现在两方面，其一，通过大量数据改善信用评估，其二，利用实时信息和平台优势执行还款。

在贷前信用评估方面，大型科技公司拥有较大优势。大型科技公司通过自身建立的电商平台、移动终端应用等渠道，与用户直接交互积累大量账户活动数据，对已有数据进行分析生成用户画像，从而在信用评分上更加精准和完善；同时，利用网络效应拓展其他用户服务，形成数据网络的反馈循环。这些数据大多包括社交软件记录、数字足迹等实时更新的信息，使得信用评分得以动态地快速调整。

在执行还款方面，大型科技公司建立的生态圈是其保障之一，甚至可以发挥“数据抵押品”的功能。通过支付账户，科技公司可以从用户的收入账户中直接扣除利息等相关费用，而违约的账号可能会在大型科技公司构建的生态圈中遭到禁用，由此降低道德风险。

**【拓展学习】**

**3分钟申请、1秒钟放款、0人工介入**

蚂蚁金服旗下网商银行（以下简称网商银行），是银保监会批准设立的首批试点民营银行，一直定位于为小微企业提供普惠金融服务。成立以来，网商银行通过金融科技，解决小微企业、个人创业者融资难、融资贵及农村金融服务匮乏等问题，促进实体经济发展。在各级政府部门的支持和指导下，网商银行积极探索小微金融服务新模式和新技术，为大量难以从传统金融机构获得支持的小微企业提供金融服务。

网商银行依托支付宝生态体系，以服务生态内的小微企业为核心，深入淘宝天猫、线下收单、农村等交易场景，以客户日常经营数据为依据、以销售回款的资金控制以及场景的经营权协同监控为抓手，针对客户资金需求高频、小额等特点，为客户提供嵌入客户日常经营的、小额的信用授信产品，凭借人工智能技术的应用，网商银行让原先耗费在人工上的成本被计算机与人工智能所取代，不仅提高了效率，更让小微企业降低了贷款成本，实现了“310”小微金融服务模式（3分钟申请、1秒钟放款、0人工介入）

### 2.3.1.3 应用场景三：个人征信

征信通过对经济主体信用活动及时、准确、完整的记录，实现信息共享，增强了对征信对象风险的识别，有利于提升经济效率、培育诚信社会，是现代金融体系运行的基石。

第三方支付平台力于收集、整理、存储、加工和提供个人信息，本质上是一家数据采集、数据分析与应用的公司，多年以来积累的大数据，为人工智能、机器学习奠定了最重要的基础。得益于大数据、移动互联与计算等信息技术的进步，我国可以发挥后发优势，直接采用成熟的征信信息技术，如利用大数据进行海量数据的采集和存储，利用机器学习和人工智能进行深入的征信数据挖掘和风险分析，借助云计算和移动互联来提高服务的便捷性。

【拓展学习】

**芝麻信用分原来有这么多功能**

芝麻信用是蚂蚁金服2015年推出的致力于解决消费者和各类商家之间信用问题的一款创新产品，凭借芝麻信用分蚂蚁金服构建了自身的信用账户，并借此持续创造着更多的价值。那么，从消费者角度来看，芝麻信用分有哪些用处？为了计算芝麻分，芝麻信用是如何获取消费者信息的？而芝麻信用又是如何向商家分享其建立的这套信用体系的？最后，芝麻信用分真的值得真正的信任吗？

芝麻分是芝麻信用管理有限公司，在用户授权的情况下，依据用户在互联网上的各类消费及行为数据，结合互联网金融借贷信息，运用云计算及机器学习等技术，通过逻辑回归、决策树、随机森林等模型算法，对各维度数据进行综合处理和评估，在用户信用历史、行为偏好、履约能力、身份特质、人脉关系五个维度客观呈现个人信用状况的综合分值。

芝麻信用分的分值范围是350－950分，分值越高代表信用越好，相应违约率相对较低，较高的芝麻分可以帮助用户获得更高效、更优质的服务。根据个人信用分值的多少，可以获得包括物体租用、出行、住宿、通信、金融等多个领域的免押金租、信用签证、极速理赔等服务。

芝麻信用是蚂蚁金融服务旗下的第三方信用机构。它通过云计算等技术客观地反映了用户的个人信用状况，并在许多领域得到了应用。芝麻信用分大致可分为以下几类：550分以下为差信用，550－600分为一般信用，

600－650分为好信用，650－700分为信用良好，700分以上为信用优秀。有人曾开玩笑说，芝麻信用评分将成为未来婆婆选择女婿的重要标准。那么，如果我们的芝麻信用评分超过700分，被评为优秀，能给我们带来什么样的回报呢？

（1）免押金。随着时代的发展，“共享经济”逐渐走进我们的生活。越来越多的人接受了共享经济的产品，如共享自行车、共享充电电池等，为我们的生活提供了极大的便利。众所周知，这些共享产品大多需要支付押金。如果我们的芝麻信用积分达到550分以上，就可以享受共享单车、共享充值等业务的免费存款待遇。如果我们的芝麻信用评分超过700分，我们可以享受一些酒店的免押金优惠。

（2）安检和签证。当我们的芝麻信用评分达到700分时，我们可以直接在支付宝上申请签证业务。我相信，申请过签证的小伙伴应该知道，签证办理过程非常繁琐，他们需要提供各种证件和文件。如果我们的信用评分达到700分，支付宝可以直接帮我们办证和申请签证业务，相当于直接为我们担保，省去了很多麻烦。同时，在一些地区，只要我们的芝麻信用评分达到700分，就可以享受优先安检的特权，省时省力。

（3）借呗花呗。相信除了支付宝的支付功能外，最常用的一定是花呗和借呗。芝麻信用评分达到700分，代表个人信用优秀，支付宝会相应为用户提供更高的额度。此外，日利率在0.015%至0.06%之间。芝麻信用评分在700分以上的用户，日利率大多低于0.03%，远低于其他用户。

总而言之，我们的芝麻信用评分越高，我们就能享受到越多的好处。事实上，除了这些明显的好处之外，诚信是当今社会最重要的一点。芝麻信用评分也能在一定程度上显示一个人的诚信问题。在别人眼里，芝麻信用评分不仅是一个简单的数字，它也代表了这个人的诚信。

#### 2.3.1.4 应用场景四：智能风控

近年来，第三方支付行业的欺诈事件总体呈现出团伙化、专业化、智能化的趋势。欺诈由线下向线上转移，不法分子利用芯片造假、模拟器造假、破解数据造假等高科技手段，从前期的广撒网批量欺诈转向精准的定点欺诈。支付相关的风控体系也必须紧紧围绕着便捷和安全两大核心不断创新，以应对日益复杂的金融环境。

第三方支付平台在交易风控环节主要包括交易的准实时欺诈侦测、基于商户的收单风险监控，风险信息共享和司法协助服务等。

第三方支付平台们纷纷借助金融科技力量，建立具备实时、准实时风险侦测能力的智能风控系统，能有效规避账户盗用、支付欺诈等风险，同时依托科技能力，在监管部门、清算组织的指导支持下，不断优化风险规则策略及风控模型，提升交易风险监测能力。

【拓展学习】

## 金融科技助力易宝支付提高风控能力

随着互联网行业的不断发展，基于互联网技术的欺诈方式也在不断变化。隐藏在电信欺诈背后的盗卡、盗号、冒用身份，以及商户欺诈背后的赌博、套现、恶意倒闭、洗钱等风险事件层出不穷，且方法手段不断翻新。为应对当前的风险形势，易宝支付风控团队引入行业领先技术来提升风险防范能力，同时通过“数据+规则与模型+系统平台”的有机结合，初步形成了智能化的风控平台。

首先是数据。数据贯穿于风控体系的每一个环节，其全面性、完整性很大程度上决定了风险防控工作的主动性、精准性和预见性。随着风险表现形式日趋复杂，数据在风险防控工作中的重要性也日渐凸显，经过不断摸索与尝试，易宝支付的数据体系搭建工作也日趋完善。

易宝支付风控数据体系搭建的思路，从过去被动接收数据、仅关注交易参数和商户入网数据本身的模式，转变为主动规划和采集数据，风控团队与数据团队合作将公司全量数据进行整合，打通数据孤岛，引入外部数据，推动实现以客户为中心的风险统一视图，并将风控加工后的业务数据再次沉淀到数据资产内，作为基础数据循环应用，从整体上拓宽风控视野，提升风控整体认知。此外，风控数据体系建设离不开数据治理和数据安全。为保证数据的应用效果，易宝支付在风控数据体系建设过程中针对数据源头和数据加工的全过程进行质量监控，保证数据有效。

数据安全是新形势下风控工作最基本的要求，也是数据应用的底线。易宝支付严格执行人民银行发布的《基于大数据的支付风险智能防控技术规范》《个人金融信息保护技术规范》等要求，对敏感数据进行脱敏和加密，与数据部门合力形成数据安全使用规范，并且严格执行。

其次是规则与模型。易宝支付风控工作在新形势下不断升级技术手段，突破传统专家规则限制，提升专家规则效能，大胆创新，在系统建设的不同阶段引入适当的人工智能算法，应用于交易风险识别、账户风险识别和商户风险识别，提高风控识别的准确率和覆盖率。

例如，通过采用专家规则结合有监督学习，实现专家经验的知识转化和持续优化；通过引入关系图谱技术提升对团伙作案和风险商户反复变换尝试入网的识别率；通过结合商户 KYC 模型和评分卡的应用提高风险识别覆盖率和准确率；通过引入无监督学习发现未知风险。

特征工程是易宝支付在建设风控量化模型能力的过程中，在风险画像标签基础上逐步形成的一套完整的风险特征库。通过业务逻辑、交易行为、行业特征梳理、抽象专家经验以及案件特征复盘，形成整套风险特征指标库，有效提升指标复用度，降低模型训练的周期，提高模型开发上线的效率。

最后是系统平台。易宝支付自主研发的风控系统“风神”是承载了易宝风控理念、风控策略、风控流程和风控资产的系统平台，服务于风险管理的可视化、可量化和可优化目标，具备高可用性、高扩展性、高稳定性和高兼容的特点。“风神”以双引擎（规则引擎、计算引擎）为内核，数据为“燃料”驱动，策略模型为“决策大脑”进行运作，以风险仪表盘、风险监控中心、各类风险画像/“体检”指标等界面支持人机协同。同时，“风神”还提供多维度名单服务、独立高效的限额限次服务、独立的交易行为与商户异常值识别等服务，做到7×24小时全天候监控。这些服务能够针对业务灵活组合，为不同业务场景提供不同的风险解决方案。目前，“风神”在计算性能、组合防控、智能化运营等方面都有不俗表现。

计算性能实践方面，规则引擎可实时阻断拦截风险交易，计算引擎搭配高性能分布式缓存，可实现海量数据指标实时计算和存储；组合防控实践方面，“风神”采用实时监控和离线监控方式，并结合图谱技术，有效提升商户风险识别的主动性和及时性；智能化运营实践方面，“风神”引入智能语音机器人外呼技术，针对触发风险预警的交易第一时间与用户确认交易真实性，提升了运营效率。

### 2.3.2 第三方支付的典型代表——支付宝

#### 2.3.2.1 支付宝的简介

蚂蚁集团旗下的支付宝，是以每个人为中心，以实名和信任为基础的生活平台。自2004年成立以来，支付宝已经与超过200家金融机构达成合作，为上千万小微商户提供支付服务。随着场景拓展和产品创新，拓展的服务场景不断增加，支付宝已发展成为融合了支付、生活服务、政务服务、理财、保险、公益等多个场景与行业的开放性平台。支付宝还推出了跨境支付、退税等多项服务，让中国用户在境外也能享受移动支付的便利（图2-9）。

图2-9 支付宝官网首页截图

#### 2.3.2.2 发展历程大事记

2003 年 10 月 18 日，淘宝网首次推出支付宝服务。

2004 年，支付宝从淘宝网分拆独立，逐渐向更多的合作方提供支付服务，发展成为中国最大的第三方支付平台。

2004 年 12 月 8 日，浙江支付宝网络科技有限公司成立。

2008 年 2 月 27 日，支付宝发布移动电子商务战略，推出手机支付业务。

2008 年 10 月 25 日，支付宝公共事业缴费正式上线，支持水、电、煤、通信等缴费。

2011 年 5 月 26 日，支付宝获得央行颁发的国内第一张《支付业务许可证》（业内又称“支付牌照”）。

2013 年 6 月，支付宝推出账户余额增值服务“余额宝”，通过余额宝，用户不仅能够得到较高的收益，还能随时消费支付和转出，无任何手续费。

2013 年 11 月 13 日，支付宝手机支付用户超 1 亿，“支付宝钱包”用户数达 1 亿，支付宝钱包正式宣布成为独立品牌。

2013 年 11 月 30 日，12306 网站支持支付宝购买火车票。

2013 年 12 月 31 日，支付宝实名认证用户超过 3 亿。

2013 年，支付宝手机支付完成超过 27.8 亿笔、金额超过 9000 亿元，成为全球最大的移动支付公司。

2014 年 10 月，蚂蚁金服正式成立，后更名为蚂蚁集团，支付宝成为蚂蚁集团产品之一。

#### 2.3.2.3 主要功能

2020 年 3 月，支付宝进行了创立 15 年来最重要的一次改版，定位也从原来的金融支付服务平台，升级为数字生活开放平台。在近期上线的支付宝 App 新版本中，围绕地理位置、用户喜好，吃喝玩乐、理财、金融等各种生活服务都将在终端一体化呈现。具体功能介绍如表 2－6 所示：

表 2－6 支付宝功能介绍

| 功能 | 图片展示 | 文字介绍 |
|---|---|---|
| 收付款 | 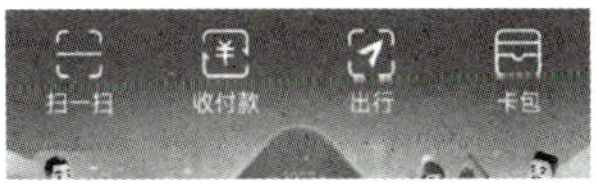 | （1）付款是支付宝钱包里用于线下支付的一种方式，用户可以向商家展示二维码（或条形码）完成扫描进行付款，也可扫描商家的收款二维码进行付款。<br>（2）收款是支付宝用户之间通过扫描收款二维码完成转账的功能。 |
| 财富管理 |  | （1）集合了借贷、征信、保险、理财、基金、股票等各项金融产品，形成了一站式理财服务平台。<br>（2）蚂蚁财富基于互联网的思想和技术，开放平台给金融机构，并由金融机构向投资者提供金融产品及相应的金融服务。 |

续表

| 功能 | 图片展示 | 文字介绍 |
|---|---|---|
| 便民生活 | 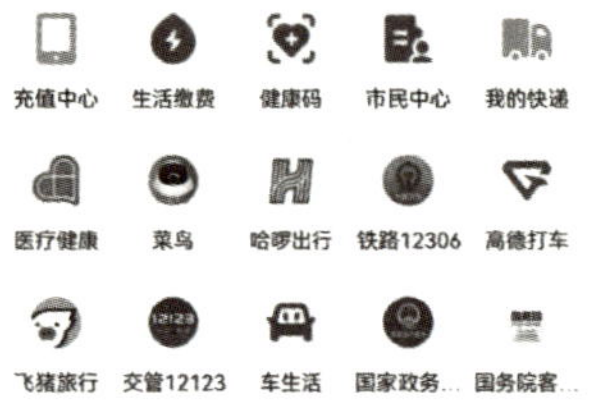 | (1) 话费充值、生活缴费、查询收发快递、医院挂号、网约打车、外出旅行、车票机票，城市服务等各项服务尽在这里。<br>(2) 最亮眼的当属于“城市服务”移动便民平台，由支付宝和各地政府机构合作共同建设发布，可以在上面办理交通违章、出入境、户政、车牌摇号、挂号、公交车查询、路况查询等民政服务。 |
| 购物娱乐 |  | 集合了外卖、电影演出、消费券、淘特、彩票、口碑好店、体育服务、大牌直降、天猫同城购等各项购物娱乐项目，满足人们日益丰富的娱乐需求。 |
| 教育公益 |  | 支付宝教育公益平台致力于运用互联网技术和互联网精神，无缝链接各个公益机构与爱心人士及爱心企业，推动中国公益更加专业、透明、高效，让中国人零门槛参与公益。 |

## 课程思政

1. 培养协作和创新精神的职业道德

通过让学生组建团队，鼓励他们去一起完成作业，直到他们想要一起认真学习，他们就会在完成作业的过程中各自互补缺失的技能，进而培养学生具有协作和创新精神的职业道德。

2. 树立经世济民的理想信念

在学习第三方支付时，会引入大量行业实际数据及典型案例，让学生体会第三方支付公司在国家民生方面的贡献，深入社会实践、关注现实问题，解决现实问题，树立学生经世济民的理想信念。

3. 树立法治意识与诚信意识

通过法规解读、案例分析，让学生能够深刻理解第三方支付公司的工作流程，能够了解行业相关的国家战略、法律法规和相关政策，尤其是铭记金融科技人员依法办事、严谨无误的工作要求及金融科技从业人员勤勉职责、诚实守信的工作原则，树立法治意识与诚信意识。

4. 增强民族自豪感和国家认同感

通过摆事实讲道理，进行视频和图片的展示，使得学生了解我国移动支付世界第一的实际情况，这一切都归功于4G和5G基站的全面部署，也归功于我国科技事业的蓬勃发展，进而增强学生的民族自豪感和国家认同感。

## 单元评价

对于每一个单元，结合业务能力和评价指标，根据掌握情况在下表相应的方框中打√，自测结果共分为三类：A 掌握，B 基本掌握，C 未掌握。

**单元测评表**

| 任务 | 任务布置 | 评价指标 | 自测结果 | 要求 |
| --- | --- | --- | --- | --- |
| 第三方支付 | 使用网银支付缴纳话费 | 1. 使用网银交费的流程记录<br>2. 网银的功能介绍 | □A　□B　□C | 1. 记录翔实<br>2. 条理清晰 |
| | 使用手机银行进行转账 | 1. 使用手机银行转账的流程<br>2. 手机银行的功能介绍 | □A　□B　□C | 1. 记录翔实<br>2. 条理清晰 |
| | 使用支付宝购买基金（10 元即可） | 1. 购买过程的详细记录<br>2. 基金理财的心得体会 | □A　□B　□C | 1. 记录翔实<br>2. 条理清晰 |
| | 调查一家第三方支付平台 | 1. 调查材料的翔实情况<br>2. 团队合作的具体情况<br>3. 平台介绍 PPT<br>4. 课堂展示表现 | □A　□B　□C | 1. 记录翔实<br>2. 条理清晰<br>3. 逻辑在线<br>4. 展示风采 |

## 单元测试题

### 一、单项选择题

1. 第三方支付，它通过在买家、卖家之间引入第三方的模式，为买卖双方提供了支付信用（　　）。

A. 转移　　B. 担保
C. 免责　　D. 追溯

2. 支付宝的迅速发展也为其母公司（　　）在互联网金融其他业务上的布局铺路。

A. 天猫商城　　B. 阿里巴巴
C. 蚂蚁金服　　D. 淘宝网

3. 支付总结起来，其本质就是两个步骤，一是传递支付账号，二是鉴定（　　）。

A. 利率　　B. 资金
C. 指纹　　D. 权限

4. 第三方支付牌照是由（　　）颁发的？

A. 证监会　　B. 银保监会
C. 中国人民银行　　D. 保监会

5. 2010 年 6 月，由中国人民银行发布的（　　）是我国第三方支付机构在法律法规上得到了认可和保障。

A.《电子签名法》　　B.《非金融机构支付服务管理办法》
C.《电子支付指引》　　D.《银行卡收单业务管理办法》

## 二、多项选择题

1. 我国目前主要的电子支付方式有（　　）。

A. 网银支付　B. POS 机支付　C. 电话银行支付

D. 指纹支付　E. 刷脸支付

2. 传统支付方式的主要形式有（　　）。

A. 现金　B. 票据　C. 信用卡

D. 支票　E. 电子现金

3. POS 系统的优越性主要有（　　）。

A. 提供取现　B. 提供有用信息　C. 确保资金安全

D. 加速资金周转　E. 减少现金流通

## 三、判断题

1. 传统的现金支付正转向电子支付。（　　）

2. 第三方支付公司不需要接受政策监管。（　　）

3. 静态扫码是指收款人通过识读付款人移动终端展示的条码完成收款的行为，是用户被动扫码支付。（　　）

4. 在电子商务快速发展的今天，网络支付和移动支付已经成为电子支付的主要工具，电话支付业务数量和比重呈现明显下降趋势。（　　）

5. 独立第三方支付平台是平台完全独立于电子商务网站，不负有担保功能，仅仅为用户提供订单处理与支付系统解决方案，如支付宝、微信支付等。（　　）

## 四、综合案例

### "睡机场"携手易宝支付 助力打造兰州智慧机场

由于各类天气原因或交通管制原因，航班延误似乎经常可见，旅客因航班延误、转机、乘坐早晚航班等问题，成为大多数航旅人士的旅途困扰。谁来拯救这些的旅客？机场商家又该如何满足乘客对个性化、便捷、安全的航旅旅行需求？市场的空白，令睡机场应运而生！

近日，西安尚俭集团与甘肃省民航酒店管理有限公司就"睡机场"项目达成战略合作，标志着睡机场酒店正式落户兰州中川机场。这是兰州机场打造"智慧机场"平台的重要战略措施。易宝支付作为该项目的独家战略合作支付平台，以全方位覆盖的移动支付方式，助力该项目的运营推广。预计，兰州"睡机场"将于今年 9 月与广大旅客见面。

从青岛到兰州易宝支付携手"睡机场"让旅客欣享贴心服务

——睡机场项目整合了机场航站楼住宿、休闲厅、商务中心、无人商店、行李寄存、专属快递等服务，为因飞机延误、机场接送及过往的旅客提供临时住宿场所。同时睡机场提供百兆光纤、微信值机、快速安检通道、入住保险等专属服务，让旅客欣享最贴心最优质的旅程。

5 月，中国首个睡机场项目在青岛机场正式投入使用，便捷、安全的支付系统无论对商家还是旅客来说都至关重要。基于此项需求，来自国内领先的第三方支付平台易宝支付就睡机场项目的特定场景和环境，率先推出了多元化支付解决方案，帮助旅客在匆忙的出行及等待中，快速完成交易，及时享受“睡机场”等各项贴心服务。来自去哪儿网的一位旅客，非常兴奋的说道，这是她最满意的一次出行体验，很人性化，很便捷，很安全。如今，“睡机场”再次走进兰州，不仅是对青岛“睡机场”的一次有利的肯定，更是对旅客一站式个性化服务需求的不断满足。易宝支付将持续提供优质的支付服务。今后，睡机场项目陆续将在更多国内机场投入运营。

提问：请你通过案例中存在的问题，设计解决方案或解决流程，在方案或流程中加入金融科技的应用和展望。

完成步骤：

1. 开展网络搜索，关于易宝支付进行全面的分析；
2. 发现案例中存在的问题，设计解决方案或解决流程；
3. 制作 PPT，并上台展示。

单元 3

# 区块链与数字货币

## 知识目标

1. 掌握区块链的概念与特征
2. 了解区块链的核心技术
3. 熟悉数字货币的概念和特点
4. 掌握数字人民币的内涵和功能
5. 熟悉数字人民币的应用

## 技能目标

1. 能解析区块链网络的底层技术
2. 能辨析区块链对实体经济的赋能作用
3. 能辨析不同数字货币的适用场景
4. 能画出数字人民币的使用流程

## 素质目标

1. 培养学生具备区块链思维的能力
2. 培养学生胜任区块链+金融科技岗位的能力
3. 培养学生需具备全球化、专业化的职业视角

## 思政目标

1. 培育学生诚信服务、德法兼修的职业素养
2. 树立学生国家数字化经济转型的理想信念
3. 树立学生法治意识与风险意识

## 情景引入

### 学习贯彻习近平总书记重要讲话精神 加快推动区块链技术和产业创新发展

习近平主持中央政治局第十八次集体学习并讲话，他指出，区块链技术应用已延伸到数字金融、物联网、智能制造、供应链管理、数字资产交易等多个领域。目前，全球主要国家都在加快布局区块链技术发展。我国在区块链领域拥有良好基础，要加快推动区块链技术和产业创新发展，积极推进区块链和经济社会融合发展。

习近平指出，要抓住区块链技术融合、功能拓展、产业细分的契机，发挥区块链在促进数据共享、优化业务流程、降低运营成本、提升协同效率、建设可信体系等方面的作用。要推动区块链和实体经济深度融合，解决中小企业贷款融资难、银行风控难、部门监管难等问题。要利用区块链技术探索数字经济模式创新，为打造便捷高效、公平竞争、稳定透明的营商环境提供动力，为推进供给侧结构性改革、实现各行业供需有效对接提供服务，为加快新旧动能接续转换、推动经济高质量发展提供支撑。要探索“区块链+”在民生领域的运用，积极推动区块链技术在教育、就业、养老、精准脱贫、医疗健康、商品防伪、食品安全、公益、社会救助等领域的应用，为人民群众提供更加智能、更加便捷、更加优质的公共服务。要推动区块链底层技术服务和新型智慧城市建设相结合，探索在信息基础设施、智慧交通、能源电力等领域的推广应用，提升城市管理的智能化、精准化水平。要利用区块链技术促进城市间在信息、资金、人才、征信等方面更大规模的互联互通，保障生产要素在区域内有序高效流动。要探索利用区块链数据共享模式，实现政务数据跨部门、跨区域共同维护和利用，促进业务协同办理，深化“最多跑一次”改革，为人民群众带来更好的政务服务体验。

习近平指出，相关部门及其负责领导同志要注意区块链技术发展现状和趋势，提高运用和管理区块链技术能力，使区块链技术在建设网络强国、发展数字经济、助力经济社会发展等方面发挥更大作用。

（资料来源：政府网，http://www.gov.cn/xinwen/2019-10/25/content_5444957.htm。）

## 思考实践

1. 你知道目前我国的“区块链+”应用在哪些行业吗？
2. 思考区块链如何帮助国家的经济社会发展？

# 任务 3.1 认识区块链技术

## 3.1.1 区块链的起源与概念

### 3.1.1.1 区块链的起源——拜占庭将军问题

拜占庭将军问题是由莱斯利兰伯特 1982 年提出的，并非历史事件，拜占庭将军问题是对现实世界的模型化，由于硬件错误、网络拥塞或断开以及遭到恶意攻击，计算机和网络可能出现不可预料的行为。

拜占庭将军问题大约讲的是拜占庭帝国派出数支军队围攻地方城市，每一队都有一名将军统领，每支军队之间只能由信使传递消息。他们必须制定一个共同的计划决定进攻或者撤退，任意几名将军单独行动会导致失败。然而，某些将军可能是叛徒，但他们互相不知道谁是叛徒，谁是忠诚的将军。叛徒可能会不发送消息，也可能发送虚假消息给其他将军。

**【想一想】**

案例中忠诚的将军怎样才能通过一个分布式的协议达成一致？（可以是进攻也可以是撤退）

这个问题的解决思路，就需要将军们必须找到一个算法，让他们在交换信息的过程中能够选择正确的信息，进而能够让他们的步调一致。而这个算法的时间必须建立在以下的基础之上。

首先，信道不能被破坏。也就是说，不能出现“拜占庭失效”的状况。“拜占庭失效”指的就是在消息传递的过程中，某位将军向另一位将军发送信息，而由于信道被破坏等原因致使另一位将军没有收到信息，而派出信使送出信息的将军也不知道另一位将军没有收到信息的事情。因此，只有确保信道不被破坏，每个信使都能将信息送到将军的手中，各个将军才能收到信息。无论信息真实虚假，他们都要进行审核对比，最终判定出正确的信息并执行。

其次，实现同一个目标基础上。假设有五支军队，那么必须确保这五支军队的将军都是在“攻打 A 国”的基础上传递信息，而不是在有的军队要去攻打 A 国，有的军队要去攻打 B 国……这种无统一目标的基础上判定。因为目标不统一，信息传递最终做出的判断也毫无意义，甚至会造成更加混乱的局面。

最后，叛徒的总数不能超过 1/3。假设有三位将军准备一起进攻同一敌人，其中有一位将军是叛徒，那么总有一个将军会收到一个进攻命令和一个撤退命令，导致收到两个不同命令的将军无法判定消息的准确性。因此，如果叛徒的总数大于 1/3，那么“拜占庭将军问题”就是无解的。

【小知识】

**副官模型**

假设只有 3 个人，A、B、C，三人中如果其中一个是叛徒。当 A 发出进攻命令时，B 如果是叛徒，他可能告诉 C，他收到的是“撤退”的命令。这时 C 收到一个“进攻”，一个“撤退”，于是 C 被信息迷惑，而无所适从。如果 A 是叛徒。他告诉 B“进攻”，告诉 C“撤退”。当 C 告诉 B，他收到“撤退”命令时，B 由于收到了司令“进攻”的命令，而无法与 C 保持一致。正由于上述原因，在只有三个角色的系统中，只要有一个是叛徒，即叛徒数等于 1/3，拜占庭问题便不可解。

因此，科学家们提出了口头信息方案和书面协议两个方案。但是，不论是书面方案还是口头方案，都存在一些问题：

（1）口头协议并不会告知消息的上一个来源是谁，也就是消息不可追根溯源，出现信息不一致也很难找到叛徒在哪。

（2）中世纪的邻邦之间沟通只能靠信使骑马，将军们互不信任，也不可能亲自聚在一起开会，物理距离导致信息传输延迟。

（3）真正可信的签名体系难以实现。签名造假的问题也没法避免。

（4）签名消息记录的保存难以摆脱中心化的机构。

事实上，“拜占庭将军问题”是由图灵奖获得者莱斯利·兰伯特提出的关于计算机通信节点中点与点之间信息传输的问题，也就是在所设想的分布式结构里，在没有第三方信任机构的情况下，如何达到彼此值得信任的效果。

在互联网时代，人们总习惯性依赖第三方平台来进行信任担保，然而总有一些漏洞被不法分子利用从而进行金融诈骗。“拜占庭将军问题”中的“叛徒”就是互联网金融中的不法分子，利用信息在没有第三方信任机构的担保下进行“诈骗”。最终，区块链技术的集成应用完美地解决了分布式网络中互相信任，信息一致等问题。

### 3.1.1.2　区块链的概念

区块链技术起源于 2008 年，由化名为中本聪的学者在密码学邮件组发表的论文《比特币：一种点对点电子现金交易系统》中提出。2016 年，工信部指导发布的《区块链技术和应用发展白皮书 2016》中解释到：狭义来讲，区块链是一种按照时间顺序将数据区块以顺序相连的方式组合成的一种链式数据结构，并以密码学方式保证的不可篡改和不可伪造的分布式账本。广义来讲，区块链技术是利用块链式数据结构来验证和存储数据、利用分布式节点共识算法来生成和更新数据，利用密码学的方式保证数据传输和访问的安全性、利用由自动化脚本代码组成的智能合约来编程和操作数据的一种全新的分布式基础架构与计算范式。

什么是区块链－动画

顾名思义，区块链（blockchain）是一种数据以区块（block）为单位产生和存储，并按照时间顺序首尾相连形成链式（chain）结构，同时通过密码学保证不可篡改、不可伪造及数据传输访问安全的去中心化分布式账本。区块链中所谓的账本，其作用和现实生活中的账本基本一致，按照一定的格式记录流水等交易信息。特别是在各种数字货币中，交易内容就是各种转账信息。只是随着区块链的发展，记录的交易内容由各种转账记录扩展至各个领域的数据。比如，在供应链溯源应用中区块里记录了供应链各个环节中物品所处的责任方、位置等信息。

要探寻区块链的本质，首先需要了解区块链的数据结构，即这些交易以怎样的结构保存在账本中。区块是链式结构的基本数据单元，聚合了所有交易相关信息，主要包含区块头和区块主体两部分。区块头主要保存了本区块的数据特征值，包括版本信息、时间戳、父区块、哈希值（Previous Hash）、时间戳（Timestamp）、默克尔树根（Merkle Tree Root）等；区块体一般包含一串交易的列表。每个区块中的区块头所保存的父区块的哈希值，便唯一地指定了该区块的父区块，在区块间构成了连接关系，从而组成了区块链的基本数据结构。总的来说，区块链的数据结构示意图如图 3－1 所示。

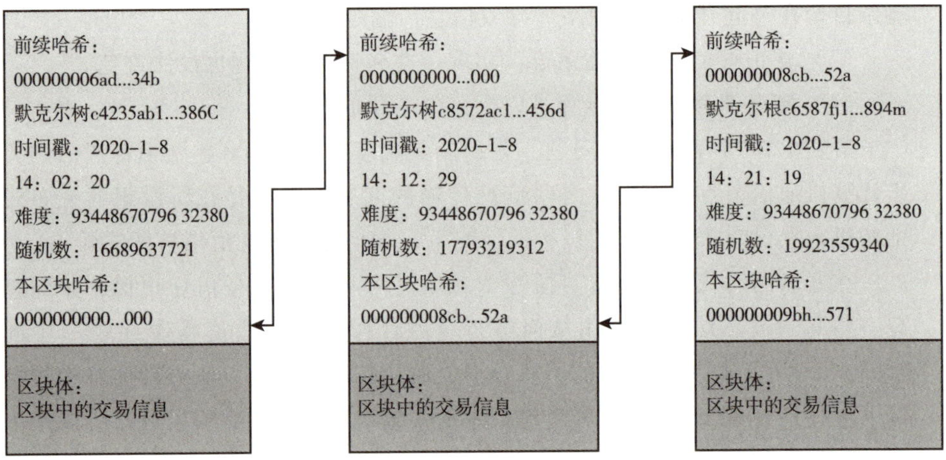


**图 3－1　区块链数据结构图**

### 3.1.2　区块链的发展历程

1. 区块链技术准备阶段

区块链的诞生最早可以追溯到密码学和分布式计算。1976 年，Bailey W. Diffie、Martin E. Hellman 两位密码学大师发表了论文《密码学的新方向》，首次提出公共密钥加密协议与数字签名的概念，这也是加密数字货币与区块链技术诞生的技术基础。

1980 年，Merkle Ralf 提出了默克尔树（Merkle－Tree）这种数据结构和相应的算法，现在被广泛运用于校验分布式网络中数据同步的正确性，这也是比特币中引用来做区块同步校验的重要手段。1982 年，Lamport 提出拜占庭将军问题，标志着分布式计算的可靠性理论和实践进入了实质性阶段。

1985 年，Koblitz 和 Mile 客自独立提出了著名的椭圆曲线加密算法（Elliptie Curve Cryptography，ECC），ECC 的提出才真正使得非对称加密体系真正进入生产实践领域并发挥巨大作用。

1997 年，哈希现金（HashCash）方法，也就是第一代工作量证明算法（Proof of Work，POW）出现了，当时主要用于做反垃圾邮件。到了 1998 年，密码学货币的完整思想终于破茧而出，戴维（Wei Dai）、尼克．萨博同时提出密码学货币的概念。

1999 年到 2001 年的三年时间内，Napster、eDonkey 2000 和 BitTorrent 点对点分布式网络先后出现，奠定了 P2P 网络计算的基础。2001 年美国国家安全局（NationalSecurity Agency，简称 NSA）发布了安全散列算法 2（Secure Hash Algorithm 2，SHA－2）系列算法，其中就包括目前比特币采用的 SHA－256 哈希算法，经过 30 余年的理论积累与技术突破，区块链技术诞生的所有技术基础在理论、实践上全部被解决了。区块链发展到今天，大致分为三个阶段。

2. 区块链 1.0：可编程货币时代

中本聪在 2008 年 11 月的时候发表了著名的论文《比特币：一种点对点电子现金交易系统》，在 2009 年 1 月，比特币系统正式运行并开放了源码，标志着比特币网络的正式诞生。通过构建一个公开透明、去中心化、防篡改的分布式账本，比特币开展了一场规模空前的加密数字货币时代。在区块链 1.0 时代，区块链技术的应用主要聚集在加密数字货币的领域，典型代表即比特币系统和由比特币系统代码衍生出来的多种加密数字货币，如：Ripples（瑞波币）、BizX（易币）、还有 Litecoin（莱特币）、Freicoin 等。

3. 区块链 2.0：可编程金融时代

比特币虽然开创了去中心化密码货币的先河，但是它并不完美，其协议的扩展性严重不足，是阻碍其发展应用的主要问题。2013 年年末，一位叫 Vitalik Buterin 的俄罗斯少年发表了《以太坊：下一代智能合约和去中心化应用平台》，标志着区块链进入 2.0 时代，它主要是引入智能合约过后的可编程金融时代，以太坊是这一时期的典型代表，以太坊从设计上就是为了解决比特币扩展性不足的问题。

以太坊是一个可编程可视化更容易被应用的区块链，相当于一个去中心化的全球计算机。以太坊允许任何人编写智能合约和发行代币，账本公开透明且不可篡改。开发者可以用于数字资产，编写智能合约，建立和运行去中心化的应用和成立去中心化的自治组织。

智能合约就是把业务逻辑变成一段自动执行的代码。只要符合了前提条件，就能启动逻辑来执行。它的优势是利用程序算法替代人来仲裁和执行合同。在银行应用中，可以建立信息可靠性强、信用建立成本低、信息公开透明的安全区块链网络。在数字票据应用中，可以解决背景造假信用风险；纸票一票多卖、电子背书不连续；中心化操作风险；监管困难审计成本高等问题。

4. 区块链3.0：可编程社会时代

在区块链3.0技术时期，区块链会超越金融领域，进入社会公证、智能化领域，主要应用在社会治理领域，包括了身份认证、公证、仲裁、审计、域名、物流、医疗、邮件、签证、投票等领域，应用范围扩大到了整个社会，区块链技术有可能成为“万物互联”的一种最底层的协议。

在这一时期，区块链构建了数字社会诚信体系，形成了区块链应用生态圈（图3－2），包括解决建立信任、监控信用、维护信任成本高昂问题；还有解决互联网作为信息传递网络，难以保证价值的安全传递问题；最后是解决防伪防篡改，保护隐私困难等问题。

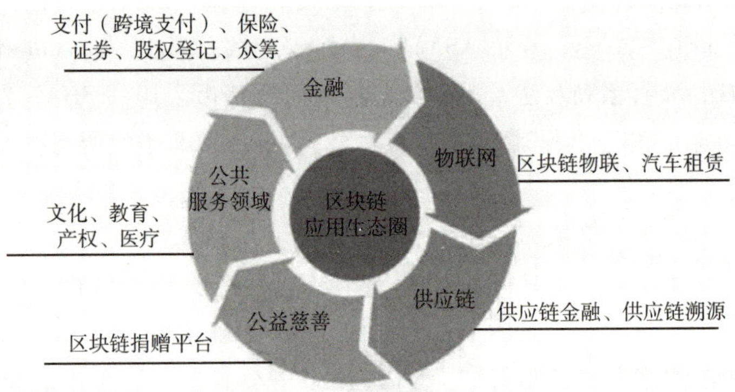


图3－2 区块链应用生态圈

**【案例拓展】**

**中农网区块链＋茧丝全产业供应链**

中农网作为我国农产品B2B电商的代表企业，其最核心的一个交易品类是蚕丝，年度交易额数十亿元，但茧丝产业上游生产单体规模小而分散、产业链条长且效率低下，交易成本过高，买卖双方还会时常出现人为毁约。

中农网通过区块链分布式记账及不可篡改的技术，可以把买卖双方的信息公开、透明的呈现给上下游各方以及相关第三方，违约者将被行业抛弃，由此通过互相上链建立起正向的信誉生态，让良币驱逐劣币。目前，中农网农业区块链平台已经获得第一阶段的成功，不仅能重塑交易各方的信任关系，还显著提高了各项的交易效率，降低了大家的交易成本（图3－3）。

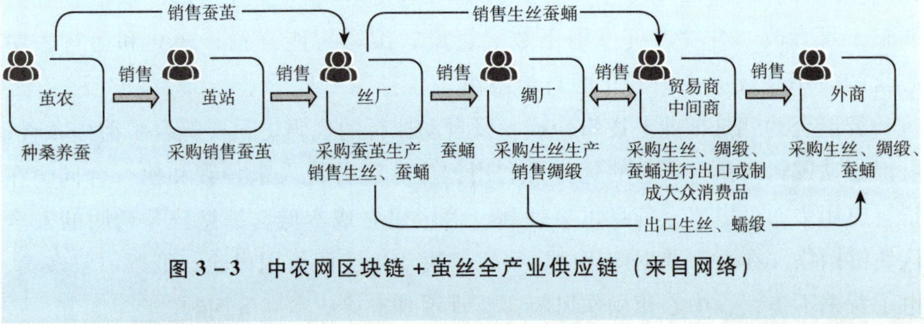


图3－3 中农网区块链＋茧丝全产业供应链（来自网络）

**【想一想】**

区块链在农业方面还有哪些运用。

### 3.1.3 区块链的特征与类型

#### 3.1.3.1 区块链的特征

区块链是多种已有技术的集成创新，主要用于实现多方信任和高效协同。通常，一个成熟的区块链系统具有透明可信、防篡改可追溯、隐私安全以及系统可靠四大特征。

1. 透明可信

在去中心化的系统中，网络中的所有节点均是对等节点，大家平等地发送和接收网络中的消息。所以，系统中的每个节点都可以完整观察系统中节点的全部行为，并将观察到的这些行为在各个节点进行记录，即维护本地账本，整个系统对于每个节点都具有透明性。这与中心化的系统是不同的，中心化的系统中不同节点之间存在信息不对称的问题。中心节点通常可以接收到更多信息，而且中心节点也通常被设计为具有绝对的话语权，这使得中心节点成为一个不透明的黑盒，而其可信性也只能藉由中心化系统之外的机制来保证。

2. 防篡改可追溯

“防篡改”和“可追溯”可以被拆开来理解，现在很多区块链应用都利用了防篡改可追溯这一特性，使得区块链技术在物品溯源等方面得到了大量应用。

“防篡改”是指交易一旦在全网范围内经过验证并添加至区块链，就很难被修改或者抹除。一方面，当前联盟链所使用的如 PBFT 类共识算法，从设计上保证了交易一旦写入即无法被篡改；另一方面，以 PoW 作为共识算法的区块链系统的篡改难度及花费都是极大的。若要对此类系统进行篡改，攻击者需要控制全系统超过 51% 的算力，且若攻击行为一旦发生，区块链网络虽然最终会接受攻击者计算的结果，但是攻击过程仍然会被全网见证，当人们发现这套区块链系统已经被控制以后便不再会相信和使用这套系统，这套系统也就失去了价值，

“可追溯”是指区块链上发生的任意一笔交易都是有完整记录的，我们可以针对某一状态在区块链上追查与其相关的全部历史交易。“防篡改”特性保证了写入到区块链上的交易很难被篡改，这为“可追溯”特性提供了保证。

3. 隐私安全

区块链系统中的用户通常以公私钥体系中的私钥作为唯一身份标识，用户只要拥有私钥即可参与区块链上的各类交易，至于谁持有该私钥则不是区块链所关注的事情，区块链也不会去记录这种匹配对应关系，所以区块链系

统知道某个私钥的持有者在区块链上进行了哪些交易，但并不知晓这个持有者是谁，进而保护了用户隐私。

从另一个角度来看，快速发展的密码学为区块链中用户的隐私提供了更多保护方法。同态加密、零知识证明等前沿技术可以让链上数据以加密形态存在，任何不相关的用户都无法从密文中读取到有用信息，而交易相关用户可以在设定权限范围内读取有效数据，这为用户隐私提供了更深层次的保护。

4. 系统可靠

区块链系统的高可靠性体现在，首先，每个节点对等地维护一个账本并参与整个系统的共识。也就是说，如果其中某一个节点出现了故障，整个系统仍能正常运转，这就是为什么我们可以自由加入或者退出比特币系统网络，而整个系统依然工作正常；其次，区块链系统支持拜占庭容错。传统的分布式系统虽然也具有高可靠特性，但是通常只能容忍系统内的节点发生崩溃现象或者出现网络分区的问题，而系统一旦被攻克（甚至是只有一个节点被攻克），或者说修改了节点的消息处理逻辑，则整个系统都将无法正常工作。

区块链能够处理拜占庭错误的能力源自其共识算法，而每种共识算法也有其对应的应用场景。例如，POW 共识算法不能容忍系统中超过 51% 的算力协同进行拜占庭行为；PBFT 共识算法则不能容忍超过总数 1/3 的节点发生拜占庭行为。因此，严格来说，区块链系统的可靠性也不是绝对的，只能说是在满足其错误模型要求的条件下，能够保证系统的可靠性。然而由于区块链系统中，参与节点数目通常较多，其错误模型要求完全可以被满足，所以我们一般认为区块链系统是具有高可靠性的。

### 3.1.3.2　区块链的类型

区块链分类－微课

我们都知道，我国的互联网发展一直走在世界的前沿，并且因为近几年区块链的火爆，国内区块链开发公司的数量更是越来越多。在目前，区块链主要有三大类型，分别是公有链、联盟链、私有链。先出现的是公有链，后来才出现联盟链，联盟链参考了公有链技术。而私有链是联盟链的特殊类型，都是许可链。不同的区块链适用的场景不同，所采用的技术、达到的效果也有很大的差异。那么接下来我们看看三种区块链的对比。

1. 公有链

是指全世界谁都能够读取的、任何人都可以发送交易且交易能获得有效确认的、任何人都能参与其共识过程的区块链，共识过程决定哪个区块可被添加到区块链中和明确当前状态。

公有链通常被认为是“完全去中心化”的。它的特点是不可篡改，匿名公开，技术门槛低。每个参与者可以看到全部的账户余额和其全部的交易活动。公有链的主要应用有比特币，以太坊等。

在公有链环境中，节点数量不确定，节点真实身份未知，主要通过共识算法、激励或奖惩机制、对等网络等技术来保证其运行顺利，因此也存在一定的问题：

（1）效率问题。目前比特币平均每10分钟产生1个区块，且其工作量证明机制（POW）需要全网所有节点共同验证一个难题，所以很难缩短区块时间。一般认为，比特币区块链中新产生的区块，需要经过6个区块的确认，才能确认该区块足够安全，而这大概需要1小时，这样的交易处理速度根本无法满足大多数应用需求。

（2）隐私问题。公有链被称为公开的分布式账本，任何人都可以在链上进行交易传输和数据存储，同步区块链上的全部数据。这对于涉及大量商业机密和利益的业务场景来说，链上数据的公开不符合业务规则和监管要求。

（3）最终确定性问题。是指特定的某笔交易是否会最终被包含进区块，加入区块链中。公有链需要经过6个区块的确认，才能最终确定一笔交易的成功，所以在这之前只能保证一定概率的近似，这对现有的工商业应用和法律环境来说可用性较差。

2. 联盟链

通俗来讲就是“被阉割的公有链”，是指其共识过程受到预选节点控制的区块链。它主要应用在机构间的交易、结算或清算等B2B场景。举个例子，像银行间进行支付、结算、清算的系统就能够采用联盟链的形式，将各家银行的网关节点作为记账节点。联盟链的特点是多方协作，联盟内有准入机制，N个机构共同管理，每个机构可以有1个或多个节点，节点的数据读写限范围，规则内部商定，信任机制靠集体背书。

相较于公有链，联盟链具有交易成本更低、节点之间的连接更稳定、隐私保护更好，更好灵活的优点。在国内，公有链是不合规的，联盟链是合规的，产业链均为联盟链。

**【案例拓展】**

**走出泡沫，落地为王 盘点联盟链应用落地案例**

**司法区块链**

随着数字化技术的发展，电子证据（声音、图片、视频等形式）的身影在诉讼案件中出现得越来越频繁。

但是由于电子证据不容易判断真实性和易消亡等特点，使得电子证据举证在实际案件审理中存在诸多难点。

此时，区块链却可以直击诸多难题。区块链技术所特有的不可篡改、去中心化存储等特性，恰恰与电子证据存证的痛点相契合。区块链可以降低电子证据存证成本、增强电子证据的真实性，从而提高诉讼效率。

据悉，早在2016年，司法鉴定平台千信网就出具了第一份基于区块链技术的电子证据司法鉴定书。

2018年6月28日，杭州互联网法院采纳了原告基于保全网提供的区块链存证电子数据，这也是全国首次确认了采用区块链技术存证的电子数据具有法律效力。

随着区块链概念的大规模普及，越来越多的地方引入了区块链存证系统。北京互联网法院“天平链”电子证据平台；广州互联网法院“网通法链”；山东省高级人民法院电子证据平台等目前都是非常优秀的案例。

这些平台的工作原理基本一致，都是首先在证据平台上由公证机关（第三方独立机构）通过区块链对电子证据进行固定，用户起诉后提交哈希值作为证据即可，从而增强了电子证据的真实性，提高了案件的审判效率。

2020 年，一定会出现更多的案件通过司法区块链解决，司法区块链在促进司法公正方面的作用一定也会越来越突出。

**金融区块链**

在区块链的众多应用场景中，金融被认为是最易率先实现落地的场景，且创造的实际价值更大。

对于金融机构来说，数据是最核心的资产，在风控和信用中承担重要角色。区块链技术在解决信息方面的优势，使其在金融行业中得到大量应用。

早在 2017 年 12 月，招商银行便联手永隆银行、成功实现了三方间使用区块链技术的跨境人民币汇款。而该业务也成为全球首笔基于区块链技术的同业间跨境人民币清算业务。

2019 年 1 月，蚂蚁区块链发布了基于区块链技术架构的供应链协作网络蚂蚁双链通。该应用旨在解决广大供应链上下游，特别是制造业中小企业的融资难题。

在国际上，基于区块链的摩根大通银行间信息网络（IIN）快速扩大，截至去年 9 月已有包括德银在内的超过 330 家银行表达了加入 IIN 的意愿，其中超过 65 家银行自 2018 年推出以来已在 IIN 正式上线。

金融领域作为作为中心化程度最高的产业之一，因多方信息的不对称造成了大量的成本，将区块链引入金融，对于金融行业的降本增效具有重要意义。

**公益区块链**

前段时间，贵州铜仁因省钱救弟长期严重营养不良，年仅 24 岁的贫困女大学生吴花燕去世。其中社会人士筹集的公益善款的去向疑问重重，引发社会热议。

慈善钱款开支不透明、善款被挪用它处等问题尖锐的反映了当今的公益事业的缺点。接连的负面事件使得大众对于慈善事业的热情大打折扣。如何使公益事业透明化成为了重中之重。

这时，区块链的透明性特点使得区块链 + 公益成为了可能。

2016 年 12 月，蚂蚁金服旗下的支付宝安心捐赠平台全面引入了区块链技术，向公益机构开放，签约机构经审核后可自行发布公益项目；2017年9月，京东公益也利用区块链实现了对物资捐赠公益的追溯。

2016年10月，腾讯推出的“公益寻人链”，用区块链技术来对接多个寻人平台的数据链接，并让各大公益平台实现了信息共享。

2018年，蚂蚁金服开设了公益版块，旨在运用区块链技术追踪筹款，建立起第三方公示体系区块链资金流公示，为公益机构进行数据统计、项目执行跟踪提供便利。

在一定程度上，公益事业与区块链的结合进一步提高了公益过程的透明性，维护了民众的爱心，促进了社会的进步。

**政务区块链**

作为国家管理者，政府对于区块链赋能公共服务的前途极为关注。多地政府也相继发声，欲借助区块链，提供公共服务能力。

早在2017年7月，北京就出台《北京市推进政务服务“一网通办”工作实施方案》，明确提出将区块链技术应用于政务服务，表明了对这项技术的首肯。

北京市海淀区基于全区“一网通办”平台，应用区块链、人脸识别、OCR自动识别等技术，在“海淀通”App上创新推出“智慧审批”新型政务服务模式。

对于首批上线的12个政务服务事项，居民可直接在手机上提交办事申请材料，系统自动审批并即时反馈、告知审批结果，实现“24小时不打烊”，为政务服务赋能提速，进一步提高审批人员工作效率，提升市民办事的幸福感、获得感。

此外，深圳市推出统一政务服务App“i深圳”，实现了居民身份证、居民户口簿等24类常用电子证照上链，并将于下个月实现线下办事窗口授权用证上链全市全覆盖。

据互链脉搏统计数据，2019年上半年全球共披露408个落地项目，下半年披露437项，每月平均披露约70项。一方面，落地数量说明区块链技术应用正在稳步推进，区块链对各行业的价值正在被证明。

另一方面，纵观2019年落地应用，846个项目中，涵盖12大应用领域共计100+应用场景。应用领域方面，金融和政务领跑，两个领域全年的落地数量持平，均为214项，共占比50%。政务服务的先进和便捷，影响着整个社会的发展进程，同时也影响着社会效率，社会效率的提高既有利于经济发展同时间接提高了公民幸福感，利国利民。

总之，区块链的可追溯、去信任等特征给很多领域提供了巨大了想象空间，稍加利用，前途无量。

（资料来源：https：//baijiahao.baidu.com。）

3. 私有链

就是完全私有的区块链，即写入权限仅在一个组织手里的区块链。读取权限或者对外开放，或者被一定程度地进行了限制。区块链上的读写权限、参与记账权限按联盟规则来制定。整个网络由成员机构共同维护，网络接入一般通过成员机构的网关节点接入，共识过程由预先选好的节点控制。私有链的特点是交易速度快，保护隐私，而且交易成本极低；但是它也有一些缺点，私有链可以被操作价格，也能够修改代码的，风险较大（表 3-1）。

表 3-1 公有链、联盟链和私有链的比较

| | 公有链 | 联盟链 | 私有链 |
|---|---|---|---|
| 使用范围 | 全网公开 | 多方协作 | 完全私有 |
| 准入要求 | 自由进出 | 授权准入 | 授权准入 |
| 节点地位 | 节点读写权利平等 | 节点数据读写限范围 | 视需求，开放节点权限 |
| 信任维护 | 信任机制靠技术 | 信任机制集体背书 | 信任机制自己背书 |
| 运行效率 | 效率慢 | 效率快 | 效率快 |

在运行速度方面，公有链的效率最低，其中比特币的速度为 7 笔交易/秒，以太坊也只能实现 20 笔交易/秒，而联盟链能达到 1000～1 万笔/秒，私有链最快，为 1000～10 万笔/秒。比特币，以太坊等公有链的应用，最大的诟病就是"慢"和"拥堵"，其运行慢的原因主要是节点众多，私有链和联盟链因为节点数量少，运行速度也很快。

虽然公有链运行速度不理想，但是它的应用是非常广泛的，我们要正确认识公有链，公有链不等于公有的链，要判断其是否是公有链，需要具备以下特征：超主权无国界，无权限限制，完全去中心化，匿名性和透明性。因为任何人都可以在公有链上发布信息，并且信息发布后不可删除，修改，那么如果这些信息违反国家政策法律，所言不实，怎么办？如果这些信息侵犯了企业/个人隐私怎么办？区块链是否需要监管？谁来监管，怎么监管？这都向我们提出了挑战。

在产业发展中，信息是核心资源，不能做到完全去中心化，因此产业的区块链创新只适合联盟链。联盟链在国内是合规的，能实现数据隐私保护，目前国内的产业区块链创新政策要求节点实名制，通过场景应用来倒逼技术进步，使得创新的市场化程度相对高。

虽然目前区块链只有 3 大主要类型，但是相信在接下来的发展中，经过区块链开发技术公司等的努力创造，未来各式各样的链将会把我们的生活带入"区块链+"中。

### 3.1.4 区块链的核心技术

区块链作为一个诞生刚十几年的技术，的确算是一个新兴的概念，但是

它所用到的基础技术全是当前非常成熟的技术。区块链的基础技术如分布式账本、点对点传输、加密算法、共识算法以及智能合约，在区块链兴起之前，很多技术已经在各种互联网应用中被广泛使用。同时，区块链也并不是简单的重复使用现有技术，例如共识算法、隐私保护在区块链中已经有了很多的革新，智能合约也从一个简单的理念变成了一个现实（图3－4）。

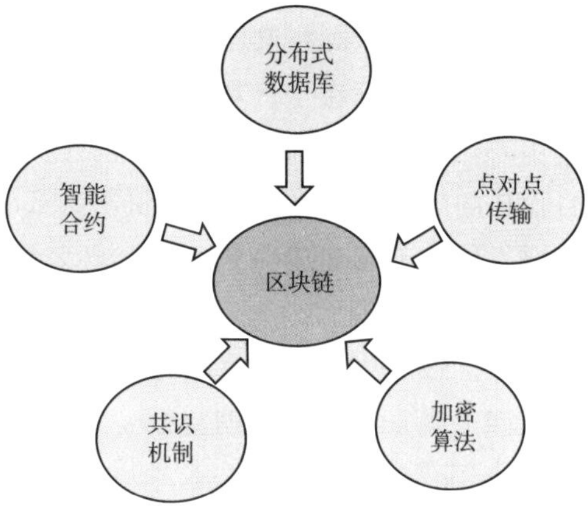


**图3－4　区块链的核心技术**

1. 分布式账本

分布式账本（Distributed ledger）是一种在网络成员之间共享、复制和同步的数据库。分布式账本技术产生的算法是一种强大的、具有颠覆性的创新，它有机会变革公共与私营服务的实现方式，并通过广泛的应用场景去提高生产力。

从实质上说其就是一个可以在多个站点、不同地理位置或者多个机构组成的网络里进行分享的资产数据库。在一个网络里的参与者可以获得一个唯一、真实账本的副本。账本里的任何改动都会在所有的副本中被反映出来，反应时间会在几分钟甚至是几秒内。在这个账本里存储的资产可以是金融、法律定义上的、实体的或是电子的资产。在这个账本里存储的资产的安全性和准确性是通过公私钥以及签名的使用去控制账本的访问权，从而实现密码学基础上的维护。

2. 加密算法

数据加密的基本过程就是对原来为明文的文件或数据按某种算法进行处理，使其成为不可读的一段代码为“密文”，使其只能在输入相应的密钥之后才能显示出原容，通过这样的途径来达到保护数据不被非法人窃取、阅读的目的。该过程的逆过程为解密，即将该编码信息转化为其原来数据的过程。

3. 点对点传输

点对点技术（peer－to－peer，简称P2P）又称对等互联网络技术，是一种网络新技术，依赖网络中参与者的计算能力和带宽，而不是把依赖都聚集在较少的几台服务器上。P2P 网络通常用于通过 Ad Hoc 连接来连接节点。这类网络可以用于多种用途，各种文件共享软件已经得到了广泛的使用。P2P 技术也被使用在类似 VoIP 等实时媒体业务的数据通信中。

4. 共识机制

所谓“共识机制”，是通过特殊节点的投票，在很短的时间内完成对交易的验证和确认；对一笔交易，如果利益不相干的若干个节点能够达成共识，我们就可以认为全网对此也能够达成共识。

区块链的自信任主要体现在分布于区块链中的用户无须信任交易的另一方，也无须信任一个中心化的机构，只需要信任区块链协议下的软件系统即可实现交易。这种自信任的前提是区块链的共识机制（consensus），即在一个互不信任的市场中，要想使各节点达成一致的充分必要条件是每个节点出于对自身利益最大化的考虑，都会自发、诚实地遵守协议中预先设定的规则，判断每一笔记录的真实性，最终将判断为真的记录记入区块链之中。现今区块链的共识机制可分为四大类：工作量证明机制、权益证明机制、股份授权证明机制和 Pool 验证池。

5. 智能合约

是一种旨在以信息化方式传播、验证或执行合同的计算机协议。智能合约允许在没有第三方的情况下进行可信交易，这些交易可追踪且不可逆转。智能合约概念于 1995 年由 Nick Szabo 首次提出。他对智能合约的定义为：“一个智能合约是一套以数字形式定义的承诺，包括合约参与方可以在上面执行这些承诺的协议”。简单来说，智能合约是一种在满足一定条件时，就自动执行的计算机程序。如自动售货机，就可以视为智能合约系统。客户需要选择商品，并完成支付，这两个条件都满足后售货机就会自动吐出货物。

智能合约的目的是提供优于传统合约的安全方法，并减少与合约相关的其他交易成本。

**【小任务】**

通过调查分析，区块链技术如何解决传统供应链金融的痛点？

# 任务 3.2 辨别数字货币

### 3.2.1 数字货币的概念

关于数字货币的概念，目前并没有统一的表述，无论是各国监管部门已出台的法规，还是学界对于数字货币的学术讨论，都没有对数字货币的概念达成共识。就监管机构而言，最早关注数字货币的是欧洲中央银行（European Central Bank，以下简称“ECB”），其早在2012年的一份报告报告中就指出比特币属于数字虚拟货币，并将虚拟货币定义为在特定虚拟社区中使用的由开发者发行和控制，且不受监管的数字货币。在2015年的研究报告中，欧洲中央银行重新定义了数字货币，认为数字货币是一种价值的数字表现形式，非由中央银行等货币当局发行，在特定情况下可充当货币的替代品。

国际货币基金组织（International Monetary Fund，以下简称“IMF”）认为，数字货币是分布式账本中的计价单位（unit），一种是数字货币本身具有内在价值，一种是存在于分布式账本之外的实体资产的数字化表现。反洗钱金融行动特别工作组（Financial Action Task Force on Money Laundering，以下简称“FATF”）认为，数字货币是价值的数字表示，其可被进行数字化交易，同时可作为交换媒介、记账单位或用于进行价值储存。欧洲银行业管理局（European Banking Authority，以下简称“EBA”）认为，数字货币是价值的数字化表示，其不由央行或政府当局发行，也不与法币挂钩，但因被公众所接受，可以作为支付手段，也能够以电子形式转移、存储或交易。

一般来说，数字货币（Digital Currency）是指以数字形式存在的货币，在不同语境下，它有着完全不同的内涵和外延。数字货币有狭义和广义之分。其中，狭义的数字货币主要指纯数字化、不需要物理载体的货币，它是以区块链和加密运算等技术为基础，依托互联网来创设、发行和实现流通的数字货币，例如比特币、以太币等均属于狭义上的数字货币。而广义的数字货币等同于电子货币，泛指一切以电子形式存在的货币。广义数字货币包括作为法币电子化形式的电子货币（电子现金）、依靠密码和校验技术进行创建和发行并流通的加密货币、作为黄金数字化表现形式并以黄金重量命名的数字黄金、特定主体发行且仅能在发行主体创设的“社区”内使用的虚拟货币等。

从技术维度而言，数字货币是一种基于节点网络和数字加密算法的货币，与现行信用货币的实物特性相比较，它没有独立实体，而是依托于计算机技术、以二进制等形式存储于介质之中的数字化的货币。

从发行维度而言，依据发行主体的不同，目前数字货币由法定数字货币和私人数字货币构成，法定数字货币是中央银行对公众发行的信用货币，是数字化的法币；私人数字货币是由个人或组织发行的非法定虚拟货币，如比特币、天秤币等。

从应用维度而言，数字货币是科学技术发展到一定时期的货币表现形式，其本质依然是货币，货币是一般等价物，在一定范围内可以充当价值尺度与交易媒介职能，数字货币可以用于购买实物商品和服务。

从社会学维度而言，数字货币的产生和发展，是一场由货币而引发的各领域的人类社会变革。数字货币的出现与应用，将对货币金融体系产生巨大的影响，也必然会带来一系列的新的互联网新型生态的发展。

### 3.2.2 数字货币的类别

市场上数字货币种类较多，单纯的根据其获得方式进行区分，不利于根据单种数字货币的情况进行有效监管，因而数字货币应当根据其应用方式分为三类，一是支付型数字货币，二是应用型数字货币，三是资产型数字货币，以便于根据具体的应用场景、应用方式发现潜在风险并进行有效监管。

1. 支付型数字货币

区块链数字货币－微课

比特币是典型的支付型数字货币。当前，越来越多的商家接受使用比特币进行支付，而比特币从问世的第一天起，其开发者就寄希望于其能代替传统货币成为一种新型货币，类似的还有莱特币等数字货币。判断一种数字货币是否属于支付型数字货币，既要看发行方发行、创建该数字货币时意图实现的效果，也要看其实际的应用场景。当特定人群接受某种数字货币用于支付对价、购买相应商品或服务时，该种数字货币就实际上承担了交易媒介的功能，这就是此处所定义的支付型数字货币。同样的数字货币还包括莱特币等，主要是作为一种支付手段或价值传递的工具。

**【法律法规拓展阅读】**

1. 2013 年《关于防范比特币风险的通知》http：//www.gov.cn/gzdt/2013－12/05/content_2542751.htm

2. 2017 年《关于防范代币发行融资风险的公告》http：//www.pbc.gov.cn/goutongjiaoliu/113456/113469/3374222/index.html

3. 2021 年《关于进一步防范和处置虚拟货币交易炒作风险的通知》https：//www.spp.gov.cn/zdgz/202109/t20210924_530777.shtml

关于防范比特币风险的通知

关于防范代币发行融资风险的公告

关于进一步防范和处置虚拟货币交易炒作风险的通知

2. 应用型数字货币

应用型数字货币是由单一或特定的数字货币发行方发行，持有该类数字货币的用户可以使用或凭借这些数字货币享受数字货币发行方或其关联方提供的特定服务，即该种数字货币为用户提供的是对于产品或者服务的访问权或使用权。例如数字货币交易平台币安网（Binance）发行的平台币 BNB 就是典型的应用型数字货币，BNB 的持有者可以使用该数字货币抵扣在币安网平台上的交易手续费或是获得相应的折扣，同时可以在币安平台进行投票以决定新上平台的数字货币的种类，在这种情况下如果有新发行的数字货币希望在币安网平台进行发行，则新的数字货币发行方需要在市场中购买一定数量的 BNB 用以在币安网上发行数字货币前的投票，BNB 的投票及抵扣机制便是应用型数字货币典型的应用过程。

3. 资产型数字货币

资产型数字货币，也有人称其为证券型数字货币。其由特定的发行方来发行，代表着发行人所拥有的资产，包括但不限于股权、债权、房地产等资产，而当持有者拥有资产型数字货币时，便相当于拥有了资产型数字货币所代表的发行人的权益或是底层资产的权益，此时资产型数字货币根据其代表的权益的不同，分别与股票、债券或是衍生品相类似。

从技术的层面来看，国内学者对数字货币逐渐形成了共识，即数字货币是基于区块链技术或分布式记账技术而产生的一种新型加密货币。根据取得方式和表现形式的不同，可以分为“加密货币”和“代币”，例如俄罗斯联邦《数字金融资产法》草案中，将“数字金融资产”分为两类：一是“加密货币”，二是“代币”，又称非加密数字货币或者企业币。

**【小任务】**

试一试，分别找出三种类型的货币，并比较他们在使用中的不同。

### 3.2.3 数字货币的特点

理想的数字货币以精巧的数学模型为基础，模型中包含了发行方、发行金额、流通要求、时间约束、甚至智能合约等信息，与其他形式的货币相比，数字货币具备以下特点：

（1）匿名性：不同于传统银行机构具有统一的中央清结算系统，数字货币是创设在独立的、点对点的网络系统上的，其初始获得、交易均在虚拟网络中完成，没有机构对于数字货币持有人的身份进行验证，亦没有机构对于数字货币的交易历史保持追踪，匿名性因而成为数字货币的典型特征之一。

（2）可编程性：不同于法定货币拥有现金等表现形式，数字货币运行于虚拟网络之上，其表现形式实为由“1”、“0”组成的计算机语言。

（3）自治性：数字货币具有自治性。无论是具有特定发行方、带有一定中心化性质的数字货币，还是无特定发行方、完全去中心化的数字货币，其在使用、应用、交易过程中，均是在特定群体（即持有、使用数字货币的群体）内进行的，而该群体对于数字货币的价值或是功能的承认，可以被看作是共识机制的现实化表现。

（4）交易成本低：数字货币的创建、使用数字货币实现的价值传递均依托于互联网完成，跨国交易中，双方如选择使用数字货币作为支付对价的方式，则该支付行为无需经过各国具有清算结算功能的中央金融机构，亦可避免金融机构的参与而带来的成本费用，仅通过互联网即可完成跨境交易项下对价的支付。

随着数字货币的发展并逐步进入到公众的视野，其对当前传统银行业和第三方支付平台都将带来至关重要且直接的影响，

同时数字货币呈现出更为显著的优势，可提升流通效率，降低流通成本，从某种程度上来说可以替代纸币，同时对于第三方支付平台来说也将产生重大的变革。

# 任务 3.3　探究数字人民币

## 3.3.1　数字人民币的内涵

数字人民币使用攻略

对央行数字货币有多种表述，如法定数字货币（Digital Fiat Currency, DFC）、央行加密货币、数字基础货币等。目前，对于央行数字货币 CBDC 还并没有形成一个统一确定的定义。但都是从货币的本质和从货币的技术实现两个方面来定义数字货币。

视角 1：从货币的视角——IFM 给出的定义：央行数字货币是一种新型的货币形式，由中央银行以数字方式发行的、有法定支付能力的货币。

视角 2：从“货币 + 技术”的视角——2018 年，国际清算银行将 CBDC 定义为“与传统的准备金或结算账户中的余额不同，是中央银行货币的数字形式，基于分布式账本技术、采用去中心化支付机制的虚拟货币”。姚国章（2016）认为：法定数字货币是基于密码学原理、基于端对端交易，以国家主权为背书、并具有法定地位的数字货币。

央行数字货币或者说法定数字货币，就是解决比特币等数字货币没有“价值支撑体系”的问题，其实质就是“点对点 + 电子货币支付系统 + 央行信用”。内涵包括以下几个方面：

一是在法律维度上，央行数字货币是一种主权货币。它以国家主权作为背书，有法定支付力。

二是在价值维度上，央行数字货币是一种信用货币。作为法定数字货币，本质上它仍是中央银行对公众发行的债务，是以国家信用为价值支撑，避免币值剧烈波动。

三是在技术维度上，央行数字货币是一种加密货币。加密技术是法定数字货币实现技术安全和可信的关键要素。

四是在实现维度上，央行数字货币是算法货币。在货币发行环节，央行数字货币设计上有可执行脚本的考虑，将来可以使用预设可靠的算法规则来进行发行。除此之外，还可以运用大数据对货币的发行、流通、储藏等进行深度分析，了解货币运营规律，为货币政策宏观审慎监管和金融稳定分析等干预需求提供数据支撑。

五是在应用维度上，央行数字货币是智能货币。央行数字货币的用户体验将变得更加智能，货币政策执行也将变得更加智能。

## 3.3.2　数字人民币的意义

数字货币的设计思想来源于密码学家的设想，密码学家设想现金能够像邮件一样通过加密和签名后一端直接发送到另一端，从而实现点对点传输。

虽然数字货币的理念在1983年就已经被DavidChaum提出，但数字货币的发展史并不长，比特币是最早的真正意义上的数字货币。数字货币最早的发行初衷是摆脱政府和中央银行的监管和控制，在全球市场上自由流通，这就导致初代数字货币在设计上具有部分缺陷，在使用过程中难以全面发挥货币职能。后续的发展状况也证实了这一点，资本的介入使得数字货币在使用时偏离其原有应用场合，也对主权货币造成了威胁，各国货币当局均认识到发行法定数字货币的必要性和紧迫性。

我国在2014年成立数字货币研究团队，进行法定数字货币的研发工作。2019年8月，央行提出加快推进我国法定数字货币DCEP（Digital Currency Electronic Payment）的研发步伐，在全球法定数字货币发行战中抢占先机。之后，各国政府都对它的发展保持着密切关注，美国、日本、俄罗斯和中国等多个国家的中央银行已经尝试研发本国法定数字货币，目前全球已有6家银行发行了数字货币。数字人民币的出现对世界有着重要的意义。

1. 私人数字货币不能全面发挥货币职能

经历过比特币价格的大起大落，各国货币当局进一步认识到私人数字货币币值不稳定的缺陷，且绝大多数私人数字货币的可替代性较强，无法充当一般等价物。作为一种数字资产而不是真正的货币，数字货币很容易被投资者在封闭市场上进行炒作，最终变为投机工具而不是用来支付。除此之外，匿名化和去中心化的私人数字货币难以有效监管，更无法用于调控货币政策，还会引入新的金融不安全因素，严重者甚至会扰乱现有的金融秩序，引发新一轮的货币危机和经济动荡，这违背了私人数字货币发行的初衷也不利于经济稳定。

发展到现在，一些组织主张用私人数字货币取代央行发行的货币，进而实现货币非国家化，给各国政府货币发行权造成了威胁，为应对私人数字货币的挑战，在货币发行中继续占据主导地位，很多国家选择进行央行法定数字货币的研究与发行。

2. 第三方支付平台存在交易壁垒和交易风险

互联网的普及和物联网的兴起促进了电子支付在我国的快速发展，以支付宝、财付通（微信）为代表的第三方支付平台迅速崛起，第三方支付的高度发达给我国居民带来了一系列便利的同时也存在着一些弊端。在这些弊端中，第三方支付平台之间的交易壁垒和交易风险问题最为突出。

第三方支付平台由商业性质的私人机构运营，各平台之间存在商业竞争，用户在进行跨平台交易时多有不便，提现转存带来的手续费也会给用户带来经济损失，而央行发行的法定数字货币和现金一样，被法律赋予无限支付的权力，用户可在任意第三方支付平台用法定数字货币进行支付，从而打破第三方支付平台之间的交易壁垒。

发展到现在，几大互联网巨头主导了我国第三方支付市场，这背后隐藏的信用风险、道德风险和信息风险不容忽视，用户庞大、交易繁多的第三方支付平台一旦发生信息泄露或大规模违约行为，央行势必要加以干预，进而增加金融体系的负担，也容易造成第三方支付平台“大而不倒”现象的出现，引发一系列难题。

3. 法定数字货币提高支付效率和增强支付弹性

区块链具有的去中心化和去信任化等优点是客观存在的，将这些优点合理运用到法定数字货币实践中，可以提高支付效率和支付弹性。

首先，去中心化机制可以将用户之间的点对点交易变成可能，用户在使用法定数字货币进行交易时，支付通过信息技术和数字技术完成，无需通过银行等金融机构在本人账户上登记一笔资产的减少，在对方账户上登记一笔资产的增加，再由清算银行核实无误后才能完成该笔交易，从而提高支付效率。同时，使用法定数字货币进行交易时无需中心机构的人工干预，在降低支付行为交易成本的同时增强了资金的流动效率，为跨境交易节省了时间成本和结算成本。

其次，支付系统掌握在少数几家巨头公司极易造成支付系统的不稳定性，也提高了信用风险的集中度，若不可抗力因素导致支付中断，将造成流动性风险和系统性风险。事实上此次新冠肺炎疫情的出现更加坚定了我国发行法定数字货币的决心，当自然灾害或者重大疫情出现时，家庭和企业仍可以使用法定数字货币进行支付和结算，未来央行的法定数字货币将采用双离线支付模式，无需依赖网络，交易双方只要有电即可完成支付行为，在很大程度上增强了支付系统的弹性。

最后，法定数字货币的使用可以降低金融服务的获取门槛，减少金融服务的获取成本，将现存金融服务体系之外的居民纳入服务对象范围，助力惠普金融在全国乃至全球的推进，让更多人享受到数字支付带来的便利。

4. 法定数字货币加快人民币国际化进程

近年来，我国一直在推进人民币国际化进程，也取得了诸多成绩，但目前人民币国际化仍然处在一个较低水平，当今世界美元在全球货币体系中依旧占据主导地位，全球货币利率随着美元利率的调整而调整，造成其他国家包括中国的货币政策在运行和传导时十分被动。Libra 的出现引发了各国重新思考数字货币的发行对现存货币体系的影响，数字货币的出现或许能够改变美元在国际货币体系中一家独大的现象。

我国央行发行法定数字货币的初衷是利用区块链和金融科技等先进技术解决金融基础设施问题，借鉴已有的先进经验，积极推动法定数字货币与石油、黄金、新能源挂钩的结算机制，完善法定数字货币的推广机制，攻克全球贸易关键节点，进而提升法定数字货币在国际市场中的流通份额，最终建立基于央行法定数字货币的全球贸易生态系统。借数字货币这股“东风”，加快央行法定数字货币的研发与试用，有助于加快人民币国际化进程，提升人民币的国际地位。

### 3.3.3 数字人民币的特征

1. 具有 M0 属性

我国央行数字货币的具体的特征，则要从其主体、投放模式、监管形式等方面了解。中国现阶段的央行数字货币设计应注重 M0 替代，而不是 M1、M2 替代。主要原因包括：

第一，M1 和 M2 已实现电子化。现阶段，M1 和 M2 基于商业银行账户，已实现电子化或数字化，没有用数字货币再次数字化的必要。支持 M1 和 M2 流转的银行间支付清算系统（如大小额支付系统和网上支付跨行清算系统等）、商业银行行内系统以及非银行支付机构的各类网络支付手段等运转正常，且在不断完善升级、日益高效，能够满足我国经济发展需要。而且，用央行数字货币替代 M1 和 M2，既无助于提高支付效率，还会造成对现有系统和资源的巨大浪费。

第二，纸钞的数字化需求迫切。无论是央行的储备金，还是在商业银行的支票账户，如今货币资金实际都已经被数字化，加上电子支付的应用和普及，只有越来越少的纸币用于流通。而纸钞和硬币的发行、印制、回笼和贮藏等环节成本较高，流通体系层级多，且携带不便、易被伪造、匿名不可控，存在被用于洗钱等违法犯罪活动的风险，实现数字化的必要性与日俱增。

第三，传统的账户紧耦合模式无法满足需求。非现金支付工具，如传统的银行卡和互联网支付等，都基于账户紧耦合模式，无法完全满足公众对易用和匿名支付服务的需求，不可能完全取代 M0，特别是在账户服务和通信网络覆盖不佳的地区，民众对现钞的依赖程度仍然很高。

2. 具有无限法偿性

央行数字货币由中国人民银行信用背书发行，是央行对公众的负债。为保证货币不超发，运营机构需要向央行按 100% 全额缴纳准备金。公众所持有的央行数字货币由中央银行信用担保，具有无限法偿性。其本质是货币，具有官方赋予的价值特征，并且在日常支付使用时无需绑定银行账户就能实现价值转移，这与我们通常所使用的必须要绑定银行账户才能进行转账付款的微信、支付宝相比有着本质的区别。另外，央行数字货币和人民币都属于法币，具有无限法偿性。这意味着任何机构和个人都不能拒绝接受，即只要能使用电子支付的地方，就必须接受央行数字货币。

3. 监管形式：“前台自愿，后台实名”

数字货币可以实行实名制，也可以实行匿名制，还可以两者结合。我国央行数字货币采用“前台自愿，后台实名”的设计。央行数字货币采用中心化管理，对央行数字货币实现可控的匿名化，在保护用户隐私的同时，主要通过云计算、大数据等技术给监管者提供新的监管手段，即不依赖身份识别系统转而通过用户行为来分析交易中的欺诈风险。同时，通过安全与隐私保护技术实现数字货币的可控追溯，辅之以合规审查等监管技术，强化对反洗钱、反恐融资等不法活动的监管。

如果没有交易第三方匿名，会泄露个人信息和隐私；但如果允许实现完全的第三方匿名，会助长犯罪，如逃税、恐怖融资和洗钱等犯罪行为。所以为取得平衡，必须实现可控匿名，只对央行这一第三方披露交易数据。央行是唯一监管方，下层运营机构无法获取交易记录相关数据。在松耦合账户体系下，可要求运营机构每日将交易数据异步传输至央行。

通过安全与隐私保护技术来管理相关数据使用权限，实现一定条件下的可追溯，确保大数据分析等监管科技有用武之地。就是在宏观或中观上数字货币可以做脱敏的大数据分析，但微观上不可侵犯合法用户的隐私。

4. 双层运营模式

由于中国现有的信用货币发行遵循中央银行到商业银行的二元体系，上层是中央银行对商业银行，下层是商业银行对公众。DCEP 双层架构的运营原理为：商业银行在中央银行开户，按要求缴纳准备金，企业和个人通过商业银行或者金融机构开立数字钱包，商业银行与央行一同维护数字货币的流通。在该种场景下，央行不直接面对消费者，不与金融机构竞争，在成熟的 IT 基础设施以及服务体系的基础之上，利用其可以与银行账户松耦合的系统设计，拓展出更加多元化的场景，其自身的服务能力和竞争力也将进一步增强（图 3－5）。

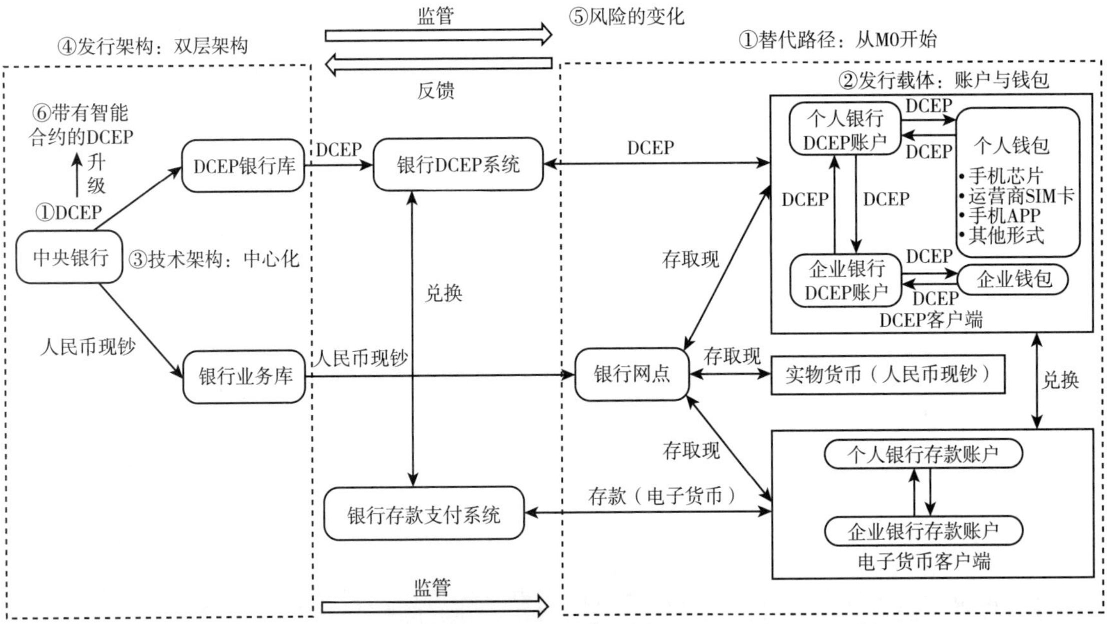


**图 3－5　中国法定数字货币（DCEP）发行路径**

5. 用户体验与货币政策执行智能化

央行数字货币不是单纯的货币数字化，还需要赋予其智能化特征。一是通过引入智能合约，实现用户体验的智能化。智能合约（smart contract）的概念最早由计算机科学家NickSzab于1993年提出，1994年形成论文发表。智能合约的程序依附于区块链系统，具有透明可信、自动执行、强制履约的特点。智能合约将极大地扩展数字货币的功能边界，并发展出各类基于智能合约的去中心化金融（De Fi）应用生态系统。二是通过在系统中内置前瞻条件触发生效的智能设计，实现货币政策执行的智能化（姚前、陈华，2018）。

数字人民币目前公开的专利设计，包括时点条件触发、流向主体条件触发、信贷利率条件触发和经济状态条件触发等生效设计，将有效丰富央行的货币政策“工具箱”。央行数字货币内置智能合约，旨在强化其对宏观货币政策的支持力度，试图解决传统货币政策所面临的货币空转、流动性陷阱等问题。智能合约主要指条件触发条约，例如，内含基于流向主体条件触发智能合约的数字货币能实现货币政策的精准投放，未生效的数字货币流通到个体时，只有个体符合数字货币预设的主体类别，数字货币才会生效。央行已申请四种法定数字货币生效触发条件，内置智能合约的数字货币为实施结构化货币政策提供空间，可以避免资金空转或流入热钱领域（零壹智库，2019）。

### 3.3.4 数字人民币的使用

数字人民币的实际用法与微信、支付宝等移动支付并无太大差别。但对于国家和金融体系来说，还是有很大区别的，它也是基础设施建设中比较重要的一环。

数字人民币和纸币版的人民币本质是一样的。只不过纸币看得见摸得着，而电子版本只存在电子设备里（手机）而已。换句话说，纸币是纸印刷的，数字人民币是加密数字化信息。使用纸币你给出去的是一张纸，使用数字货币给出去的是数字信息。数字人民币可节约大量的人力和物力，直接跟银行挂钩，直接人脸识别就可以流通。另外，数字人民币是法定货币，具有法律效应，像之前“虚拟货币”价格大涨大跌的情况是不会出现的。

1. 下载数字人民币 App

央行发行数字货币，不是央行发给我们每一个人，是把这些数字货币兑换给各个商业银行，然后各位可以去各个商业银行进行兑换。可以用现金兑换，也可以用自己银行账户资金兑换。如：银行卡里有1000元人民币，你就可以用数字货币把他提出来，放在你的手机App数字钱包里面。所以先下载数字人民币App，需要注意的是，由于目前还是「试点版」，所以仅在深圳、苏州、雄安、成都、上海、海南、长沙、西安、青岛、大连及冬奥会场景（北京、张家口）开展试点（图3-6）。

2. 开通钱包

符合注册要求，并且成功注册后，就可以选择开通匿名钱包了。微信开启数字人民币，选择微众银行，支付宝的话就选择网商银行。按步骤添加好钱包后我们就能在首页看到自己的钱包余额了，钱包可以简单的理解为实体

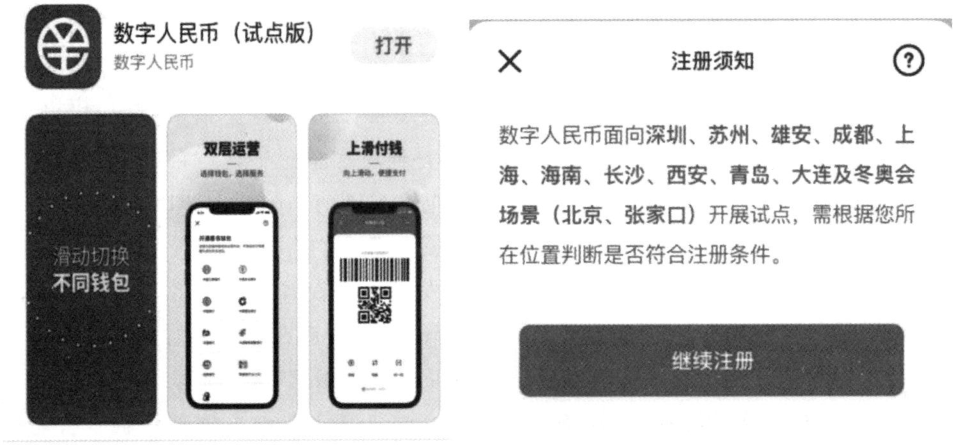


图 3－6　数字人民币 App 注册图

钱包的数字版。点击钱包，就能查看该钱包的子钱包和交易记录，或者选择「存银行」或者「充钱包」（图 3－7）。

①存银行：也就是把钱包中的余额转到银行卡；

②充钱包：就是把银行卡中的余额，提现到钱包；

③转钱：可以把钱包中的余额通过手机号和钱包编号转给其他人；

④收付：可以通过收款码、付款码、扫一扫进行收款和付款。

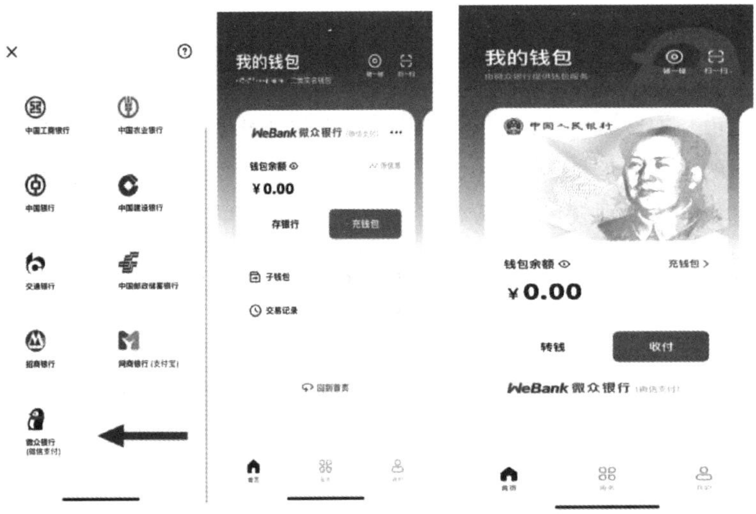


图 3－7　数字人民币钱包

3. 将数字人民币添加到应用

以微信为例，在数字人民币添加了微众银行的钱包后，打开我的——钱包管理——选择微众银行的钱包，点击升级钱包，将其升级为二类钱包（图 3－8）。

图 3－8 升级二类钱包

升级为二类钱包后，打开微信——我——支付——钱包，就能看到「数字人民币」的选项了。点击后就能管理该钱包，或者通过该钱包进行收付款等操作，也可以在微信的收付款中选择使用数字人民币付款（图 3－9）。

图 3－9 微信绑定数字人民币

需要注意的是，在数字人民币 App 选择微众银行钱包时，验证的手机号要与微信绑定的手机号一致。

数字人民币的应用将会在方方面面影响我们的生活，同时，数字化也在各行各业中渗透发展。采购数字化是现代企业管理关注的问题，支付宝致力于企业采购支出管理一站式数智化 SaaS 服务，从寻源到合同，采购执行到供应商管理，财务支付，而数字化人民币的应用，结合数字化采购管理工具，更为企业采购管理支出安全保驾护航，让我们拭目以待。

## 课程思政

1. 培育学生诚信服务、德法兼修的职业素养

在学习区块链时，会引入产业实际案例，让学生体会“区块链 +”赋能我国经济发展中的作用，了解区块链在我国民生，政务，金融方面的应用，关注传统产业问题，创新解决问题，树立学生区块链思维，并秉承诚信服务，德法兼修的职业素养。

2. 树立学生国家数字化经济转型的理想信念

通过案例分析，让学生能够深刻理解区块链在我国的运用，通过数字人民币的学习，使得学生了解我国在法定数字货币上的世界领先地位，这一切都归功于我国数字化转型的全面部署，进而树立学生国家数字化经济转型的理想信念。

关于加快推动区块链技术应用和产业发展的指导意见

3. 树立学生法治意识与风险意识

通过法规解读、案例分析，让学生能够深刻理解区块链技术在应用过程中的风险问题，根据国家的相关法律法规和政策，铭记金融科技人员依法办事、严谨无误的工作要求及金融科技从业人员必须树立风险控制的警惕意识。

## 单元评价

对于每一个单元，结合业务能力和评价指标，根据掌握情况在下表相应的方框中打√，自测结果共分为三类：A 掌握，B 基本掌握，C 未掌握。

**单元测评表**

| 任务 | 任务布置 | 评价指标 | 自测结果 | 要求 |
|---|---|---|---|---|
| 区块链与数字货币 | 运用区块链技术解决传统供应链金融痛点 | 1. 调查分析供应链金融的痛点问题<br>2. 使用区块链技术提出解决方案 | □A □B □C | 1. 调查详实<br>2. 条理清晰<br>3. 逻辑合理 |
| | 试一试，分别找出三种类型的货币，并比较他们在使用中的不同。 | 1. 找出三种类型的数字货币<br>2. 分别研究他们的特点<br>3. 比较他们在使用中的不同 | □A □B □C | 1. 记录详实<br>2. 条理清晰 |
| | 能够使用数字人民币进行支付 | 1. 下载数字人民币钱包<br>2. 亲自或陪同他人使用数字人民币完成一次支付<br>3. 数字人民币支付的心得体会 | □A □B □C | 1. 记录详实<br>2. 条理清晰<br>3. 逻辑合理 |

## 单元测试题

### 一、单项选择题

1. 数字货币是（ ）。

A. 包含有数字在其中的纸币　　B. 价值在网络上的表达

C. 价值的一种数字表达　　D. 以上都不对

2. 区块链缘起于（ ）的出现。

A. 中本聪　　B. 智能合约

C. 比特币　　D. 以太币

3. 区块链发展历程中，哪个说法是正确的？（ ）

A. 区块链 1.0 时代，典型代表是比特币

B. 区块链 2.0 时代，典型代表是以太坊

C. 区块链 3.0 时代，典型代表是 fabric 联盟链

D. 以上都对

4. 央行 DCEP 所使用的区块链技术是（ ）。

A. 公有链技术　　B. 联盟链技术

C. 私有链技术　　D. 以上都不对

### 二、多项选择题

1. 关于区块链的分类，以下哪些说法是正确的（ ）。

A. 按照区块链的开放程度（节点进入/退出规则），区块链可以分为公有链、联盟链、私有链

B. 公有链、联盟链、私有链是内涵无关的概念

C. 不同的区块链类型适用的场景不同，所采用的技术有差异、达到的效果也有差异

D. 联盟链、私有链都属于许可链，公有链不是许可链

2. 区块链运行速度情况，如下哪些描述是正确的（ ）。

A. 公有链的比特币：约 7 笔交易/秒

B. 公有链的以太坊：8.59 万笔交易/秒

C. 联盟链：约 1000 – 1 万笔/秒

D. 私有链：约 1000 – 10 万笔/秒

3. 关于“区块链技术”的说法，哪些是错误的？（ ）。

A. 区块链技术是一种全新的技术

B. 区块链技术是“集成技术”，是多种技术的统称

C. 智能合约技术是区块链专用技术，不存在区块链之外的其它应用场景

D. 共识技术是区块链专用技术，不存在区块链之外的其它应用场景

4. 区块链包含（ ）等技术。

A. 分布式账本　　B. 点对点传输　　C. 共识机制

D. 加密算法　　E. 原子能

5. 区块链的优点有（ ）。

A. 不可篡改　　B. 价值传递　　C. 分布协作　　D. 智能合约
E. 可以溯源

6. 数字人民币的双层运营模式中，运营机构如商业银行负责数字人民币的（　　）。

A. 发行　　B. 兑换
C. 流通交易　　D. 销毁

7. 发行法定数字货币带来的影响包括（　　）。

A. 降低纸币的需求量
B. 提高货币相关数据的可追溯性
C. 提高监管的效率
D. 减少纸币的发行和清算成本

**三、判断题**

1. 区块链的智能合约本质上就是一段自动执行的代码。（　　）
2. 数字货币都是法定的。（　　）
3. 数字人民币是人民银行发行的数字形式的法定货币，与实物人民币等价，具有价值特征和法偿性。（　　）
4. 数字人民币是完全去中心化的。（　　）
5. 公有链的代表是比特币。（　　）

**四、综合案例**

## 数字人民币给老百姓日常支付活动带来哪些影响?

4月2日，央行公布了第三批数字人民币试点11个城市名单。这一全新的支付方式，给老百姓日常支付活动带来哪些影响？对经济社会发展带来哪些积极作用？

**市民商家纷纷“尝鲜”**

用手机号就可开通数字钱包，碰一碰转钱、扫一扫付款……不少市民迫不及待地尝试数字人民币支付新体验。

记者第一时间在手机应用商店搜索并下载“数字人民币（试点版）App”，不到一分钟就注册并开通数字钱包。在这一过程中，系统提示注册者打开手机定位，以此确认是否在试点区域内。通过手机银行或银行卡往数字钱包充值后，就能进行线上或线下消费。

6日，记者在永辉超市福州国棉店选购完商品后，打开数字人民币App，点击首页“收付”向商家付款的二维码，告知收银员使用数字人民币支付，收银员扫码即完成付款。收银员小刘告诉记者，这两天已经有不少市民“尝鲜”数字人民币支付。

永辉超市财务部有关负责人透露，为响应政府政策，作为全国零售龙头企业的永辉超市已在福州、厦门、深圳、苏州、成都、上海等试点城市门店上线数字人民币支付服务。目前，永辉线下门店接受所有拥有数字人民币业务的银行进行支付，线上永辉生活App已支持中行数字人民币钱包付款，后续将陆续开通其他银行的数字人民币钱包付款服务。

该负责人介绍，用户可先在数字人民币App内开通中行数字人民币子钱包，付款时按照页面提示，登录中行绑定的手机账号后，即可使用中行数字人民币子钱包付款。“使用数字人民币支付可以正常开发票，若产生售后退款，审核通过后款项会在1～3个工作日内原路返还。”

众多线上消费场景也已融入数字人民币“生态”。点开“数字人民币App”菜单中的“服务”选项，点击“子钱包”，可见已有超过50家入驻的商户平台，覆盖京东、美团、滴滴出行、饿了么、天猫超市、携程旅行、途牛等，还有网上国网（用于电费支付）、中石化、中国电信翼支付等生活常用支付场景。

近期，部分商户平台还推出了数字人民币红包等消费优惠活动。美团携手中行、建行等在福州、厦门发放40元数币“开城礼包”，成为数字人民币试点落地我省后场景支持机构的首个重要动作。

记者在美团App搜索“数字人民币”，参与活动，并下载“数字人民币App”，将其推送至美团App子钱包，即获得10元数字人民币红包及30元数字人民币消费礼包，在到店就餐或外卖点餐等方式尝鲜数字人民币时即可使用。

美团相关人士表示，福州、厦门两地数字经济发达，消费市场活跃，为数字人民币深入当地百姓生活创造了良好条件。“我们希望通过此次活动助力数字人民币在福州、厦门加速落地普及，未来平台也将有更多数字人民币优惠活动陆续在两地上线。”

福州、厦门两地商务部门有关人士也表示，将联动政、银、企三方力量，以全闽乐购、城市消费节等载体多维带动，多渠道发挥数字人民币促进消费、服务民生市场的作用。厦门市近期已出台相关政策，明确鼓励各区使用数字人民币发放消费券。

问题：法定数字人民币的发行机制是什么？对支付结算有什么影响？

# 单元 4 消费金融

## 知识目标

1. 掌握消费金融和网络借贷的含义
2. 理解消费金融的特点和类别
3. 了解消费金融的发展历程
4. 熟悉消费金融的盈利模式
5. 掌握消费金融的应用

## 技能目标

1. 能辨析消费金融和网络借贷
2. 能熟练画出消费金融的运营模式
3. 能搜索并展示消费金融平台
4. 能解释消费金融应用的底层逻辑

## 素质目标

1. 锻炼学生分析问题的能力和经济分析能力
2. 培养学生具有追求卓越与创新的素质目标
3. 培养学生具备较高的财商素养

## 思政目标

1. 培养学生正确的消费价值观
2. 树立学生坚持深耕细作、守正创新
3. 树立学生理性消费，正确理解金融产品
4. 培养学生爱岗敬业及爱国主义情怀

## 情景引入

### 消费金融：一场数字化战略长跑

2015 年 6 月，消费金融圈闯进一匹黑马——马上消费金融（以下简称“马上消费”）。当时，主流的持牌消费金融机构大多依托于线下网点、大额消费贷和信贷员团队。马上消费却另辟蹊径，选择了数字化方式，将科技基因融入业务，驱动消费金融业务发展。

这一颗小小的石子或许在当时并未泛起多少涟漪，但回看彼时的商业竞争焦点，马上消费立身科技基因，似乎成立之时就预示着将实现弯道超车。

2015 年，支付宝微信在春节之际展开了首次“红包大战”，滴滴与快的打车软件的“十亿补贴”余温未了，老百姓们还在以稀奇的心态抢着红包，美团、饿了么等外卖大佬又开始了“百亿红包”，颜色各异的共享单车开始摆满大街小巷……不知不觉，衣食住行通过第三方支付一键获得，花呗、白条、互联网保险等金融服务也进入大众日常生活。

创业 5 年多，马上消费乘着金融机构科技化、数字化的东风获得了市场的认可。

数据显示，截至 2019 年 12 月 31 日，马上消费总资产 548.15 亿元，2019 年度营收 89.99 亿元，净利润 8.53 亿元。

数字科技时代，马上消费要下一盘产业数字化的大棋。据赵国庆透露，马上消费会继续加大产业互联网、产业数字化的布局和投入，提升全面数字化闭环能力，在做好自己服务生态的同时，为场景方、资金方提供多元增值服务，在这种垂直生态系统里，有建制、有序地推进其产业数字化，一边连接金融机构，一边连接消费类的场景，把所连接的两端作为进行产业数字化突破的方向。

马上消费的未来布局为“两大聚焦领域 + 五大技术持续创新”，其中，两大聚焦领域是金融科技、零售科技，五大技术持续创新包括云平台、人工智能、大数据、区块链、生物识别。

如此宏伟的蓝图，要求马上消费继续策马前行。

（资料来源：https：//baijiahao.baidu.com/s？id = 1684419604885590701&wfr = spider&for = pc）

## 思考实践

1. 什么是消费金融？
2. 消费金融的类别有哪些？
3. 马上消费属于消费金融吗？

# 任务4.1 消费金融与网络借贷

## 4.1.1 消费金融的概念

1. 定义

微课 什么是消费金融

消费金融，即以消费为目的的信用贷款。一般指机构或企业为个人提供的、以日常消费（不包括住房和汽车消费贷款）为主要需求的小额贷款产品和金融服务。消费金融具有单笔授信额度小、服务方式灵活、贷款期限短（一般在1－12个月）等特点，流程简便、申请材料要求简单、到款迅速。

传统消费金融（consumer finance，英文简称CF）是指向各阶层消费者提供消费贷款的现代金融服务方式。无论从金融产品创新还是扩大内需角度看，消费金融试点都具有积极意义。

2. 消费金额的发展历程

在我国当前的宏观经济形势下，适时地出台相关管理办法是适应客观经济形势的趋势和需要的。从金融产品创新看，个人信贷业务是传统银行难以全面惠及的领域，建立专业化的个人消费金融系统，能够更好地服务于居民个体。

第一阶段 萌芽期［1985－2009］

此阶段，主要提供服务方为商业银行和汽车金融公司。主要针对高收入、高净值人群，审核比较严，主要涉及的产品是信用卡、汽车贷等。

第二阶段 试点期［2009－2013］

我国政府于2009年正式宣布启动消费金融试点。2010年，我国首批4家消费金融公司获批成立。2013年9月，银监会宣布扩大消费金融公司试点城市范围，试点城市已达16个，新增的城市主要兼顾东中西部地区，包括武汉、广州等。2013年11月，银监会发布《消费金融公司试点管理办法》，允许民间资本介入、放开营业地域限制、增加吸收股东存款业务，推动了消费金融公司进一步扩容。2014年，修订后的《消费金融公司试点管理办法》正式实施，鼓励更多具有消费金融优势资源和分销渠道的出资人参与试点。

2009年7月，发布《消费金融公司试点管理办法》，在政策层面通过成立消费金融公司来鼓励发展消费金融业务。2010年银监会相继批准设立4家消费金融公司，但贷款规模仍然不足100亿元，只占一般性消费信贷中非常少的一部分。而且4家首批中有3家是以银行为主导，故成立之初，消费金融遇到一个尴尬的事实：消费贷款业务的客群基本上还是被银行信用卡覆盖，那些无法申请信用卡的客户也比较难获得消费贷款授信。在行业发展最初的几年间，消费金融业务模式与业绩饱受争议，参与主体的数据也没有进一步放开。此阶段是持牌消费金融公司试点和互联网金融平台的兴起阶段。在这之前，银行不太看的上小贷群的小鱼小虾，最优质的大额个人消费贷款长期仍是房贷。因此，虽然这个时期发展缓慢，未来政策导向不明确，但也在一定程度上弥补了银行信贷无法覆盖的消费金融需求缺口。

第三阶段　快增期［2014－2017.11］

2015年，监管部门将审批权下放到省级部门；6月，国务院常务会议决定放开市场准入，将原在16个城市开展的消费金融公司试点扩至全国，鼓励符合条件的民间资本国内外银行业机构和互联网企业发起设立行业公司。

2015年6月与7月，是互联网消费金融发展史上的一个里程碑。6月10日，国务院做了一个重要的决定，将原本在16个城市开展的消费金融公司试点扩大至全国。审批权下放到省级部门，鼓励符合条件的民间资本、国内外银行业机构和互联网企业发起设立消费金融公司。这也就意味着，之前16个城市的试点已经放开到全国，国务院为“消费金融”开闸，把这头被城市、被资本、被政策困住的“猛兽”放出来。同年7月18日，央行等十部门发布《关于促进互联网金融健康发展的指导意见》，从而使得互联网金融的发展道路变得更为清晰，也使得其与消费金融这个亿万级行业有了产生交集的可能。随后，在7月、8月这两个月里获准成立的消费金融公司，其数量接近过去五年消费金融公司的总和。在消费信贷的规模上，6月消费信贷在短期贷款中的比例上升到43%，消费贷款投放余额比例较年初时，也上升了一个百分点。

2016年，行业开放力度持续加强，鼓励银行业金融机构与网络零售平台在小额消费领域开展合作。2016年3月《关于加大对消费金融领域金融支持的指导意见》、2016年3月的政府工作报告提出推进消费信贷管理模式和产品创新、鼓励金融机构创新消费信贷产品。

第四阶段　规范期［2017－至今］

2017年底，针对“现金贷”等行业乱象，强监管时代来临。《关于银行业风险防控工作的指导意见》、《关于立即暂停批设网络小额贷款公司的通知》、《关于规范金融机构资产管理业务的指导意见》等政策出台，对消费金融行业的监管由点到面逐步从严，互联网金融存在的潜在风险被不断肃清，平台的“戾气”逐渐被驱逐。此阶段主要是调控期，政策上以规范行业良性发展为主。2017年连续发布《关于进一步加强校园贷规范管理工作的通知》、《关于立即暂停批设网络小额贷款的通知》、《关于规范整顿现金贷业务的通知》标志着进入调整期。

2018年以来，多项政策释放出利好消费金融发展的信号，银保监会发布《关于进一步做好信贷工作提升服务实体经济质效的通知》，提出积极发展消费金融和创新金融服务模式，中共中央、国务院印发《关于完善促进消费体制机制，进一步激发居民消费潜力的若干意见》，提出要顺应居民消费升级趋势、大力培育新兴消费、不断激发潜在消费。

中国消费金融相关政策出台时间如表4－1所示。

表 4－1 中国消费金融相关政策时间一览

| 时间 | 政策名称 | 主要内容 |
| --- | --- | --- |
| 2009.7 | 《消费金融公司试点管理办法》 | 为促进消费金融业务发展，规范消费金融公司的经营行为而制定的法规 |
| 2013.11 | 《消费金融公司试点办法》修订发布 | 扩大挂牌消费金融试点城市范围 |
| 2015.7 | 《关于促进互联网金融健康发展的指导意见》 | 鼓励消费金融创新：拓宽从业机构融资渠道，鼓励民间资本进入 |
| 2016.3 | 《关于加大对消费金融领域金融支持的指导意见》 | 提出推进消费信贷管理模式和产品创新，鼓励金融机构创新消费信贷产品 |
| 2017.6 | 《关于进一步加快校园贷规范管理工作的通知》 | 暂停新发校园网贷业务标的，要求校园贷公司退出并整改 |
| 2017.11 | 《关于立即暂停批设网络小额贷款的通知》 | 暂停审批网络小额牌照，互联网小贷牌照进入存量时代 |
| 2017.12 | 《关于规范金融机构资产管理业务的指导意见》 | 取缔无场景的"现金贷"；三个"禁止"限制资金来源；控制银行对网贷平台的资金发放 |
| 2018.4 | 《关于规范金融机构资产管理业务的指导意见》 | 间接约束消费金融平台的资金来源、资金杠杆率等 |
| 2018.4 | 《关于全面推进金融业务综合统计工作的意见》 | 互联网消费金融等平台将逐步纳入地方金融管理部门统计监管 |
| 2018.8 | 《关于进一步做好信贷工作提升服务实体经济质效的通知》 | 令消费金融公司通过金融科技创新满足国民的多元化消费需求 |
| 2018.9 | 《关于完善促进消费金融体制机制，进一步激发居民消费潜力的若干意见》 | 意味着促进"消费"再一次被提到国家宏观政策高度 |

3. 消费金融的特点

（1）消费场景：细分场景，差异化竞争。深耕细分领域消费场景，能实现差异化竞争的消费金融公司更易获得市场认可。消费场景是消费金融开展信贷服务的基础和依托，目前较为活跃的场景主要有3C产品、旅游、租房、教育等。随着人们消费需求认知的改变，消费金融正从大额低频的消费场景向小额高频的场景拓展。未来，医疗、农村消费等细分场景也逐渐壮大，只有深耕细分领域消费场景和消费人群，为不同用户提供针对性创新产品，实现差异化竞争的企业才更易获得市场认可。

（2）风控能力：积极运用金融科技。风控能力体现在风险控制体系的建立和风险定价两个方面。①风险控制体系方面，由于消费金融机构针对的人群主要是央行征信无法覆盖的长尾客户，该人群的信用数据主要依赖于电商或社交大数据。②风险定价方面，不仅依赖于海量征信数据，科学完善的定价模型还需平台具备长期的实验和机器学习能力，从而对风险有较高的识别能力和判断能力，才能根据不同信用评分的人给予不同的风险定价。因此，积极运用大数据、人工智能等新兴科技的消费金融企业在风控能力方面占据优势。

4. 消费金融的类别

（1）根据市场参与者类别，可以分为持牌消费金融公司、商业银行（信用卡、消费贷）、网络小贷、场景分期平台、电商等互联网平台等。

（2）根据获客媒介不同，可以分为互联网借贷和线下借贷。前者比如京东白条、蚂蚁花呗、拍拍贷等；后者比如小额贷款和信用卡。

（3）根据是否依托于特定的消费场景，可划分为现金贷和商品贷：前者比如蚂蚁借呗、京东金条；后者比如蚂蚁花呗、京东白条。

（4）根据是否以自有资金放款，可分为直接放贷模式和助贷模式，前者比如小额贷款公司、消费金融公司以自有资金放款；后者作为助贷机构，只是获客和初步风险把控，贷款资金来源第三方。

5. 消费金融市场参与者

消费金融市场参与者主要包括银行、持牌消费金融公司、互联网消费金融和租赁公司消费金融四大类。

经过测算，至2022年我国消费金融市场规模近28万亿。2017年我国消费金融市场规模约9.5万亿，根据国家统计局和国家金融与发展实验室公布数据，2008－2017年居民消费信贷规模平均增长率为41%，考虑到2017年及2018年上半年监管部门对“网络小贷”、“现金贷”等严格的监管政策，我们认为消费金融行业将迎来合规收缩的一年，故给予2018年消费金融市场30%的增长率，随后增长率以每年以3%的幅度降低，至2022年，中国消费金融市场规模将达到28万亿。

（1）银行。截至2017年末，银行卡应偿信贷余额5.56万亿元。央行发布的《2017年支付体系运行总体情况报告》数据显示，截至2017年末，我国银行卡应偿信贷余额5.56万亿元，同比增长38.83%。银行仍是消费信贷最主要的供给方，其中信用卡是银行开展消费金融业务最重要的途径。

预计2022年银行卡应偿信贷余额将达到13.23万亿元，仍然占据消费金融半壁江山。2011－2017年中国信用卡待偿余额平均增长率为44%，我们基于目前信用卡业务趋于稳定阶段的考虑，给予2018年25%的增速，随后每年增速以3%的幅度下降，估算出至2022年，我国信用卡消费金融业务的市场容量将达到13.23万亿，依然在整个消费金融市场中占据半壁江山（图4－1）。

直销银行是商业银行提供差异化消费金融服务的关键。2014年直销银行兴起至今，银行系直销银行已超过100家，直销银行成为传统商业银行寻求差异化消费金融服务的切入口，也是银行拓展互联网消费金融的主要平台。直销银行发展的核心是创新营销方式，追求迅速在行业中树立良好的口碑，获取增量银行客户，并筛选优质用户将其升级成为银行的零售客户。此外，

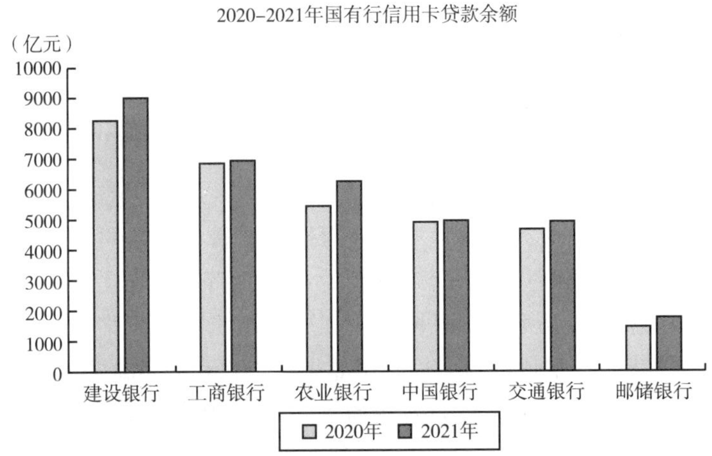


**图 4-1　六大银行信用卡贷款余额**

银行除了在信用卡业务和汽车贷业务具有传统优势外，也在积极拓展小额消费贷和现金贷，因此，直销银行方便快捷的特征将有利于银行拓展该类业务，利用其线上服务的方式为用户提供独具特色的消费金融服务，实现差异化竞争。

什么是持牌消费金融公司

（2）持牌消费金融公司。持牌消费金融公司信贷余额 1100 亿元，覆盖场景丰富。据国家金融与发展实验室公布的数据，截至 2017 年底，消费金融公司对居民部门的信贷余额达到 1100 亿元，行业已累计发放贷款 2000 多亿元，服务客户近 3000 万人，从借款用途来看，家用电器、手机数码等耐用消费品贷款余额 303.59 亿元，装修、教育、旅游、租房、高端医疗等一般用途消费贷款余额 666.71 亿元，覆盖的消费场景极为丰富。

消费金融公司持牌运营，资金、风控、资源优势明显。消费金融公司持有银监会审批的金融牌照，资金来源渠道更加广泛，可接受股东境内子公司及境内股东存款、发行金融债、进行同业拆借、发行 ABS 等，资金成本相对较低。风控方面，众多消费金融公司股东背景为银行，自身风控意识较强，还可以借助央行征信系统，增强对借款人的审核，降低道德风险。此外，部分消费金融公司的股东拥有产业背景，可与零售商、服务商、商户网点进行合作，提供放贷及分期服务，丰富的股东背景为公司带来了渠道、客户、数据、技术等多种资源优势。

（3）互联网消费金融。电商平台做消费金融，具备丰富的线上消费场景。众多互联网电商依托自身消费场景开展消费金融，例如蚂蚁金服、京东金融、苏宁金融，分别以蚂蚁花呗、京东白条、苏宁任性付为平台积极拓展消费金融产品，用户十分广泛，成为众多互联网消费金融平台中的佼佼者。

互联网消费金融具备流量和数据优势。电商开展消费金融具有天然的场景优势，能够通过电商交易带来大量的客户，降低自身的获客成本。此外，从消费场景获客，能够在一定程度上降低逆向选择和欺诈风险，因为客户在互联网平台上的消费记录是重要的征信数据来源，一方面可以了解客户的消费习惯和消费能力，另一方面可以掌握客户的资金流和物流信息，用户画像不断完善，对平台开展消费金融业务大有裨益。

预计2022年互联网消费金融市场容量达到9.5万亿元，与信用卡业务平分秋色。根据中国统计局公布的数据，2017年我国网络零售额约7.2万亿元，2013－2017年的平均增长率为35%，我们给予2018年网络零售额28%的增长率，随后每年增速以3%的速度递减；根据国家金融与发展实验室公布的居民消费信贷数据，给予2017年互联网消费金融业务30%的渗透率，2018－2020年给予3%的速度递增，2021－2022年给予2%的增速递增，预计到2022年互联网消费金融的市场容量将达到9.5万亿元，其体量能够与信用卡消费金融业务平分秋色（图4－2）。

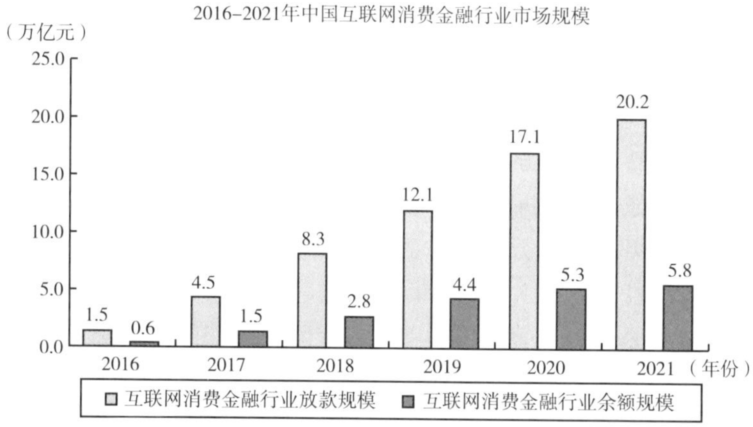


**图4－2 互联网消费金融行业市场规模**

（4）租赁形式消费金融。租赁公司开展消费金融业务集中在汽车金融领域。我国汽车金融市场前景广阔，众多租赁公司积极布局汽车金融，此外还有部分公司未获得银监会批准的汽车金融公司牌照，因此申请租赁牌照，从而通过租赁的形式开展汽车消费金融业务。因此，我们单独对汽车金融市场容量进行测算。

汽车金融渗透率相对较低，互联网汽车金融市场渐受关注。根据罗兰贝格与建元资本《2017中国汽车金融报告》，2015年时，国外主要发达国家汽车消费金融的平均渗透率就已在70%以上，其中英国、美国、德国汽车金融渗透率更分别高达90%、86%、75%。然而，2014－2016年中国汽车消费金融渗透率仅分别为20%、35%、38.6%，具备很大的发展空间。除了传统的汽车金融公司、银行外，近年来，互联网公司纷纷布局汽车金融，首要原因就是中国的汽车金融市场足够大，未来将迎来汽车金融渗透率快速提升的阶段。

2017年汽车消费金融市场约1.6万亿元，预计2022年达到2.7万亿元。

我们对汽车金融市场单独进行市场容量测算：根据罗兰贝格与建元资本《2017中国汽车金融报告》，2016年中国新车消费金融市场渗透率为38.2%，二手车消费金融市场渗透率为15%～20%，我们给予新车市场渗透率每年1%的增速，给予2016年二手车消费金融15%的渗透率，之后按照每年增加2%的增速发展，预计到2022年汽车金融市场容量（包括新车和二手车）将接近2.7万亿元。

6. 消费金融面临的挑战

（1）外部配套基础设施不健全，风控技术有待进一步提升。目前我国个人征信信息渠道窄、成本高，现有中低收入群体的征信信息获取渠道少，来源较为分散，且查询费用较高，增加了消费金融机构的风险管理成本。随着信息技术在验证客户身份信息方面的应用普及，客户规模和数据资源逐步积累，但风控数据未经周期性验证和迭代，风控技术还有待进一步提高，共享征信信息的范围还十分有限。

（2）产品创新较为激进，风险偏好较高，具有一定的传染性和群发性。一方面，为拓展资金来源，降低资金成本，不少机构自身或借助关联公司推出资产证券化产品。另一方面，以高利率覆盖相对较高的不良贷款损失，对杠杆的依赖性较强，不少机构的利率超过国家规定的合理利息范围。一些机构通过手续费等名目掩饰分期贷款高息复利性质，贷款逾期后不及时提示，使用非法催收手段，不利于行业健康发展。

（3）制度体系尚不完善，消费者权益保障有待加强。金融交易内在的复杂性和专业性仍然存在，包括信贷欺诈、支付安全、信息泄露等风险日益暴露，金融消费者自身合法权益更需得到保障。消费金融与银行服务形成互补，客户定位侧重于传统金融体系较少覆盖的中低收入群体，如大学生、蓝领工人、职场新人等，客户平均年龄偏低，工作岗位相对不稳定，流动性较大，并且其中相当一部分没有个人征信记录。这类群体的消费需求与收入及融资能力之间存在较大差距，能够获得的金融服务和受到的金融消费教育非常有限，自身的风险承受能力和风险防范意识不强，其合法权益保障有待加强。

（4）监管缺位环境下由消费者承担试错成本值得商榷。一般来说，法无禁止则可行。但金融行业属于特殊领域，关系公民财产的根本利益。因此，遵循法无许可则禁止，即特许原则，不论是西方发达市场还是我国多年的金融监管实践都是如此。随着新技术发展和金融模式创新，既有法规难以调整新的社会关系，因此监管总是滞后于实践，加之为培育市场存在一定“放水养鱼”的观念，新兴市场难免出现监管空白。在行业发展初期，金融模式不成熟，本身可能具有较高风险，加之缺乏准入门槛、行业标准、监管和自律，行业鱼龙混杂，野蛮生长，容易滋生欺诈等道德风险，试错成本不容小觑。例如一度处于风口浪尖的网贷行业，从发展至今倒闭跑路的平台不在少数，造成投资者资金损失。除银行和消费金融公司外，目前许多实质上从事消费金融的机构不持有牌照，游离于监管之外，一旦发生风险，投资人的利益难以得到保障。

【议一议】

1. 同学们在日常生活中使用过消费金融吗？
2. 消费金融对我们的生活有哪些帮助？

【拓展学习】

**消费金融面临的困境**

在国际上，其实消费金融体制已有400多年的发展历史，无论在海外发达市场还是新兴市场，均发挥了重要作用并显示了独特优势。从扩大内需角度看，金融危机缩减了国外需求，启动内需成为我国经济增长的新动力和未来转型的方向；而消费金融体制在一定程度上是能够促进消费的。然而，在以上积极的政策目标解读之余，我们亦不能过度期望。如果深入地分析和考虑我国居民消费与金融市场的状况，则消费金融体系的前景不容乐观。

其一，我国的个人信用体系建设落后，不对称信息会增加借款人道德风险，并导致金融系统不得不提高贷款利率以降低损失，这样会引起“逆向选择”而使得借款人基本都是有信用瑕疵的群体，最后消费金融公司的借贷市场变成了“柠檬市场”。而个人信用体系的建设不是短期内可以实现的，则消费金融公司的发展将面临信用危机的挑战。

其二，消费金融体系的自身信用面对挑战和竞争。一个运作良好的金融机构，必须具备雄厚的资金实力以及过硬的品牌。在市场优胜劣汰规律的支配下，那些专业从事消费金融却实力和信用平平的公司，很难与传统银行的个人信贷部门竞争。如此，最后市场中留下的消费金融公司估计大多是由传统银行设立，只不过是从这些传统银行原有的个人信贷部门独立出来而已，抑或是引入了国外成熟的独立从事个人消费信贷的公司。

其三，中国人的消费习惯和“量入为出”的思想，决定了消费贷款的需求不足。同时，社会保障体系的不完善，以及教育和住房价格的高昂，助推了预防性储蓄的需要和行为。另外，借钱消费从传统的中国思想来看可能也很难被接受。所以，消费金融体系可能还会面临缺乏需求的挑战。

其四，相关的法律体系和制度建设不可能短期内能够完成。面向中低收入群体的无担保、无抵押消费贷款模式在我国基本上没有实践过，因此缺乏相关的例如借款人违约处理、客户信用状况查询等体系和制度法规。

所以，当前的试点其实也是在摸索，还需要不断的完善和发展，短期内估计也较难有较大规模发展，靠它来带动内需大幅上升是不现实的。

总体来说，采取试点的方法实践我国的个人消费贷款模式是一项重要的举措，也是进一步完善我国金融服务和创新金融产品的需要，对于启动内需也至少存在着预期上的积极作用，是应该肯定的。不过，我国匮乏的金融信用体系、谨慎的居民消费习惯以及尚不够完善的金融法律制度决定了消费金融公司的发展壮大需要经历一段较长的时间和过程。

互联网消费金融公司做大做强的路上，风险控制对于消费金融公司能否盈利显得尤为重要。目前市场上的主流消费金融产品主要分为场景分期和现金贷两部分。风控能力决定公司的发展上限，科技能力决定风控能力的上限。未来互联网金融一定是数据驱动、场景落地、政策合规、风险可控才能良性可持续的发展下去。

### 4.1.2 消费金融与网络借贷的关系

随着互联网的普及，互联网正在逐步渗透到人们日常生活的各个方面，未来人们的生活习惯也将为之改变。与人们生活息息相关的各个行业也正在针对互联网的普及发生转变。

网上贷款也正在成为一种趋势，借助互联网的优势，可以足不出户的完成贷款申请的各项步骤，包括了解各类贷款的申请条件，准备申请材料，一直到递交贷款申请，都可以在互联网上高效的完成。

1. 网络借贷的定义

网络借贷指在网上实现借贷，借入者和借出者均可利用这个网络平台，实现借贷的“在线交易”。网络借贷也分为 B2C 和 P2P 的两种模式。

（1）B2C 模式。B2C 模式中的 B 一般指 Bank 银行，有些网站也提供贷款公司的产品。一般的网络 B2C 贷款都依托网络贷款平台完成贷前工作，根据规则不同，有些还需要申请人去银行线下办理。B2C 模式受地域限制，因为其业务主体都是有地域限制的机构，覆盖面还有待拓展。

（2）P2P 模式。P2P 是 peer - to - peer 的缩写，即“个人对个人”，是一种新生代的民间借贷形式。P2P 理财是指以公司为中介机构，以互联网网络为平台，把借贷双方对接起来实现各自的借贷需求。借款方可以是无抵押贷款或是有抵押贷款，而中介一般是收取双方或单方的手续费为盈利目的或者是赚取一定息差为盈利目的的新型理财模式。

P2P 被人看好的原因在于 P2P 大多生存于互联网、移动端，而移动互联网最直接的优点则是“便捷、高效、不受地域限制”等等，由此看来这种不受地域限制的闪电借款模式更为大家看好和周知，未来中国移动互联网消费金融发展空间巨大，因为“三四线城市小额信贷需求旺盛，潜在市场容量高于一二线城市；三四线城市信用卡额度低，几乎没有其他消费金融形态；个人信用记录缺失多，未来可释放极大信用价值。”闪电借款模式在三四线城市将会超越传统模式。

2018年以来P2P行业积累了大量暴雷平台，由于2016年之后国家对P2P行业出台了多个监管文件，各个地方省市对涉嫌非法集资、集资诈骗的P2P平台处置力度不可谓不大，持续推进行业风险出清，稳妥有序化解存量风险、多措并举支持和推动机构良性退出或平稳转型作为重点，切实保护投资人合法权益，维护各地经济金融和社会政治稳定，P2P网贷机构在2020年11月实现了归零。

2. 消费金融与网络借贷的区别

（1）借贷主体不同。网络借贷与个人消费金融最大的不同是用户的不同，而用户的不同，可能导致的风控管理就不同。传统P2P金融的用户主要是小微企业、个体工商户，但个人消费金融则面向个人消费者。二者虽然都属于互联网金融服务范畴，但是服务的借款对象截然不同，也就是资产端的不同。资产端方面的中小微企业与个人消费，在传统网络借贷平台进行投资理财的资金，一般是借给了有资金需求的中小微企业。

消费金融：借款人是消费者，贷款人是消费金融机构（或其背后的金融机构、企业和其他组织等）。

P2P：借贷主体可以是自然人也可以是法人，平台只扮演中介的角色，全程不自建资金池、不触碰资金（按照监管的合规要求）。

（2）风险特征不同。P2P作为信息中介，所借款项到融资人后是很难锁定其真正用途的，而消费金融所借款项基本都会直接或者间接转给商家。而资金用途的控制，是金融风险控制的重要一环。另外消费金融借款小额、分散，风控整体较好把握。

（3）借贷模式不同：P2P是个人对个人的一种民间借贷形式，平台属于中介机构；消费金融是个人对机构，没有中介平台。

**【想一想】**

1. 银行卡分期属于消费金融吗？
2. 网络借贷与消费金融有什么区别？

# 任务4.2 消费金融的运营模式

### 4.2.1 消费金融的表现形式（以信托为例）

央行数据显示，截至2016年6月底，我国消费贷款余额增至21.71万亿元，同比增长27.86%，在存款类金融机构本外币贷款中的占比增至

20.35%。信托公司作为消费金融行业的后来者，应着眼于自身放贷牌照及资金优势，围绕消费金融产业链找准定位，找到适合自身的角色，采取由易到难、由简入繁的渐进模式，逐步拓展消费金融这类长期、可持续业务。

信托公司进入消费金融领域的角度有两种，第一种为信托资产来源、资金运用分类角度，第二种为消费金融产业链角度。

第一种角度，从信托功能来看，可分为投资类、融资类和事务管理类，相应地，信托公司介入消费金融领域后展现出场景化理财业务模式、信托贷款模式、消费信托模式等。

第二种角度，在消费金融产业链中，信托公司可以担任资金供给方、消费金融服务方的角色。从目前业务发展、信托公司能力来看，信托公司可以集合资金信托向消费金融供给方发放流贷、设计 ABS 为消费金融供应方提供资金作为资金供给方，还可以以现金消费贷、受托支付以及助贷模式成为消费金融服务方。

1. “投资回报附消费权益”模式

（1）基本交易结构。“投资回报附消费权益”模式是信托公司介入消费领域最为简单的“消费 + 信托”模式。此类模式的操作方式即为在既有集合资金信托模式基础上，为投资人采购具有吸引力的消费权益作为集合资金信托计划投资回报的一部分或是作为全部的投资回报。消费权益可以同时来源于信托资金的投向标的或融资标的，也可以另外采购。

（2）产品案例。以某信托·梧桐树集合资金信托计划资产配置类 9 号投资单元第 1 期为例。

信托规模 2 亿元，期限 12 个月，信托资金投资于“艺术品消费 1 号单一信托计划”信托受益权。在信托计划运行期间，委托人享有 3 次消费选择权。在推介期间（第 1 次消费选择权）及信托计划存续第 8 至第 12 个月时（第 3 次消费选择权）自艺术品合作机构筛选出的艺术品现货清单画册中选择各类艺术品进行消费；有权在信托计划存续第 5 个月至第 8 个月（第 2 次消费选择权）自艺术品合作机构为委托人组织的艺术品展览中选择是否消费。

委托人可选择行使消费权购买艺术品，也可选择放弃消费权。若选择放弃消费权，委托人可获得全部投资本金和收益；若选择消费，则需要抵扣艺术品消费金额。

该类信托产品结构设计相对比较简单，信托公司多有实践，早期多归类为另类投资信托业务，涉及酒类、黄金、艺术品等。信托公司主要与消费服务或产品提供商直接合作，业务实质仍以提供融资服务为主，产品创新重点在于信托利益分配方面，既可以是现金收益，也可以是消费性权益，或者二者的组合，给予委托人更加丰富的选择。

2. “助贷”模式

“助贷”模式即信托公司以放贷通道角色参与消费贷的方式。这一模式下，信托公司直接与消费者签订个人消费信托贷款合同，消费金融服务机构作为贷款中介服务机构，一方面提供B端商户和C端客户推荐及资质审核服务，另一方面协助信托公司提供贷前、贷中与贷后全流程理。“助贷”模式又分为现金消费贷及受托支付两种。

（1）现金消费贷模式。

①基本交易结构。助贷模式中的现金消费贷即消费者向信托公司申请现金消费贷款，信托公司将贷款发放至消费者指定账户，消费者自行完成消费的业务模式。

②产品案例。某信托与捷信消费金融公司（以下简称“捷信”）合作。在此业务中，捷信主导审查消费者个人信息，并定期向某信托提交合格借款者名单及金额；信托公司发行“汇金系列集合资金信托计划”募集资金（图4-3）。

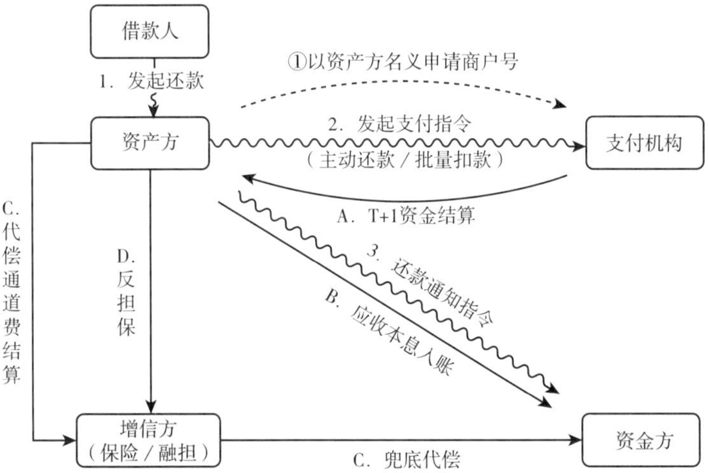


备注：黑线为资金流，波浪线为现金流，虚线为操作流

**图4-3 “助贷”模式**

（2）消费贷受托支付模式。

①基本交易结构。助贷模式中的受托支付模式中，信托公司将消费者因消费具体的商品/服务而申请的消费贷受托支付至提供商品/服务的商户，有效改进难以监控消费贷资金的真实用途这一问题（图4-4）。

②产品案例。以京东白拿（某信托·融聚144号消费贷款）为例。

京东白拿是京东金融推出的一类“消费+理财”产品，用户购买理财，可以按照京东商城同等配送方式获得一定的商品，理财到期返还金额不低于本金。

在“助贷”模式下，信托公司依托消费金融服务机构的获客及贷款管理能力，直接向消费者提供贷款，整体结构相对简单。消费金融服务机构主要提供客户引流及贷款服务管理能力，故而对其获客能力，以及识别、审查原始借款人资信能力有较高要求。

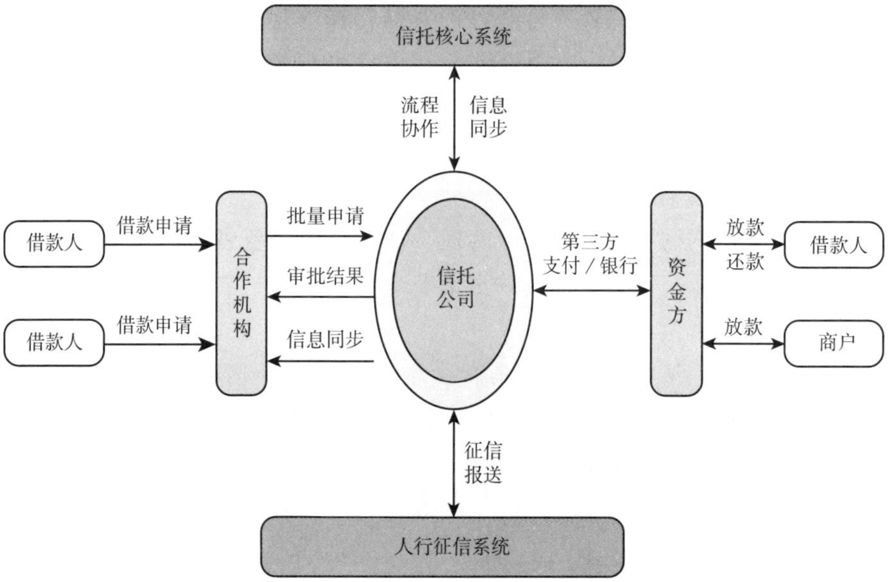


**图4－4 消费贷受托支付模式**

3. “流贷”模式

信托公司仅作为消费金融提供方的资金供给方也被称为“流贷”模式。“流贷”模式下，主要由信托公司通过信托贷款方式，向消费金融服务机构提供融资，从而实现对消费金融业务的切入。目前，主要以信托与消费金融公司、消费分期平台等机构合作为主。

信托公司提供资金的方式有集合资金信托和ABS证券化两种。

(1) 集合资金信托模式。

①基本交易结构。流贷模式中的集合资金信托模式即信托公司发行集合资金信托计划，募集资金用于向消费金融服务商提供资金支持（图4－5）。

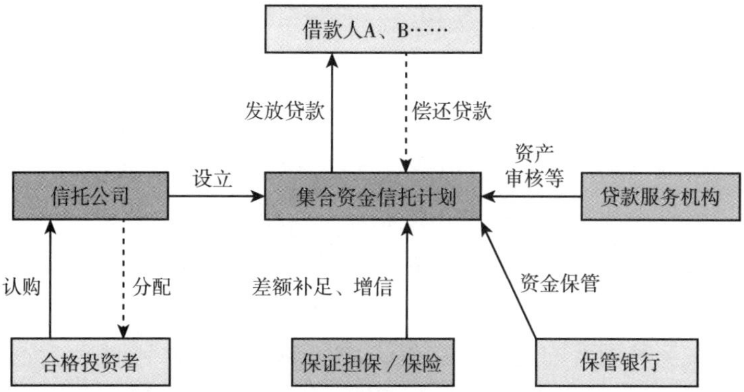


**图4－5 “流贷”模式**

②产品案例：以某信托与捷信的流贷合作为例。

捷信向信托公司提出总融资需求，信托公司发行“汇金系列集合资金信托计划”募集资金，并通过该信托计划向捷信消费金融公司发放信托贷款；

捷信向个人消费者发放个人消费贷款，同时将以信托贷款资金为基础形成的个人消费贷款逐一质押给信托公司。

（2）ABS模式。信托公司参与的消费金融ABS业务模式通常包括信托公司、原始债权人、评级服务中介及投资机构等。

原始债权人将其合法持有的消费金融资产作为信托财产，委托信托公司设立特殊目的信托（SPT）；聘用评级机构、律师事务所与会计师事务所对基础资产进行评级，确定优先级与次级份额比例；产品发行中，合格投资者认购优先级份额，原始债权人自持次级。

流贷”模式实质为信托公司向消费金融机构发放流动性资金贷款或者通过证券化技术等实现盘活存量资产，结构相对简单，监管政策制约较少，与消费金融机构达成合作后，容易在短时间内上规模。

4. “消费信托”模式

（1）基本交易结构。在消费信托的产业链结构中，主要包括消费需求方、消费供给方及信托公司等三类主体。相较于信贷类消费金融业务，信托服务机构在消费信托业务中主要扮演消费者权益保护，以及消费资金投资与收益分配等角色（图4－6）。

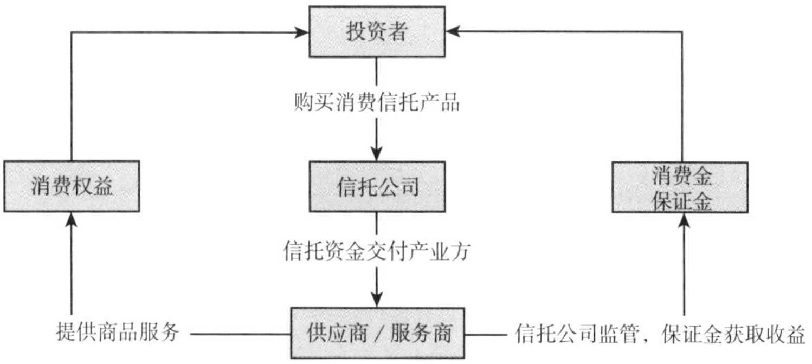


**图4－6 “消费信托”模式**

（2）产品案例。以嘉丽泽健康度假计划为例。

招商银行将本消费信托产品销售给投资人（即信托计划的委托人和具体消费品的消费者），然后投资人与信托公司签订单一资金信托合同，成立信托计划。若干单一信托项目的信托财产将根据委托人的指令向星语商业采购嘉丽泽健康度假产品。资金进入星语商业后，由其委托中信信诚资产管理有限公司设立专项资产管理计划，对上述产品销售资金进行管理。最后由信托公司最后根据信托合同的规定向委托人（投资人、消费者）分配信托权益。

从已发行的消费信托项目来看，产品端（资金募集）设计主要采取通过消费品供应商提供消费产品实现资金汇集，设立单一资金信托进行运作管理的模式，也有借助财产权信托形式，将消费及投资受益权装入信托财产，并在产品端发行权益份额获得对价资金的案例，后一种形式可规避合格投资者条件约束，且资金成本更低。

5. “消费众筹”模式

消费众筹”业务在国内尚属新兴事物，但发展迅速。其核心在于，充分利用投资人“爱屋及乌”的情感属性，将其对于某类消费品的强烈偏好，通过投资该项目获得消费权益而充分放大，实现消费、投资与情感偏好的有效统一。

（1）影视消费众筹模式——以“百发有戏”电影消费信托为例。2014年9月，中信信托、百度金融、中影股份及德恒律所联合启动“百发有戏”电影消费互联网平台，以“消费众筹 + 电影 + 信托”模式，完成电影《黄金时代》票房及消费权益的对接，开启信托机构参与消费众筹的序幕（图4－7）。

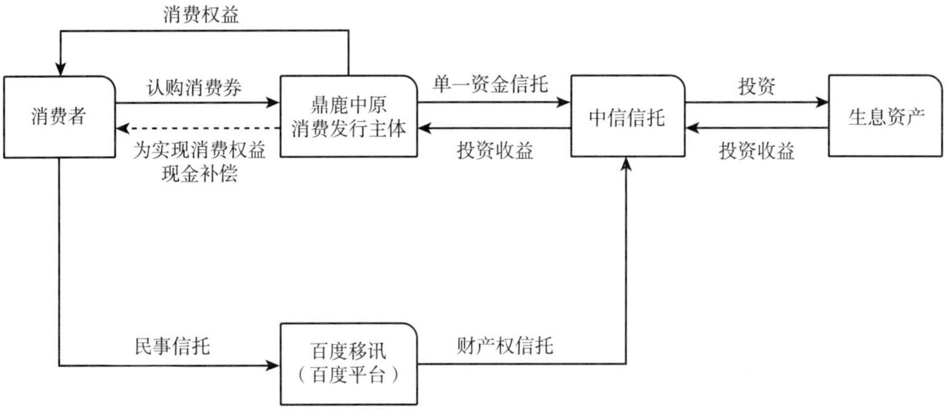


**图4－7 影视消费众筹模式**

百发有戏消费信托交易机构模式共有三个关键环节，分别为：

一是消费券销售。消费者购买北京鼎鹿中原科技有限公司发行的消费券，相应享有《黄金时代》电影的消费权益；消费券发行机构将在设置条件全部成就之后，向消费者提供制片人权益章，如条件未全部成就，则消费券发行机构在消费权益有效期间届满之日起的10个工作日内，向消费者进行现金补偿。

二是资金的集中及使用。北京鼎鹿中原科技有限公司将发行消费券汇集的资金委托给中信信托设立单一资金信托；中信信托将资金用于稳健投资。

三是权益的集中和监管。消费者将消费券项下的消费权益向北京百度移讯科技有限公司设立民事信托，消费者为该民事信托委托人/受益人，北京百度移讯科技有限公司为该民事信托的受托人；北京百度移讯科技有限公司将消费权益进一步向中信信托设立消费权益信托。北京百度移讯科技有限公司为该财产权信托的委托人/受益人，中信信托作为财产权信托的受托人；中信信托负有协助维权责任。

（2）商品消费众筹模式。苏宁众筹、苏宁易购中华特色馆联合平安信托、江苏省农委于2016年2月共同推出“中华特色馆—江苏馆”消费宝，是苏宁众筹首创的消费众筹类创新金融产品。消费宝采用“消费券/消费权益+商品折扣+占款补偿模式”，且其占款补偿年化收益高于同期市场理财收益。

根据2015年7月人民银行、中国银监会等十部委联合印发的《关于促进互联网金融健康发展的指导意见》中，支持互联网企业依法合规设立股权众筹融资平台、网络金融产品销售等平台，建立服务实体经济的多层次金融服务体系，更好地满足中小微企业和个人投融资需求，进一步拓展普惠金融的广度和深度。

其中对股权众筹融资进行了规范，明确由中国证监会负责监管，但对于本文中提到的消费权益或实物众筹则仍缺乏相应规范。因此，在业务实践中，信托公司需要切实把握好创新与合规底线，制定完善产品运作规范制度，保证交易过程合法合规，安全规范。

### 4.2.2 消费金融的盈利模式

1. 主要参与者收入分析

我们将从事消费金融的公司分为银行、持牌消费金融公司、互联网消费金融公司、租赁类的消费金融公司四大类，对其收入、成本、利差单独进行分析。

（1）银行消费金融业务收入分析。银行消费金融业务主要包括信用卡（信用卡分期和预付现金）、汽车贷、小额消费贷、现金贷和直销银行的消费贷、现金贷，其中信用卡业务收入是银行消费金融业务的主要来源。

①银行信用卡业务收入主要包括利息收入和非息收入，各家银行利息收入和非息收入占比与银行的战略定位相关。

以信用卡利息收入为主要盈利模式的银行。以信用卡业务最为突出的招商银行为例，其信用卡业务收入主要来源于利息收入，利息收入占信用卡业务收入的73%。截至2017年末，招商银行信用卡累计发卡超过1亿张，2017年实现信用卡交易额2.97万亿元，同比增长30.56%，其中信用卡利息收入395.38亿元，同比增长22.44%，主要受益于交易量增长所带来的刷卡佣金收入的增长；信用卡非利息收入149.13亿元，仅占信用卡收入的27%。

以信用卡非息收入为主要盈利模式的银行。以信用卡业务同样突出的中信银行为例，2017年，中银银行信用卡业务非息收入占比77%，利息收入只占23%。中信银行的信用卡发展战略是通过非息业务增加收入，因此在零售领域投入的资源更多，非息收入也更加多元化。2017年，中信银行的银行卡手续费比上年增加111.29亿元，同比增长57.59%，主要由信用卡手续费及收单业务收入增长所致（图4-8）。

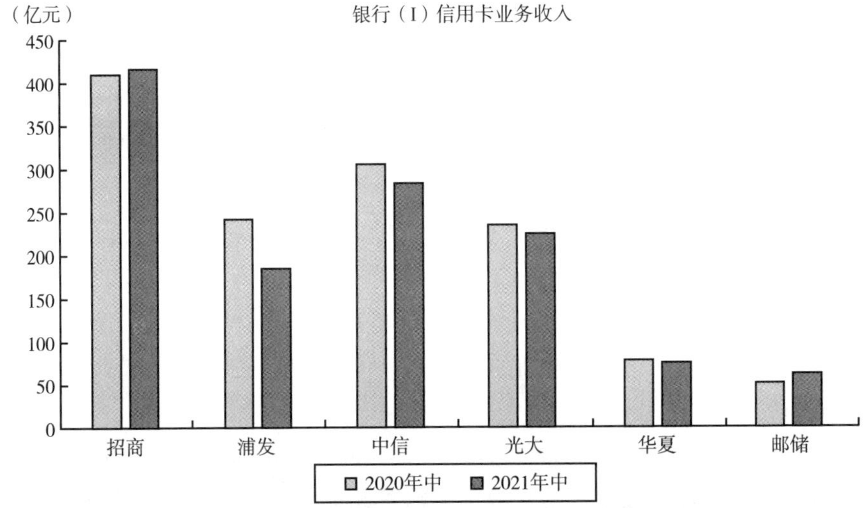


**图 4-8　银行信用卡收入来源对比**

②汽车贷款是银行提供消费金融服务的传统领域。商业银行作为提供汽车金融服务的重要平台，有其独特的优势，一方面汽车属于价值较高的消费品，银行在消费者心中拥有发放大额消费信贷的良好口碑，另一方面，银行资金来源稳定，能够为信贷需求者提供长期稳定的汽车贷服务。以平安银行为代表的汽车金融业务最为突出，根据平安银行 2017 年年报，2017 年累计新发放汽车金融贷款 1183.84 亿元，同比增长 44.20%，汽车贷款余额达到 1305 亿，占其贷款余额的 7.66%，是仅次于信用卡的零售业务，收入以利息收入为主。

③银行积极探索小额消费贷业务。银行的消费金融业务以信用卡和汽车贷为主，近年来，银行也开始逐渐探索开展小额消费贷业务。银行提供给客户用于指定用途的贷款，包括装修、购买耐用消费品、旅游、教育等多种消费场景，用户在提交申请和消费交易证明材料后，银行进行审批，随后可以在额度有效期内和可用额度内随意申请支用额度，以满足自身的用款需求。

④信用体系逐渐健全，银行布局现金贷业务。除小额消费贷业务外，银行开始参与现金贷业务。一方面，由于征信体系逐渐完善，银行能够利用征信为自己筛选部分客户，发放现金贷；另一方面，银行希望通过利率较高的现金贷业务增加利息收入。银行的现金贷业务主要依靠利息收入，以平安银行和招商银行为例，平安银行的“平安 i 贷”为例，日利率为 0.05% ~ 0.1%，且大多高于 0.05%，招商银行的“招联好期待”，根据芝麻信用分和央行征信体系评判，给予用户 0.05% 上下的日利率，可见，银行的现金贷业务利率普遍高于信用卡业务日利率，因此能够为银行带来可观的利息收入。

⑤直销银行成为商业银行提供差异化信贷服务的重要切入点。大型商业银行和城商行等纷纷成立直销银行，旨在打破传统银行的时间、地域和网点的限制。直销银行向用户收取的服务费更加低廉，用户办理理财业务更加便

捷，从而摆脱了传统银行的束缚，开展互联网消费金融业务更加方便。目前，直销银行能够凭借自身较强的获客能力和数据优势，通过发展线上白名单主动授信、线上贷款，也能够围绕场景金融打造特色贷款产品，如购车、旅游、留学、装修等消费场景，实现差异化信贷服务。如平安银行在汽车贷方面提供车贷、车险、延保等一揽子金融产品；民生银行通过推出定额消费贷、月供贷主动授信提供线上产品，探索互联网场景金融创新，强化了消费信贷客群交叉销售，极大地降低了金融服务准入门槛和交易运营成本，截至2017年末，民生直销银行客户达到1091.45万户，金融资产达1047.46亿元。

（2）持牌消费金融公司收入分析

我国持牌消费金融公司主要包括综合型消费金融公司，如捷信、中银、北银、锦城等，还包括专业化的汽车金融公司，如上汽通用汽车金融、宝马汽车金融等。综合型持牌消费金融公司收入主要包括利息收入、手续费及佣金收入。不同消费金融公司收入结构存在差异，有以利息收入为核心的消费金融公司，也有专注非息收入（手续费及佣金收入）的消费金融公司（图4－9）。

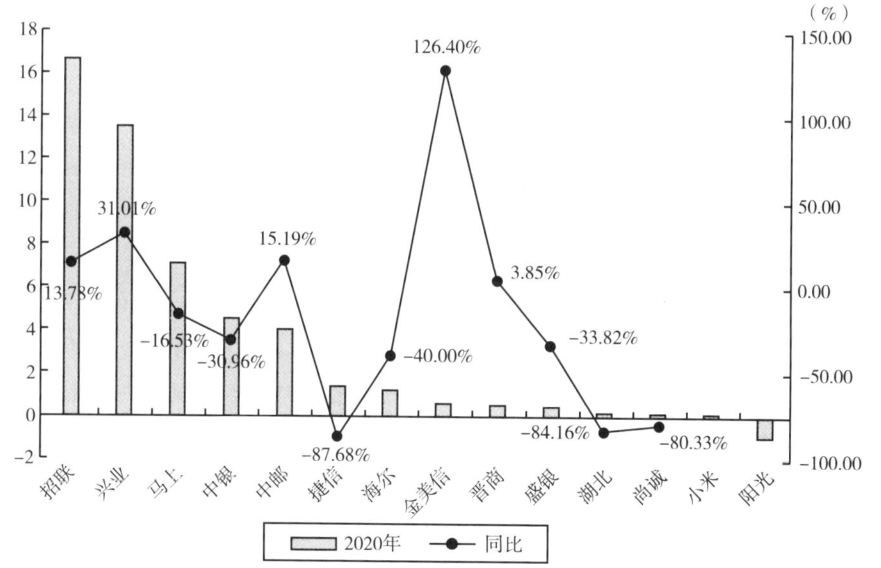


**图4－9　2020年14家消费金融公司净利润情况**

①以利息收入为核心的消费金融公司。以中银消费金融公司为例，2016年营业收入中利息收入为28.13亿元，占其营业总收入的75%，手续费及佣金收入为9.47亿元，占比25%。可见，对于部分持牌消费金融公司而言，利息收入仍然是最主要的收入来源，尤其是银行作为大股东的消费金融公司，其收入模式与股东银行的发展战略存在相似之处。

②以手续费及佣金收入为核心的消费金融公司。以捷信金融为例，其消费金融业务收入主要包括两部分，一部分是利息收入，利率根据市场水平、产品类型等因素的不同进行调整；另一部分是向客户收取的手续费及佣金收

入。在捷信的营业收入中，利息费用收入占比仅为39%，手续费和佣金收入占比61%。作为消费金融集团背景的专业消费金融公司，捷信消费金融的发展与集团发展战略相似，以手续费及佣金作为核心收入，主要包括客户管理费收入、账户管理费收入、惩罚性收入等。

③以贷款业务收入为核心的汽车消费金融公司。银监会数据显示，汽车消费金融公司的收入主要包括经销贷款收入和零售贷款收入，融资租赁收入占比相对较少，因此汽车消费金融公司的主要收入是通过发放贷款实现。以正通汽车为例，根据其2017年年报，公司金融服务业务的利息收入和服务收入共5.22亿元，主要来自于利息收入。

（3）互联网消费金融平台收入分析

互联网消费金融平台主要包括两大类：第一大类，典型的综合电商平台，以“蚂蚁花呗”和“京东白条”为代表，平台为消费者提供消费分期服务、消费贷服务等；第二大类，新兴互联网消费金融平台，以分期电商为代表，典型的如“分期乐”、“买单侠”，此外，还包括互联网小贷平台消费贷、信用卡代偿业务等产品。该类型的消费金融公司，大多通过取得互联网小贷牌照开展消费金融服务。

①蚂蚁微贷业务收入分析。蚂蚁微贷主要通过“花呗”、“借呗”两项业务开展消费金融。“花呗”主要针对淘宝、天猫旗下商铺或合作平台提供消费信贷服务，消费者用花呗进行支付，平台给予客户一定期限的免息期，免息期之后用户可以通过分期进行偿还；“借呗”主要为淘宝平台、天猫平台上的个人客户提供资金周转和信贷服务。

蚂蚁微贷的主要收入来源于利息、佣金及技术服务收入。第一，获取利息收益，在免息期后，分期还款用户需要支付一定额度的利息；第二，通过向商家或平台收取手续费及佣金获取收入。根据2017年借呗第一期资产支持票据募集说明书数据，蚂蚁微贷2016年业务收入中，利息收入18.62亿，占比49%，手续费收入7.46亿元，占比19%，其中手续费收入来源于蚂蚁微贷向支付宝收取的“花呗”业务手续费和资产证券化业务服务机构的管理费收入，资产转让收益主要为蚂蚁微贷向特殊目的实体转让部分“发放贷款和垫款”资产实现的收益（图4-10）。

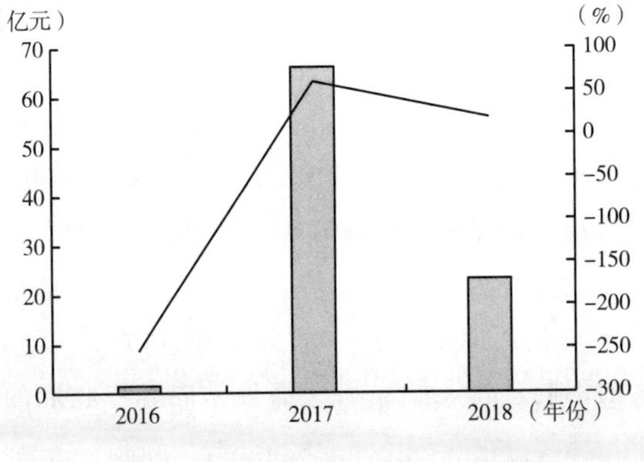

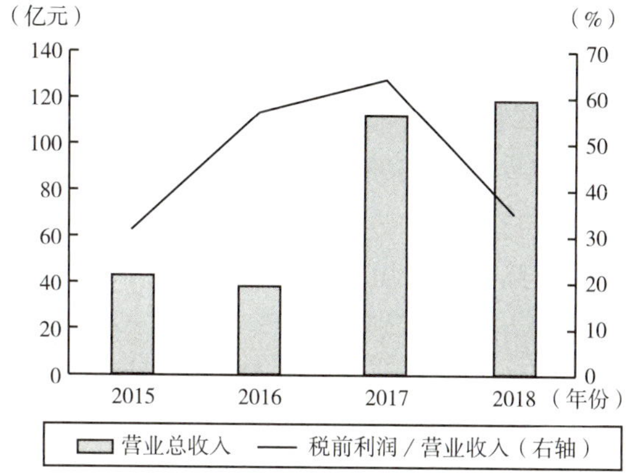


**图4－10　蚂蚁微贷收入分析**

风控业务把关严格，不良率、逾期率低。蚂蚁微贷发放的贷款划分为五级：正常类、关注类、次级类、可疑类以及损失类。蚂蚁微贷对每一级资产制订了相应的标准，并通过严格的细致的标准限制来清晰掌控业务风险，因此，整体不良率及逾期率都较低（表4－2）。

**表4－2　　蚂蚁微贷资产支持票据入池资产不良率分析**

| 年龄分布 | 贷款余额占比 | 不良率 | 逾期率 |
|---|---|---|---|
| 18－25岁 | 17.29% | 0.3% | 0.52% |
| 25－30岁 | 38.49% | 0.47% | 0.65% |
| 30－35岁 | 25.42% | 0.54% | 0.72% |
| 35－40岁 | 16.54% | 0.56% | 0.75% |

②京东白条业务收入分析。京东消费金融产品体系分为三大类。包括小白条（京东白条、校园白条）、大白条（外部垂直场景贷款，租房白条、旅游白条、教育白条等）和金条（现金贷，存量小白条优质用户，白名单制）。据京东金融资产支持证券说明书披露，截至2017年底，京东白条应收账款余额360亿元；截至2017年4月，京东白条业务1天以上逾期率1.86%，30天以上逾期率1.2%，90天以上逾期率0.62%。

京东白条业务初期，采取预筛选白名单模式，现已全面开放。京东白条基于京东商城大数据，深度挖掘和分析用户购买力，形成稳定的用户画像，建立起模型工具体系，风险政策人员使用这些模型工具建立起授信政策体系，以此筛选优质客户形成白名单，继而通过商城入口引导用户完成实名和身份验证，用户在激活白条业务后，即可在京东商城先购物后付款并享受相关服务。现阶段白条业务已经对全部用户开放，充分发挥场景闭环优势，在交易环节进行实时订单拦截和高风险订单预警，实现了从申请、支付到配送环节对用户全流程的安全保护。

大白条为外部垂直消费场景信贷产品。大白条主要拓展场景有旅游、租房、装修、教育、购车等，都可以使用白条进行分期。以租房白条为例，用户违约30天以后，合作中介商户会对租户进行清退，对违约者形成很大制约，目前逾期率90天以上不良率低于1%。

金条为现金贷产品。2016年3月，京东金融推出现金贷产品“金条”，给有现金需求的白条用户更丰富的消费金融体验，客户通常是普通白条用户里的高端用户。首先排除高风险用户，分别从交易频度、交易金额、活跃度等要求，筛选入组客户，然后分别从资产、车产、投资理财、收入预测、职业推断等线上线下消费能力进行评估，并根据信用评分调整授信额度。金条业务自2016年上线以来，累计借款用户超过5万户，累计借款金额超过10亿元，余额超过6亿元，逾期率不到0.5%。

京东白条的营业收入来自于分期服务费。一方面，白条业务、金条业务获取利息收益，在免息期内按时还款用户无需支付利息，但分期还款用户需要支付一定额度的利息。白条业务可享受免息期不超过40天，用户可以在交易当下选择分期付款或当期账单日前选择分期，分期可选择3、6、12、24期，分期服务费均为月化0.5%－1.2%，因此年化利率在6%－14.4%之间；第二，京东白条分润收入，主要是通过收取服务费、佣金等分享商户利润，也是京东白条的收入来源之一。

③新兴互联网消费金融平台收入分析。新兴的消费金融平台大多以小贷形式进行经营，专注于提供消费分期、消费贷等产品，主要包括分期电商消费贷、小贷公司消费贷、信用卡代偿等。

分期电商平台大多通过自身渠道提供消费产品或与综合电商合作提供消费产品，由平台自身提供消费分期服务。平台大多拥有特定领域的消费场景优势，或者能够通过大数据实现精准获客，如针对年轻人的信用消费平台分期乐、爱又米，该类平台通过针对性的消费场景、消费人群，开展消费分期业务。分期电商的收入主要包括两部分，一部分是利息收入，另一部分是技术服务收入。

信用卡代偿业务是新兴的互联网消费金融产品。以维信金科为例，公司主要通过信用卡代偿产品、消费信贷产品、线上至线下信贷产品三大信贷系列为用户提供分期付款服务，其中，信用卡代偿是业务公司最主要的收入来源，该产品主要针对特定的信用卡代偿场景，允许持有人将信用卡未结余额转向维信金科的信贷产品进行结算，满足用户短期流动资金管理需求，在其2017年营业收入中，信用卡代偿业务收入占比达到57.7%。

利息收入是维信金科信用卡代偿业务最主要的收入来源。根据公司招股说明书数据，公司2017年消费金融业务收入中，净利息收入为23.36亿元，占营业收入的86%，贷款撮合服务费收入8392万元，占比3%，其他业务收入2.86亿元，占比11%。总体而言，维信金科业务收入以利息收入为主，非息收入占比相对较低。

维信金科营收来源包括净利息类收入、贷款撮合服务费及其他收入。其中，净利息收入7.5亿元，同比下降28.33%；贷款撮合服务费收入5.73亿元，大幅增长901.9%；其他收入包括会员费、罚金及服务费等达到5.3亿，同比增236.7%。贷款撮合服务包括信用增级贷款撮合模式以及纯贷款撮合模式（表4-3）。

**表4-3　　2019年维信金科收入来源分析**

| 收入项目 | 占比 |
|---|---|
| 净利息收入 | 28.33% |
| 贷款撮合服务费 | 21.65% |
| 其他收入 | 45.02% |

④租赁形式的消费金融业务收入分析。利息为综合型租赁公司消费金融业务的主要收入来源。据中国银行业协会金融租赁专业委员会的资料，截至2017年底，57家金融租赁公司创造出224.36亿元的净利润。根据交银租赁、民生租赁、建信租赁和江苏租赁的财务报表及审计报告，租赁公司从事消费金融业务，以利息、手续费及佣金为其主要收入，其中，利息收入是其最主要的利润来源。以交银租赁的业务收入为例，其2017年利息收入为51.63亿元，占总收入的42%，其中，租赁业务利息收入50.57亿元，金融企业往来利息收入仅1.06亿元；此外，手续费及佣金收入8.36亿元，占总收入比重为7%，全部为租赁服务手续费收入，与利息收入相比规模较小，因此交银租赁的租赁业务收入大多来源于利息。

互联网汽车租赁平台的收入主要来源于利息。互联网汽车消费金融公司因为未取得汽车金融牌照，大多采取申请租赁牌照的方式开展消费金融业务。以×鑫汽车金融为例，其2017年年报披露，2017年×鑫汽车金融营业收入主要来自平台业务（25%）和自营融资业务（75%），其自营融资业务收入主要通过赚取利息实现，其他业务主要是汽车经销商处赚取的销售收入。

神州车闪贷是神州优车集团旗下的一站式汽车金融服务平台，深度聚焦汽车领域，与大型商业银行合作，为客户提供包括汽车抵押贷款、二手车金融等在内的汽车金融服务。据其2017年年报披露，神州车闪贷服务的收入为7.25亿元，占其营业收入的比重为7%，主要通过分期方式进行，收入主要来自于服务佣金收入及利息收入。

我们对各类机构的利率范围做出如下总结：

银行信用卡日利率大多在0.05%左右，则年化利率为18.25%；银行汽车贷期限一般不超过5年，5年内（含5年）的贷款基准利率为：6个月5.6%；6个月~1年6%；1~3年6.015%；3~5年6.40%，在基准利率的基础上不同银行均有所上浮，假设上浮在50%左右，则年化利率一般在10%~18%不等；银行小额消费贷和现金贷的日利率也在0.03%~0.06%不等，年化利率在10.95%~18.25%（表4-4）。

表 4－4 各类消费金融公司利率分析

| 机构 | 利率范围 |
| --- | --- |
| 银行消费金融业务 | 1. 信用卡：日利率 0.05%．年化 18.25% |
| | 2. 汽车贷业务：按期数不同，年化 10%～18% 不等 |
| | 3. 小额消费贷：日利率 0.03%～0.05%，年化 10.95%～18.25% |
| | 4. 现金贷：日利率 0.05% 左右，年化 18.25% |
| | 5. 直销银行业务：年化 10.95%～18.25% |
| 挂牌消费金融公司 | 1. 综合型消费金融公司：年化利率 15%～36% 不等 |
| | 2. 汽车消费金融公司：年化利率 10%～18% 不等 |
| 互联网消费金融 | 1. 综合电商：日利率 0.025%～0.05%，年化 9.125%～18.25% 不等 |
| | 2. 其他互联网平台：日利率 0.02%～0.05%，年化 7.3%～18.25% 不等 |
| | 3. 信用卡代偿：年化利率 15%～36% |
| 租赁形式消费金融 | 1. 综合型租赁：年化利率 10%～18% 不等 |
| | 2. 互联网汽车金融租赁业务：年化利率 10%～18% 不等 |

根据持牌消费金融公司公布的信息，根据产品和期限不同，其年化利率维持在 15%～36% 不等，汽车消费金融公司主要从事汽车贷业务，期利率也保持在 10%～18%。

互联网消费金融平台中，电商消费金融平台日利率 0.025%～0.05%，其中“借呗”日利率在 0.025%～0.05%，“京东白条”日利率 0.05%，电商平台年化利率在 9.125%～18.25%；消费分期平台、互联网小贷平台消费贷的日利率在 0.02%～0.05%，所以其年利率在 7.3%～18.25%；信用卡代偿业务的年化利率，以维信金科为例，年化利率在 15%～36%。

租赁公司开展消费金融业务，主要集中在大额耐用品的租赁，以汽车租赁为主，根据期限不同，年化利率也一般在 10%～18%。

2. 主要参与者成本分析

（1）银行消费金融业务资金成本分析。银行资金大多来源于存款或理财资金。银行的存款利率及理财产品利率相对较低，我国 1 年期存款基准为 1.5%，3 年期基准利率为 2.75%，理财产品利率集中在 4.5%%～5.5%，因此银行的综合资金成本大致在 2%～5%，属于各类从事消费金融业务的平台中最具资金优势的机构。直销银行资金大多源自银行理财业务。目前直销银行业务仍然集中在理财、基金等产品的销售，但在直销银行中大都开设了贷款业务，如民生银行直销银行开展了线上贷款服务，通过“电子账户＋线上贷款”的形式进行放贷，资金来源大多来自于直销银行理财产品，资金成本在 5% 左右。

（2）持牌消费金融公司资金成本分析。综合型持牌消费金融公司目前共 26 家，其中开业的 23 家，在开业的公司中，18 家的大股东为银行，3 家股东背景为产业公司包括海尔、苏宁、重庆百货，另外包括集团背景的捷信消费金融和资产管理公司背景的华融消费金融（图4－11）。

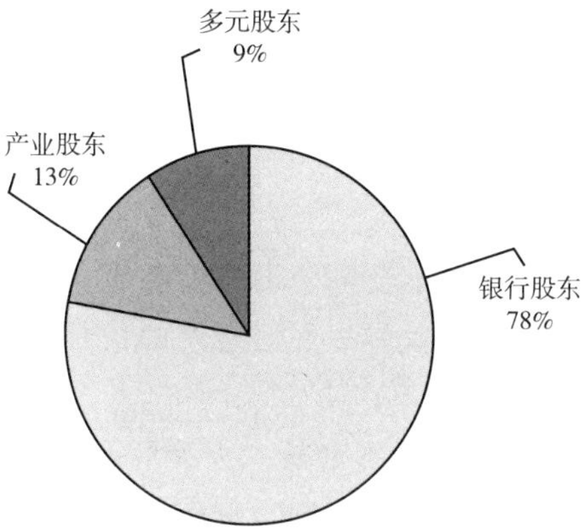


**图4－11　挂牌消费金融公司股东背景分类**

①持牌消费金融公司资金来源相对丰富。近年来，持牌消费金融公司的融资渠道不断拓宽，除自有资金外，可接受股东境内子公司及境内股东的存款，可发行金融债，可从银行贷款，部分公司获准进入银行间同业拆借市场，资金成本相对较低。由于进入同业拆借市场需要满足收入和利润等多项要求，对于盈利或收入不足或成立时间较短的消费金融公司来说，比较普遍的融资方式是股东存款、发行金融债和银行贷款。

②银行间同业拆借是持牌公司低成本融资的重要方式。截至2018年6月8日，北银消费金融、海尔消费金融、捷信消费金融、中银消费金融、晋商消费金融、招联消费金融、马上消费金融共7家公司获准进入银行间同业拆借市场，因此这7家公司在融资成本方面，相较同类公司具有优势。参考银行间质押式回购利率，假设持牌消费金融公司参与3个月期质押式回购，资金成本大致在4%～5.5%，与其他融资方式相比，资金成本具有极大优势。

③股东存款是中长期、成本相对较低的融资渠道。目前，我国人民币整存整取1年期基准利率为1.5%，假设银行存款利率上浮0.5倍，则股东存款的资金成本为2.25%，因此，股东存款对消费金融平台而言是极具吸引力的资金来源，但股东存款大多有限，因此需要消费金融公司积极寻求其他方式的资金。

④发行金融债、ABS和向银行贷款是持牌消费金融公司的重要资金来源。股东存款大多有限，所以对持牌消费金融公司来说，发行金融债、ABS和银行贷款也是进行融资的重要方式。持牌消费金融公司发行金融债的利率成本在3%～5%，ABS发行利率在3%～6%，相对都较低。银行贷款方面，我国银行贷款的期限集中在6～12个月，目前6～12个月的短期贷款基准利率为4.35%，假设给予银行贷款利率上浮0.5倍，则银行贷款的资金成本在6.5%左右。

⑤持牌汽车金融公司资金来源以银行贷款为主。对于持牌汽车金融公司来说，在汽车金融市场快速发展的情况下，融资渠道不断丰富，除传统的银行贷款以外，对于股东存款、资产证券化、金融债券、同业拆借、跨境融资、互联网金融等负债手段的使用也逐渐向多元化、常态化发展，但是最主要的渠道依然是银行贷款，因此，汽车金融公司的资金成本也在6.5%左右。

ABS是除银行贷款外，汽车金融公司最重要的融资途径。截至2018年5月31日，共有50只以汽车贷款作为底层资产的信贷资产证券化项目，发行总额1652.2亿元，发行票面利率在4.5%～6%。

（3）互联网消费金融资金成本分析。大型综合电商资金成本相对较低。大型综合电商消费金融平台如蚂蚁花呗、京东白条，其本质是通过小贷公司进行放贷，主营业务资金来源于自有资金、股东借款、银行贷款及发行金融产品等。自有资金和股东借款的资金成本相对较低，资金成本在2.25%左右；银行借款的资金成本在6.25%左右；资产证券化是目前“花呗”、“借呗”最为重要的融资来源，截至2018年6月8日，“花呗”和“借呗”背后的小贷公司重庆市蚂蚁小微小额贷款有限公司和重庆市蚂蚁商诚小额贷款有限公司共发行161只资产证券化产品，发行金额3660.1亿元，信贷余额1462亿元，资金成本在4%～6%不等。

新兴互联网消费金融平台的资金成本相对较高。分期电商等形式的新兴消费金融本质也是小贷，主要依靠自有资金、股东借款、银行贷款、信托贷款等发放贷款，将债权打包后出售给投资人，因此资金成本相对较高。银行贷款、信托贷款的资金成本大多在6.25%～10%，消费金融平台的资金成本一般超过10%，甚至可高达15%，因此新兴消费金融平台的资金成本整体相对较高。

维信金科自有资金放贷份额小，以撮合交易为主。以维信金科为例，在其服务中，使用四种融资撮合模式，包括公司旗下小贷公司的直接贷款（占比5.1%）、信托贷款（占比79.4%）、信用增级贷款撮合（占比11.9%）和纯贷款撮合（占比3.6%）。信托贷款方式是指维信金科与信托公司成立信托计划，维信金科认购信托计划的次级份额，由信托计划直接向借款人发放贷款；信用增级贷款组合是指维信金科与金融机构合作，借款人直接向资金方偿还本金和利息，维信金科收取撮合佣金；纯贷款撮合方式也不使用自有资金，只提供信贷建议从而收取增值服务费。因此，维信金科的资金成本只集中在小贷的直接贷款和认购信托计划次级部分，因此以自有资金、股东资金、银行贷款、信托贷款等为主，资金成本在2.25%～10%不等（图4－12）。

（4）租赁形式消费金融业务资金成本分析。综合型租赁公司持有租赁牌照，融资途径广泛。综合型租赁公司开展消费金融业务，可通过吸收非银行股东3个月以上定期存款、同业拆借、向金融机构借款等方式获取资金。根

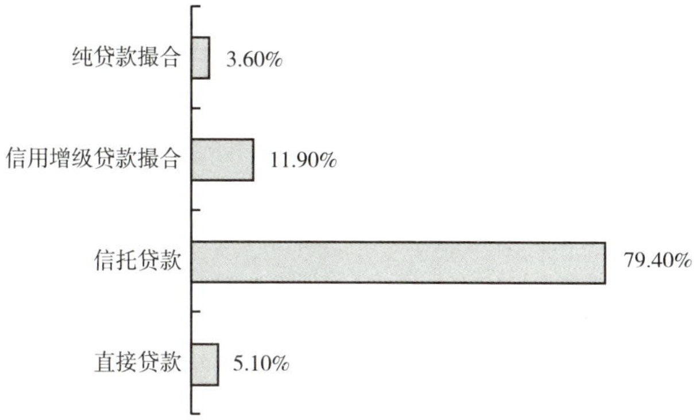


**图 4－12 2017 年维信金科融资贷款分析**

据各公司发布的审计报告分析，大部分租赁公司的借款利息支出是最主要的成本，因此银行贷款、发行债券是租赁公司最主要的获取资金的方式，银行贷款的资金成本在6.25%左右，发行债券的成本在3%～5%。也有部分公司如江苏租赁，获准进入银行间同业拆借市场，最主要的成本为拆入资金支出，则说明部分公司有能力可以主要使用同业拆借资金，假设租赁公司参与3个月期质押式回购，资金成本大致在4%～5.5%。

自有资金、银行贷款、发行ABS等融资途径是互联网汽车租赁公司的喜爱。互联网汽车金融公司自有资金的资金成本在2.25%左右，银行贷款等资金成本在6.5%，因此部分互联网汽车租赁公司开始寻求成本更低的ABS进行融资，如神州优车发行100亿ABS进行融资，开启了互联网汽车电商通过ABS进行融资的全新路径。

综合上述分析，我们对四类消费金融平台的自己成本范围做出如下判断（表4－5）：

**表 4－5 各类消费金融平台资金来源及成分分析**

| 机构 | 资金来源及成本 |
| --- | --- |
| 银行消费金融业务 | 1. 信用卡、汽车贷、消费贷、现金贷：银行存款理财资金（1.5%～5%） |
| | 2. 直销银行业务：理财资金（5%） |
| 挂牌消费金融公司 | 1. 银行股东背景：自有资金（2.25%）、同业拆借（2.5%～5.5%），ABS（3%～6%）、股东借款（2.25%～5°%）。银行贷款（6.5%） |
| | 2. 非银行股东背量：自有资金（1.5%）问：折借（2.5%～5.5%），ABS（3%～6%）、股东借款（2.25%～5%），银行贷款（6.5%） |
| | 3. 汽车消费金融公司：自有资金（2.25°%）、股东借款（2.25%～5%）、ABS（3%～6%），银行贷款（65%） |
| 互联网消费金融 | 1. 大型综合电商：自有资金（2.25%），股东借款（2.25%～5%）、ABS（3%～6%） |
| | 2. 其他互联网金融平台：自有资金（2.25%）、股东借款（2.259%～5%）、银行贷款，信托贷款（6.5%～10%） |

续表

| 机构 | 资金来源及成本 |
| --- | --- |
| 租赁形式消费金融 | 1. 综合型租赁：自有资金（2.25%），金融债（39% ~4%）、同业拆借（2.5% ~5.5%），银行贷款（6.5%） |
| | 2. 互联网汽车金融租赁业务：自有资金（2.25%）、ABS（3% ~6%）、银行贷款（6.5%） |

资金成本各异，各消费金融平台积极寻求稳定的低成本资金。比较而言，商业银行从事消费金融业务的资金成本最低，持牌消费金融公司、电商消费金融平台的资金成本次之，持牌租赁公司的资金成本也较低，而新兴互联网消费金融平台的资金成本相对较高。资金成本越低的融资方式越受到消费金融平台的青睐，除自有资金和股东存款，目前通过 ABS 进行融资的主要机构包括持牌消费金融公司捷信、中银，电商平台蚂蚁花呗、京东白条，以及部分互联网汽车租赁公司如神州优车等。然而，通过发行 ABS 进行融资的依然是少数公司，未来，探索在满足杠杆要求的情况下获得低成本的资金，是消费金融平台最为重要的工作，也决定了未来消费金融平台的基本战略方向。

3. 利差分析

根据上述收入分析和成本分析，我们对消费金融平台的利差空间做出如下判断：

银行不同消费金融产品利差空间略有差异。银行消费金融业务成长路径由信用卡向多元方式拓展、从线下网点到线上渠道拓展，由擅长的大额贷款逐渐拓展到小额信贷，因此产品类型相对丰富。信用卡业务年化利率在 18.25% 左右，资金来源于银行存款和理财资金，年化资金成本在 2.25% ~5%，因此信用卡业务利差在 13% ~15.75%；汽车贷年化利率一般 10% ~18%，因此利差在 5% ~15.75%；消费贷的年化利率在 10.95% ~18.25%，利差在 6% ~16%；现金贷年化利率 18.25% 左右，与信用卡利差空间接近；直销银行业务以理财产品销售为主，因此假设直销银行资金大多来自于理财产品，因此资金成本在 4% ~5%，年化利率在 10.95% ~18.25%，因此利差在 6% ~14.25%。

持牌消费金融公司利差空间相对较大。持牌消费金融公司年化利率在 15% ~36% 不等，且大多超过 20%。资金成本方面，自有资金和股东资金成本相对较低，在 2.25% ~5%，同业拆借利率在 2.5% ~5.5% 不等，ABS 融资成本 3% ~6%，因此综合资金成本相对较低，大概维持在 5% ~6%，因此利差空间在 9% ~30%。持牌汽车金融公司产品的年化利率在 10% ~18%，资金成本也维持在 5% ~6%，因此利差空间在 4% ~13%（表 4 -6）。

表4-6 各类消费金融平台利差空间分析

| 机构 | 各类消费金融平台利差空间 |
| --- | --- |
| 银行消费金融业务 | 1. 信用卡：13% ~16%不等 |
| | 2. 汽车贷业务：5% ~15.75%不等 |
| | 3. 消费贷业务：6% ~16%不等 |
| | 4. 现金贷业务：13% ~16%不等 |
| | 5. 直销银行业务：6% ~14.25%不等 |
| 挂牌消费金融公司 | 1. 综合型消费金融公司：9% ~30%不等 |
| | 2. 汽车消费金融公司：4% ~13%不等 |
| 互联网消费金融 | 1. 综合电商：4% ~13.25%不等 |
| | 2. 分期购物：3% ~10%不等 |
| 租赁形式消费金融 | 1. 综合型租赁：5% ~12%不等 |
| | 2. 互联网汽车金彩租赁业务：3% ~7%不等 |

互联网消费金融公司利差空间与平台实力息息相关。蚂蚁金服、京东等大平台的消费金融产品的年化利率一般维持在10% ~18.25%，自有资金和发行ABS的成本较低，加上平台向银行申请部分贷款，则综合资金成本大约维持在5% ~6%，因此利差空间维持在4% ~13.25%。新兴消费金融平台的资金成本相对较高，且利率大多比大型平台更加优惠，因此利差空间略低于大型电商平台，维持在3% ~10%不等。

租赁公司消费金融以车贷为主，利差空间与资金来源相关。综合型租赁公司开展消费金融业务，大多围绕汽车、手机等高价值产品，实行“以租代买”的形式，以租金代替利息，年化利率与汽车金融公司相近，维持在12% ~18%不等。资金成本方面，租赁公司可发行金融债，因此资金成本相对较低，维持在6% ~7%，因此利差维持在5% ~12%。互联网汽车租赁公司产品的年化利率在12% ~18%不等，资金成本相对较高，因此利差在3% ~7%。

# 任务4.3 消费金融的典型案例

1. 马上消费

马上消费金融股份有限公司（以下简称“马上金融”）是中国银保监会批准设立的全国26家消费金融公司之一，于2015年6月正式开业，引入了重庆百货、重庆银行等国有股东，物美科技集团、阳光产险、浙江小商品城等社会化股东，形成极具活力的多元化混合所有制股东结构。目前公司注册资本40亿，拥有7000+万注册用户，累计交易规模超2500亿元，170+项专利技术，自主研发超过600+套科技系统，2018年纳税总额为10.7亿元，已经成长为中国领先的金融科技企业及消费金融行业头部企业。多次荣获国内外金融类各大奖项，数次荣登各大金融榜单。公司高度重视金融科技领域高潜力人才引进、培育与发展工作，旨在通过充分激发高潜力人才的创新能力，打造成为最被信赖的金融服务商。

马上消费金融股份有限公司（简称“马上消费”）是一家经中国银保监会批准，持有消费金融牌照的科技驱动型金融机构。公司于2015年6月正式开业，于2016、2017、2018年分别完成三次增资扩股，注册资本金达40亿元。股东包括重庆百货大楼股份有限公司、北京中关村科金技术有限公司、物美科技集团有限公司、重庆银行股份有限公司、阳光财产保险股份有限公司、浙江中国小商品城集团股份有限公司，以及新一轮战略投资者中金公司、中信建投及重庆两江新区等央企与地方国资背景资本。

2. 支付宝花呗

2016年8月3日，蚂蚁花呗消费信贷资产支持证券项目第一期在上海证券交易所交割。据了解，上述计划挂牌总额为300亿元，发行期数将不超过20期，首期发行规模20亿元，期限为1年。德邦证券为计划管理人，托管银行为宁波银行，注册登记机构为中国证券登记结算有限公司上海分公司。

（1）集团概述。蚂蚁金融服务集团（以下称“蚂蚁金服”）起步于2004年成立的支付宝。2014年10月，蚂蚁金服正式成立。蚂蚁金服以“让信用等于财富”为愿景，致力于打造开放的生态系统，通过“互联网推进器计划”助力金融机构和合作伙伴加速迈向“互联网+”，为小微企业和个人消费者提供普惠金融服务。蚂蚁金服旗下有支付宝、余额宝、招财宝、蚂蚁聚宝、网商银行、蚂蚁花呗、芝麻信用、蚂蚁金融云、蚂蚁达客等子业务板块。

（2）发展历程。蚂蚁金服起源于贸易，在电子商务中产生的大量支付需求、担保需求成为阿里巴巴旗下蚂蚁金服做金融业务的初衷。从2004年支付宝诞生以来，蚂蚁金服的金融版图从最基础的技术和数据业务，发展到支付业务，进而发展到小额贷款、消费金融业务，业务形式不断丰富，金融层次不断发展，至今已经发展为以支付为基础的全能型金控平台。同样得益于技术的进步，蚂蚁金服的交易效率提升以及交易成本降低，保证了金融业务对电子商务的反哺。

3. 信用卡分期

信用卡的分期包括三种：现金分期、账单分期、消费分期。

（1）现金分期。现金分期由信用卡持卡人申请或由发卡行邀请持卡人申请，将持卡人信用卡中额度转换为现金（或不占额度另行批款）并转账至持卡人指定借记卡（本行或他行）账户，之后持卡人按指定分期期数进行归还的一种分期方式。

简单说，就是以信用卡的额度变成现金，与我们平时说的分期有很大的不同。

（2）账单分期。账单分期指的是信用卡持卡人用信用卡刷卡消费后向信用卡中心要求将消费金额分期还给银行，并且银行从中收取一定分期手续费的过程。

简单说，就是将信用卡透支额度进行分期，针对的是信用卡账单日后出的消费金额。

（3）消费分期。信用卡消费分期是指持卡人在刷卡消费以后，如果单笔消费金额达到银行规定的最低消费额，持卡人可以向银行申请把该笔消费拆分为几次还款，银行再将该笔消费分成多次计入持卡人的信用卡帐户。常见的消费分期产品有手机、电脑等3C产品。

简单来说就是把某几笔消费进行分期，与账单分期对总的消费额度进行分期不同。

三者分期的不同之处：

现金分期就是将信用卡的额度变成现金取出；账单分期是将信用卡透支额度分成若干次还给银行；消费分期就是把购买的商品的钱分多次付款。现金分期是取现金；后面两个是欠款后还钱。现金分期和账单分期都是要收手续费的，必须向银行申请，收取的费用不一样，但总的来说，现金分期收费要比后者高。消费分期一般不需要收取手续费，但是所买的东西银行官网价格可能会稍贵，之所以这样，原因无外乎以下两点：一、银行要刺激消费；二，银行和商家有合作，是银行和商家的互利行为。

**【训练4-1】**

1. 请你根据案例内容打开“马上消费”、“蚂蚁消费金融”及银行官网，查看三者消费金融的利率及操作流程，并对比三者业务流程。

2. 请你打开你较为熟知的第三方消费金融平台，并对该消费金融平台的产品进行详细的分析，并对产品进行风险分析。

## 思政元素

1. 培养学生正确的人生观、价值观、消费观。

通过《消费金融：一场数字化战略长跑》案例，培养学生面对金钱、消费时的价值理念，进行理性消费。

2. 树立崇高理想，培养高尚情操。

通过案例及小组活动，从根本上扭转人生观与价值观上发生的偏差，围绕培养社会主义事业合格建设者和市场经济需要的合格人才这个中心，加强爱国主义、集体主义、社会主义教育以及国情教育，使学生认识到国家前途与个人命运息息相关，增强社会责任感。

3. 能够正确处理人与自然、人与社会、人与人的关系。

必须在强调专业素质教育过程中不断渗透人文科学、社会科学、自然科学、艺术鉴赏等内容，提供多层次、多侧面、多角度的思想文化陶冶。社会主义市场经济的建立，使当今社会来自各方面的挑战越来越多，大学生不仅需要面临学习压力和学业的竞争，还需要面临就业等方面的挑战。逐步培养学生正确处理人与自然、人与社会、人与人的关系。

## 单元评价

对于每一个单元，结合业务能力和评价指标，根据掌握情况在下表相应的方框中打√，自测结果共分为三类：A 掌握，B 基本掌握，C 未掌握。

单元测评表

| 任务 | 任务布置 | 评价指标 | 自测结果 | 要求 |
|---|---|---|---|---|
| 消费金融 | 浏览“支付宝花呗”网站，并能够找到其3个重要功能 | 1. 能够正确打开“支付宝花呗”网站<br>2. 能够找到3个重要功能 | □A □B □C | 1. 记录详实<br>2. 条理清晰<br>3. 逻辑在线<br>4. 展示风采 |
| | 打开国有商业银行网站，并对比信用卡产品的区别。 | 1. 打开国有商业银行的网站是否全面<br>2. 能够全面找出信用卡产品的区别 | □A □B □C | 1. 记录详实<br>2. 条理清晰<br>3. 逻辑在线<br>4. 展示风采 |
| | 找到阿里巴巴集团和腾讯集团旗下的消费金融，并对比二者消费金融的利率。 | 1. 打开阿里巴巴集团和腾讯集团旗下的消费金融网站<br>2. 对比二者消费金融的利率 | □A □B □C | 1. 记录详实<br>2. 条理清晰<br>3. 逻辑在线<br>4. 展示风采 |
| | 找到消费金融平台的金融风险点，并给出风险防范的措施。 | 1. 找到消费金融平台的金融风险点<br>2. 给出风险防范的措施 | □A □B □C | 1. 记录详实<br>2. 条理清晰<br>3. 逻辑在线<br>4. 展示风采 |

## 单元测试题

### 一、单项选择题

1. 消费金融公司的牌照由（　　）审批发放。

A. 中国人民银行　　B. 银保监会

C. 互联网金融办　　D. 证监会

2. 账单分期指的是信用卡（　　）用信用卡刷卡消费后向信用卡中心要求将消费金额分期还给银行，并且银行从中收取一定分期手续费的过程。

A. 消费者　　B. 申请人　　C. 持卡人　　D. 还款人

3. 消费金融，即以（　　）为目的的信用贷款。一般指机构或企业为个人提供的、以日常消费（不包括住房和汽车消费贷款）为主要需求的小额贷款产品和金融服务。

A. 融资　　B. 贷款　　C. 支付　　D. 消费

**二、多项选择题**

1. 信用卡分期包括（　　）分期形式。

A. 现金分期　　B. 账单分期

C. 消费分期　　D. 房贷分期

2. 消费金融与网络借贷的区别是（　　）。

A. 借贷主体不同　　B. 风险特征不同

C. 分期形式不同　　D. 借贷模式不同

3. 消费金额的发展历程有（　　）。

A. 萌芽期　　B. 试点期　　C. 快增期　　D. 规范期

**三、判断题**

1. P2P是person－to－person的缩写，即“个人对个人”，是一种新生代的民间借贷形式。（　　）

2. 网络借贷与个人消费金融最大的不同是用户的不同，而用户的不同，可能导致的风控管理就不同。（　　）

3. 根据获客媒介不同，可以分为互联网借贷和线下借贷。（　　）

4. 消费金融具有单笔授信额度小、服务方式灵活、贷款期限长等特点，流程简便、申请材料要求简单、到款迅速。（　　）

5. “投资回报附消费权益”模式是信托公司介入消费领域最为简单的“消费＋信托”模式。（　　）

**四、综合案例**

## 谷歌钱包难推广

谷歌钱包推出于2011年，采用NFC技术，用户可以通过谷歌钱包绑定信用卡的功能，直接刷手机消费。谷歌钱包看上去确实很方便，买东西吃饭坐出租车时，只需掏出手机轻轻一刷，支付即可完成。但一年以后这款移动支付产品的推广相当不顺利，支持的运营商和手机机型寥寥无几，远未达到谷歌预期。近日甚至有传言称，谷歌准备放弃这种产品。

谷歌钱包之所以迟迟难以推进，最核心的原因不是技术问题，而是产业链上下游都不配合。换句话说，这条产业链由谷歌、电信运营商、手机制造商、信用卡公司、银行、连锁商户组成，都是各自领域的巨头，都不配合推广。目前美国四大运营商只有一家支持。美国最大移动运营商Verizon以该业务存在安全漏洞为由，拒绝与谷歌合作。而VISA、万事达卡这样的信用卡公司也有自己的小算盘，万事达卡和谷歌达成合作协议，但是另一大佬VISA则想推出自己的移动支付端。

提问：请你找到案例中谷歌钱包无法推广的原因，并分析谷歌钱包这种消费模式的存在的问题。

完成步骤：

1. 发现案例中存在的问题，设计解决方案或解决流程；

2. 制作 PPT，并上台展示。

（资料来源：https：//www. docin. com/p－626204455. html）

单元 5

# 大数据征信

## 知识目标

1. 了解征信的内涵、原则、发展历程
2. 掌握大数据征信的概念和运营模式
3. 理解大数据征信的特点和意义

## 技能目标

1. 能解释大数据征信的流程和运作
2. 能界定大数据征信的商业模式
3. 能解释大数据征信给征信监管带来的挑战

## 素质目标

1. 具备分析问题、解决问题的能力
2. 具备对金融运行前沿问题的关注和敏感度
3. 具备开放、平等、协作、共享的互联网思维和创新意识

## 思政目标

1. 培养学生对普惠金融的热情和全心全意为人民服务的意识
2. 培养学生诚信做人的优良品质

## 项目情景

### 第三家持牌个人征信机构呼之欲出

2021 年 11 月 29 日，资本邦了解到，央行近日公告称，钱塘征信有限公司（筹）（下称：钱塘征信）的个人征信业务申请已获央行受理。这意味着，根据

《征信业管理条例》、《征信机构管理办法》等规定，钱塘征信在完成相关申请流程后，将成为继百行征信、朴道征信之后的第三家市场化个人征信机构。

央行信息显示，钱塘征信注册资本金为10亿元。股权构成上，浙旅集团和蚂蚁集团分别持股35%；传化集团有限公司持股7%；杭州市金融投资集团有限公司持股6.5%；浙江电子口岸有限公司持股6.5%；杭州溪树企业管理合伙企业（有限合伙）持股10%。

在业内人士看来，钱塘征信的受理，说明我国个人征信业务市场化进程进一步加快。后续，在蓬勃的市场需求支撑下，个人征信业务牌照或持续落地，进一步丰富市场主体，促进征信业务、征信体系更加规范发展。

目前，市场已有两家获批的市场化个人征信机构——百行征信和朴道征信。公开信息显示，百行征信是国内首家获得牌照的市场化个人征信机构，成立于2018年5月。2020年12月28日，朴道征信获得央行颁发的个人征信业务经营许可证后，于北京朝阳自贸区注册成立。

（资料来源：资本邦，https：//www. chinaipo. com/news/306739. html。）

### 思考实践

1. 什么是第三方个人征信机构？第三方个人征信机构是大数据征信吗？
2. 什么是大数据征信？大数据征信的社会意义有哪些？

# 任务5.1 认识征信

## 5.1.1 征信的基本定义

### 5.1.1.1 征信相关的概念

（1）信用：指在交易的一方承诺未来偿还的前提下，另一方为其提供商品或服务的行为，是随着商品流转与货币流转相分离，商品运动与货币运动产生时空分离而产生的。信用既是社会经济主体的一种理性行为，也是一种能力体现。

（2）征信业务：指对企业、事业单位等组织的信用信息和个人的信用信息进行采集、整理、保存、加工，并向信息使用者提供的活动。

（3）征信机构：是指依法设立，主要经营征信业务的机构。

（4）信用报告：是征信机构提供的关于企业或个人信用记录的文件。它是征信基础产品，系统记录企业或个人的信用活动，全面反映信息主体的信用状况。

（5）信用评分：是在信用主体信息的基础上，运用统计方法，对消费者或中小企业未来信用风险的一个综合评估。

（6）征信体系：指采集、加工、分析和对外提供信用信息服务的相关制度和措施的总称，包括征信制度、信息采集、征信机构和信息市场、征信产品和服务、征信监管等方面，其目的是在保护信息主体权益的基础上，构建完善的制度与安排，促进征信业健康发展。

（7）社会信用体系：指为促进社会各方信用承诺而进行的一系列安排的总称，包括制度安排、信用信息的记录、采集和披露机制、采集和发布信用信息的机构和市场安排、监管体制、宣传教育安排等各个方面或各个小体系，其最终目标是形成良好的社会信用环境。

#### 5.1.1.2　征信的含义

征信一词最早在我国出现是在《左传·昭公八年》中，有“君子之言，信而有征，故怨远于其身”，其中，“信而有征”即为可验证其言为信实，或征求、验证信用。征信被广泛用作信用调查的同义词是在民国初期。

征信最为重要的作用显然是为了防范在非即付经济交往中受到损失（我们也不排除征信用于其他目的，如用于招聘高级人才等），也就是说，征信最重要的目的是落在经济层面上。那么，什么最能显示一个人按期履约的能力和意愿呢？显然，其以往在非即付经济交往中的履约历史记录最能反映。如果一个信用主体平时说话、做事不是很坦诚，但是，其履约历史记录却一直非常良好，那么，作为牟利的经济人、授信机构仍然会相信这个人在经济上是一个守约的人，仍然值得与其进行非即付经济交易。什么时候其说话、做事不坦诚等非经济层面的信息会影响到授信机构对其守约能力和意愿的判断呢？那就是当没有以往在非即付经济交往中的履约历史记录时，只能依靠这类信息来判断了。

初识征信

所以，我们在预测一个人在非即付并无抵押的经济活动中是否守约时，需要的信息是有层次、有重点的，首先是赊销、借贷等活动的历史记录信息，因为这在非即付并无抵押经济活动中金额通常最大，对交易双方的影响也就最大，如果受信方能够按时履约，那么，可信度也就非常高，至于像电费、通信费、水费等，即使有拖欠，也影响不大，因为影响这些费用的原因很多。当没有赊销、借贷等信息时，才不得不依靠电费、通信费、水费等信息来判断，这就是我们通常所讲的依靠非传统数据进行授信。

目前，全球一些大型的跨国征信机构，在信息采集上越来越全面，原因在哪里呢？实际上，主要是为了相互印证，全方位、多角度、更准确地来判断信息主体的信用状况，如采集各类登记信息、行政处罚信息等，同时，也有利于促进信息主体在这些方面更加遵守承诺。

征信还有一个重要的特点是尊重事实，让事实说话，即这条信息是可验证、有记录的。对于准确性不高的信息，坚决不能采集，因为异议处理将会使征信活动从经济层面看很不划算，并且会影响到征信的公信力。

综上所述，征信是指依法收集、整理、保存、加工自然人、法人及其他组织的信用信息，并对外提供信用报告、信用评估、信用信息咨询等服务，帮助客户判断、控制信用风险，进行信用管理的活动。

【议一议】

当前，社会上出现一些以“征信修复”、“征信洗白”等名义招揽生意的机构和个人，大肆宣传可删除信用报告中的不良信息，诱使信息主体委托其办理征信投诉、举报等事项，甚至通过捏造事实、伪造证据、套取信息主体个人信息，以达不法目的从中渔利。这种行为严重扰乱了征信市场秩序，对社会信用环境建设造成危害。

请大家议一议，如何保持良好的信用记录呢？

### 5.1.2 征信的原则

征信的原则是征信业在长期发展过程中逐渐形成的科学的指导原则，是征信活动顺利开展的根本。通常，我们将其归纳为真实性原则、全面性原则、及时性原则和隐私保护原则。

1. 真实性原则

真实性原则，即指在征信过程中，征信机构应采取适当的方法核实原始资料的真实性，以保证所采集的信用信息是真实的，这是征信工作最重要的条件。只有信息准确无误，才能正确反映被征信人的信用状况，保证对被征信人的公平。真实性原则有效的反映了征信活动的科学性。征信机构应基于第三方立场提供被征信人的历史信用记录，对信用报告的内容，不妄下结论，在信用报告中要摒弃含有虚伪偏袒的成分，以保持客观中立的立场。基于此原则，征信机构应给予被征信人一定的知情权和申诉权，以便能够及时纠正错误的信用信息，确保信用信息的准确性。

2. 全面性原则

全面性原则，又称完整性原则，指征信工作要做到资料全面、内容明晰。被征信人，不论企业或个人，均处在一个开放性的经济环境中。人格、财务、资产、生产、管理、行销、人事和经济环境等要素虽然性质互异，但都具有密切的关联，直接或间接地在不同程度上影响着被征信人的信用水平。不过，征信机构往往搜集客户历史信用记录等负债信息，通过其在履约中的历史表现，判断该信息主体的信用状况。历史信用记录既包括正面信息，也包括负面信息。正面信息指客户正常的基础信息、贷款、赊销、支付等信用信息；负面信息指客户欠款、破产、诉讼等信息。负面信息可以帮助授信人快速甄别客户信用状况，正面信息能够全面反映客户的信用状况。

3. 及时性原则

是指征信机构在采集信息时要尽量实现实时跟踪，能够使用被征信人最新的信用记录，反映其最新的信用状况，避免因不能及时掌握被征信人的信用变动而为授信机构带来损失。信息及时性关系到征信机构的生命力，从征信机构发展历史看，许多征信机构由于不能及时更新信息，授信机构难以据此及时判断被征信人的信用风险，而导致最终难以经营下去。

4. 隐私和商业秘密保护原则

对被征信人隐私或商业秘密进行保护是征信机构最基本的职业道德，也是征信立法的主要内容之一。征信机构应建立严格的业务规章和内控制度，谨慎处理信用信息，保障被征信人的信用信息安全。在征信过程中，征信机构应明确征信信息和个人隐私与企业商业秘密之间的界限，严格遵守隐私和商业秘密保护原则，才能保证征信活动的顺利开展。

### 5.1.3　征信的作用

#### 5.1.3.1　理论界对征信作用的抽象归纳

根据理论界的研究成果，从抽象的角度出发，可以总结出征信的四大作用，分别为：减轻逆向选择、减轻对申请借款者的掠夺、产生违约披露的纪律约束和避免过度借贷。

1. 减轻逆向选择

逆向选择是信贷交易在信息不对称情况下发生的问题，不良贷款风险往往来自那些积极寻找贷款的人。在信息不对称条件下，那些不良借款者往往可能采用各种手段骗取贷款机构的信任，从而导致贷款机构将贷款投向不良借款者而非优质借款者，即信贷交易中出现了逆向选择问题。

从理论研究来看，征信活动能使信贷机构有效甄别借款者信用风险的大小。举例来看，当一家企业在一家本地银行发生借贷关系并且信息良好时，则通过信息传递机制的安排（例如征信机构），使得这家银行的信息能够为外地的银行所了解，外地银行就像对待自己的长期客户一样来对待这些新的客户。因此，征信有助于改善银行对申请借款者特征的了解和比较准确地预测还款概率，有利于实现对贷款对象的优化和贷款定价的合理化，减轻逆向选择问题。

2. 减轻对申请借款者的掠夺

征信可以降低银行从其客户处收取的信息租金（信息租金是指贷款机构凭借自身对中小企业信息的垄断而获得的一种超额利润，贷款机构的利润等于市场平均利润加上信息租金，但是，在信息共享的情况下，这一超额利润将不存在，贷款机构只能获得市场平均利润），原因在于：当银行对借款者的特征认识非常充分时，他们能够比那些不了解情况的竞争对手收取更低的租金，从他所拥有的信息中获取信息租金。

银行自身所拥有的信息优势赋予银行享有对其拥有的客户一定的市场垄断权力，产生了对客户的掠夺行为，而客户预期未来银行可能会收取掠夺性利率，借款者将降低合约履约的努力。这种局面将会导致更高的违约和利率，可能会导致信贷市场的崩溃。然而，如果银行互相交换信息，将会保证借款者的信息能够有效共享，银行收取信息租金的能力将会受到约束，这意味着融资项目中所产生的总剩余中将有更大的部分为借款者所获得，借款者从贷款中所获得的净福利提高。因此，借款者将有更大的动力去确保他们所投资项目的成功，从而降低了违约的可能性，银行收取的利率将伴随违约率的降低而降低，相比于没有信息传递时的情况，总的贷款额将会增加。

将各家银行的信息汇集，保证借款者的信息能够及时传递到信贷市场，有助于降低各家贷款机构的信息优势和隐含的租金，迫使每个贷款机构的贷款价格更具竞争力。利率的降低提高了借款者的净收益，增加了他们还款的动力。因此，通过征信活动，促使信息在银行之间传递，减轻了银行从关系客户中所榨取的信息租金。贷款机构也有动力去组建征信机构，实现信息共享，保证信息在贷款机构之间的传递。当申请高额的潜在借款者的可选择机会多时，贷款机构越有动力去推动借款者的信息在银行间共享。

3. 产生违约披露的纪律约束

即使没有掠夺行为，银行之间也存在共享借款者记录的动力。因为银行共享借款者的违约信息，对借款者而言，会产生一种纪律约束：违约行为变成了较差的信号，其他银行在对其放贷时会考虑到信用风险溢价，执行更高的利率，甚至拒绝贷款。为了避免这种惩罚，借款者将会更加努力偿还贷款，从而降低信贷市场的违约率和利率，增加信贷市场的贷款金额。这一机制提高了借款者的还款激励，减少了道德风险和商业银行的损失，是银行共享借款者的动力之一。

4. 避免过度借贷

借款者会同时向好几个放贷款机构申请信贷，并且经常能从多个放贷机构那里获得贷款。正如 Ongena and Smith（1998）的研究显示，在大部分国家，尤其是对大国来说，多银行借贷关系是很常见的。在某些国家，可同时借贷的银行数量相对较小，例如英国、挪威、瑞典，平均数量少于 3 家，爱尔兰、匈牙利、波兰、荷兰、瑞士和芬兰，平均数量为 3 到 4 家，但其他国家可同时借贷的银行数量非常大，例如意大利、法国、西班牙、葡萄牙和比利时等，有 10 家以上，我国也是如此。

从借款者的角度来看，保持多银行借贷关系有如下优势：一是不同的贷款机构之间相互竞争，有助于减少借贷成本；二是每个贷款机构只需承担较低的信用风险，因此在利息收取上他们会要求较低的风险溢价补偿；三是从多家贷款机构贷款，能够使借款者避免任何一家贷款机构突然收回贷款或减少信用贷款最高限额的风险，从而免于流动性冲击的风险。

如果每个潜在的贷款机构不能确切知晓借款者从其他贷款机构已经或者能够获得的信贷额的信息，多银行贷款关系的成本会逐渐加大。站在单个贷款机构的角度看，一个借款者的风险大小依赖于它对该借款者的债权到期时该借款者的负债总额。然而如果贷款机构不知此信息，借款者就有动机过度借贷。例如，考虑一个借款者从两家银行借款的情形，两家银行都没有告诉对方借款者从自家借出的贷款数额，假设借款者的违约概率是其负债总额的增函数，当该借款者向两家银行中的一家申请贷款时，每多借一美元就会减少对另一家银行本金和利息偿付的概率，而另一家银行却不能修改借贷合同条约来对该借款者的这种行为做出反应。因此，借款者要对总负债支付的期望利息负担是总负债的减函数，他就有动机过度借贷。

考虑到这种道德风险，贷款机构在发放贷款时会实行信贷配给，而且要求支付更高的利率，甚至拒绝所有的信贷申请，除非借款者有担保或条约限制负债总额。如果贷款机构达成一致协议，同意相互披露对每个借款者贷款额度和信贷最高限额，这种道德风险就可以避免。这表明，当贷款机构共享贷款余额信息时，将会增加放款额度，并且可能会改善提供给借款者的利率条款。

#### 5.1.3.2 立足服务对象的征信作用分类

征信活动服务的范围很广，例如金融业、电信业、公共事业、政府部门等，从这些服务对象的不同角度出发，可以总结出征信具有六个作用：

1. 防范信用风险，促进信贷市场发展

随机波动理论认为，股价波动遵循随机波动，呈现典型的马尔可夫性质，股价过去的历史和从过去到现在的演变方式与股价的未来变动不相关。但是，对于单一个体而言，人类行为在很大程度上则具有路径依赖的特点，预测一个人未来行为的最好方法是看其过去的表现，这一点成为社会信用体系建设的理论基础。

银行如果不了解企业和个人的信用状况，为了防范风险，就会采取相对紧缩的信贷政策。通过征信活动，查阅被征信人以前的历史记录，商业银行能够比较方便地了解企业和个人的信用状况，采取相对灵活的信贷政策，扩大信贷范围，特别是对缺少抵押品的中小企业、中低收入者等边缘借款人。

2. 服务其他授信市场，提高履约水平

现代经济的核心是信用经济，授信市场包含的范围非常广泛，除银行信贷外，还包括大量的授信活动，如企业和企业（多以应收账款形式存在）、企业和个人（各种购物卡、消费卡等）、个人与个人（借款）之间的授信活动，一些从事授信中介活动的机构如担保公司、租赁公司、保险公司、电信公司等在开展业务时，均需要了解受信方的信用状况。

征信活动通过信息共享、各种风险评估等手段将受信方的信息全面、准确、及时地传递给授信方，有效揭示受信方的信用状况，采用的手段有信用报告、信用评分、资信评级等。

3. 加强金融监管和宏观调控，维护金融稳定

通过征信机构强大的征信数据库，收录工商登记、信贷记录、纳税记录、合同履约、民事司法判决、产品质量、身份证明等多方面的信息，以综合反映企业或个人的信用状况。当从更为宏观的角度进行数据分析时，则可以整合出一个企业集团、一个行业和国家整体的信用风险状况，因此，可以按照不同的监管和调控需要，对信贷市场、宏观经济的运行状况进行全面、深入的统计和分析，统计出不同地区、不同金融机构、不同行业和各类机构、人

群的负债、坏账水平等，为加强金融监管和宏观调控创造了条件。

征信对监管者的帮助主要有两个：监控总体信贷质量、测试银行是否满足监管要求（尤其是满足新巴塞尔资本协议要求）。征信对宏观调控者的帮助主要体现在通过整体违约率的测算来判断经济目前所处的周期，例如，意大利的监管机构就利用征信数据库来测算商业银行的资本金要求、总体风险构成等，作为对商业银行进行监管依据的外部补充。

4. 服务其他政府部门，提升执法效率

根据国际经验，征信机构在信息采集中除了采集银行信贷信息外，还依据各国政府的政府信息公开的法规采集了大量的非银行信息，用于帮助授信机构的风险防范。在这种情况下，当政府部门出于执法需要征信机构提供帮助时，可以依法查询征信机构的数据库，或要求征信机构提供相应的数据。

通过征信活动，使政府在依法行政过程中存在的信息不对称问题得到有效解决，为政府部门决策提供了重要的依据，这些依据主要是通过第三方反映出来的，信息的准确性比较强，有效地提高了执法效率。

5. 有效揭示风险，为市场参与各方提供决策依据

征信机构不仅通过信用报告实现信息共享，而且，会在这些客观数据的基础上通过加工而推出对企业和个人的综合评价，如信用评分等。通过这些评价，可以有效反映企业和个人的实际风险水平，有效降低授信市场参与各方的信息不对称，从而得到市场的广泛认可，并做出更好的决策。

根据学者的研究，这些综合评价主要有两个作用：第一是信号传递作用，通过这些综合评价，将新信息或现有的信息加以综合，提供给市场，市场根据这些综合评价所处的信用区间，对受信方的信用状况做出一个整体的评价；第二是证明作用，满足一定门槛的信用评分，往往成为监管者规定取得授信的条件之一。

6. 提高社会信用意识，维护社会稳定

在现代市场经济中，培养企业和个人具有良好的社会信用意识，有利于提升宏观经济运行效率。但是，良好的社会信用意识并不是仅仅依靠教育和道德的约束就能够建立的，必须在制度建设上有完备的约束机制。

征信在维护社会稳定方面也发挥着重要的作用。实践经验表明，不少企业和个人具有过度负债的冲动，如果不加约束，可能会造成企业和个人债务负担过重，影响企业和个人的正常经营和活动，甚至引发社会问题。有的国家就曾发生过信用卡过度发展，几乎酿成全民债务危机。一些西方国家建立公共征信机构的目的之一就是防止企业、个人过度负债，维护社会稳定。在我国，征信活动有助于金融机构全面了解企业和个人的整体负债状况，从制度上防止企业和个人过度负债，有助于政府部门及时了解社会的信用状况变动，防范突发事件对国计民生造成重大影响，维护社会稳定。

综上所述，正是因为征信能够帮助实现信息共享，提高对交易对手风险的识别，所以，征信在经济和金融活动中具有重要的地位，构成了现代金融

体系运行的基石，是金融稳定的基础，对于建设良好的社会信用环境具有非常深远的意义。

### 5.1.4　中国征信体系的发展历程

2002 年 3 月，按照国务院要求，由人民银行牵头的 22 个单位，组成建立企业和个人征信体系专题工作小组，负责提出全国企业和个人征信体系建设总体方案。2004 年，专题工作小组向国务院上报了《建设企业和个人征信系统总体方案专题报告》，建议加快建设全国集中统一的企业和个人信用信息基础数据库，首先满足商业银行的实际需要，同时依法服务于其他部门的征信需要。

1. 建立企业征信系统

银行信贷登记咨询系统是三级分布式数据库，信息分散在 300 多个地市，很难实现信息在全国范围内的高效共享，并且随着商业银行信息技术的进步，已经有一些大型商业银行实现了信息的全国大集中，建设全国集中统一的企业征信系统的条件已经成熟。2004 年，人民银行启动银行信贷登记咨询系统升级工作，将原来分布在 337 个城市的三级分布式数据库升级为全国集中统一的企业征信系统，实现数据在全国的大集中，统一对外提供服务。2005 年 12 月，企业征信系统实现主要商业银行的全国联网运行，并在天津、上海、浙江、福建四个省（市）开通查询用户试运行。2006 年 6 月末，企业征信系统实现所有中资、外资商业银行和有条件的农村信用社的全国联网运行，并于 2006 年 7 月末完成全国范围内与银行信贷登记咨询系统的切换工作。企业征信系统在功能和效率上均比银行信贷登记咨询系统有了大幅提高。全国集中统一的企业征信系统的建成，减少了数据流转环节，加快了数据流转速度，同时解决了分布式数据库各级统计汇总数据不一致的问题，提高了数据更新的及时性和一致性，扩大了企业信息的覆盖面。

2. 建立个人征信系统

为适应全国集中统一的个人信贷市场发展的需要，防范住房贷款、消费贷款、信用卡业务的信用风险，人民银行在上海试点的基础上，积极推动建立全国集中统一的个人征信系统。2004 年初，人民银行开始组织商业银行建设全国集中统一的个人征信系统。2004 年底，个人征信系统实现了 15 家全国性商业银行和 8 家城市商业银行在北京、重庆、西安、南宁、深圳、绵阳和湖州 7 个城市的成功联网试运行。2005 年 8 月，个人征信系统已完成与全国所有商业银行和部分有条件的农村信用社的联网运行，并于 2006 年 1 月在全国联网运行。个人征信系统的建成，不仅弥补了我国征信行业的一项空白，更意味着我国的金融基础设施向着更完善、更健全的方向发展。企业和个人征信系统的建设参考了国际最佳做法，采取全国集中数据库模式，全面采集企业和个人正面和负面信息，按照统一系统、统一管理、统一标准的原则，实现了企业和个人信用信息在全国各商业银行的交换和全国共享，且征信系统效率高，实现了信用报告查询秒级响应。

3. 优化升级征信系统

企业和个人征信系统建成后，为改善系统运行效能，满足数据规模快速增长、服务要求不断提升的需求，2009 年 4 月，启动了新生产环境的项目建设，开始硬件升级工作。2010 年 6 月，在上海搭建了新的生产环境，并将征信系统成功切换运行。新生产设备投产后，征信系统在基础软硬件配置、数据存储能力、安全性、稳定性和可靠性等方面均有较大程度的提升，系统加载、查询和运行效率成倍提高。

随着现代通信技术和征信业务的快速发展，征信系统原有的应用架构、数据架构、技术架构在扩展性、灵活性和前瞻性等方面的设计已不能满足现实需要。为实现征信系统的技术升级、产品升级和服务升级，征信中心于 2011 年 2 月正式启动了征信系统二代建设，成立了二代建设领导小组，专职负责二代建设工作。2012 年 3 月，征信中心完成对征信系统的诊断，确定需要改进的方向，形成研究问题目录。2013 年 7 月，完成征信系统二代业务需求 22 个专题的研究工作，为实现二代征信系统全面升级涵盖的重要业务问题提供了解决方案；同时，开展信息化总体架构规划研究，形成了以应用架构、数据架构和技术架构为主体，包含数据仓库建设等多项专题研究在内的二代征信系统的信息化架构蓝图，为二代征信系统业务拓展规划了灵活、高效的技术支撑平台。

2014 年 6 月 14 日，国家公布了国务院印发《社会信用体系建设规划纲要 (2014 - 2020 年)》的通知，全面推动社会信用体系建设；2015 年 1 月 5 日中国人民银行印发《关于做好个人征信业务准备工作的通知》，要求芝麻信用管理有限公司、腾讯征信有限公司等八家机构做好个人征信业务的准备工作。培育社会征信机构，是贯彻落实党中央、国务院关于推进社会信用体系建设、建立健全社会征信体系等一系列方针政策的重要举措，对于规范发展征信市场、服务实体经济具有积极意义。仅 2018 年，21 家全国性银行机构应用征信系统，在贷前审查环节拒绝高风险客户申请 9117 亿元，在贷后预警高风险存量贷款 13028 亿元，清收不良贷款 1594 亿元。而截至 2019 年 4 月底，我国征信系统收录自然人 9.93 亿，有信贷记录的自然人为 5.4 亿人，中国已建成全球规模很大的征信系统。

4. 大数据征信

传统的征信方式主要征信机构采集银行等金融机构记录的信贷数据，这类数据存储在金融机构的数据库中，数据是结构化的，采集比较方便，数据质量较高，但数据来源单一，数据生成速度较慢，单个个人或企业的数据量较少。另一方面，征信机构无法采集没有产生信贷行为的弱势群体的信用数据，传统的征信方式很难对这类群体进行评价。

近年来，互联网、云计算、区块链、信息通讯等技术快速发展并日渐成熟，使大数据受到越来越多的关注，其影响和应用范围逐步渗透至各个业务领域，为经济主体决策提供了一个全新的视角。大数据与征信业务融合发展态势逐步显现，大数据机构基于海量的、多样性的数据，可以通过以云计算为代表的技术创新，方便地获取信息主体即时全方位的信息，使证券数据、保险数据、商业信用数据、消费交易数据和公共事业缴费数据等这些原本很难收集和使用的数据变得容易被利用，综合全面地反映与信息主体信用相关的各个因子。

大数据征信的出现解决了传统征信方式数据来源单一及弱势群体数据缺乏的问题，能够实时处理海量数据，信用的评估对象将更加广泛、准确，弥补了传统征信方式的不足。

大数据征信为缓解小微企业融资难融资贵发挥了积极作用，推动了更多弱势群体进入到金融体系，促进了金融的普惠性。

【拓展学习】

二代征信对金融机构和征信主体的影响

# 任务5.2　大数据征信

## 5.2.1　大数据征信定义

大数据征信通过对海量的、多样化的、实时的、有价值的数据进行采集、整理、分析和挖掘，并运用大数据技术重新设计征信评价模型算法，多维度刻画信用主体的“画像”，向信息使用者呈现信用主体的违约率和信用状况。

大数据征信活动在《征信业管理条例》所界定的征信业务范围内，其本质仍是对信用主体信息的收集、整理、保存、加工和公布，但与传统征信相比，突出大数据技术在征信活动中的应用，强调数据量大、刻画维度广、信用状况动态交互等特点，可作为征信体系的有益补充。

## 5.2.2　大数据征信的原理

大数据征信基本原理和特点

大数据征信的基础是多元化、大体量、大样本的异构数据，其原理是通过对信息主体的行为习惯进行全方位、综合性的搜集整理，同时建立针对性的数据模型，由该模型演算、倒推出信息主体的信用特征，最终得到较为精确的信用评估结果。大数据征信使用的数据涵盖传统的征信数据、消费/财务数据、身份数据、社交数据、经营数据，乃至日常活动数据、特定场景下的行为数据等。目前，大数据分析在互联网金融领域已经被较为广泛的应用。在信用征信方面，大数据技术对信息的抓取、检索和分析也有较大的优势和发挥空间。大数据不仅为征信业发展提供了丰富的数据信息来源，拓展了征信渠道，同时也改变了征信产品的设计生产观念，成为了我国征信业发展的重要动力。

有别于传统的事先采集信息并加以整理贮存，需要时再提取的方式，大数据征信一般是在信息主体发起服务要求并确认授权之后再行开始征信调查，即征信具有特定性和唯一性。用户在首次使用大数据征信服务时，需要提交各种账户信息，大数据征信公司一般在较短的时间内就能完成信息的检索、过滤和有效整合。

大数据征信的报告一般包括两部分内容：一是个人金融信息，例如信用卡账单流水；二是用户在互联网上的“痕迹”，大致分为个人基本信息、消费信息以及工作、生活常规性信息等。对于个人金融信息，数据公司在得到用户授权后，会直接访问用户的信用卡和储蓄卡账户，对个人金融信息进行抓取和整合。

对于个人的互联网信息，分为三个层次。第一层是用户的公开数据，来源于用户的社交网络；第二层是用户主动提交的私人数据，例如淘宝账单、电商购物清单等；第三层是“黑名单”数据库，例如信用卡中心的黑名单和小额信贷的违约名单等。

### 5.2.3 传统征信与大数据征信的比较

#### 5.2.3.1 传统征信的基本模式

1. 人行征信系统介绍

央行征信中心属于典型传统征信，是国内最大的信用基础数据库，传统征信是指由专业机构通过固定的模型定向采集财务和金融交易信息并对信息进行加工、处理、报告的专业化信用管理服务，是目前我国乃至全球范围内普遍存在的征信业态。

人行征信系统分为个人和企业版，由央行征信中心搭建，通过采集、整理、加工主体的基本信息、信贷信息和反映其信用状况的其他信息，来建立信用信息共享机制，加快解决金融交易中的信息不对称问题，也是国家金融建设的重要部分，其数据来源主要是银行等金融机构，比如只要客户在银行办理过信用卡、贷款、为他人贷款担保等信贷业务，他在银行登记过的基本信息和账户信息就会通过商业银行的数据报送而进入个人征信系统，也会从其他非金融机构收集涉诉、水电煤等数据。

基于这些采集数据加工生成人行信用报告，比如对于主体是个人来说，信用报告会分个人版和银行版两个版本，我们去官网或者征信网点查询的通常是个人简版，而银行详版一般是提供给银行或者机构查询使用。

2. 人行征信系统发展历史

2006 年 1 月，一代征信系统全网上线，十四年之后，二代征信系统于 2020 年 1 月正式对外开放。

2004 年初，央行开始组织商业银行建设全国集中统一的个人征信系统。

2004 年底，征信系统实现了 15 家全国性商业银行和 8 家城市商业银行在北京、重庆等 7 个城市的联网试运行。

2006 年 1 月，征信系统在全国联网运行。

2013 年 7 月，完成征信系统二代业务需求 22 个专题的研究工作。

2018 年 8 月，征信系统已接入各类法人放贷机构 3900 多家。

2018 年 10 月，央行加强互联网信用体系建设，推动小贷公司、网贷机构全面接入征信系统。

2018 年 11 月 –2019 年，央行二代征信系统试运行。截至 2019 年底，个人和企业征信系统累计查询量分别为 24 亿次和 1.1 亿次，日均查询量分别为 657 万次和 29.6 万次。

2020 年 1 月 19 日，央行二代征信上线。

3. 征信数据源

征信机构本身不产生数据，主要来源有以下几类：

（1）银行金融机构或其他提供信贷的机构。可提供个人的信贷数据，如借款金额、还款信息、拖欠信息等，可通过借款者还款历史的详细信息来了解其过去的信誉状况，并用于预测未来的还款概率。

（2）社会安全管理部门。主要指公安部门，可查询个人姓名、身份证号码，用于作二要素核验等。

（3）水电然气等公共事业单位。可收集水电煤以及电信逾期等数据，比如电话费缴纳情况由电信部门提供，水电燃气费数据由自来水、电力、天然气公司分别提供。这些非信贷数据也有利于增强对借款者信用状况的判断。以电信数据为例，电信公司的电子化程度较高，已建成个人话费交费情况数据库，可以通过个人手机、身份证号实现单一识别。

（4）公共信息的政府部门。个人缴纳税款数据由税务部门提供，法院判决数据由法院提供。在政府部门依法行政的过程中，产生许多行政处罚信息，反映了借款者遵纪守法的行为情况。例如，法院依法审判产生的司法判决信息，不仅反映了被判决人的负债情况，某种程度上也反映了被判决人履行合同的意愿。

4. 征信报告

征信报告分为个人信用报告以及企业信用报告，是由中国人民银行征信中心出具的记载个人信用信息的记录，用于查询个人或企业的社会信用。下面以个人信用报告为例介绍信用报告的主要内容。

（1）个人基本信息。“身份信息”包括性别、出生日期、婚姻状况、手机号码、数据发生机构名称、单位电话、住宅电话、学历、学位、通讯地址、户籍地址以及配偶信息。而二代征信可以看到本人名下最多五个手机号码和信息更新日期。婚姻状况及配偶信息部分由本人办理业务的金融机构提供，其内容来自本人提供给金融机构的信息。

“居住信息”。每次申请信用卡或贷款会要求填入现居住地址，每次填写的地址都会上传到征信报告中。

居住信息只显示最近的 5 条，所以最新上传的信息会逐渐覆盖过去的信息。

“职业信息”。每次申请信用卡或贷款会要求填入现工作单位名称，每次填写的单位信息及职务都会上传到征信报告中。

（2）信息概要。“信息概要”会告诉我们贷款和信用卡的账户数及首次发放月份。

①个人住房贷款：指个人名下的住房按揭贷款，如已经结清的按揭贷款，也会显示记录。只要个人曾经办过住宅按揭贷款，无论购买的是本地还是异地的住宅，你都会被归到政策里“有贷款记录”的那部分人群。

②个人商用房贷款：指个人名下除了住房按揭贷款外的其他贷款，例如公寓贷款或者商铺贷款。

③其他贷款：指的是除了按揭贷款和商业贷款外的其他贷款，例如汽车按揭贷款或者信用贷款。

④贷记卡账户数：指的是个人名下有多少信用卡。

⑤准贷记卡账户数：指的是在消费时和信用卡没有区别，有一定的授信额度，但是它还可以往里存钱，具有借记卡功能的信用卡。

“逾期及违约信息概要”指截至还款日的最后期限，个人仍未按时或足额偿还的金额，以及由此产生的利息（含罚息）和费用（包括超限费和滞纳金）。逾期是申请贷款或信用卡重要的审批因素。

“未结清/未销户账户数”指名下未销户（含正在使用和尚未激活）的信用卡账户数量。“未结清账户数”是指您名下未结清住房贷款和其他贷款的账户数量。

（3）信贷交易信息明细。

①账户状态：指的是该账户目前的还款状态，若账户状态显示“关注”或其他非”正常”的等级，则表示该账户曾经有过非常严重的逾期，这种情况下一般会拒贷。

②当前逾期：指的是该账户截止到调征信时还款是否正常，有没有产生逾期。

③贷记卡的授信额度：指一张信用卡的总额度。

④贷记卡账户状态：指的是该账户目前的还款状态，状态有“正常”、“冻结”、“止付”、“呆账”，还有销户和未激活。

（4）公共信息明细。公共信息明细上不会显示缴纳社保的信息，只能看到是否缴纳住房公积金的信息如：“公司名称”、“参缴日期”、“参缴地”、

“缴纳状态”、“月缴存额” 等。

(5) 查询记录。指的是授权相关金融机构可以查询个人征信，一般的查询原因为 “信用卡审批”、“贷款审批”、“担保资格审查” 等。

如果银行发现你短期内密集申请各家银行的贷款和信用卡，银行是会严重怀疑你的资金紧张程度的。所以平时不要乱授权相关机构查征信，特别是网上各种 “借款”、“看看我的额度” 等少点为妙。

(6) 报告说明，对本征信的解释。

**【训练5-1】**

1. 请大家用图表的形式画出传统征信基本模式的流程。
2. 请查一查有哪些渠道可以查到个人信用报告？

### 5.2.3.2　大数据征信的基本模式

1. 制定数据采集计划

能够反映被征信人信用状况的信息范围广泛，为提高效率、节省成本，征信机构应事先制定数据采集计划，做到有的放矢。这是征信基本流程中一个重要的环节，一份好的计划能够有效减轻后面环节的工作负担。一般来说，数据采集计划包括以下内容：

(1) 采集数据项。客户使用征信产品的目的都不尽相同，有的希望了解被征信人短期的信用状况，有的则是作为中长期商业决策的参考。客户的不同需求决定了数据采集重点的迥异。征信机构要本着重点突出、不重不漏的原则，从客户的实际需求出发，进而确定所需采集数据的种类。例如，A银行决定是否对B企业发放一笔短期贷款时，应重点关注该企业的历史信贷记录、资金周转情况，需采集的数据项为企业基本概况、历史信贷记录、财务状况等。

(2) 采集方式。确定科学合理的采集方式是采集计划的另一主要内容。不论主动调查，还是授信机构或其它机构批量报送数据，征信机构都应制定最经济便捷的采集方式，做好时间、空间各项准备工作。对于批量报送数据的方式，由于所提供的数据项种类多、信息量大，征信机构应事先制定一个规范的数据报送格式，让授信机构或其他机构按照格式报送数据。

(3) 其他事项。在实际征信过程中，如果存在各种特殊情况或发生突发状况，征信机构应在数据采集计划中加以说明，以便顺利开展下面的工作。

2. 采集数据

数据采集计划完成后，征信机构应依照计划开展采集数据工作。数据一般来源于已公开信息、征信机构内部存档资料、授信机构等专业机构提供的信息、被征信人主动提供的信息、征信机构正面或侧面了解到的信息。出于采集数据真实性和全面性的考虑，征信机构可通过多种途径采集信息。但要注意，这并不意味着数据是越多越好，要兼顾数据的可用性和规模，在适度的范围内采集合适的数据。

3. 数据分析

征信机构收集到的原始数据，只有经过一系列的科学分析之后，才能成为具有参考价值的征信数据。

（1）数据查证。数据查证是保证征信产品真实性的关键步骤。一查数据的真实性。对于存疑的数据，征信机构可以通过比较不同采集渠道的数据，来确认正确的数据。当数据来源唯一时，可通过二次调查或实地调查，进一步确定数据的真实性。二查数据来源的可信度。某些被征信人为达到不正当目的，可能向征信机构提供虚假的信息。如果发现这种情况，征信机构除及时修改数据外，还应记录该被征信人的“不诚信行为”，作为以后业务的参考依据。三查缺失的数据。如果发现采集信息不完整，征信机构可以依据其它信息进行合理推断，从而将缺失部分补充完整。比如利用某企业连续几年的财务报表推算出某几个数据缺失项。最后是被征信人自查，即异议处理程序。当被征信人发现自己的信用信息有误时，可向征信机构提出申请，修正错误的信息或添加异议声明。特别是批量报送数据时，征信机构无法对数据进行一一查证，一般常用异议处理方式。

（2）信用评分。信用评分是个人征信活动中最核心的数据分析手段，它运用先进的数据挖掘技术和统计分析方法，通过对个人的基本概况、信用历史记录、行为记录、交易记录等大量数据进行系统的分析，挖掘数据中蕴含的行为模式和信用特征，捕捉历史信息和未来信息表现之间的关系，以信用评分的形式对个人未来的某种信用表现做出综合评估。信用评分模型有各种类型，能够预测未来不同的信用表现。常见的有信用度风险评分、信用度破产评分、征信度收益评分、申请风险评分、交易欺诈评分、申请欺诈评分等等。

（3）其他数据分析方法。在对征信数据进行分析时，还有其他许多的方法，主要是借助统计分析方法对征信数据进行全方位分析，并将分析获得的综合信息用于不同的目的，如市场营销、决策支持、宏观分析、行业分析等领域。使用的统计方法主要有关联分析、分类分析、预测分析、时间序列分析、神经网络分析等。

4. 形成信用报告

征信机构完成数据采集后，根据收集到的数据和分析结果，加以综合整理，最终形成信用报告。信用报告是征信机构前期工作的智慧结晶，体现了征信机构的业务水平，同时也是客户了解被征信人信用状况、制定商业决策的重要参考。因此，征信机构在生成信用报告时，务必要贯彻客观性、全面性、隐私和商业秘密保护的科学原则。所谓客观性，指的是信用报告的内容完全是真实客观的，没有掺杂征信机构的任何主观判断。基于全面性原则，征信报告应充分披露任何能够体现被征信人信用状况的信息。但这并不等于长篇大论，一份高质量的信用报告言简意赅、重点突出，使客户能够一目了然。征信机构在撰写信用报告过程中，一定要严格遵守隐私和商业秘密保护原则，避免泄露相关信息，致使客户和被征信人权益受到损害。信用报告是征信机构最基本的终端产品，随着征信技术的不断发展，征信机构在信用报告的基础上衍生出越来越多的征信增值产品，如信用评分等。不论形式如何变化，这些基本原则是始终不变的。

#### 5.2.3.3 大数据征信与传统征信的比较

传统征信机构的信息来源主要集中在线下，包括政府部门、金融机构和掌握某类信用信息的公共企业等实体机构，信息量少、来源范围较窄。大数据时代，记录在互联网上的行为数据非常多，可以将更多信贷记录以外的信息纳入征信体系，如视频、音频、图片等。大数据征信大量使用互联网上留下的行为数据和关系数据，数据来源呈现多元化、多层化和非结构化的特点，能够更加全面和真实地反映信息主体的信用情况，同时辅以线下渠道或者其他渠道，采集更多维度的信息来刻画企业和个人信用。

传统征信机构一般需事先采集数据信息，分类归档并建立数据库存储，待需要时进行加工，大致遵循“数据采集——数据存储——数据处理”模式。大数据征信多以图片、视频、网页等形式出现，含大量半结构化和非结构化数据，存储方式要求更加多样化。随着数据量呈几何级数的增加，征信机构甚至可能并不需要投入硬件来建立实体数据存储设备，而是通过技术创新，形成由大规模计算机集群组成的“云”来存储大数据。在处理大数据征信过程中，只需要较短的时间就能完成信息的检索、过滤和有效整合。由于大量数据存储无相应实体，对数据安全保密等提出了更高挑战。

从关注的侧重点来看，传统的征信评估模型使用的数据多为一系列历史数据指标，数据要求准确且相对简单，有一定的时间序列，然后采用特定的评估模型对数据进行加工，更关注征信对象的历史信息，致力于深度挖掘。大数据征信则更看重用户现在的信息，强调横向及多维度拓展，一般地，大数据征信使用的数据多涵盖传统的身份信息、社交数据，日常活动记录数据、特定场景下的行为等，以便更好地反映出征信对象的性格、习惯、心理等更加内化、真实的数据信息。

从应用领域看，传统征信方式应用范围比较窄，主要集中在金融机构借贷，政府部门履职参考等方面，比如，对申请贷款主体的信用评估和还款能力预测。大数据征信应用领域更加广阔，应用场景更加多元，除传统的信用小额借贷业务外，还有赊销、租车、酒店预订、征婚、求职、签证等各种生活化的履约场景。从征信产品看，区别于传统征信简单的基础性产品，大数据征信以数据挖掘技术介入征信产品开发与创新，生产能够满足不同客户细分需求的增值征信产品，用于风险预警、反欺诈、风险评估、信用业务决策等方面（表5-1）。

表 5-1　　大数据征信与传统征信的比较

| 项目 | 大数据征信 | 传统征信 |
|---|---|---|
| 服务人群 | 包含缺乏信贷记录的人群 | 有金融机构信贷记录的人群 |
| 数据来源 | 除信贷和公共机构数据外，还包括网络行为数据等 | 金融机构和公共机构 |
| 数据类型 | 信贷数据、网络数据、社交数据等 | 信贷数据 |
| 数据格式 | 结构化数据 + 非结构化数据 | 结构化数据 |
| 算法应用 | 机器学习 | 逻辑回归 |
| 变量特征 | 水电煤缴费记录、网络消费支付记录、理财偏好、行为偏好、人脉关联度等 | 还款记录和贷款类别等 |
| 变量个数 | 成千上万 | 数十个 |
| 便利程度 | 具有金融级的云计算能力<br>对海量数据分析形成了有效的积累 | 信用报告、评分等服务 |

## 5.2.4　大数据征信的特点

1. 覆盖人群广泛

传统征信主要覆盖在持牌金融机构有信用记录的人群。大数据征信通过大数据技术捕获传统征信没有覆盖的人群，利用互联网留痕协助信用的判断，满足网络借贷、第三方支付及互联网保险等互联网金融新业态身份识别、反欺诈、信用评估等多方面征信需求。

2. 信息维度多元

大数据征信数据不再局限于金融机构、政府机构以及电信提供的个人基本信息、账单信息、信贷记录、逾期记录等，还引入互联网行为轨迹记录、社交和客户评价等数据。这些数据在一定程度上可以反映信息主体的行为习惯、消费偏好以及社会关系，有利于全面评估信息主体的信用风险（图 5-1 至图 5-4）。

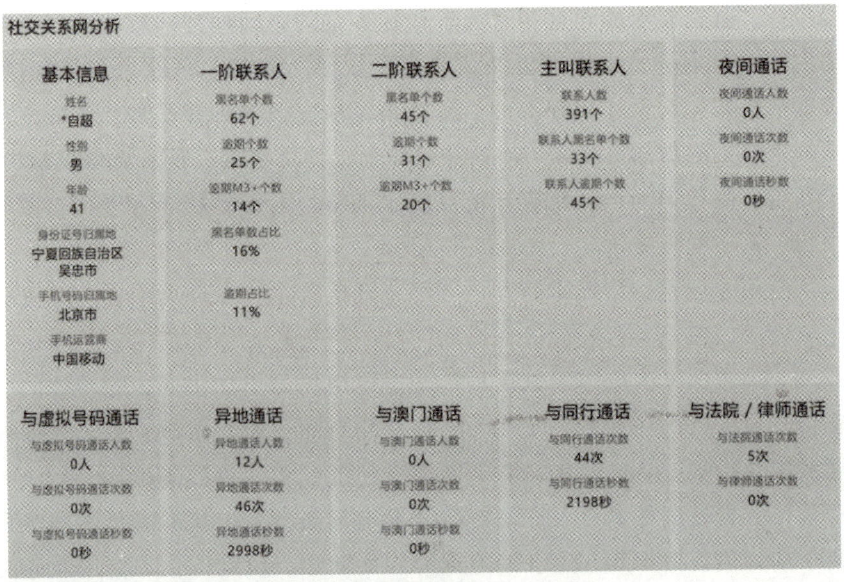


图 5-1　社交关系网数据分析

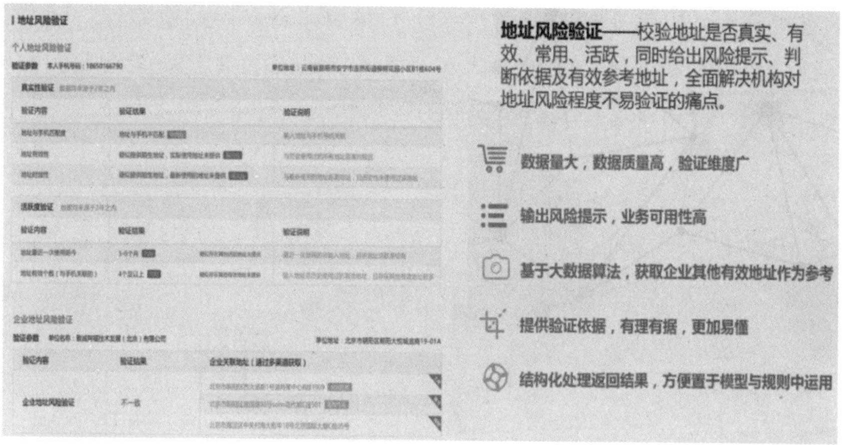


图 5－2　地址风险数据分析

图 5－3　智能设备数据分析

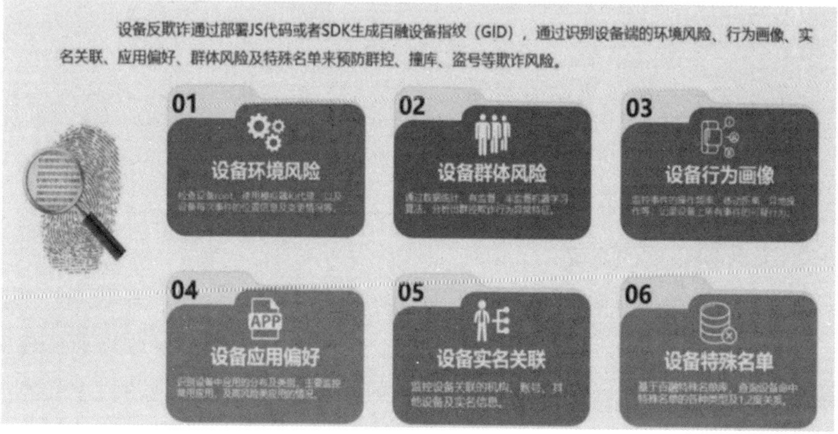


图 5－4　智能设备反欺诈分析

3. 信用评估全面

大数据征信的信用评估模型不仅关注信用主体历史信息的深度挖掘，更看重信用主体实时、动态、交互的信息，以信用主体行为轨迹的研究为基础，在一定程度上可以精准预测其履约意愿、履约能力和履约稳定性。此外，大数据征信运用大数据技术，在综合传统建模技术的基础上采用机器学习建模技术，从多个评估维度评价信用主体的信用状况（图 5－5）。

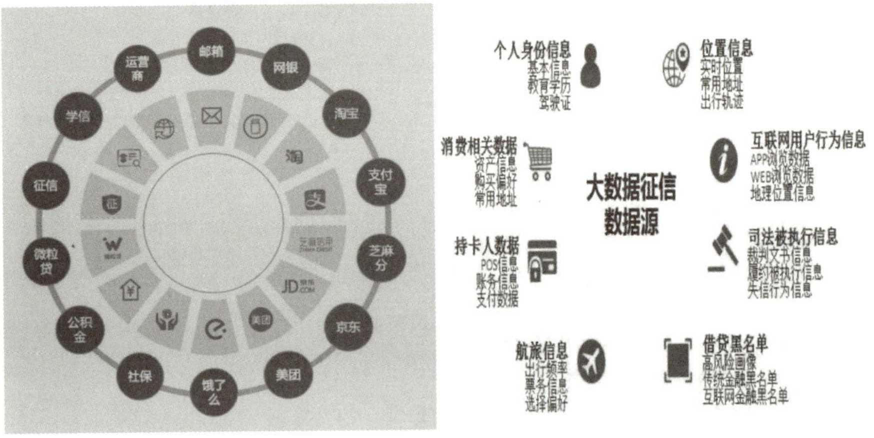


**图 5－5　大数据信用评估全面**

4. 应用场景丰富

大数据征信将不再单纯地用于经济金融活动，还可将应用场景从经济金融领域扩大到日常化、生活化的方方面面，如租房租车、预订酒店、签证、婚恋、求职就业、保险办理等各种需要信用履约的生活场景，在市场营销支持、反欺诈、贷后风险监测与预警和账款催收等方面具有良好的应用表现。

**【想一想】**

大数据征信为实现全面的信用评估，不仅引入了金融机构、政府机构以及电信提供的个人基本信息、账单信息、信贷记录、逾期记录等，还引入互联网行为轨迹记录、社交和客户评价等数据。

1. 数据的采集是否侵犯个人隐私？

2. 这对金融监管提出哪些挑战？你的建议是什么？

### 5.2.5　大数据征信的意义

随着数据存储技术的进步，以及智能设备的发展，互联网将联系一切，数据已经深刻影响了个人和社会生活。以往，一般人对大数据的理解有一个错误的认知，即“数据多”是“大数据”，事实上，能够利用先进的科学技术将碎片化的信息整合起来才能形成真正有用的大数据。这种对大数据的理解特别适用于征信业，因为征信的基本过程也是将分散于不同信贷机构看似用处不大的局部信息整合成为可以完整描述消费者、企业、机构等信用状况的全局信息。

1. 推动征信业思维模式创新

传统征信业的思维模式是通过搜集客户的信用信息进行分析处理，依托所收集的信息进行严谨的因果推导，进而评判出客户的信用状况。而数据的思维模式是把全部数据收集存储，进行加工分析，它关注信息数据间松散的相关关系，尤其可以揭示在以前数据量比较少的情况下无法发现的相关关系，即关注客户行为之间的相关性，进而对客户的行为进行预测，而不是探索什么原因导致客户目前的行为。大数据的思维模式有助于征信机构有效捕捉以前忽略的细节信息和小概率事件，并更好地预测被分析对象总体的发展趋势。

2. 推动征信市场规范

随着《征信业管理条例》的颁布实施，征信市场竞争将更有序、规范和市场化，掌握大量客户数据的互联网企业将借助数据优势进入征信市场。比如：第三方支付的电商金融，之所以能够依赖电商平台开展内部商户的信贷业务，并通过频繁的资产交易做大规模，最本质的优势在于电商用户的交易数据和频率，把信贷不良率控制在很低的水平，明显优于普通的小微信贷业务。

征信业务管理办法

3. 推动征信机构信息数据采集方式客观公正

传统征信方式是通过固定途径收集一些可用作评级的信息，由分析人员对各项数据进行分析、评级，最终得到受评对象履约能力和履约意愿的评级。由于人工的介入，必然受到职业素养、道德品质等主观因素影响，导致对受评对象的评价结果与客观事实存在一定偏差。

在大数据时代，更多是通过分布在人们生活工作中各个环节中的含有内建芯片、传感器、无线射频芯片等具有电子神经的感知设备产品进行信息数据采集。这些产品与后端的计算机联接之后，可以全天候动态收集人们学习、工作、生活的各类信息数据，所收集的信息内容大幅扩展。同时，所收集的数据类型将更加丰富，包括文本数据、数学数据、统计数据、金融数据、图像数据、声音数据等多种数据。

4. 推动征信产品的创新

传统的征信产品主要包括信用档案、信用评分、信用报告等。在大数据时代，大数据思维模式有助于推动征信业务拓展，大数据技术不仅仅将有效提升征信产品的质量，而且还将推动征信产品的创新，使产品设计更加注重客户体验，产品服务范围扩展到更广阔的社会生活领域。比如根据对客户的生活、工作习惯等数据进行分析，预测客户的潜在需求，并有针对地推销相应的征信产品或为客户量身订做相应的征信产品。在对传统征信产品的改进方面，以信用报告为例，大数据时代的信用报告可以结合客户的生活习惯，性格特点、财务状况、兴趣爱好等信息数据综合评判个人的信用状况。与此同时，征信产品的形式也将更加多样化，可以是上报的报表、提交的报告、可视化的图表、详细的可视化分析或者简单的微博信息、视频信息等。

5. 推动征信服务方式转变

大数据时代，征信机构的服务方式也将更加人性化，更加注重服务的即时、高效。以营销服务为例，依托大数据技术，征信机构通过收集的详细数据勾勒出用户的“全貌”，从而对客户进行更加精确的筛选归类，提供差异化服务，提高营销服务的针对性和有效性，甚至实现一对一营销。在客户维护领域，它可以帮助征信机构更便捷、及时地收集与分析客户对征信产品和服务效果的诉求，及时对客户提出的问题和建议进行反馈，提升客户忠诚度。同时，通过大数据技术研究客户使用服务的有关数据以及与征信机构所流失客户的有关数据进行分析，有助于预测发现可能流失的客户，从而改进客户维护策略，保证客户群体的稳定。

6. 推动征信技术应用

传统的征信技术主要包括数据采集技术、数据处理技术、模型评分技术和数据报告技术等。在大数据时代，大数据技术将会贯穿征信业务的整个流程，为提供更丰富的征信产品以及更全面的征信服务，征信机构需要构建能够快速处理和加载海量数据的大数据平台，充分运用大数据的存储、处理、查询、分析和可视化等技术。大数据时代必将促进大数据技术在征信机构的发展及其在征信业的应用。

**【拓展学习】**

**中国征信体系的产业链**

征信产业链包括上游的数据生产者、中游的征信机构及下游的征信信息的使用者，其中中游的征信机构运行模式主要有采集数据、加工数据及销售产品。

数据供应商主要包括银行等金融机构、政府部门、工商企业和个人，几乎涉及人们生活的方方面面。征信机构从数据供应商处获得数据通过一定的模型进行加工处理得到信用评级结果，然后进行服务输出。征信报告使用方主要有房地产商、招聘企业、P2P平台、金融机构等，多数发生在个人购房和购车、个人小额信贷、企业信贷、债券买卖等场景（图5-6）。

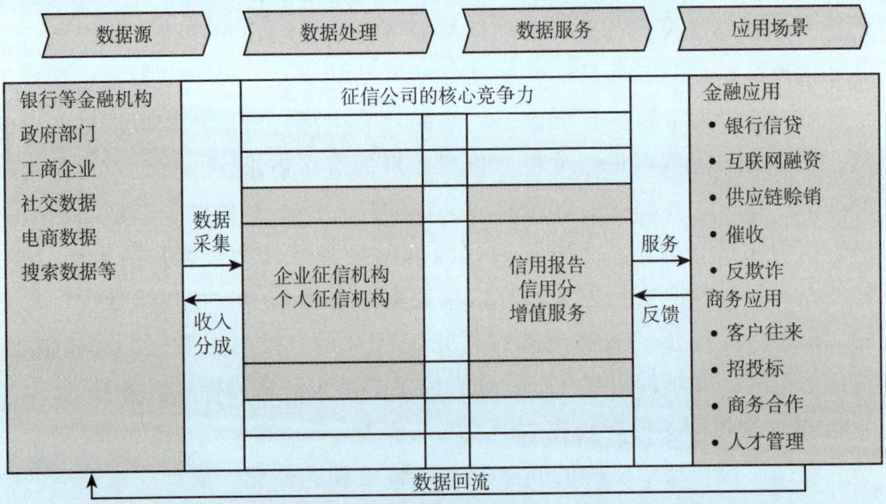


**图5-6 中国征信体系的产业链**

# 任务5.3 大数据征信的典型代表

## 5.3.1 芝麻信用

### 5.3.1.1 芝麻信用概况

芝麻信用是蚂蚁金服旗下独立的第三方征信机构，通过云计算、机器学习等技术客观呈现个人的信用状况，已经在信用卡、消费金融、融资租赁、酒店、租房、出行、婚恋、分类信息、学生服务、公共事业服务等上百个场景为用户、商户提供信用服务（图5－7）。

图5－7 芝麻信用分和芝麻信用的Logo

芝麻信用依靠大数据技术和云计算技术可采集并处理庞大的个人数据。

大数据技术，即快速地从庞大的数据库中筛选出相关数据，获取有用信息，从而减少数据信息重复、信息不对称等问题。芝麻信用拥有广泛的数据来源，一方面阿里巴巴名下的支付宝、淘宝、天猫等各个电商平台用户众多，众多的用户带来了庞大的信息源，其个人身份信息、支付情况、购买情况都是作为信用评级的重要依据。另一方面，与阿里巴巴合作的许多机构提供了很多数据，例如一些公共机构为芝麻信用提供了政府部门的公开信息。还有2017年初，中国建设银行在与支付宝合作以后，也为芝麻信用提供了金融信贷、个人投资等相关的行业信息。除此之外，一些私人的运营商、P2P平台也会与芝麻信用进行信息互换合作。这些渠道为芝麻信用提供了庞大的数据源，芝麻信用再运用大数据技术将其整合成数据信息资源库，为后续的信用评分评级提供了支持与保障。

云计算技术，即通过互联网计算处理程序将数据处理的结果传递给客户，并提供各种IT服务。芝麻信用依靠云计算技术先进的数据处理能力将大量的数据进行成批的处理，将繁杂的数据通过效用计算、分布式计算、网络存储、虚拟化、负载均衡等手段转化为精简有效的信息，以此来完成对不同用户的信用评估，并划分信用等级。

#### 5.3.1.2 评分评级体系

芝麻信用评分（简称芝麻分），是在用户授权的情况下，依据用户各维度数据（涵盖金融借贷、转账支付、投资、购物、出行、住宿、生活、公益等场景），运用云计算及机器学习等技术，通过逻辑回归、决策树、随机森林等模型算法，对各维度数据进行综合处理和评估，在用户信用历史、行为偏好、履约能力、身份特质、人脉关系五个维度客观呈现个人信用状况的综合评分。分值范围350到950。持续的数据跟踪表明，芝麻分越高代表信用水平越好，在金融借贷、生活服务等场景中都表现出了越低的违约概率，较高的芝麻分可以帮助用户获得更高效、更优质的服务（表5-2）。

芝麻信用评分的构成：

（1）信用历史：过往信用账户还款记录及信用账户历史；

（2）行为偏好：在购物、缴费、转账、理财等活动中的偏好及稳定性；

（3）履约能力：稳定的经济来源和个人资产；

（4）身份特质：在使用相关服务过程中留下的足够丰富和可靠的个人基本信息；

（5）人脉关系：好友的身份特征以及跟好友互动程度。

**表5-2 芝麻信用分作用**

| 芝麻信用分 | 可享服务 | | | | |
|---|---|---|---|---|---|
| 高于600分且无不良记录 | 免押金租用永安城市自行车 | 阿里旅行多间酒店享受信用住 | 阿里旅行深圳华侨城先旅游后付费 | 相寓租房减免押金 | 享受花呗额度 |
| 高于650分且无不良记录 | 优拜单车免押金用车、神州租车、一嗨租车免押金租车 | 来分期申请线上极速贷款 | | | |
| 高于700分且无不良记录 | 方便申请新加坡签证 | | | | |

#### 5.3.1.3 芝麻信用分优势

1. 广泛的实名用户

芝麻信用所有开通用户均为实名认证用户，覆盖广泛，许多原来传统征信没有信贷记录的人群，也开始有了属于自己的信用评价。

2. 独特的数据价值

芝麻信用数据覆盖借贷、支付、出行、住宿、公益等数百种场景，包括电商数据、互联网金融数据、公共机构数据、合作伙伴数据、用户上传数据等，能很好的刻画信用状况。

3. 强大的处理能力

芝麻信用已经具备同城灾备切换能力以及强大的商户信用信息查询调用能力，有效平稳支持了公测以来用户及各行业商户 7×24 小时的查询调用。

4. 敏锐的行业洞察

芝麻信用聚集了多位具备国际风险管理和信用管理系统建设经验的全球顶尖数据科学家和金融行业翘楚，深度融合了传统信用评估和互联网+创新信用评估，对行业具有丰富的经验和深刻的洞察。

5. 便利的场景应用

芝麻信用应用已经覆盖信用金融、信用租车、信用酒店、信用租房、信用婚恋、信用签证等多个领域，普通老百姓能够简单、直观的感受到信用的价值和便利。

#### 5.3.1.4　芝麻信用分产品案例

1. 信用免押租车缓解交通和环境压力

公共自行车租赁，传统流程为办卡—找车—骑行—还车—结算，其中办卡环节大多为线下网点办卡，网点一般也较少，不好找，办个卡有的甚至于要跑大半个城市。对于外地来旅游的人士来说，退卡更是个麻烦事。

永安公共自行车与芝麻信用联合推出的免押扫码出行服务，信用扫码租车，打开支付宝 App，点开“芝麻信用” - “信用生活”，选择“永安公共自行车”，在服务站点扫码即可租用，全程下来预计不到 1 分钟。不用交押金，也不用带现金，更不用担心丢三落四忘了带卡，而且其他站点也能还。外地游客也能和本地市民享受同等服务。

2. 和最高法联合惩戒老赖

2015 年 7 月 24 日，最高人民法院与芝麻信用签署对失信被执行人信用惩戒合作备忘录。同月，双方通过专线方式实现数据对接，共享失信被执行人信息。开创了第三方商业征信机构首次通过最高人民法院官方授权，联合开展信用惩戒的先河。到 12 月中旬，芝麻信用通过各应用平台限制失信被执行人购买机票、租车、贷款等已超过 13 万人次，5300 多名失信被执行人因此还清债务，其中 1500 多名失信被执行人是长达三、四年一直逃避执行的老赖。

3. 免押金租借充电宝

街电、怪兽等充电宝租赁产品出来后使用支付宝可以进行租用充电宝，而且支付宝可以芝麻信用免押金进行租用，只要蚂蚁信用 600 分以上就可以无押金进行租用充电宝省去来回退押金缴押金的麻烦。

【拓展学习】

**腾讯征信**

腾讯征信依托于腾讯集团，信用信息主要来自于社交、游戏、电商及第三方支付平台和合作平台。参考腾讯2015年上半年财报数据，QQ月活跃账户8.43亿，微信活跃账户6.59亿，微信支付用户超过4亿，庞大的客户群体为腾讯征信提供了海量信息。目前，腾讯征信由腾讯旗下财付通团队负责，通过其大数据平台TDBANK，运用统计学、传统机器学习等方法综合考察用户的消费偏好、资产构成、身份属性和信用历史等四个维度，为用户建立基于线上行为的征信服务，已推出的产品包括人脸识别、反欺诈产品、信用评分和信用报告。目前，腾讯征信已与浦发银行信用卡中心展开合作，并涉足P2P贷款、小贷公司、婚恋交友、租房租车等多个领域。

腾讯信用主要是基于社交网络。通过QQ、微信、财付通、QQ空间、腾讯网、QQ邮箱等社交网络上的大量信息，比如在线时长、登录行为、虚拟财产、支付频率、购物习惯、社交行为等，利用其大数据平台TD-Bank，在不同数据源中，采集并处理包括即时通信、SNS、电商交易、虚拟消费、关系链、游戏行为、媒体行为和基础画像等数据，并利用统计学、传统机器学习的方法，得出用户信用得分，为用户建立基于互联网信息的个人征信报告。

腾讯信用评分以星级的方式展现。信用星级一共7颗星，亮星颗数越多代表信用越良好，星级主要由四个维度构成：

（1）消费：用户在微信、手机QQ支付以及消费偏好。

（2）财富：在腾讯产品内各资产的构成、理财记录。

（3）安全：财付通账户是否实名认证和数字认证。

（4）守约：消费贷款、信用卡、房贷是否按时还等。

### 5.3.2 百行征信

百行征信官网

1. 百行征信的简介

百行征信有限公司是中国第一家获得个人征信业务经营许可的市场化公司，由市场自律组织——中国互联网金融协会与芝麻信用、腾讯征信、前海征信、考拉征信、鹏元征信、中诚信征信、中智诚征信、华道征信等8家市场机构按照共商、共建、共享、共赢原则共同发起组建。公司于2018年3月19日在深圳注册成立并落户福田，注册资本10亿元。2020年7月，百行征信完成了企业征信业务经营备案，成为国内首家同时拥有个人征信和企业征信双业务资质的市场化征信机构。

在中国人民银行监管指导下，百行征信有限公司主要专注于征信、信用评估、信用评级、数据库管理等业务，是一家从事个人征信、企业征信及相关产业链开发的信用信息产品与服务供应商。公司集市场属性与社会属性于一身，集资本驱动、技术驱动和智慧驱动于一体，力争成为全社会最具公信力、最具服务意识、最具服务效率的征信类科技金融公司（图5－8）。

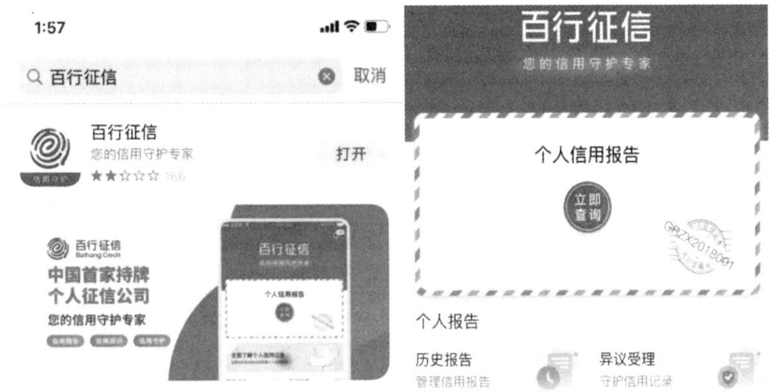


图5－8 百行征信的手机截图

2. 百行征信的价值观

（1）努力为社会创造价值，做有良知尽本份的企业公民。

（2）努力为股东创造价值，让股东的投资得到合理的回报。

（3）努力为客户创造价值，让客户获得超预期的服务。

（4）努力为员工创造价值，让员工在百行得到成长和提高。

（5）努力追求社会、股东、客户与员工利益的合理平衡。

（6）信息安全、数据安全、系统安全是公司排序最优先的事项。

（7）合法合规行事，是我们的最低标准。

（8）平等对待所有合作伙伴。在公司弱小时，不献媚强者；在公司强大时，不歧视弱者。处于甲方地位时，让乙方的合理利益得到保证；处于乙方地位时，努力争取自身的正当权益。

（9）尊重同业，在展业中绝不以诋毁他方来获取业务机会。

（10）鼓励创新，宽容失败；不断试错，臻于完美。

3. 百行征信的业务

（1）百行个人征信产品。

①个人信用报告系列。基于百行个人征信数据库的基础征信产品，面向加入百行信用信息共享的机构、消费者依法提供个人信用报告查询服务，能够帮助金融机构更好的掌握客户个人信用状况，解决信息不对称问题，防范信用风险，也能够帮助消费者更好的开展个人信用管理。

产品优势包括：一方面，接入机构类型丰富，覆盖广大普惠金融人群，大量网络借贷记录首次被纳入征信体系，有效化解普惠金融人群征信数据匮乏、信息孤岛、金融机构线上业务风控难、数据采集使用不合规等行业痛点。另一方面，产品适应线上金融业务特点，T＋0采集信息、T＋1出具报告，针对不同业务场景需求，推出不同定制版本，可灵活支持一次性贷款、分期贷款、信用卡等多种模式（图5－9）。

图5－9　百行征信个人信用报告系列产品的适用场景

②特别关注名单。整合具有金融风控价值的独立数据源，建立"关注名单"体系，面向市场上各类金融机构提供查询服务，辅助金融机构对贷款业务进行风险评估和风险预警，同时对潜在恶意借贷人群起到威慑作用。

数据源直接与最高法执行局、各地金融监管局对接，整合了第一手的失信被执行人信息和退出经营的P2P恶意逃废债借款人信息，并容纳其他数据源，确保了信息的权威、实时和全面。

③反欺诈系列（表5－3）。

表5－3　百行征信反欺诈系列产品介绍

| | |
|---|---|
| 反欺诈规则报告 | 通过对申请人姓名、身份证号、手机号及其他证件信息经过专家规则引擎、知识图谱、中文模糊匹配、案件管理、关联分析等技术手段加工后，以反欺诈报告和关联分析图等形式，输出给信息使用者，帮助信息使用者识别欺诈风险。 |
| 反欺诈风险画像 | 主要用于分析申请人的风险特征，评估其真实履约意愿，排除欺诈嫌疑，可广泛应用于各类信用相关业务场景中，在金融信用服务领域，如银行信贷业务、保险投保业务、证券杠杆类业务等。在贷前审批及贷中监控环节可有效识别高风险用户，降低欺诈风险，提升各类资源的有效利用。 |
| 反欺诈评分 | 通过对申请人姓名、身份证号、手机号及其他证件信息进行对比核验，通过图计算技术＋身份识别＋异常检测模型，结合其它业务数据，通过深度学习模型构建数十亿顶点，数十亿边关系网络，对各项要素进行交叉验证，输出各类欺诈模型结果，以甄别信息主体是否命中信贷行为的不确定因素，可以应用于网络信贷业务的贷前、贷中及贷后的风险识别。 |

④场景定制评分。百行征信运用自身独有的信贷数据，结合合作伙伴的补充数据，为机构提供所需的定制化服务。在信贷风控流程中，定制化能精准的帮助信贷机构制定行之有效的风控策略。

数据维度丰富方面，基于真实信贷业务数据，整合多家的设备数据、金融属性数据和行为数据，进行多维度数据融合。

多行业应用场景方面，针对不同机构类型，包括银行、互联网金融、消费金融、非银金融、其他类型机构等，利用机器学习算法，对用户的信用风险做出预测，给出定制化评分。

效果精准有效方面：根据机构类型细化为多个定制化评分，对不同类型的机构提供更加精准和有效的风险决策支持。

（2）百行企业征信产品。

①小微企业信用报告。小微企业信用报告结合小微、普惠金融业务特征，通过融合企业与企业法定代表人、董监高等个人信用信息，充分挖掘企业和企业主的信用关联关系及风险要素，从企业借贷交易、企业主信贷行为、抵质押融资物、财务报表以及工商、司法、电力、税务等公共信用信息，多维度帮助金融机构筛查客户风险，辅助经营决策。支持银行、小贷、融资租赁等不同行业机构在借款人贷前、贷中、贷后各类应用场景，助力解决小微企业"融资难、融资贵"问题。

金融机构参与百行小微企业信用信息数据共享即可享受对应的信用报告服务。小微企业信用信息数据共享平台借鉴国内外征信数据库建设的优秀经验，结合小微业务特点，通过金融机构数据共享的方式，从建立企业信用档案到采集企业借贷交易信息、财务报表信息以及抵质押和融资物信息等体现小微企业借贷、负债情况的核心数据字段，满足各类金融机构对小微企业征信普遍关注的数据需求。

②风铃风险类产品（表5－4）。

**表5－4　　百行征信风铃风险类产品介绍**

| 产品 | 具体功能 |
|---|---|
| 企业关联方探查 | 通过个人唯一标识进行精准关联，提供自然人所担任法定代表人、股东和高管的工商数据全集，帮助客户高效精准核查目标人员身份及关联信息。 |
| 人企关联核验 | 基于企业标识和人员标识，提供数据核验服务，返回指定自然人在企业担任法人、股东和高管的情况信息，帮助客户快速核验人企关联关系。 |
| 空壳企业识别 | 随着企业注册成本降低，由空壳公司及其对公账户引发的洗钱、非法集资、电信诈骗、骗贷、POS套现、票据诈骗、包装贷等案件数量快速增长。根据企业标识，通过算法（十余项规则）判断是否存在无实际经营业务或不以实际经营业务为设立出发点的情况，帮助客户快速的发现和分类，提升风险防范能力，减少因空壳公司造成的损失。 |
| 红黄绿通道 | 根据工商等相关数据，引入多维度大数据、知识图谱技术及AI算法支撑的强大风控模型，智能探测企业是否触发如"命中反洗钱名单""被列入经营异常名录""来自高风险国家地区"等20多个风控指标，并划分为红黄绿通道。 |

续表

| 产品 | 具体功能 |
| --- | --- |
| 受益所有人识别 | 协助进行反洗钱侦测工作，满足客户新建立业务关系时识别核实非自然人客户受益所有人需求。包括①直接或者间接拥有25%及以上的公司股权或者表决权的自然人（及其非自然人节点信息）；②通过人事、财务等其它方式对公司进行控制的自然人；③公司高级管理人员。 |
| 企业模糊匹配 | 通过输入企业名称关键字，快速反馈匹配精准名称列表，秒级自动填充企业基础信息。 |
| 企业关联方风险信号 | 基于社会公共信用信息，结合百行征信个人与企业征信业务优势，通过企业及关联方标识，对风险进行1－7级的分级，包括①风险信号综合等级；②单条风险等级；③详情信息，帮助客户高效精准识别被查主体的风险情形，筛选黑灰客户。 |
| 企业关联方综合画像 | 整合多维海量企业数据，经过深度整合，科学关联，生成层级逻辑清晰的小微企业综合风险报告；同时通过构建企业自身风险、关联人群风险、关联企业群风险、财务表现等六个维度的风险分模型，对小微企业自身及周边风险的类型、量级等因素进行综合分析，得到信贷综合评分，可帮助金融机构在贷前预审阶段提前预知小微企业的潜在风险。 |
| 小微企业反欺诈 | 通过对小微企业法人代表（姓名、身份证号和手机号）和小微企业（企业名称或统一社会信用代码或组织机构代码或工商注册号）两个维度进行风险评估。该款产品综合了个人三款反欺诈产品和外部权威企业数据，对法人及关联企业的负债能力、履约行为、企业经营状态、人企关系核验、司法涉诉等信息进行风险评估，可以应用于小微企业主和小微企业进行信贷业务的贷前、贷中及贷后的风险识别。 |
| 小微企业多头监测 | 随着贷款业务线上化，基于申请主体实时的申请行为数据，识别多头申请客户，实现（小微）企业多头借贷超短时（1/3/6/12/24小时至180天内）查询监测，并融合企业关联方个人多头申请等数据进行关联分析，预防共债风险。 |

③经营类分析产品（表5－5）。

**表5－5　　百行征信经营类分析产品介绍**

| 产品 | 具体功能 |
| --- | --- |
| 企业税票征信产品 | 落实税务合规相关要求，根据用户输入的企业标识、税务标识或企业端软件，返回企业发票数据，主营商品、业务分析、采购分析、成本费用信息、上下游稳定性分析等多维度数据信息，辅助诊断企业经营风险。 |
| 企业电力征信产品 | 百行征信与电力机构合作开发的电力征信数据产品，通过企业的用电状态，从开工状态、用电量波动、用电费用、用电行为、违约、预警接口六大类20余项指标，反映用电企业经营状况。 |

④解决方案类产品（表5-6）。

表5-6 百行征信解决方案类产品介绍

| 产品 | 具体功能 |
|---|---|
| 科创企业征信指数 | 基于专利数据计算技术布局、核心节点专利、技术影响力、技术迭代速度和研发效率等业内首创科创类小微企业征信指数，确定科创类小微企业的水平及排名，同时按照不同产业领域对企业进行行业内评价，协助金融机构评价企业的技术创新能力和水平、辅助判断企业未来的发展状态等。 |
| 小微快贷解决方案 | 提供涵盖产品设计、贷前审批、贷中监控、贷后管理的全流程定制化小微信用贷风控解决方案，支持提供冷启动阶段方案、策略迭代升级服务以及风控全流程中关键业务及过程指标，即实际业务应用的风险管理线索图。系统支撑方面，输出全功能模块的支持系统，可进行整套系统开发，也支持模块化部署，实施方式灵活，为企业数字化转型提供基础；数据源分析、应用及监控方面，可支持数据源接入、数据源存储、数据源监控管理、数据源应用分析等一站式服务。 |

4. 百行征信的影响力

百行征信的问世一方面能够为网络借贷机构提供风控依据，另一方面也能够帮助监管机构掌握网络借贷机构的经营情况，优化监管决策。百行征信的成立如果能实现“让一个人在金融市场上的所有不良记录无处遁形”这一理想效果，那么其对社会的影响将是巨大而深远的：

对金融市场来说，将央行征信中心未能覆盖到的、银行贷款以外的个人金融信用信息归纳在一起，被监管层全面掌握，有助于监管层实施更精准的政策调控。

对互联网金融机构而言，此前很多平台要向一些第三方征信机构购买信息、黑名单等，百行征信成立后，平台的放贷成本将会降低。与此同时，可帮助平台降低因信息孤岛造成的风险。

对个人来说，百行征信是国家构建的新信用体系中的其中一定征信机构，里面不仅有个人的银行信息，还有在所有金融平台上的数据。社会个人征信体系的不断完善，也时刻要求每个人注意珍惜自己的个人信用。

百行征信所记录的内容就非常丰富，除了包括央行征信所记录的内容之外，百行征信还会记录更加丰富的信息，比如学历、职业、司法记录、社会信息记录、房产车产记录、公司股权、网购行为等。然后系统会根据用户的一些信息做出一些判断和评分，比如个人发展历程，财富估值，偿债评估，个人行为特征，多头借贷，风险信息等。

百行征信的信息来源，主要是来源于8大征信机构信息，这8大征信公司的数据来源也有很大的差异，比如芝麻信用主要覆盖的信息包括大家的借呗、花呗、备用金、网商银行等信贷信息，来自余额宝、招财宝等平台的理财信息；来自天猫、淘宝、聚划算的购物息息，来自生活缴费记录的日常信息；还有接入支付宝的各大平台信息等。除了 8 大征信机构之外，目前有很多网贷平台都接入了百行征信，这些平台的借贷信息也是百行征信的重要信息来源。目前接入百行征信的机构已经超过 700 家。

百行征信和央行征信将会共享，银行等传统金融机构也可以查看借款人在百行征信的信用数据。一旦有逾期，银行在提供贷款的时候也会多个参考。

## 课程思政

1. 培养学生对普惠金融的热情和全心全意为人民服务的意识

中小微企业是我国的市场主体，是经济社会发展的重要力量。但受自身条件和外部因素的限制，中小微企业在传统金融业的融资一直存在局限性。依托大数据、区块链、人工智能等核心技术，借助大数据等技术深度挖掘潜藏在企业经营行为之中的数据资源，建立更为全面、可靠的信用评价体系，创新打造大数据征信模型与大数据征信平台，破解银企信息不对等难题，有效解决中小微企业和个人信用评估的痛点。

2. 培养学生诚信做人的优良品质

通过法规解读、案例分析，让学生明白个人征信记录的重要性，也让学生了解国家在个人征信和创建诚信社会方面的举措，进而培养学生诚信做人，珍爱良好信用的优良品质。

微课　信用的重要性

## 项目评价

对于每一个项目，结合业务能力和评价指标，根据掌握情况在下表相应的方框中打√，自测结果共分为三类：A 掌握，B 基本掌握，C 未掌握。

**项目测评表**

| 任务 | 任务布置 | 评价指标 | 自测结果 | 要求 |
|---|---|---|---|---|
| 大数据征信 | 画出传统征信模式的流程图 | 1. 掌握传统征信的模式<br>2. 流程图的全面性和正确度 | □A　□B　□C | 1. 记录详实<br>2. 条理清晰 |
| | 查询个人信用报告 | 1. 能查到个人信用报告<br>2. 分析个人信用报告 | □A　□B　□C | 1. 记录详实<br>2. 条理清晰 |
| | 运用实训平台完成客户信用评估 | 1. 实训平台的操作数据<br>2. 客户信用评估的准确度 | □A　□B　□C | 1. 记录详实<br>2. 条理清晰 |
| | 调查一家大数据征信平台 | 1. 调查材料的详实情况<br>2. 团队合作的具体情况<br>3. 平台介绍 PPT<br>4. 课堂展示表现 | □A　□B　□C | 1. 记录详实<br>2. 条理清晰<br>3. 逻辑在线<br>4. 展示风采 |

## 项目测试题

### 一、单项选择题

1. 传统征信模式下，个人信用报告是（　　）出具的。

A. 中国人民银行　　B. 商业银行

C. 金融机构　　D. 所在单位

2. （　　）年初，人民银行开始组织商业银行建设全国集中统一的个人征信系统。

A. 2001　　B. 2003　　C. 2004　　D. 2006

3. 数据采集计划完成后，征信机构应依照计划开展（　　）工作。

A. 数据分析　　B. 数据查证

C. 信用评分　　D. 采集数据

4. 下列属于第三方大数据征信机构的是（　　）。

A. 中国人民银行　　B. 商业银行

C. 百行征信　　D. 司法机关

5. 中国人民银行提供的个人信用报告不包含（　　）内容。

A. 个人基本信息　　B. 借贷信息

C. 社保信息　　D. 社交数据

### 二、多项选择题

1. 征信的原则包括（　　）。

A. 真实性原则　　B. 全面性原则

C. 及时性原则　　D. 隐私和商业秘密保护原则

E. 可篡改原则

2. 大数据产业链上，数据供应商主要包括（　　），几乎涉及人们生活的方方面面。

A. 银行等金融机构　　B. 政府部门

C. 工商企业　　D. 电商平台

E. 社交平台

3. 大数据征信将不再单纯地用于经济金融活动，还可将应用场景从经济金融领域扩大到（　　）的生活场景。

A. 租房租车　　B. 预订酒店

C. 签证　　D. 求职就业

E. 保险办理

### 三、判断题

1. 征信体系对一个国家的经济发展非常重要。（　　）

2. 大数据征信为缓解大企业融资难融资贵发挥了积极作用，促进了金融的普惠性。（　　）

3. 不良信用记录是可以取消的，我们可以相信那些“征信修复”“征信洗白”等名义招揽生意的机构和个人。（　　）

## 四、综合案例

星宇光电公司主要从事生产和销售薄晶晶体管液晶显示器成品及相关部件，其上下游企业均是强大的垄断企业。其在采购原材料时必须现货付款，而销售产品后，货款回收期较长（应收账款确认后的4个月才支付）。

随着公司成长和生产规模扩大，应收账款已占公司总资产的45%，公司面临着极大的资金短缺风险，严重制约了公司的进一步发展。

可是星宇光电公司是一个小企业，去银行贷款非常难，该怎么办呢?

提问：请你通过以上案例，对星宇光电公司进行信用评估，并设计贷款解决方案和解决流程。

完成步骤：

1. 运用实训软件对星宇光电公司进行全面的大数据征信分析；
2. 针对星宇光电公司的实际情况设计贷款解决方案和解决流程；
3. 制作PPT，并上台展示。

单元 6

# 财富管理的金融科技

## 知识目标

1. 掌握财富管理的含义
2. 理解固收类理财、基金类理财、保险类理财、股票类理财各自的特点和优势
3. 掌握精准营销、客户细分、个性化服务、智能投顾的基本理论
4. 熟悉金融科技在财富管理领域的应用

## 技能目标

1. 能够掌握金融理财产品的最新投资收益情况
2. 能够分辨固收类理财、基金类理财、保险类理财、股票类理财各自的特点
3. 能搜索和查找相关财富管理平台
4. 能了解金融科技的在财富领域的应用前景

## 素质目标

1. 培养学生独立思考，分析问题以及解决问题的能力
2. 培养正确的学习目的和学习态度，形成良好的团队合作意识
3. 培养学生具备全球化、专业化的职业视角

## 思政目标

1. 培养学生具有协作和创新精神的职业道德
2. 树立正确的金融投资和金融消费理念，提高投资风险意识

## 情景引入

### 招商银行：提出“大财富管理战略”

“十四五”期间，招商银行把全面打造大财富管理体系作为应对内外部形势变化的战略支点，作为深化“轻型银行”、探索构建3.0经营模式的主要方向。在做好传统银行业务的基础上，将做强做优做大低风险、轻资本消耗的财富管理业务，围绕业务模式、管理体系、人才队伍、激励约束机制等，全方位提升财富管理能力。

2020年，招商银行期末零售理财产品余额22171.72亿元，较上年末增长17.72%；抓住资本市场触底反弹、客户基金配置需求井喷的机会，实现代理非货币公募基金销售额6107.04亿元，同比增长177.88%；实现代理信托类产品销售额4691.20亿元，同比增长38.19%；实现代理保险保费840.15亿元，同比下降10.92%，主要是受疫情影响，银行代理保险业务线下接触客户难度增加所致。2020年，招商银行实现零售财富管理手续费及佣金收入258.40亿元，其中，代理基金收入94.00亿元，代理信托计划收入70.59亿元，代理保险收入55.40亿元，代理理财收入36.18亿元，代理贵金属收入2.23亿元。

面对激烈的市场竞争，招商银行充分发挥在品牌效应、线上线下融合、资产配置和财务规划专业性等方面的优势，以客户需求为中心，基于客户画像开展精细化的分类分群管理，并通过“人+数字化”的方式，进一步提升一线队伍的专业能力，持续推动线上线下一体的数字化转型，创新打造综合金融服务体系，努力为客户提供优质的财富管理服务。

同时，招商银行依托科技与数据，不断提升服务与客户需求的适配度。一是加强客户行为数据分析和处理能力，洞察客户深度需求；二是准确识别客户财富管理需求和风险偏好，充分融合业务场景，搭建完整的营销模型体系，协助客户实现资产保值增值，努力赢得客户信任，力争成为客户财富管理主办行。

（资料来源：中信建投）

## 思考实践

1. 什么是财富管理？
2. 思考一下财富管理的内容有哪些？

# 任务6.1 认识财富管理

财富管理是指以客户为中心，设计出一套全面的财务规划，它通过向客户提供现金、信用、保险、投资组合等一系列的金融服务，将客户的资产、负债、流动性进行综合管理，以满足客户不同阶段的财务需求，帮助客户达到降低风险、实现财富保值、增值和传承等目的。目前，市场上财富管理的机构很多，针对的侧重点和目标客户群体也不尽相同，推出的产品也是丰富多样。从推出产品的类型上划分，可分为银行、基金、保险、股票等。

### 6.1.1　固收类理财

固收类理财产品指的是收益固定的理财产品，投资人可以按事先约定好的预期收益率获得收益。一些刚开始接触理财的投资人，往往会更偏好风险低、收益固定的稳健型固收类理财产品，事实上，不管是保守型投资者，还是激进型投资者，固收类理财产品在资产配置中都是不可或缺的一环。

市场上常见的固收类理财产品有银行存款、银行理财产品、债券、信托等。

#### 6.1.1.1　银行存款

银行存款是最普通、最为社会熟悉的固定收益金融产品，主要包括活期存款、定期存款、大额存单、同业存单等。

1. 活期存款

活期存款是无需任何事先通知，存款户可随时存取和转让的银行存款，是每个人熟知的银行存款方式之一。其形式有支票存款账户、保付支票、本票、旅行支票和信用证等。活期存款利率一般较低，西方国家商业银行一般不支付利息，有的甚至要收取一定的手续费。它最大的好处就是可以随存随取，但同时利率非常低，因此不适合理财，除非急用或需要随时支取的钱可以暂放。

2. 定期存款

定期存款是指银行与存款人双方在存款时事先约定期限、利率，到期后支取本息的存款。

定期存款大体可分为两类：整存整取和非整存整取。

整存整取：一般来说，定期存款如果没有指明类别的话基本就是整存整取的定期，而基准利率，也是以整存整取为准。它的存款期限有半个月、半年、一年、两年、三年和五年之分，期限越长利率越高。

非整存整取：包括零存整取（分不同批次存入，到期后一次取出）、整存零取（一次存入，分批次取出）、存本取息（存入本金，只取利息）。但利率就要低得多了，存款期限一般也只有一年、三年和五年可选。

定期存款理财属于传统理财方式，不存在亏损可能性，适合于追求资金安全性的投资者。

3. 定活两便存款

定活两便存款是介于定期和活期之间的一种存款类型，这类型的存款既可像活期一样随存随取，又能拿到比活期存款更高的利息（一般是按一年以内定期整存整取同档次利率打一定折扣执行），可作为活期存款的替代品。

4. 通知存款

通知存款是一种不约定存期、支取时需提前通知银行、约定支取日期和金额方能支取的存款。个人通知存款不论实际存期多长，按存款人提前通知的期限长短划分为一天通知存款和七天通知存款两个品种。

一天通知存款必须提前一天通知约定支取的存款数额，七天通知存款则必须提前七天通知约定支取的存款数额。人民币通知存款最低起存、最低支取和最低留存金额均为5万元，外币最低起存金额为1000美元等值外币（各银行起存金额可能有差异）。

通知存款的币种可以为人民币、港币、英镑、美元、日元、欧元、瑞士法郎、澳大利亚元、新加坡元（具体开办的业务和币种各地银行可能有差异）。人民币、外币的通知存款利率均高于活期存款利率，具体以各银行规定为准。

选择通知存款既可以获得高于活期存款的利息，又可以在短期内取回资金，比较适合于短期内有较大金额的闲置资金，但又有不定期资金需求的人群。

5. 大额存单

大额存单是指由银行业存款类金融机构面向个人、非金融企业、机关团体等发行的一种大额存款凭证。与一般存单不同的是，大额存单在到期之前可以转让，期限不低于7天，投资门槛高，金额为整数。我国大额存单于2015年6月15日正式推出，以人民币计价。作为一般性存款，大额存单比同期限定期存款有更高的利率，大多在基准利率基础上上浮40%，少部分银行上浮45%，而定期存款一般最高上浮在30%左右。

大额存单类似定期存款，不同之处是大额存单有一定起存门槛，一般最低是20万元，有的银行最低需要30万元。大额存单不约定存期，一次性存入，可多次支取，支取时需提前通知银行约定支取日期和金额方能支取。虽然投资起点高于其他存款类型，但其利率也相对较高，可以说是以上所有类型的存款中存款利率最高的。

总之，存款是最基础的固定收益类金融产品，是入门级投资产品，具有安全、流动性较高等特点，除特别品种外没有任何门槛限制，但是收益率相较而言较低，需要有效控制该类产品配置比例。

**【训练6-1】**

了解央行人民币存款最新基准利率

要求：请查询当前央行人民币存款最新基准利率，并填入下表中。

| 项目 | | | 年利率（%） |
| --- | --- | --- | --- |
| 一、活期存款 | | | |
| 二、定期存款 | （一）整存整取 | 三个月 | |
| | | 半年 | |
| | | 1 年 | |
| | | 2 年 | |
| | | 3 年 | |
| | （二）零存整取、整存零取、存本取息 | 1 年 | |
| | | 3 年 | |
| | （三）定活两便 | | |
| 三、协定存款 | | | |
| 四、通知存款 | 1 天 | | |
| | 7 天 | | |

### 6.1.1.2　银行理财产品

1. 银行理财产品概述

银行理财产品是为适应居民财富管理需求以及利率市场化应运而生的，银行理财产品投资门槛相对较低，一万就可以购买，可选择的产品期限也比较多，有 3 个月、6 个月、一年、两年，甚至更长的期限。

银行理财产品多种多样，按照是否保本可以分为保本和非保本，按照期限可以分为 3 个月以内、3 -6 个月、6 个月 -1 年以及 1 年以上，其中 3 个月以内是最主要品种，按照币种可分为人民币理财产品和外币理财产品等，投资者需要根据自身实际情况购买不同种类理财产品。

银行理财收益率因产品期限、风险等级、发行机构等各异，由于理财产品也是吸储的重要手段，因而中小银行的理财预期收益率要高于大行。随着央行多次下调基准利率以及市场流动性的充裕性，目前银行理财产品收益率有所下降。尤其是近几年银行理财产品收益率一直在持续走低，平均收益率已经跌至 4% 以下。

在过去，银行理财一般流动性较低，到期前无法变现，但是整体安全性较高，对于部分浮动收益率产品，银行为了维持声誉基本能够兑现预期收益，存在刚兑惯例，整体风险相对较低，因此，投资者普遍认为它是保本保收益的，但 2022 年 1 月 1 日起，《资管新规》正式实施，要求金融机构开展资产管理业务时不得承诺保本保收益。出现兑付困难时，金融机构不得以任何形式垫资兑付。

关于规范金融机构资产管理业务的指导意见

资管新规最引人关注的就是：打破“刚性兑付”，理财产品不再保本保收益。就像买股票，基金一样，投资者自负盈亏。在资管新规与利率持续走低的新背景下，以银行存款、理财、信托、国债为代表的传统的理财方式正在经历深刻变化，新常态下我们理财思维亟待转变。

2. 认识银行理财产品的常用工具

（1）App。各大银行的 App 都会有理财产品销售页面，这也是普通投资者接触银行理财产品最简单最快捷的方式。例如，打开“中国工商银行 App－理财－固收类”，任意选择一款理财产品，点击进去就可以查看理财产品的产品说明书，里面会详细介绍银行理财产品的产品要素，这也是对该产品最为权威的描述（图 6－1）。

**图 6－1 中国工商银行手机 App 页面**

（2）中国理财网。中国理财网是经中国银行业监督管理委员会批准建立的全国银行业理财产品信息披露的专业性、权威性网站。打开中国理财网（https：//www.chinawealth.com.cn/），点开“理财产品”栏目，在产品登记编码框中输入相应的登记编码或者输入产品名称，就可以查询理财产品的基本要素了（图 6－2）。

除此以外，还可以在银行各大官方网站采用网上银行等进行购买。

### 6.1.1.3 债券

债券是典型的固定收益类金融产品，发行人按期支付利息，到期偿还本金。

债券根据发行的主体不同，主要有国债、地方政府债、企业债、公司债等。债券最大特点在于债券是国家、地方政府或者企业直接融资的产品，凭借的是国家、政府或者企业的信用。一般债券多为一年期以上，收益会因为发行主体的不同有较大的差异。

1. 国债

国债是中央政府为筹集财政资金而发行的一种政府债券；国债的发行主

图6－2　中国理财网查询页面

体是财政部，有国家信用作为背书，安全性极高，除国债外的任何理财产品，理论上都不存在绝对安全的说法。国债收益一向被视为无风险收益。

2. 地方政府债

地方政府债是省、直辖市、计划单列市财政部门向市场发行的债券。

地方政府债根据资金用途和还款安排分为一般债券和专项债券。在地方政府债发行的前一年，地方政府财政部门上报下一年的一般债和专项债额度需求，由省级财政部门汇总上报财政部，经国务院报全国人大批准全年债务新增限额。

3. 公司债

公司债是股份公司或有限责任公司为筹措资金以发行债券的方式向社会公众募集的债券。公司债分为公开发行和非公开发行。

4. 企业债

企业债是指境内具有法人资格的企业，依照法定程序发行、约定在一定期限内还本付息的有价证券。企业债一般是由中央政府部门所属机构、国有独资企业或国有控股企业发行。发行期限从3个月到10年期不等。收益因为发行主体差异较大。

债券属于标准化金融产品，具有流动性强的特点，同时由于完全市场化运作，对于投资低级别信用风险的债券需要更加谨慎，不过我国债券发行设有受托管理人、内外部增信、信息披露等多重保护投资者的措施。

整体看，我国债券市场投资门槛较高，个人投资者所能够投资的品种较少，主要包括部分国债、交易所高等级券种，多数券种主要适合机构投资者配置资产。

#### 6.1.1.4　信托

信托即“受人之托，代人理财”，是与银行、保险、证券并列的四大金融支柱之一。信托产品是由信托公司发行的，收益率和期限固定的理财产品，融资方通过信托公司向投资者募集资金，并通过资产抵押给信托公司以及第三方担保保证本金收益如期兑付。信托产品分为固定收益类信托和浮动收益类信托，目前市场上合格的个人投资认购的基本是固定收益的信托产品。

信托产品是主要针对高净值人群发行的高端理财产品，是信托公司私募发行，不为普通大众知晓。投资门槛比较高，一般30万元起投，也有不少产品是100万元、300万元起投。其收益较高，近期新发行的信托产品年化收益率普遍在7% -9%之间，目前由于市场上资金宽裕，信托预期年化收益率也有所下滑，但整体上仍远高于同期的银行存款、大额存单、理财产品的收益。

信托产品总体上风险可控，固收类的信托产品主要投资于基础设施建设、房地产、工商企业等较为稳健的领域。在设计信托产品的时候，信托公司一般会通过设置实控人、集团、母公司等连带责任担保，或者增加土地、房产、商业物业等实物进行抵押。或增加应收账款、股权、流通股份等债权权利进行质押降低风险。在这个基础上每一个信托产品都有商业银行作为独立的第三方机构进行资金托管，保证资金的安全。银保监会作为监管机构会出台各种规定对信托公司、信托业务等进行定期和不定期的监管。因此，信托产品因为其较高的收益和安全性一直都是高净值人群投资固收理财产品的首选项。

**【议一议】**

固收类理财的特点有哪些？我们在财富管理中应该如何进行有效配置？

## 6.1.2 基金类理财

### 6.1.2.1 含义

证券投资基金（以下简称基金）是指通过公开发售基金份额募集资金，由基金托管人托管，由基金管理人管理和运作资金，为基金份额持有人的利益，以资产组合方式进行证券投资的一种利益共享、风险共担的集合投资方式。

### 6.1.2.2 特点

1. 基金是一种金融中介机构

证券投资基金是一种金融中介机构。它存在于投资者与投资对象之间，起着把投资者的资金转换成金融资产，通过专门机构在金融市场上再投资，从而使货币资产得到增值的作用。证券投资基金的管理者对投资者所投入的资金负有经营、管理的职责，而且必须按照合同（或契约）的要求确定资金投向，保证投资者的资金安全和收益最大化。

2. 基金是一种信托投资方式

证券投资基金是利用信托关系进行证券投资。所谓信托，就是将本人的财产委托给可以信赖的第三者，让其按照本人的要求加以管理和运用的行为。投资者将财产委托专业机构进行证券投资，就是对该机构的信任，而该机构完全是按照投资者的要求进行管理和投资，并将收益分配给投资者，显然这是一种信托行为。

3. 基金是一种集合投资制度

证券投资基金是一种积少成多的整体组合投资方式，它从广大的投资者那里聚集巨额资金，组建投资管理公司进行专业化管理和经营。在这种制度下，资金的运作受到多重监督。

### 6.1.2.3　分类

1. 按法律形式分类

契约型基金：是指由基金管理公司（委托人）、基金保管机构（受托人）和投资者（受益人）三方通过信托投资契约建立的代理投资行为。

公司型基金：是指投资者依据公司法组成以营利为目的，投资于特定对象（如有价证券、货币）的股份制投资公司。

2. 按运作方式分类

封闭式基金：是指基金份额在基金合同期限内固定不变，可以在依法设立的证券交易所交易，投资者在基金发行成立后的封闭期内不可以直接进行申购或赎回，在可上市交易的情况下可通过二级市场买卖基金份额方式实现退出。产品流动性较低，但规模稳定，有利于基金经理的投资管理。

开放式基金：是指基金发行总额不固定，基金单位总数随时增减，投资者可以按基金的报价，每个交易日都可以在国家规定的营业场所申购或者赎回基金单位的一种基金，产品流动性好。

开放式基金是目前市场上基金主要形式。可通过基金直销或代销机构（通常为银行或者证券公司）来进行销售。费率包括认购费，申购、赎回费，管理费，托管费等（表6－1）。

**表6－1　开放式基金与封闭式基金的区别**

| 项目 | 开放式基金 | 封闭式基金 |
|---|---|---|
| 规模 | 不固定 | 固定 |
| 存续方式 | 不确定，理论上可以无限期存续 | 确定 |
| 交易方式 | 一般不上市，通过向基金管理公司和代销机构进行申购赎回 | 上市流通 |
| 交易价格 | 按照每日基金单位资产净值 | 根据市场行情变化，相对于单位资产净值可能折价或者溢价，多为折价 |
| 信息披露 | 每日公布基金单位资产净值，每季度公布资产组合，每6个月公布变更的招募说明书 | 每周公布基金单位资产净值，每季度公布资产组合 |
| 投资策略 | 强调流动性管理，基金资产中要保持一定现金及流动性资产 | 全部资金在封闭期内可进行长期投资 |

3. 按投资对象分类

股票型基金：投资股票的比例为80%以上，所投资的股票可以是优先股，也可以是普通股。股票基金收益大于债券基金，那么投资风险也大于债券基金。属于高风险品种，其预期风险和收益高于其他几种基金。

债券型基金：80%以上投资于债券，其中又可分为纯债基金、一级债基、二级债基、可转债基金等。纯债基是只投资债券市场的基金。一级债基主要投资债券，还可以参与打新股，待新股在二级市场价格上升后卖掉，就能套利获得资本利得，收益较高。二级债基除主要投资债券外，还会投资一小部分股票，所以风险会高于纯债基和一级债，但预期收益也会更高些。

混合型基金：投资股票和债券的比例介于股票型基金和债券型基金之间，分为偏股型基金、偏债型基金和股债平衡型基金。混合基金投资于股票、债券或者货币市场工具。其投资回报和投资风险一般低于股票基金，高于债券和货币基金，兼具激进和保守的投资策略。

货币型基金：全部投资于货币市场工具的基金。货币基金的投资对象的期限是小于1年的产品，包括短期国债、政府公债、商业本票、大额可转让定期存单、银行承兑汇票等。因为投资短期产品，所以货币基金最大的特点就是流动性强、安全性高，预期风险和收益低于其他几种基金。

4. 按投资理念分类

主动型基金：是指基金经理通过主动投资管理策略以期获取优于业绩基准回报的基金。通俗来讲就是，主动型基金是由基金经理挑选个股、何时买入卖出、何时改变股票持仓比例，完全由基金公司和基金经理来决定，是对基金进行主动投资管理。主动型基金的管理难度比被动型基金高，因此基金管理费也比较高。

被动（指数）型基金：被动型基金一般选取特定的指数成份股作为投资的对象，不主动寻求超越市场的表现，而是试图复制指数的表现，因此通常又被称为指数基金。

5. 按募集方式分类

公募基金：是指以公开方式向社会公众投资者募集资金并以证券为主要投资对象的基金。公募基金具有监管严格，信息披露完整，运行限制等行业规范，主要分为货币型基金，股票型基金，混合型基金和债券型基金。

私募基金：是指一种针对少数特定投资者而非公开募集资金并成立运作的投资基金，因此它又被称为向特定对象募集的基金，私募基金财产的投资包括买卖股票、股权、债券、期货、期权、基金份额及投资合同约定的其他投资标的。

6. 按资金来源和用途分类

在岸基金：在岸基金是指在本国募集资金并投资于本国证券市场的证券投资基金。

离岸基金：离岸基金是指一国的证券投资基金组织在他国发售证券投资

基金份额，并将募集的资金投资于本国或第三国证券市场的证券投资基金，比如 QFII。

7. 特殊类基金

合格境内机构投资者（QDII）：是在一国境内设立，经该国有关部门批准从事境外证券市场的股票、债券等有价证券业务的证券投资基金。它是在货币没有实现完全可自由兑换、资本项目尚未开放的情况下，有限度地允许境内投资者投资境外证券市场的一项过渡性的制度安排。随着人民币兑美元的不断升值，汇率风险成为投资 QDII 基金越来越值得关注的因素。

合格境外机构投资者（QFII）：是包括我国在内的一些国家和地区实行的有限度的开放资本市场的一项过渡性的制度。在人民币没有实现完全可自由兑换以及资本项目尚未开放的情况下，将境外投资者"引进来"，允许合格的境外机构投资者直接投资于内地资本市场，投资股票、债券等产品，并通过严格监管的专门账户来进行。

交易型开放式指数基金（ETF）：属于开放式基金的一种特殊类型，它结合了封闭式基金和开放式基金的运作特点，投资者既可以向基金管理公司申购或赎回基金份额，同时，又可以在二级市场上按市场价格买卖 ETF 份额。

上市开放式基金（LOF）：是一种既可以在场外市场进行基金份额申购赎回，又可以在交易所（场内市场）进行基金份额交易、申购或赎回的开放式基金，它是我国对证券投资基金的一种本土化创新。

基金中的基金（FOF）：是一种投资基金的基金，它不直接投资股票或债券，而是通过投资其他基金，间接持有股票或债券。由于多了一层嵌套，FOF 基金的交易成本较高，但是它的风险也要低一些，适合追求偏稳健收益的投资人。

**【训练 6-2】**

请你选择一家基金销售平台，登录后浏览查阅不同类型基金的特点、投资比例、费率等信息，并对比总结之间的差异。

### 6.1.3 保险类理财

保险公司依托自身在保险产品方面的优势，在财富管理设计上更多是以保险产品作为基础，帮助其客户规划资产与投资的配置、遗产的处理等财富管理方案，帮助其客户享有保障的同时，能够实现资产在一定程度上保值与增值。其目标客户更多是个人客户。

保险理财简单地说就是通过购买相关的保险产品，包括财产险、寿险、养老险、健康险、万能险、教育储蓄险、意外伤害险等，达到对个人或家庭进行风险管理和投资的目的。归结起来，涉及投资理财功能的保险产品主要可分为分红险、万能险和投资连结险三大种类。

投资理财保险适合那些已经拥有了基本的养老、重疾、意外、医疗保障，又有一部分闲置资金，个人的投资偏好比较趋于保守或没有时间打理闲置资金的人群。因此投资理财保险的适用人群必须具备以下四个条件，即：要有持续稳定的收入；具有一笔富余资金且没有其他投资渠道；具有风险承受能力，且没有时间和精力打理资金；对投资有中长期准备的投资者。

#### 6.1.3.1 分红险

分红险不设单独的投资账户，它的保障和分红账户是混合的，是投保人分享保险公司部分经营成果的一种人寿保险产品，红利来源于寿险公司的“三差收益”即死差异、利差异和费差异；且同时具有保障和投资双重功能。

需要注意的是，红利分配并不是可以保证的，关于分红险的收益，有两个关键词需要特别解释，即“预期收益”和“实际收益”：

预期收益，是保险销售人员在销售产品时向投保人演示的，只具有参考价值。

实际收益，则取决于保险公司投资理财能力，这才是一份分红险可获得的确定收益。

购买分红险产品一定要分清楚这两个概念，坦然接受收益的浮动。

分红险的收益虽然总体偏低，但其风险较小，适合保守型的消费人群。

#### 6.1.3.2 万能险

万能险是具有保险保障功能并设立有单独保单账户，且保单账户价值提供最低收益保证的人身保险。它是风险与保障并存，介于分红险与投连险间的一种投资型寿险。

在这种“万能保险”保险方式下，消费者缴纳的保险费分为两部分，一部分是用来保险的，一部分是用来投资的，投资部分的钱可以由消费者自主选择是否转换为保险，这种转换可能表现为改变缴费方式、缴费期间、保险金额等的调整。

说它“万能”，主要表现在交费灵活、保额可调整、账户价值领取方便等方面。

一是交费灵活。可以选择、变更交费期，可以在未来收入发生变化时缓交或停交保费，也可以过三五年或更长时间之后再继续补交保费等，还可以一次或多次追加保费。

二是保额可调整。可以在一定范围内自主选择或随时变更“基本保额”，从而满足人们对保障、投资的不同需求。

三是账户价值领取方便。客户可以随时申请领取保单账户价值，作为子女的教育金、婚嫁金、创业金，也可以用作自己或家庭其他成员的医疗储备金、养老储备金等。

万能寿险的费用非常透明。所缴保费扣除初始费用、风险保险费、保单管理费等进入投资账户的比例都有明确说明。保险公司每月（有的公司为每季度）进行保单账户价值结算，公布当月（当季）的结算利率。

万能险保证收益稳定。扣除相关费用后的保费进入单独账户，保险公司按照其投资策略，将资金配置到各种投资工具中。保险公司在保险合同中约定万能险的最低保证利率，其最大特点是在最低保证利率之外，高于最低保证利率以上的收益保险公司和投资人按一定比例分享。当然，各公司的保证收益并不相同，最终收益还是取决于保险公司的资金运用水平和综合管理能力。值得注意的是，万能险的保证收益并不是全部保费的收益率，而是扣除相关费用后的保费进入单独账户的部分。

因此，万能险比较适合中高收入人群，短期投资者不推荐购买。

#### 6.1.3.3　投资连结险

投资连结险简称投连险，投资连结保险是指具有保险保障功能并至少在一个投资账户拥有一定资产价值，并不保证最低收益的人身保险。

投连险集“保障”与“投资”功能于一身，且两个部分独立运作，管理透明。投连险没有“保本”一说，它的收益高低不仅要受市场大环境的影响，还与保险公司的理财能力密切相关。投资组合不同，收益率就不同。

经营投连险产品的保险人通常会设置若干个单独的投资账户，每个账户有不同的投资方向和组合。投保人可以根据自己的风险偏好选择其投资账户，保险人在收到保费后，按事先约定将保费的部分或全部分配到投资账户并转为投资单位，保险人就根据保单项下的投资单位数目与当时的投资单位市场价格来计算投资账户的价值。

投连险的收益来自投保人通过保险公司向股市、债券、货币等资本市场进行投资所获的利得。因此，投连险适合追求资产高收益，同时又具有较高风险承受能力的投保人（表6－2）。

**表6－2　　分红险、万能险、投连险的区别**

| 不同点 | 分红险 | 万能险 | 投连险 |
|---|---|---|---|
| 保障 | 有保证保额 | 仅有基本保证保额 | 仅有基本保证保额 |
| 缴费灵活度 | 低 | 缴费灵活 | 缴费灵活 |
| 透明度 | 低 | 较高 | 高 |
| 变现性 | 低 | 较强 | 较强 |
| 分设账户 | 不设单独投资账户 | 设有单独的投资账户 | 设有单独的投资账户 |
| 利润来源 | 三差益 | 投资收益 | 投资收益 |
| 收益分配 | 按年度可分配利润的一定百分比 | 取决于投资收益但有最低保证 | 完全取决于投资收益 |
| 投资风险 | 基本无风险 | 中等 | 较高 |
| 风险分担 | 客户与保险公司共担 | 客户与保险公司共担 | 客户承担 |

### 6.1.4 股票类理财

#### 6.1.4.1 股票的概述

股票是一种有价证券，是股份公司在筹集资本时向出资人公开或私下发行的、用以证明出资人的股本身份和权利，并根据持有人所持有的股份数享有权益和承担义务的凭证。

股票代表着其持有人（股东）对股份公司的所有权，每一股同类型股票所代表的公司所有权是相等的，即“同股同权”。股票可以公开上市，也可以不上市。在股票市场上，股票也是投资和投机的对象。股票投资属于风险投资。

#### 6.1.4.2 股票投资理财的软件工具

1. 同花顺

同花顺是目前国内最大的第三方股票交易软件，新闻资讯独立专业，页面视觉良好，服务功能多样，产品迭代及时，数据实时更新，模拟炒股类型健全，券商选择丰富，是市场上实时行情极速交易、数据全面、率先支持股指期权和沪港通、深受股民欢迎的免费炒股（金融/投资/理财/证券）软件。既适合股票投资新手，也适合老股民。

2. 东方财富

东方财富网是中国财经第一门户，用户超过 1 亿，提供急速的全球行情，安全的全球交易，权威的资讯内容、互动的交流平台，是投资者的首选。东方财富网手机炒股软件实时对接 PC 端的数据，使得东方财富网的手机炒股软件的数据非常丰富。同时东方财富网手机炒股软件对接了股吧的数据，股民可以一边用手机炒股一边和其他股民交流。

3. 大智慧

大智慧软件界面风格及操作均符合用户使用习惯，版本系统稳定，操作便捷。支持股指期货行情；支持沪、深 Level－2 十档行情，透视交易细节。大智慧手机版功能丰富，覆盖面广，和专业机构、企业合作，提供权威资讯和数据。

4. 腾讯自选股

腾讯自选股是腾讯官方出品的一款简洁易用的个人股票看盘软件，覆盖沪深港美全球实时行情，支持券商在线实时交易、股票开户、基金理财，且拥有 24 小时无间断实时资讯和备受欢迎的交流社区，推送最即时的股价提醒消息，并提供 24 小时不间断全球财经资讯，覆盖沪深、港股、美股三大市场，无论是查看行情、管理股票、设置提醒、阅读报表都轻松便捷，适用于所有股票投资者。

5. 雪球

雪球上大部分是价值投资者，是一个讨论的场所，也是现在很多财经经济学家分享投资的框架和经验心得的阵地，所以雪球算是一个靠着大 V 效应起来的炒股社区，里面有很多比较厉害的炒股达人负责生产内容，在这个社区里每天可以生产近30万条的UGC内容，所以投资氛围较浓厚。在雪球，可以直接开户买股，每天获取无穷尽干货好贴，并与真实的投资高手深入交流。

**【想一想】**

财富管理中债券、基金、股票在风险投资方面的区别有哪些，他们分别更适合于哪一类客户去投资呢？

# 任务6.2　金融科技在财富管理领域的应用

## 6.2.1　精准营销

### 6.2.1.1　精准营销的含义

精准营销（Precision Marketing）就是在精准定位的基础上，企业依托互联网、大数据以及信息技术手段，建立起一套个性化的消费者沟通服务体系，实现企业可度量的低成本扩张之路，是大数据时代新型营销理念中的核心观点之一。

微课视频：什么是精准营销

精准营销的本质就是给合适的用户推荐合适的产品和服务。精准营销通过可量化的精确的市场定位技术突破传统营销定位只能定性的局限。通过对三大数据的分析，可以了解研究的客户群体“是什么样的人”、“对什么感兴趣”“正在哪里干什么”。

### 6.2.1.2　精准营销的优势

更加精确：在互联网时代，大数据使营销变得更加精准，通过技术手段处理用户数据，可以准确知晓用户的各类习惯甚至预测其行为模式。

成本更低：与传统的上门营销、电话营销，甚至是扫街营销等方式相比，精准营销可节约大量的人力物力、提高营销精准程度，并减少业务环节，为商业银行节约了大量的营销成本。

效率更高：可以根据分析出的客户的金融和非金融需求，主动向潜在客户/目标客户推送各类针对性的金融和非金融信息，推送沙龙活动/网点/财富管理中心等线下活动的邀请函、体验券，唤醒沉睡客户，并增加客户粘性。

### 6.2.1.3　精准营销的应用场景

通过基于大数据的精准营销，结合各种线上和线下技术手段，通过对客户群需求的分析（包括金融需求和非金融需求），可以围绕不同类型和需求的客户，进行客户的开发、转化和提升。主要涉及以下几个方面：

（1）利用大数据对客户的需求进行分析，有针对性地推送客户感兴趣的产品信息和服务内容；

（2）可了解客户对推送信息的阅读情况，从而更精准地筛选客户；

（3）精准化营销服务触及（推送针对性的产品信息、邀约参加相关的金融和非金融线上和线下活动）；

（4）通过持续性的线上和线下活动进行客户转化和提升。

**【拓展学习】**

**科技赋能金融营销：宇信推出微服务架构“千人千面”营销平台**

宇信科技数字化营销平台聚焦精准营销领域，以“客户”、“产品”、“权益”为核心，构建“客户标签画像+营销资源整合+营销活动策划+营销全流程监控+精准营销建模”，实现了各营销渠道的打通，使积累的业务数据能够快速变现，增加产能。同时，整个营销流程实现了线上化、场景化、常态化、自动化，提高了营销成功率、市场响应速度和营销人员的工作效率，可以促进客户综合经营。

该平台产品基于微服务架构的基础平台开发，通过其提供的基础框架、内建的多渠道支持、丰富的基础组件、强大的开发工具及运维工具，满足多种场景的应用（图6-3）。

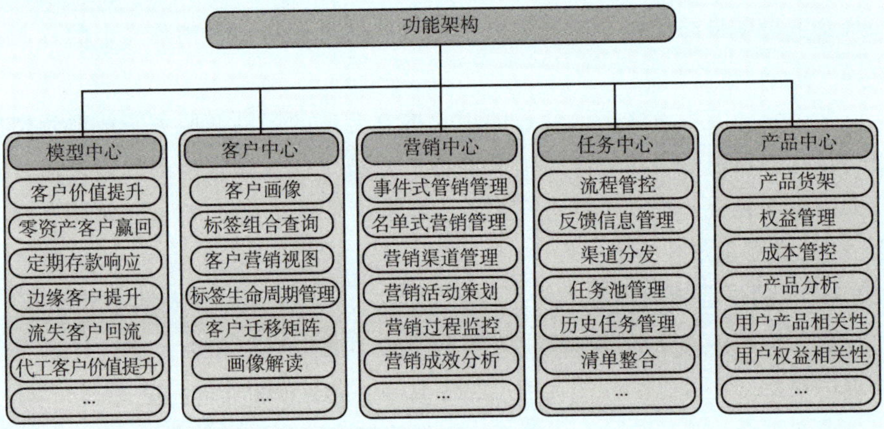


**图6-3　宇信科技数字化营销平台功能框架**

采用可视化流程，实现任务的快速部署和灵活调整，使营销人员制定营销组件、营销，在打造营销场景的时候直接利用组件的拖拽组合或者营销模块快速定制流程；

多维度、可视化的监控中心，营销能力所见即所得，实现营销活动的快速配置上线、暂停、调优；

事实类标签、分析类标签、预测类标签一应俱全，产品内置的标签规则覆盖了零售客户、对公客户、财富客户等，总数量超过千个；

客户和产品的高精准匹配，高效的支持了新产品发布、产品客群定位、客户产品智能推荐等业务场景；

精准营销模型围绕着客户在金融机构的全生命周期，同时模型根据业务数据进行机器学习，不断的自动训练以提高营销命中率。

在如今“互联网+和大数据”的时代，借助于新技术应用、新客户运营、新业务模式探索，金融机构将通过大数据和人工智能技术，构建一套全新的数字营销体系，涵盖作战思路的变革、营销武器的升级、营销场景的打造，也正是“千人千面”的差异化营销。

### 6.2.2 客户细分

#### 6.2.2.1 客户细分的含义

客户细分是20世纪50年代中期由美国学者温德尔·史密斯提出的，其理论依据在于顾客需求的异质性和企业需要在有限资源的基础上进行有效的市场竞争。其是指企业在明确的战略业务模式和特定的市场中，根据客户的属性、行为、需求、偏好以及价值等因素对客户进行分类，并提供有针对性的产品，服务和销售模式。客户细分一般按照客户的外在属性分层，通常这种分层最简单直观，数据也很容易得到。

#### 6.2.2.2 有效客户细分的5个基本步骤

做客户细分简单，然而做有效的客户细分就难了。所谓有效，就是能对运营、产品、营销、销售工作有所帮助。因此，单靠一个维度进行分层是不够的，我们需要更多分类维度，做更细致划分。

1. 客户特征细分

一般客户的需求主要是由其社会和经济背景决定的，因此对客户的特征细分，也即是对其社会和经济背景所关联的要素进行细分。这些要素包括地理属性（如居住地、行政区、区域规模等）、社会属性（如年龄、性别、收入、行业、职位、受教育程度、宗教信仰、家庭成员等）、心理属性（如个性、生活型态等）和消费行为（如置业情况、购买动机类型、品牌忠诚度、对产品的态度等）等要素。

2. 客户价值细分

不同客户给企业带来的价值并不相同，有的客户可以连续不断地为企业创造价值和利益，因此企业需要为不同客户规定不同的价值。在经过基本特征的细分之后，需要对客户进行高价值到低价值的区间分隔（例如大客户、重要客户、普通客户、小客户等），以便根据20%的客户为项目带来80%的利润的原理重点锁定高价值客户。客户价值区间的变量包括：客户响应力、客户销售收入、客户利润贡献、忠诚度、推荐成交量等。

3. 客户需求细分

客户的需求是什么？即根据客户的咨询记录、沟通与跟进记录、订单记录、收款记录及合同记录等，总结出目标客户及客户群对产品的需求及购买规律：客户需要的是什么产品、客户购买的是什么产品、在什么时间购买的、购买的频率是什么等等，由此判断客户的需求状况，以及需求是否被满足。

还可以围绕客户细分和客户价值分隔，选定最有价值的客户细分作为目标客户细分，提炼他们的共同需求，以客户需求为导向精确定义企业的业务流程，为每个细分的客户市场提供差异化的营销组合。

4. 评估细分结果

客户细分的最终目标是通过分析和清楚地了解产品线的独特属性及其对客户的关键好处，使产品和服务与每个目标细分相一致。通过这样做，才能在客户可视化的情况下，使企业的产品或服务满足他们的需求，增加他们的业务价值。

5. 调整营销策略

根据前面细分的结论，就可以开始制定有针对性的营销策略，真正地向客户表明，已经考虑了他们的需求，以及如何最好地满足他们。

#### 6.2.2.3 客户细分的应用场景——从“盈鱼 MA 大数据驱动自动化营销平台”为例

随着数字化的快速发展，金融机构可以利用大数据平台建设实施客户关系管理系统。

盈鱼 MA 就是一个以大数据驱动自动化营销平台，其依靠自身强大的技术实力，通过大数据的方式将那些广泛分散在不同业务系统、经营管理机构以及不同层次的人集中起来进行有效的加工，将不同渠道的客户信息以及客户交易数据进行整合，建立统一的客户信息中心。

然后将这些信息进行分类、聚类、序列等多种处理方式，挖掘出隐含的、未知的规律，从而更好地分析客户需求，构建客户画像。同时对客户进行筛选，对有效客户进行常态化维护，保持与客户之间的定期、定向联系，对无效客户进行梳理，“清虚”，从而保证金融机构的客户关系维护系统更加高效。

那么，具体的操作逻辑是什么样的呢？

1. 利用数据技术刻画精准客户画像

可供参考的数据越多，给客户做出的画像就越精准，这点想必毋庸置疑。但随着全渠道营销的展开，金融机构获取第一手数据的渠道越来越多，金融机构可以通过自身线下网点、App、社交媒体账户、官网、微信、短信等，与客户多点互动接触，同时收集客户数据。仅知道客户的名字、手机号码是远远不够的，必须掌握包括客户的购买习惯、频率和偏好在内的所有其他尽可能多的信息资料。

而盈鱼 MA 客户细分模型凭借强大的数据分析能力，通过大数据算法和模型，以客户行为数据作为基础，结合业务数据等多种数据源，可以将来自多个不同渠道的数据汇集在一起，提供清晰的客户视图，建立智能客户标签，赋能业务实现客户标签的自助式创建、维护和管理，使得客户画像更为精准，更趋近于真实的客户画像（图 6-4）。

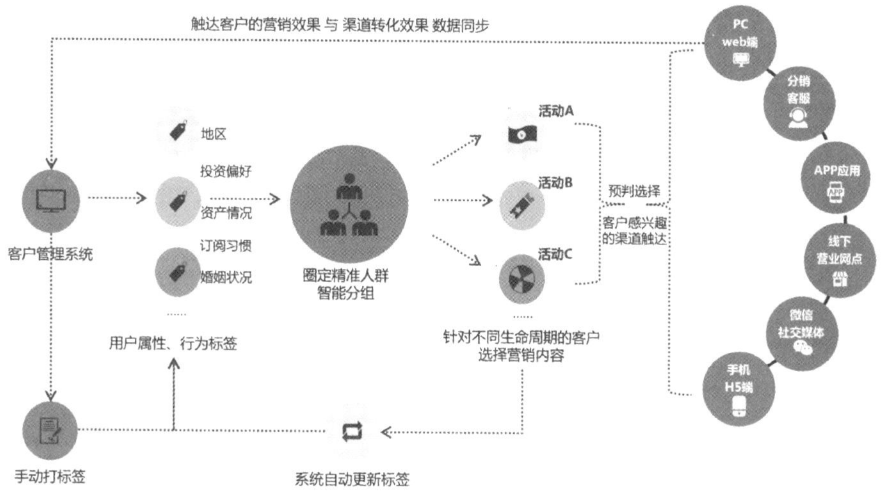


**图6-4　盈鱼MA大数据精准客户画像**

基于客户画像还能帮助我们预测客户群的终生价值（Customer Lifetime Value，CLV），并根据客户的不同情况定制营销方案，以最大限度地提高每位客户的价值。

2. 全渠道一致化的客户体验

大规模开展有效的个性化营销是一项艰巨的挑战，机构在建立精准客户视图数据库，并对客户进行细分，深入了解客户的生命周期旅程后，需要根据客户的细分市场进行相关的信息推送，产品推荐，并打通线上线下各渠道，实现无缝对接，真正给客户带来全渠道一致化的体验。

那么，如何实现内容的一致性呢？机构需要一个能够共享所有客户数据，并能够连通机构内所有部门的客户数据平台，保证各部门在接待同一客户时，充分了解客户全方位需求，对客户提供全渠道连接和无缝的内容提供，能大大提升客户体验，能向客户提供更加灵活的渠道交付和一体化的服务支持（图6-5）。

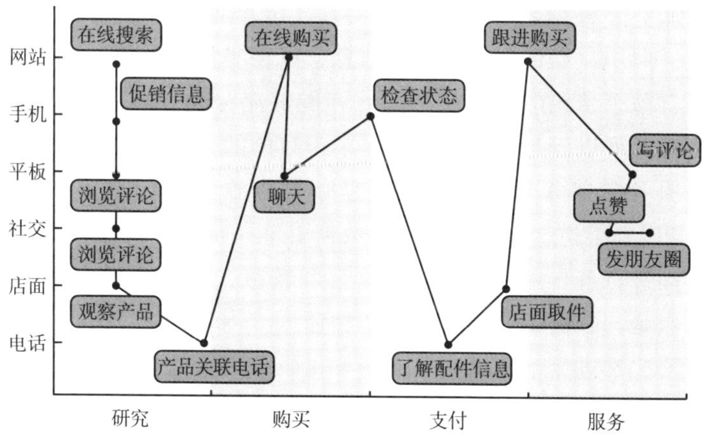


**图6-5　盈鱼MA全渠道一致化的客户体验**

客户旅程是通过网站、手机查询贷款利率，再拿出平板选择产品，再到呼叫中心电话进行咨询，再到线下完成现场签约，最后完成购买产品自传播的行为。

盈鱼 MA 通过自动化跨渠道打通客户 ONE_ID，不断沉淀全渠道客户数据，实现全渠道连接客户数据，运用多种可能的渠道与客户建立联系和传递内容，包括用户对产品的感知、研究、购买、交易和服务的全过程。

与多渠道连接以渠道为主导的运作模式不同，全渠道连接从思维上是以客户为中心的整合，在运作上以更好地适应客户旅程作为实现多渠道无缝协同的出发点，促进了多种渠道间的协同和整合进程，向客户提供更具一致性的无缝体验。

3. 千人千面的个性化推荐

一个成熟的金融模型，并不只是简单的对客户数据进行整合，机构需要的是一个能够从模型中看出客户发展趋势的结果。

所以，仅仅通过算法把客户信息转化为图形，并不能体现客户细分的智能性。盈鱼 MA 客户分析模型，把单调繁琐的数据通过特定算法图像化，并对图像进行“深加工”，采用自动化工作流从客户画像中提取显著特征，使营销人员能够快速识别用户并将相似的用户划分到一起形成不同的组，真切的做到了从金融机构细分客户的现状出发，以更加细致更加标准的模型为客户精准画像，给金融业务的开展带来更为有价值的参考数据。

如此一来，营销人员就可以针对不同的细分群体使用差异化和个性化的营销策略。比如我们想壮大高端客户群体，那完全可以推出全新的产品系列、全新的奖励政策、全新的服务来吸收高端用户，只要我了解了他们的喜好、行为习惯，就能做得很精准。

### 6.2.3 个性化服务

#### 6.2.3.1 个性化服务的含义

个性化服务是根据用户的设定来实现，依据各种渠道对资源进行收集、整理和分类，向用户提供和推荐相关信息，以满足用户的需求。从整体上说，个性化服务打破了传统的被动服务模式，能够充分利用各种资源优势，优化产业链，主动开展以满足用户个性化需求为目的的全方位服务。

个性化服务搭建并非孤立存在，它必须与券商现行的数据中心，Crm、App、微信各服务渠道、权益系统、大数据引擎，行为分析平台进行整合，在整体架构层面进行各自定位、分工、整合和链接，最大化发挥协同效应。值得注意的一点是，目前很多券商由于各种原因（如无标签）还不具备完整的整合能力而不愿推进变革，事实上，场景化服务需要整合的是现有服务资源，总体目标是建立场景化的服务模式，客户、渠道、权益、页面、员工实现最大化的协同和提高整体服务效率，大数据、AI 技术的补充实质上是在此基础上让服务实现更加精准一点。

#### 6.2.3.2　个性化服务的应用场景

1. 千人千面的服务

在识别用户后，金融机构应使用数据获取、数据处理、智能分析、数据应用落地等一套工程化的方法，去理解客户真正的需求，从“认识”客户到“懂得”客户。并且持续跟踪分析客户资产状况、投资行为，随时调整标签，力求在任何场景、任何时间都能为客户提供最适合的服务和产品，帮助用户实现最大价值。以长江证券 App 为例，基于 6 大类 - 106 个因子 - 231 个标签，对客户的投资行为数据、交易数据进行智能分析从而定义客户标签为每位客户提供个性化资讯、理财产品和投顾服务，打造券商业今日头条。

2. 自动化服务

通过人工智能和大数据的帮助，实现自动化服务。财富管理自动化实现后，系统根据客户风险偏好和投资目标，自动向客户推送满足其所需的投资组合，以及完成各类交易、风险监测等财富管理步骤。财富管理专家可以利用系统构建投资组合、识别投资风险，更专注于市场预判与资产遴选等高价值工作，大幅提升工作效率，减少重复性劳动。以某券商营销为例，场景覆盖账户运营和活动运营，基于场景，将流程进行分解为用户、渠道、产品、权益等自动化的实现个性化服务，例如客户 3 天无活动自动判断并推送引导客户信息，总而言之，在预设运营状态下，给出对应的运营策略。

**【拓展学习】**

**苏宁理财满足客户个性化理财需求，提供定制性服务**

每个人的经济状况不一样，适合自己的理财方案也会有所不同。怎样选择适合自己的理财方式是个大学问。为了满足不同客户的个性化理财需求，苏宁理财可以为客户提供定制化服务。

苏宁理财是苏宁集团旗下的一家投资理财综合服务机构，业务涵盖了基金销售、普惠理财、高端理财、企业理财等，并依托独特的金融 O2O 模式，提供自动转入、定时还贷、一键预约、理财计划等服务。

苏宁理财为了能够给用户打造出专属定制化服务，规划出最适合客户的理财计划。苏宁理财一直在利用人工智能、大数据、区块链等技术去分析客户需求，把握风控。苏宁理财可以通过数据分析实时提炼客户特征标签、结合客户全景画像，精准把握客户需求，进行个性化权益营销、场景化任务营销和自动化事件营销，营造全新的消费体验和消费服务，激发更多的消费潜力，实现用户与产品的最佳匹配，让自身更好地进行业务创新和数字化升级。

授人以鱼不如授人以渔，苏宁理财除了会根据数据分析为客户提供专属服务外，还上线了自己的“财富学院”，这是苏宁理财集中内部的投研、运营和理财顾问以及外部的合作伙伴推出的一个视频栏目。在这个栏目中，苏宁理财设计了五个板块：理财、基金、股票、保险、黄金，分别邀请熟悉各类投资业务的财富管理专家，为用户分享干货满满的投资秘笈。让用户通过理财知识的学习，也能变身理财达人。

中银理财根据年龄细分客户诉求

### 6.2.4 智能投顾

#### 6.2.4.1 什么是智能投顾

随着人工智能商业化浪潮的涌动，其技术也迅速应用于金融业务中，智能投顾被视为其中最核心的应用。智能投顾是智能投资顾问（Robo – Advisor）的简称，按照艾媒咨询发布的《2017 年中国智能投顾市场专题研究报告》的定义，智能投顾是指根据现代资产组合理论，结合投资者的个人财务状况、风险偏好和理财目标，利用云计算、智能算法、机器学习等技术，获得最优的理财配置方案，为投资者提供最佳投资组合（一般包括股票、债券、期货、大宗商品以及不动产等）。简言之，智能投顾就是人工智能与金融投资顾问的结合体。这一结合创新，以提高财富配置效率和降低服务成本为目的，满足投资者迫切希望通过更有效的资产管理获得更多收益的需求。

智能投顾的应用场景

智能投顾的核心优势在于通过技术的引入，极大降低人力成本，从而降低客户获取投顾服务的门槛和费用，有助于推动普惠金融发展。传统投顾服务的费用昂贵，主要客户为高净值人群。而智能投顾引入了人工智能和大数据等技术，可以快速处理海量信息，根据客户填写问卷反馈的信息进行风险偏好判别，通过算法模型为投资者提供资产配置建议，极大节约了专业投顾的人力成本，降低了客户获取投顾服务的门槛和费用，具有低门槛、低费用、投资广、易操作、透明度高和个性化定制六大优势。可充分挖潜投顾行业长尾市场（图 6 – 6）。

#### 6.2.4.2 智能投顾的应用场景

1. 智能投资建议书

协助理财师轻松为客户定制专属的投资规划建议书，系统根据客户个人情况、投资需求，智能匹配出最适合的投资组合，构建综合金融需求图谱，并快速生成一份全方位配置的投资规划建议书。

2. 个性化资产配置方案

超高净值客户提出财富管理需求后，理财顾问反馈到业务支持中心，投顾团队根据客户的需求及实际情况给出科学、合理的资产配置建议，理财顾

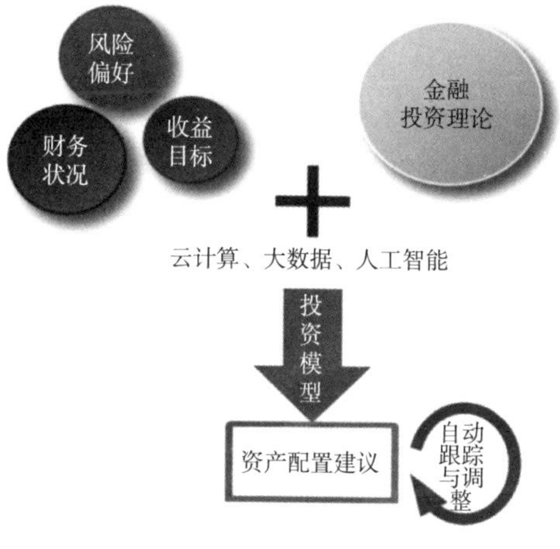


**图6-6　智能投顾运作模式**

资料来源：兴业证券经济与金融研究院整理。

问在智能投顾原有标准化建议书的基础上，做好大类资产及配置比例的调整后，生成定制化资产配置建议书发送给客户。

3. 专业资讯中心

互联网时代不乏信息，但在海量杂乱的信息中寻找有参考价值的资讯却变得越来越困难，新湖财富业务支持中心根据当下的经济形势、热点财经消息及理财师常用的资讯类型，每天筛选和上传有价值的资讯，为理财师节省频繁琐碎的资讯采集时间。

国内智能投顾市场近几年发展迅速，主要参与者可分为：传统金融机构、互联网公司、金融IT公司三类。传统金融机构包括银行、券商、基金，具有强大的客户资源和产品资源优势。目前，国内银行开展智能投顾的主要有招商银行摩羯智投、中国银行中银慧投、兴业银行兴业智投等；券商方面，截止2017年9月，已有8家券商推出智能投顾产品或服务；公募基金方面，如华夏基金与微软签订战略合作协议，发力人工智能投顾，并于2018年1月推出“华夏查理智投”。互联网公司在智能投顾市场具有强大的流量和技术赋能优势，代表产品主要有京东智投、蚂蚁聚宝、雪球蛋卷基金等。金融IT公司作为金融和IT的接口，具有技术和业务理解双重优势，目前入局智能投顾的主要有同花顺、恒生电子、金证股份等。

拓展资料：智能
投顾案例分析

## 课程思政

1. 培养学生的团队协作精神

通过团队作业的形式，让学生共同参与，共同完成每一个实践教学环节的任务，从而培养其团队协作能力。

2. 树立正确的金融投资和金融消费理念，提高投资风险意识

通过知识竞答的方式检验学生掌握各类理财产品的投资风险的情况，并通过调查财富管理平台等任务，让学生深入了解金融财富管理的内容，提高风险投资意识，树立正确的金融投资和金融消费理念。

## 单元评价

对于每一个单元，结合业务能力和评价指标，根据掌握情况在下表相应的方框中打√，自测结果共分为三类：A 掌握，B 基本掌握，C 未掌握。

**单元测评表**

| 任务 | 任务布置 | 评价指标 | 自测结果 | 要求 |
|---|---|---|---|---|
| 财富管理 | 查询央行人民币存款最新基准利率 | 1. 熟悉银行存款的种类<br>2. 上网查询央行人民币存款最新基准利率 | □A □B □C | 1. 记录详实<br>2. 条理清晰 |
| | 选择一家商业银行，下载 App 了解银行手机端理财功能 | 1. 下载银行 App<br>2. 银行 App 的理财功能介绍 | □A □B □C | 1. 记录详实<br>2. 条理清晰 |
| | 掌握各类理财产品的投资风险区别 | 1. 熟练掌握各类理财产品的投资风险<br>2. 根据投资风险大小合理配置资产 | □A □B □C | 1. 记录详实<br>2. 条理清晰 |
| | 调查一家财富管理平台 | 1. 调查材料的详实情况<br>2. 团队合作的具体情况<br>3. 平台介绍 PPT<br>4. 课堂展示表现 | □A □B □C | 1. 记录详实<br>2. 条理清晰<br>3. 逻辑在线<br>4. 展示风采 |

## 单元测试题

### 一、单项选择题

1. (　　) 是介于定期和活期之间的一种存款类型，这类型的存款既可像活期一样可随存随取，又能拿到比活期存款更高的利息。

A. 定期存款　　B. 定活两便存款

C. 一天通知存款　　D. 七天通知存款

2. 基金中的基金是指（　　）。

A. FOF　　B. LOF　　C. QDII　　D. QFII

3.（ ）是指具有保险保障功能并至少在一个投资账户拥有一定资产价值，并不保证最低收益的人身保险。

A. 分红险　　B. 投资连结险

C. 万能险　　D. 人身保险

4.（ ）就是在精准定位的基础上，企业依托互联网、大数据以及信息技术手段，建立起一套个性化的消费者沟通服务体系，实现企业可度量的低成本扩张之路，是大数据时代新型营销理念中的核心观点之一。

A. 精准营销　　B. 客户细分

C. 个性化服务　　D. 智能投顾

5.（ ）是根据用户的设定来实现，依据各种渠道对资源进行收集、整理和分类，向用户提供和推荐相关信息，以满足用户的需求。

A. 精准营销　　B. 客户细分

C. 个性化服务　　D. 智能投顾

**二、多项选择题**

1. 债券根据发行的主体不同，主要有（ ）。

A. 国债　　B. 地方政府债　　C. 企业债

D. 公司债　　E. 金融债

2. 基金按运作方式分为（ ）。

A. 封闭式基金　　B. 开放式基金　　C. 货币型基金

D. 混合型基金　　E. 股票型基金

3. 有效客户细分的5个基本步骤包括（ ）。

A. 客户特征细分　　B. 客户价值细分　　C. 客户需求细分

D. 评估细分结果　　E. 调整营销策略

**三、判断题**

1. 大额存单是指由银行业存款类金融机构面向个人、非金融企业、机关团体等发行的一种大额存款凭证。（ ）

2. 合格境内机构投资者（QDII）是在一国境内设立，经该国有关部门批准从事境内证券市场的股票、债券等有价证券业务的证券投资基金。（ ）

3. 股票是一种有价证券，是股份公司在筹集资本时向出资人公开或私下发行的、用以证明出资人的股本身份和权利，并根据持有人所持有的股份数享有权益和承担义务的凭证。（ ）

**四、综合案例**

### 科技让金融更精准——厅堂营销

移动互联网时代银行的物理渠道如何发挥价值，线上线下融合的新零售体系下如何利用好传统网点，江苏省联社辖内农商行通过长期探索，借助金融科技，通过建设“智能厅堂”和“智慧橱窗”系统，为厅堂赋予新的内涵，使农村金融机构的营业网点“满血复活”，为农村金融机构营业网点注入了新的活力。

目前江苏、安徽地区多家农商银行使用的“厅堂营销系统”，是一种结合了排队叫号机、高拍仪，乃至人脸识别来对客户进行身份识别，基于 iBamP 系统，匹配银行的产品及柜员、大堂经理及客户经理的精确营销，又融合了大数据、机器学习、人工智能等技术，形成了适合农商银行的智能厅堂营销系统。主要分为以下八大功能：

①实现客户分层及细分管理，实现客户等级的定制化配置管理，实现对现有存量及潜在客户的价值识别与跟踪，为差异化营销及服务奠定基础；

②通过分析和统计手段，提供商机发现、产品推荐功能；

③初步建立厅堂营销流程，优化客户大堂业务办理体验，配合柜面对数据质量的维护，提供相应的渠道接入和渠道服务功能，实现渠道的整合，为渠道协助营销提供系统支持；

④搭建精准营销框架，在精准营销框架的指引下，实现对营销产品投放的精准量化支持、客户营销渠道投放的精准量化支持；

⑤建立营销策划、执行、跟踪、评估等营销过程管理功能；

⑥实现客户服务的功能，提供短信服务；

⑦提供产品信息的维护和管理，为产品营销和选择产品奠定基础；

⑧将银行网点的玻璃橱窗改造成“智慧窗”，全天候展示银行产品和服务，让经过网点的客户能实时获取银行信息。

在新零售时代，厅堂营销系统把对客户的身份识别，与 iBamP 系统对客户信息的数据分析，以及前端营销系统的精准营销功能整合起来，打通线下与线上，是新一代智能网点改造的核心功能。

系统应用

1. 厅堂营销系统：

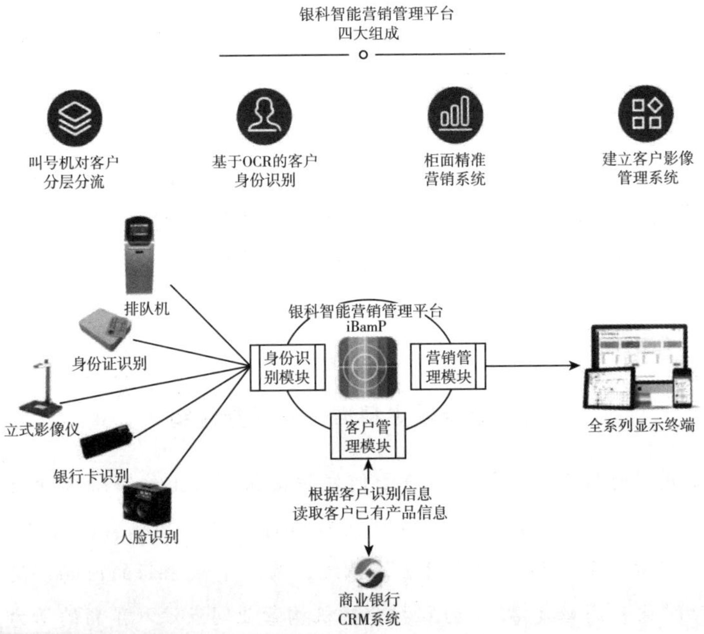

● 排队叫号机对客户分层分流，是指客户在排队叫号机取号时，通过身份证、银行卡等介质获得排队号，此时，系统根据所获客户身份信息从农商银行数据库中匹配出客户层级，如果是 VIP，则提供 VIP 服务。

● 基于 OCR 的客户身份识别，是指对客户身份证件的 OCR 识别，获取客户身份的数字信息，目前是仅限身份证，未来将扩展到存折、户口本等。

● 柜面精准营销系统，基于 OCR 对身份证、存折等影像介质扫描后的识别，依托农商银行的数据仓库和安徽省联社的 CRM 系统，结合农商银行的产品、客户以及营销模式，将可营销的产品信息推送给柜员，实现对客户的精准营销，形成了适合农商银行的智能柜面营销系统。

● 客户影像管理系统，是指基于客户柜面业务的影像介质的采集、存储、查询和使用。凭借高拍仪的拍摄功能，获取客户的证件影像和人脸影像，以此建立农商银行的客户影像资料库，为客户全息视图提供更完整的信息。

在银行网点转型过程中，如何更方便、更经济、更好的利用网点现有资源进行产品和服务的展示宣传，“智慧窗信息发布系统”作为厅堂营销营销系统的一部分，提供了高科技的硬件支持。

智慧窗简称 PDLC，属建筑装饰特种玻璃，智能调光玻璃是电子技术和玻璃技术深入发展的必然产物。采用国际发明专利技术原理，将新型液晶材料附着于玻璃、薄膜等基础材料上，运用电路和控制技术制成智能玻璃产品。该产品可通过控制电流变化来控制玻璃颜色深浅程度及调节阳光照入室内的强度，使室内光线柔和，舒适怡人，又不失透光的作用。玻璃新电时模糊，通电时清晰，由模糊到彻底清晰的响应速度根据需要可以达到千分之一秒级。

“智慧窗”四大功能：隔热、保护、防爆、隐私。

2. 智慧窗信息发布系统：

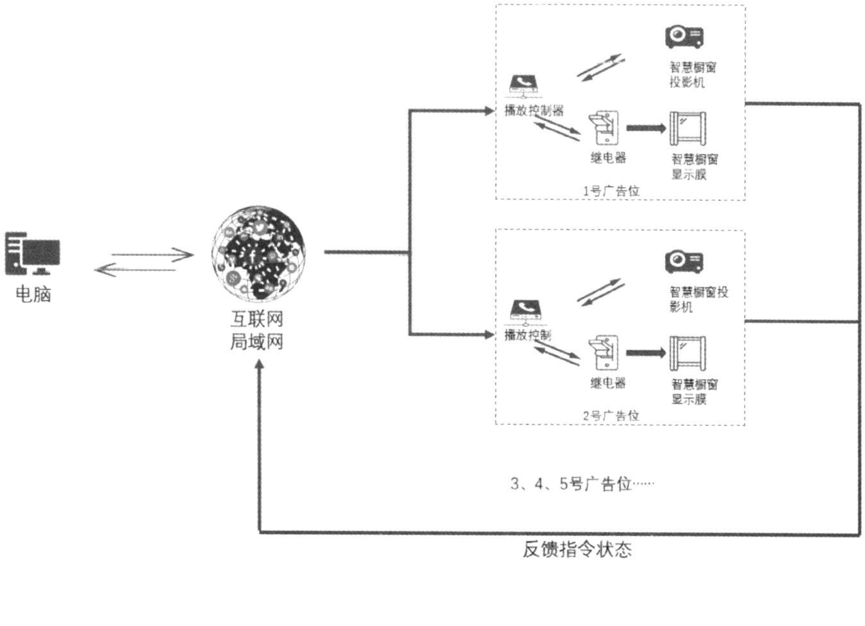

- 全天播放：普通调光玻璃透明度为76%，远超于国内同类产品（64－72%）；独有超清调光玻璃，透明度高达78%，提供单向可视功能；可应用于建筑门窗与车窗等。
- 实时更新：连续通电50000＋小时，光学特性及外观无改变；可持续开关300万次；通过北车/LG/Apple/Audi等厂商严格测试认证。
- 智能操作：雾化状态多达七种模式可控，如开关、遥控、触控、声控，温控、光控、App远程控制等多种方式；工作温度从－45度到80度，远胜于国内其他同类产品。
- 超大屏幕：普通调光玻璃可视角150度；超清晰调光玻璃可视角165度；从任何角度均可看到调光玻璃显示的图像以及透明状态；远远超过国内同类产品。

问题：1. 请分析金融科技对银行业营销的影响有哪些？

2. 谈谈金融科技对你日常生活的改变。

# 单元 7
# 供应链金融

## 知识目标

1. 掌握供应链金融服务的定义和内容
2. 理解供应链金融服务在解决中小企业融资问题中发挥的重要作用
3. 熟悉供应链金融服务的组成要素
4. 掌握供应链金融服务运营模式
5. 理解供应链金融服务的特点

## 技能目标

1. 能辨析传统金融服务模式和供应链金融服务模式
2. 能绘制三种供应链金融服务营运模式的流程图
3. 能搜索并展示供应链金融服务模式典型案例
4. 能结合金融科技、供应链网络、实际贸易等解释供应链金融服务的底层逻辑

## 素质目标

1. 锻炼学生的团队合作、协调沟通、实践应用能力
2. 培养学生运用供应链金融视角分析和解决问题的能力
3. 培养学生具备全局意识和大局观，具备系统性思维

## 思政目标

1. 培养学生具有敬业精神、团队精神、求索精神的职业道德品格
2. 树立学生国民意识和社会责任感
3. 树立学生法治意识和诚信意识
4. 培养学生创新思维和创新能力

## 情境引例

**中国建设银行助力中小企业发展**

某物流龙头上市企业是国内领先的快递物流综合服务商，扎根国内外庞大的物流网络，深度联接产业链核心企业的同时，聚集着众多上下游小微链条企业。由于长期以来行业信用体系不健全、资金链普遍脆弱等原因，链条企业普遍难以从传统金融渠道获得资金支持，在一定程度上制约了行业的高效发展。建设银行充分发挥自身数字化经营优势，会同物流龙头上市企业积极研究行业痛点难点，引入区块链、大数据、人工智能等技术，以物流运输监管场景为切入点，以金融科技为支撑，以供应链金融为抓手，将新金融服务融入物流生态，为物流龙头上市企业及其服务的产业链量身打造数字化综合金融服务方案，精准滴灌产业链上下游客户，推进产业链降本增效。

在产业链上游，建设银行基于供应商与物流龙头上市企业之间的真实交易，为其提供可多层穿透的保理服务，缓解多层小微供应商资金压力；在产业链下游，建设银行基于物流融资服务，帮助品牌代理商通过信贷资金支付货款，缓解代理商备货压力。同时，结合物流龙头上市企业多年来沉淀积累的不同物流场景海量数据，创新推出面向其月结客户的“供应链数据贷”和“快递小哥”个人快贷产品，以数据之力探索服务小微普惠客群新路径，引导金融活水流向产业链末端群体。

（资料来源：中研网，https：//www. chinairn. com/scfx/20220315/204930530. shtml。）

## 思考实践

中国建设银行是如何通过信息技术和数据分析手段助力链条企业发展的？

# 任务 7.1 构建供应链金融基础理论体系

### 7.1.1 供应链金融概述

2021 年第十三届全国人民代表大会第四次会议上，李克强总理代表国务院在政府工作报告中首次单独提及“创新供应链金融服务模式”，这不仅意味着供应链金融已上升为国家战略，更意味着供应链金融将在解决中小微企业融资问题、创新推动实体经济发展、扩大有效投资等领域发挥更大的作用。

一直以来，中小微企业是拉动我国国民经济增长、保障社会稳定发展的重要力量，在增加就业岗位、提高居民收入、促进科技创新等方面发挥着举足轻重的作用。然而，中小企业大多处于发展初期，自身资产往往不足，难以充当贷款担保，企业行业竞争力较低，经营风险较大，加大了银行信用的审核难度。同时，中小企业对资金的需求具有频率高、金额小、周转快、实效强等特点，需耗费极大的人力成本，因此造成了制约中小企业长期发展的“融资难”、“融资贵”问题。

随着金融科技的发展和突破，在供应链金融服务模式中，金融机构通过借助物联网、云计算、大数据、人工智能、区块链等信息技术手段，实现物流、商流、资金流、信息流等信息的整合，解决对中小企业的信用审核问题，打消信贷顾虑，在真实的交易背景下，构建供应链中占主导地位的核心企业与上下游企业一体化的金融供给体系和风险评估体系。通过供应链金融，金融机构可以利用核心企业的信用优势向中小企业提供贷款，既解决了信用担保问题，又解决了中小企业的融资问题。

#### 7.1.1.1　初识供应链

初识供应链金融微课

某种特定商品的供应链从原材料采购，到制成中间产品、最终产品，最后销售到消费者手中，整个过程一般会涉及供应商、制造商、分销商、零售商、消费者等多个主体的参与（图7－1）。

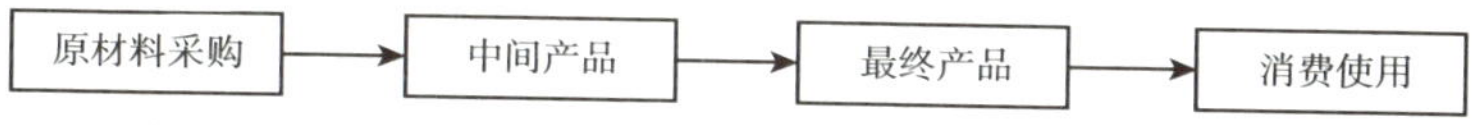


**图7－1　商品供应链的基本流程**

在供应链结构中，竞争力较强、规模较大、地位强势的企业，称作核心企业，即该供应链的核心。核心企业因其强势地位，往往在交货、价格、账期等贸易条件方面对上下游配套企业要求苛刻，从而给供应链上下游企业形成巨大压力。而上下游配套企业恰恰多是中小企业，难以从银行融资，最后造成供应链上下游的中小企业资金链十分紧张，出现供应链失衡的情况（图7－2）。

**图7－2　商品供应链的主要参与主体**

#### 7.1.1.2　供应链金融的概念

供应链金融，是指银行及非银行金融机构在信贷业务的专业领域中，依托核心企业为基础，通过互联网、大数据、云计算、物联网、区块链等现代金融科技的运用，在为核心企业提供融资和其他结算服务的同时，依据产品的生产、供应、销售等环节的真实贸易数据，将产业链中的核心企业和中小企业视为一个整体，根据上下游链条关系和行业特性设计融资模式，为供应链中各成员企业提供灵活的金融产品和服务的一种融资创新解决方案。

简单来说，供应链金融是对供应链的某个环节或全链条提供定制化的金融服务，通过整合物流、商流、资金流、信息流等资源，达到提高资金使用效率、为各方创造价值和降低风险的作用。这种服务是穿插在交易过程中的，其主要模式是以核心企业的上下游为服务对象，以真实的交易数据为前提，在采购、生产、销售的各个环节提供的金融服务。

【议一议】

金融机构能实现为中小企业提供供应链金融服务的技术基础是什么？

#### 7.1.1.3 传统金融服务模式

在传统金融服务中，金融机构主要通过财务报表考察企业的财务状况，以厂房、土地等固定资产作为质押物进行融资，资金用途及还款来源不明。基于这种模式，金融机构主要关注核心企业，对于供应链上下游企业的服务很少。造成这一现象的主要原因在于，供应链体系中的核心企业与上下游配套企业在资质、规模、信用等方面均有所不同（图 7－3）。

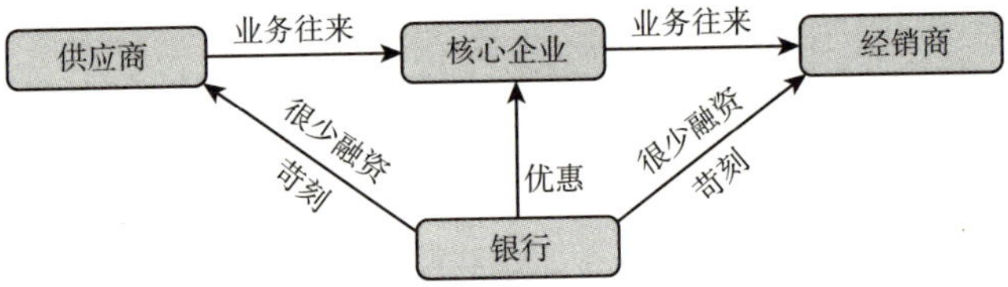


**图 7－3 传统金融服务模式下银行与各企业之间的关系**

一般来说，核心企业是传统金融机构的优质客户，能够享受优惠的金融服务。但是，供应链上下游配套企业大多数是中小企业，缺少传统金融机构认可的厂房、土地等抵押物，规模较小，难以从金融机构融资，因此缺资金、难融资成为上下游中小企业面临的一大难题。此外，对上下游企业来说，从获得订单、采购原材料、生产制造、物流运输、送达核心企业、经核心企业质检验收、最终取得货款的整个过程周期较长，垫付资金量大，而中小企业普遍资金量小，从而导致回收出现较长期限、容易造成较大金额的缺口。最后，在交货、价格、账期等方面，核心企业对上下游配套企业要求苛刻，常常存在较长的账期，甚至出现长期拖欠的情况，进一步恶化了上下游中小企业的资金状况，放大了资金缺口。

然而，这个供应链链条是互相依存、互相协同的，长此以往，中小企业的不利困境，也将不利于核心企业，以及整个供应链的发展壮大。

【议一议】

在传统金融服务中，制约供应链上下游企业发展的主要原因有哪些？

#### 7.1.1.4 供应链金融服务模式

在供应链金融服务中，金融机构不再以单个企业的信用状况和经营状况作为授信的标准，而是以核心企业以及与核心企业有着稳定贸易往来的上下游企业所形成的供应链整体作为信用评价的主体。相比传统金融服务，供应链金融服务更关注贸易交易过程，通过对物流、商流、资金流和信息流的整合，依据行业和产业特点为中小企业提供金融服务。

在供应链金融服务模式下，金融机构以核心企业为出发点，为供应链上各参与主体提供金融支持。一方面，将资金有效注入处于相对弱势的上下游配套中小企业，解决中小企业融资难和供销失衡的问题；另一方面，将银行信用融入上下游企业的购销行为，增强其商业信用，促进中小企业与核心企业建立长期战略协同关系，提升供应链的竞争能力（图7-4）。

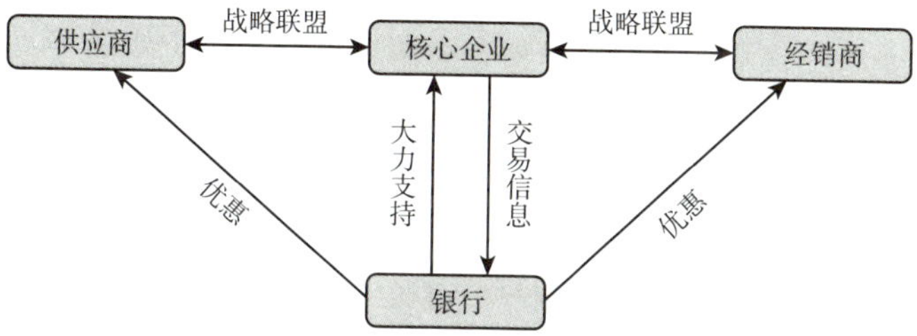


**图7-4 供应链金融服务模式下银行与各企业之间的关系**

在供应链产品的设计过程中，通常会突出核心企业的参与和作用，核心企业在供应链中处于强势地位，能对供应链条的物流、商流、资金流、信息流的稳定和发展起决定性作用。核心企业对供应链组成有决定权，对供应商、经销商、下游制造企业有严格的选择标准和有较强控制力。供应链金融在设计的过程中需要基于真实的贸易背景和交易数据，因此往往需要核心企业的配合，如对接财务、确定历史经营结算情况、测算合理额度、对资金受托支付等。

在供应链的环节中，核心企业行业话语权强，对上下游具有掌控能力，同时也对上下游有比较多的资金占用（表7-1）。

**表7-1 核心企业对上下游企业的资金影响**

| 参与主体 | 核心企业的要求 | 资金影响 | 供应链金融服务 |
|---|---|---|---|
| 供应商（上游） | 核心企业向供应商购买原料，并要求赊销 | 需要垫资，流动性受到较大影响 | 金融机构通过购买债权的方式向供应商支付现金，从而解决它的流动性问题。 |
| 经销商（下游） | 核心企业向经销商销售产成品，并拒绝赊购 | 资金紧张，甚至放弃交易 | 金融机构通过占用核心企业的授信向经销商发放贷款用于支付核心企业的货款。 |

供应链金融服务中，金融机构对供应链成员企业的融资严格限定于其与核心企业之间的贸易背景，强调授信还款来源的自偿性，成员企业融资资金的用途及还款来源明确，同时借助金融科技手段引入供应链核心企业的资信，

使用第三方物流企业的监管作为控制授信风险的辅助手段，大大降低了信贷风险。此外，供应链金融可以利用动产进行质押，创造出多样化的融资方式也与传统的固定资产抵押贷款形成鲜明对比。

**【想一想】**

对比传统金融服务模式，供应链金融服务的优点和缺点主要体现在哪些地方？

**【拓展学习】**

由于专业、技术等方面的限制，供应链金融需要大量的外包服务，仅依靠银行等金融机构的自建模式局限性高。因此金融机构通常需要多主体协同配合，采取分散风险的方式开展供应链金融服务。常见的协作方企业包括物流企业、电商交易平台、征信公司、供应链管理公司、供应链金融解决方案服务商、金融科技公司等（表7-2）。

**表7-2 常见供应链金融服务的协作企业**

| 公司名称 | logo | 业务情况 |
|---|---|---|
| 高伟达 | 高伟达 Global InfoTech | 向以银行、保险、证券等为主的金融机构客户提供IT解决方案、IT运维服务以及系统集成服务。 |
| 深南股份 | 深南股份 SUNA CO.,LTD | 大数据信息服务业务。 |
| 华鹏飞 | 华鹏飞股份 | 综合物流服务以及供应链商品销售。 |
| 普路通 | 普路通 | 供应链管理服务。 |
| 怡亚通 | 怡亞通 Eternal Asia | 为各类企业提供业务流程外包服务，即承接企业外包出来的非核心业务的供应链管理服务。 |

### 7.1.2 供应链金融的组成要素

供应链金融的组成要素主要包括金融机构的支持、核心企业的参与、标准化的金融监管仓库、标准化的金融电子仓单、专业的产品质检、多样化的融资方式和完善的风控体系。

1. 金融机构的支持

供应链金融的本质是为产业供应链提供融资服务的手段，其目的是通过产业供应链的运营逻辑带动链条上各个环节的资金流动，并在使用金融工具的同时反过来促进产业链结构的优化。不论是供应链融资业务的开展，还是产业链结构的优化，都离不开金融机构的支持，具体包括商业银行、信托机构、保理公司、担保公司等（图7－5）。

关于规范发展供应链金融支持供应链产业链稳定循环和优化升级的意见

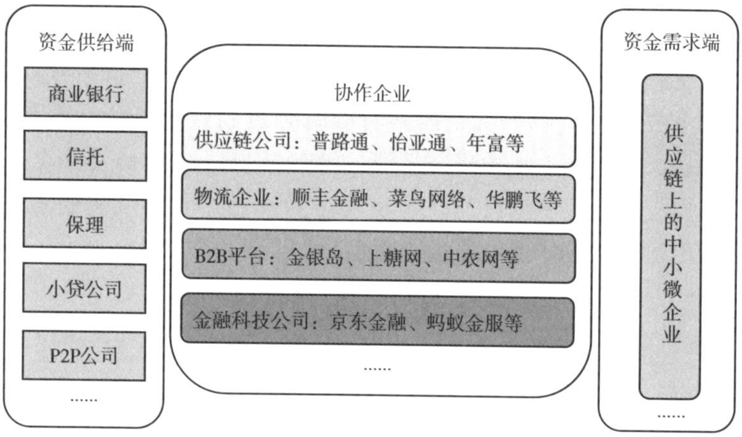


**图7－5　供应链金融服务中资金供给端、资金需求端及协作企业**

2. 核心企业的参与

在产业供应链金融活动中，核心企业是融资的关键因素。首先，核心企业利用自身资信，为上下游企业融资提供风险担保，金融机构才有信心为这些企业提供融资服务。其次，由于在融资中核心企业承担了小企业的违约风险，核心企业就会加强对融资企业的监督和控制资金的使用，督促业务的进展和贷款的偿还。因此，行业供应链金融必须依托核心企业开展，没有核心企业的供应链金融也就失去了其原有的价值。

3. 标准化的金融监管仓库

仓储是指除了对物品的储存、保管，还包括物品在库期间的装卸搬运、分拣组合、包装、流通工作等各项增值服务功能，是一种动态仓储；而金融监管仓库除仓储的基本功能以外，还需要引入智能物联网技术，实现对仓储物的智能化识别、定位、追踪、全程可视化监控和管理。金融监管仓储提供的是基于大数据下的集仓储和融资服务为一体的、一站式的供应链管理及金融服务。

4. 标准化的金融电子仓单

标准仓单指由监管仓库统一制定的，在完成货物验收、确认合格、确定货值后发给货主的实物存货凭证，并经金融机构认可，用于动产融资的电子仓单。金融电子仓单具有普遍认可和信息不可篡改的特性。

5. 专业的产品质检

融资活动中质押物品质的确认需要经由国家认证、专业的质检机构，利用专业的检测设备、参照行业检测标准，对质押物的品质进行公正的判断。产品质检的同时也是准确估值的重要环节。

6. 多样化的融资方式

供应链融资面向不同的融资主体，供应链内的企业从事不同的生产、加工、销售活动，不同的活动在不同的环节对资金的需求也是不同的，这就需要金融机构提供多种多样的融资方式，以适应融资主体在不同阶段的不同需求。

7. 完善的风控体系

供应链金融的风险控制主要表现在两个方面，一个是金融方面的风险，另一个是物流方面的风险。风险控制的措施必须涵盖融资活动的整个过程，确保将资金端、资产端的风险降到最低。无论银行、供应链管理企业或是其他市场参与方，风险控制始终是供应链金融乃至整个金融领域的核心，谁在风控中占有优势，谁就能走的更远、更稳。

### 7.1.3 供应链金融的运营模式

简单地说，供应链金融就是银行将核心企业和上下游企业联系在一起，提供灵活的金融产品和服务的一种资金管理、融资、支付转账为一体的金融运营模式，其中比较有代表性的运营模式有应收账款融资模式、存货质押融资模式、预付账款融资模式和信用融资模式。

1. 应收账款融资模式

供应链金融的模式

应收账款融资模式是指企业为取得运营资金，以买卖双方签订的真实贸易合同产生的应收账款为基础，为卖方提供并以合同项下的应收账款作为还款来源的融资业务。

应收账款融资主要应用于核心企业的上游融资，通常需要发货来实现物权的转移促使合同生效，同时也需要告知核心企业，得到核心企业确权。应收账款融资的具体模式包括保理、保理池融资、反向保理等（表 7－3）。

**表 7－3　应收账款融资的具体模式**

| 应收账款融资模式 | 具体操作流程 |
| --- | --- |
| 保理 | 卖方将其现在或将来的基于其与买方订立的产品销售或服务合同所产生的应收账款转让给保理商，由保理商向其提供与此相关的账款催收、管理、担保及融资等一系列服务。 |
| 保理池 | 融资企业将一个或多个具有不同买方、不同期限以及不同金额的应收账款打包一次性转让给保理商，保理商再根据累计的应收账款情况进行融资放款。 |
| 反向保理 | 供应链保理商与资信能力较强的下游客户（买方）达成反向保理协议，主要针对下游客户与其上游供应商之间因贸易所产生的应收账款，为上游供应商提供一揽子融资、结算方案。 |

企业运用应收账款融资可以获得销售回款的提前实现，加速流动资金的周转。此外，无须提供传统流动资金贷款所需的抵质押和其他担保。在无追索权的模式下，企业可以实现资产出表，优化资产负债表，缩短应收账款的周转天数，实现商业信用风险的转移。

2. 存货质押融资模式

又称融通仓融资，是指融资企业以在第三方物流公司的存货作为质押物，期间引入第三方物流公司对质押物进行监督管理进行的融资。该模式更适用于存货量大、库存周转慢的企业。

存货质押融资的操作流程是：第三方物流公司对货物完成验收并进行评估，向银行出具相应的证明文件，银行根据评估结果给予一定的额度授信。其具体模式包括：质押担保和信用担保（表7－4）。

**表7－4　存货质押融资的具体模式**

| 存货质押融资模式 | 具体操作流程 |
| --- | --- |
| 质押担保 | （1）融资企业、仓储公司、合作银行签署协议，开立账户。<br>（2）融资企业的物资进入物流公司仓库。<br>（3）融资企业向银行发出贷款请求。<br>（4）物流公司收货后对货物进行验收和评估，向银行提交相关证明文件。<br>（5）银行依据货物的数额、贬值风险等给予一定额度的贷款。 |
| 信用担保 | （1）合作金融机构直接对第三方物流公司进行综合授信。<br>（2）由物流公司根据融资企业的经营状况、市场控制能力等因素给予融资企业一定信用额度。<br>（3）第三方公司除了对融资企业的货物承担监管责任之外，还为融资企业提供信用担保。 |

存货质押融资可以帮助企业释放库存占用的资金，加快资金的周转速度，帮助企业平衡和保证生产销售的稳定性，提高资金的流动性和利用效率。

3. 预付账款融资模式

又称保兑仓融资，是指上下游企业签订交易合同，共同向金融机构办理保兑业务的一种融资模式。其中，保兑仓业务是指承兑银行与经销商（买方）、供货商（卖方）通过三方合作协议，在卖方承诺回购的前提下，以贸易中的物权控制包括货物监管、回购担保等作为保证措施而开展的特定票据业务服务模式。实务中，预付账款融资类产品主要用于核心企业的下游融资，即主要为核心企业的销售渠道融资（图7－6）。

其中，仓单是指保管人收到仓储物后给存货人开付的提取仓储物的凭证。

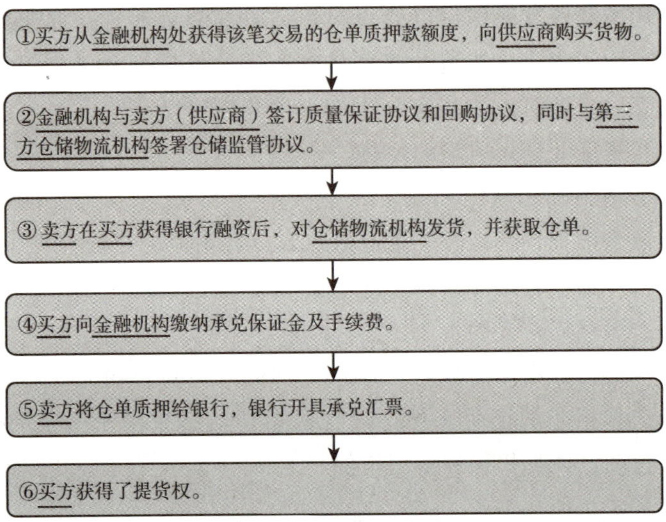


**图 7－6 预付账款融资（保兑仓融资）的操作流程图**

**【训练 7－1】**

请结合预付账款融资（保兑仓融资）的操作流程图（图 7－6），以买方、卖方、金融机构和第三方仓储物流机构为主体，绘制出四个主体间的业务关系图。

4. 信用融资模式

供应链中的信用融资模式，没有确定的抵押物基础，是以供应链网络内各方长期业务往来所积累的信任为依托。对于银行等资金供给方而言，由于没有抵押物，在风控上更加依赖供应链网络内部交易行为的数据化、可视化，业务流程上对资金流向闭环的设计和控制，以及从业企业对于所服务行业的具体业务的隐性认知。

信用融资模式的运用没有具体交易环节和主体的限制或倾向，具体应用模式因各场景而异，更多的依赖于供应链自身的数据化、可视化程度，随着金融科技手段的深化和社会征信体系的完善，信用融资模式未来将得到更为广泛的运用。与信用融资相比，前述三种业务模式都属于在有抵押物的基础上进行的融资行为，与传统的企业融资方式存在一定的相似性。

一种比较典型的信用融资模式是订单融资。订单融资是指供应商为了采购原材料或者组织生产向银行等金融机构申请所需资金，银行则根据供应商的信用决定是否向其授信。在这种模式下，信用的提供方和融资的受益方都是供应商。

**【想一想】**

供应链金融服务的四种业务模式中，金融机构的风控重点应该分别放在哪些方面？

### 7.1.4 供应链金融的特点

供应链金融的实质是金融服务提供者通过对供应链参与企业的整体评价，运用丰富的金融产品，采用闭合性资金运作的模式，为企业、渠道以及供应链提供全面的金融服务，提升供应链的协同性，降低运作成本。具体来看，供应链金融具有以下六个特征：

1. 基于现代供应链管理

现代供应链管理是开展供应链金融业务的基本理念。供应链金融是基于现代供应链管理衍生出来的一种全方位金融性服务，包括研发、采购、物流、信息系统、销售等等各个环节，以及这些环节和活动之间的协调状况。开展供应链金融业务，不光要看融资企业的基本面资信状况，更重要的是看它在整个供应链网络中的贸易运作情况，从企业在上下游间的真实交易为基础，判断流动性较差的资产在未来变现的可能性。

通过融入供应链管理的理念，可以更加客观地判断客户企业的抗风险能力和运营能力。可以说，没有实际的供应链做支撑，就不可能产生供应链金融，而且供应链运行的质量和稳定性，直接决定了供应链金融的规模和风险。

2. 借助信息技术和大数据分析

通过大数据技术对融资企业进行整体评价，是开展供应链金融业务的技术前提。通过大数据的收集和分析，不仅需要评价融资企业本身，还要分析它所在的供应链网络，以及所在行业的整体情况（图7－7）。

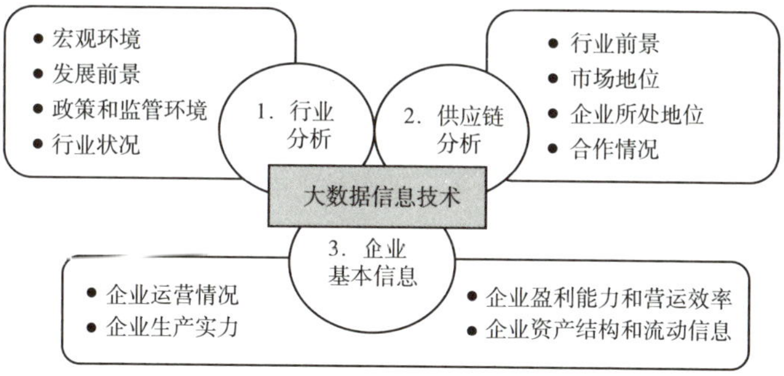


**图7－7 借助大数据信息技术对客户企业进行整体评价**

例如，分析行业的时候，需要考虑到宏观的经济环境、政策、行业现状、发展前景这些因素；分析供应链网络的时候，要了解这个供应链的市场竞争状况，要融资的企业在供应链中的地位、与其他企业的关系；分析企业自身基本信息的时候，要了解它的生产运营情况、资产结构，以此来分析该企业的盈利前景，以及针对流动性差的资产进行融资的可行性。

上述所有信息都依赖于海量的相关数据，需要运用大数据分析技术，把企业的每一笔交易、每一项物流活动、每一次信息交流等等与企业运营有关的数据整理、汇总、分析，所得出的结果不仅仅只是简单、客观的结论，而且能用于帮助提高企业经营决策，搜集起来的数据还可以被规划、引导供应链金融活动的产生。

3. 闭合式资金运作

闭合式资金运作，是开展供应链金融业务的刚性要求。供应链金融一般是针对某一交易中涉及的物流、商流等要素进行的融资活动，这样就能把一次交易中的每个业务环节拆解，按照每个具体的业务环节逐笔审核放款，以此保证资金的运用被限制在可控范围之内，确保对融资形成的未来现金流的回收与监管，达到过程风险控制的目标。

打个比方，大人给孩子零花钱不是每月一次性地给，而是要吃饭时给饭钱，要坐车时给车钱，这样按照需要一点一点地给，最大限度地保证零花钱不会用在不当的地方。保理融资就是一个比较常见的闭合式资金运作模式。供应商把一批产品卖给下游客户，下游客户给供应商开个发票或者银行汇票，相当于未来还款的凭证。这个供应商可以把这个凭证抵押给银行以获得融资，等下游企业偿还货款的时候，就可以直接把货款付给银行。所以，闭合式资金运作就是一笔交易一次融资，这个交易是在供应链内部完成的，这种融资形式可以最大限度地保证资金的使用效率，并控制风险。

**【训练 7－2】分析保理融资业务的闭合式资金运作**

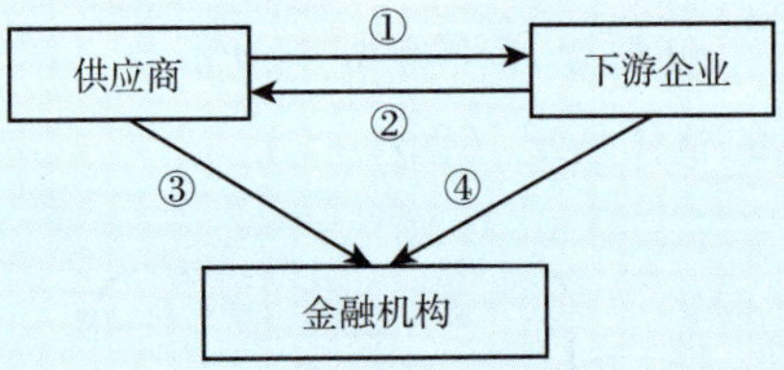


① ____________________

② ____________________

③ ____________________

④ ____________________

要求：请你写下从①——④每一个环节的具体情况。

4. 构建商业生态系统

构建供应链商业生态系统，是开展供应链金融业务的必要手段。生态系统是均衡循环的，在这个系统中每一个物种环环相扣，少了哪一个都可能导致生态的失衡。供应链的商业生态系统也一样。在一个供应链网络中，需要各类的供应商、生产商、销售商、投资人、市场中介、服务单位、政府、消费者等等这些生产产品和提供服务的群体，共同构建一个相互作用的、类似于生态系统的经济联合体。在这个商业生态系统中，不同的主体都由各自的利益驱动，它们各司其职、相互合作、资源共享、互利共存。

开展供应链金融业务也需要依存于这样一个商业生态，包括供应链上下游企业、监管部门、金融机构，以及其他各类相关的主体。如果缺乏这样的一个生态系统，相关主体之间就会缺乏有效的沟通和分工，供应链金融活动就很难开展。

5. 服务于成长型中小企业

成长型的中小企业，是开展供应链金融业务的主要服务对象。与传统信贷不同，供应链金融服务运作过程中涉及渠道或供应链内的多个交易主体，供应链金融服务提供者可以获得渠道或供应链内的大量客户群和客户信息，为此可以根据不同企业、渠道和供应链的具体要求，定制个性化的服务方案，提供全面的金融服务。

在传统金融视角下，有些企业由于规模较小、经营风险大，甚至财务信息不健全等原因，存在信息披露不充分、信用风险高的状况。而且一般观点常常认为这些企业道德风险大、存在机会主义倾向，最终使得成本收益不经济。

而在供应链金融视角下：一方面，由于企业嵌入在特定的供应链网络中，特别是供应链成员筛选机制使得信息披露不充分以及信用风险高这些问题得以解决；另一方面，由于供应链成员都会对其上下游进行严格、动态的监督，供应链信息的及时沟通与交换，以及灵活多样的外包合作，不仅控制了机会主义和道德风险，而且降低了运行的成本，大大增强了供应链金融的收益。因此，通过供应链金融服务，企业的资金流将得到优化，经营管理能力也会得到大大提升。

6. 针对流动性较差资产

流动性较差资产是开展供应链金融业务的主要针对目标。流动性较差资产是指无法快速出手变现的资产。若资产的流动性较好，企业可以将资产作为抵押物向银行借贷，即使企业无法偿还借款，银行也能快速实现抵押资产的变现。在供应链的运作过程中，企业会因为生产和贸易的原因，形成存货、预付账款、应收款项等流动性较差的资产，导致众多资金的沉淀，并由此产生了对供应链金融的迫切需求。因此这些流动性较差的资产就为服务提供商或金融机构开展金融服务提供了立项业务资源。但是流动性较差的资产具备一个关键属性，那就是良好的自偿性。这类资产会产生确定的未来现金流，如同企业经过“输血”后，成功实现“造血”功能。

# 任务 7.2 认识供应链金融典型代表

## 案例引入

### 揭秘海尔供应链金融模式

近年来，全球市场经济发展遇阻，各国之间的贸易战不断升级，经济发展出现了下行的趋势，加上电子商务和互联网的发展，海尔大部分的下游经销商出现了经营困难、资金短缺、融资困难等问题。

海尔作为整个供应链中核心企业，通过与银行合作，发挥银行的资金优势，发挥自己的信息和技术优势；通过海尔多年来的交易数据和物流业务等要素的雄厚积淀，制定了针对经销商的两种在供应链中的融资模式，分别是货押模式和信用模式。

①在货押模式中，经销商需要根据自己的订单，把订单总额的百分之三十当作预付款付给合作银行；随后经销商在巨商汇平台向海尔申请货压融资，海尔经评估货压融资符合要求之后将信息传递到银行；银行根据巨商汇平台对经销商进行评估审核，在对经销商的申请通过以后，将融资额存入经销商开在海尔监管下的银行账户。

经销商通过巨商汇平台将资金的百分之七十付给海尔公司，海尔公司将订单信息下发给工厂，工厂根据订单开始生产；工厂将成品通过特定的物流公司发货至仓库，此时的货物处于质押状态。

当经销商有订单需要出货时，通过巨商汇平台提出申请，然后将剩余的货款归还给合作银行，银行将还款信息反馈给到巨商汇平台，货物解除质押，由物流公司将货物配送至经销商。

②在信用模式中，合作银行根据经销商等级提供相匹配的资金，并且将资金存入受海尔监管的指定账户内；经销商下订单并把订单金额从指定账户转到海尔公司，海尔公司进行订单生产，并且将产品配送至经销商，经销商出货，将贷款还给银行。

（资料来源：知乎 https：//zhuanlan. zhihu. com/p/107676004）

## 思考实践

海尔是如何发挥自身在产业链中的核心优势，解决经销商在营运过程中的资金问题的？

如今的供应链金融市场已经是百花齐放，供应链金融业务也是千差万别。供应链金融业务要运转起来，需要场景方、资金方、物流方等多方配合才能完成，这其中有一个主导方，俗称平台方。平台方企业所在行业和企业背景决定了平台的业务模式。其中，核心企业型供应链金融平台是最典型、最为常见的供应链金融类型，除此以外，以京东、阿里为代表的电商平台型供应链金融也是一大主流。

### 7.2.1　京保贝

1. 简介

“京保贝”是京东数字科技旗下金融科技服务板块——京东金融业务推出的保理融资服务，帮助供应商解决融资难、放款慢、应收账款周转周期长的问题，可提供全流程更加流畅、方便、快捷，更易于客户操作的金融服务，具有融资成本低、融资期限长、操作便捷、额度实时更新的特点。此外，京保贝的款项来源于京东的自有资金，而且随借随贷、无需抵押担保。京东基于它跟供应商之间的长期、稳定的合作关系来评估供应商的信用，控制融资风险。

“京保贝”通过对京东平台上采购、销售、财务等数据进行集成和处理，完成自动化审批和风险控制。由于整个流程都在线进行，实现放款的时间可由以前按天计算缩短到3分钟以内。该业务融资期限长达90天，融资金额和还款时间还可由供应商自主决定（图7－8）。

图7－8　京保贝首页截图

2. 操作流程

京保贝实现供应链金融服务的具体操作流程如下：

（1）京东与有长期良好交易记录的供应商签订贸易协议，形成稳定的合作关系，然后供应商向京东金融提交融资的申请材料。

（2）基于申请材料和以往的交易和物流数据，京东金融的电子系统会计算出一个融资额度并把这个额度汇报给京东。

（3）接下来供应商在线向京东金融申请融资，系统会自动审批，并在额度内放款。

（4）等待京东那边完成商品的销售后再跟金融部门结算、还款，交易完成（图7－9）。

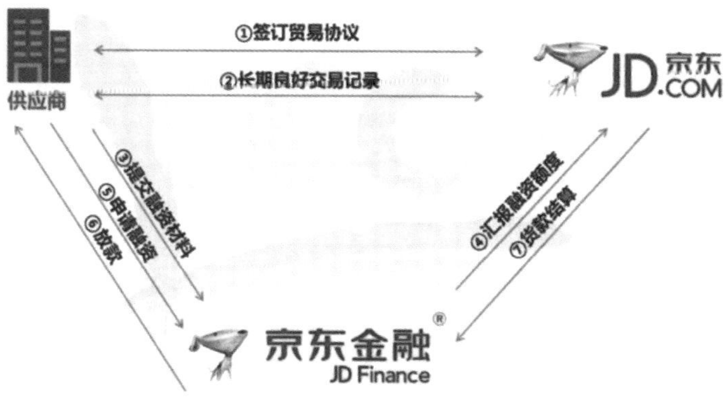


图7－9　京保贝具体操作流程图

3. 服务范围

京保贝现已全面对外开放，致力于为供应链核心企业提供解决方案，构建供应链金融能力。目前，京保贝的具体服务范围包括平台搭建、数据处理、风控建模、高能账户、资金支持、资产处置等内容（表7－5）。

表7－5 “京保贝”的服务范围

| 服务范围 | 实现功能 |
| --- | --- |
| 平台搭建 | 融合多种金融工具，搭建线上金融服务平台。 |
| 数据处理 | 全方位梳理整合贸易流、资金流、信息流等信息数据。 |
| 风控建模 | 标准化输出动态额度模型及精准策略引擎。 |
| 高能账户 | 多功能线上账户体系，实时掌握资金流向。 |
| 资金支持 | 资金流持续注入，加速供应链高效运转。 |
| 资产处置 | 多元化模式处理量级资产，整体优化财务结构。 |

目前，京保贝的合作企业已跨及多个行业领域，包括消费品分销、物流运输、医药分销、航空差旅、商超零售等。

4. 发展历程大事记

2012年，京东基于互联网基因推出供应链融资业务。

2013年12月，京东供应链金融正式上线第一款产品“京保贝1.0”。

2014年京保贝规模破百亿，到2015年规模达三百多亿。

2016年“京保贝2.0”上线，采用动态风控和动态授信策略，为客户提供全贸易流程的资金支持，实现可融资额度实时更新和管理。

2016年4月6日，在第四届（2016）中国商业保理行业峰会上，京东金融“京保贝”获得中国商业保理行业创新奖。

2016年8月，国内第一单互联网保理业务ABS—京东金融互联网保理ABS挂牌上交所。

### 7.2.2 平安好链

1. 简介

平安银行的“平安好链供应链金融服务”通过搭建平安好链平台，为核心企业上游供应商提供基于应收账款的融资服务，实现应收账款核心企业线上签发、供应商线上签收及流转等功能。在严格防控供应链金融虚假交易和重复融资风险、提高供应链金融融资风险管控能力的同时，有效提高核心企业上游供应商的融资效率（图7－10）。

2. 服务范围

平安银行可为产业链中小企业提供广泛的线上供应链金融服务（表7－6）。

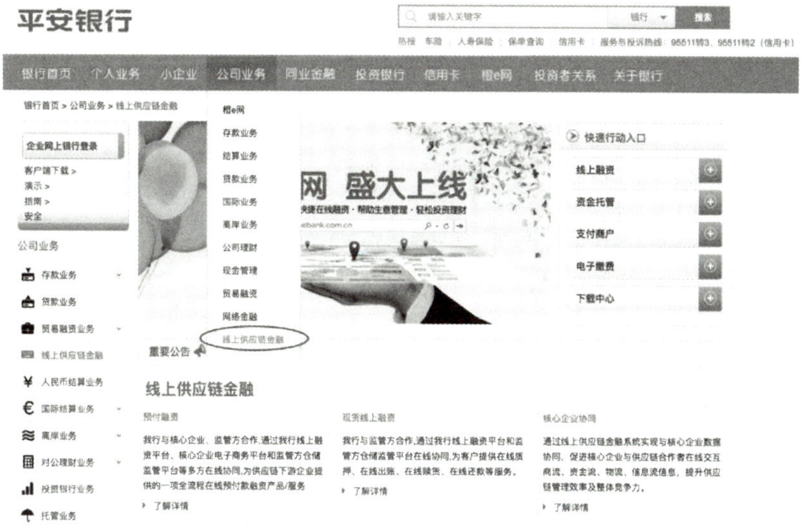


图7-10　平安好链网页截屏

表7-6　平安好链的服务范围

| 服务范围 | 服务介绍 | 服务特点与优势 |
|---|---|---|
| 预付融资 | 与核心企业、监管方合作，通过我行线上融资平台、核心企业电子商务平台和监管方仓储监管平台等多方在线协同，为供应链下游企业提供的一项全流程在线预付款融资产品/服务。 | 1. 协同效用；<br>2. 供应链信息的实时共享；<br>3. 以供应链融资切入全链条、全流程的供应链金融全面服务。 |
| 现货线上融资 | 与监管方合作，通过我行线上融资平台和监管方仓储监管平台在线协同，为客户提供在线质押、在线出账、在线赎货、在线还款等服务。 | 简单便捷、高效协同、信息共享、盘活存货、技术领先。 |
| 核心企业协同 | 银行通过线上供应链金融系统实现与核心企业的数据协同，促进核心企业与供应链中合作者在线交互商流、资金流、物流、信息流信息，增强其风险防范能力，提升供应链管理效率及供应链整体竞争力。 | 核心企业借助线上化数据协同的方式，不仅可实时获取上下游企业的融资数据；还可通过既有的监管方数据通道，掌握上下游企业的库存数据，从而预测市场变化趋势，有效防范供应链经营风险，为制定生产经营策略提供数据支撑。 |
| 反向保理 | 通过线上供应链金融系统，核心企业可通过多种形式提供供应商应收账款（发票）信息、供应商可在线完成应收账款转让及融资申请等操作、银行系统自动完成转让审核、融资在线发放及回款资金处理。 | 审批便捷、效率高、信息透明。 |

续表

| 服务范围 | 服务介绍 | 服务特点与优势 |
| --- | --- | --- |
| 电子仓单质押 | 资金与现货类电子交易市场合作，通过我行线上融资平台、市场电子交易平台和仓单管理平台等多方平台的互连互接，为市场交易会员特别订制的一项全流程在线融资产品/服务。包括拟交收电子仓单质押线上融资、已有电子仓单质押线上融资两种业务模式，买方交易会员和卖方交易会员的线上融资需求得以全覆盖。 | 1. 买方客户无须先行提供担保即可实现融资；<br>2. 交易行为与融资服务无缝嵌入；<br>3. 首推电子仓单质押在线；<br>4. 全流程在线操作、高效便捷，客户最佳体验；<br>5. 系统稳定，业界领先；<br>6. 数据高度共享，清晰可见，易实时掌控和迅速做出决策。 |
| 增值信息服务 | 整合了供应链上下游各类信息，对业务数据进行数据挖掘处理。为核心企业提供了供应链管理的资金流、物流、商流信息查询，下游销售链的总账、经销商分账及经销商额度查询等综合金融信息的查询功能。为授信客户提供了授信额度、业务台账、融资明细、库存押品、商品销售等综合金融信息的查询功能。 | 对核心企业：<br>全面掌握供应链上下游授信客户融资信息、到货赎货数据。可根据系统中的数据分析供应链上下游授信客户财务状况、商品销售状况，便于制定营销计划、生产计划等。<br>对经销商：<br>实时查询额度信息、库存数据、融资信息，自动生成电子台账及相关统计报表。按月、按年查询商品销售走势图，便于掌握各类商品市场状况，安排企业营销计划等。 |
| 塔比星链融云平台 | 为核心采购企业搭建多级债权流转供应链金融平台。 | 平台能力：供应链平台集成多个模块，达到银行级风控标准，完成千亿业务规模，经过市场和客户的长期使用，保持了稳定运营。<br>金融赋能：供应链平台搭载平安银行、租赁、商贸等集团专业公司的产品，并将这些产品嵌入生态场景，实现了一体化输出。后续根据合作伙伴需求，可协调第三方金融机构持续研发迭代行业定制化的金融产品。<br>专业团队：业务团队精英曾任职于多家知名金融机构，在供应链金融产品、供应链平台研发运营、数据经营分析、物联网解决方案等领域有着丰富的从业经验，可快速高效响应客户需求。<br>客户基础：供应链板块已与多个行业的龙头央企建立长期友好合作，覆盖网信、能源、制造、建筑等多个行业，为未来共建平台、共营生态奠定基础。平安集团内部协同机制可推动各专业公司源源不断地推荐至塔比星，夯实客户基础。 |

3. 塔比星链融云平台

塔比星搭建的供应链平台获得 2021 年度国防科技工业企业管理创新成果等奖项。

塔比星链融云平台是“平安好链供应链金融服务”业务中一个旨在为核心采购企业搭建多级债权流转的供应链金融平台。平台采用“金融 + 平台 + 生态”的服务模式，与第三方金融机构、产业合作伙伴共建生态平台，发掘数据的价值，反哺产业。

（1）功能定位。塔比星链融云平台定位于“平台的平台”，服务于垂直细分领域的 B 端产业互联网平台、行业龙头企业及地方政府，输出供应链平台科技能力，与合作伙伴共建共营生态。

塔比星链融云平台旨在助力解决中小企业融资难、融资贵问题，通过与行业企业和 B 段平台合作，将小微企业聚集在塔比星链融云平台和生态，共享生态数据价值，提升行业效能。此外，平台还可以为小微企业提供日常生产经营所需 SaaS 服务、场景化金融科技服务，改善小微企业的经营条件和融资环境。截至 2022 年 3 月，塔比星链融云平台已服务客户一万余个，累计交易量约 550 亿元，累计交易金额达 150 余亿元（图 7－11）。

**图 7－11　塔比星链融云平台网页截屏**

（2）服务流程。塔比星链融云平台服务的具体流程是：

- 供应链管理咨询：调研客户痛点、推荐最佳实践、制定解决方案。
- 定制供应链管理系统：模块化装配、专属门户定制、与原有 IT 系统集成。
- 交付使用：立即可用、两周深度定制。
- 代运营服务：技术数据运营、业务代运营。

**【案例拓展】**

**ERP 管理软件公司转型做供应链金融**

ERP 系统自 20 世纪 90 年代引入我国以来，目前已成为企业信息化的重要部分。供应链的管理也非常需要应用 ERP 系统。ERP 系统可以节约企业的管理成本，整合供应链中的多个企业数据共同管理，也能为金融机构设计融资产品创造新的突破口。

以用友网络为例，用友早于2016年开始供应链金融的布局，2016年10月用友网络成立了供应链金融事业部，并于2017年3月份实现了供应链金融、大数据风控和融资咨询服务三大平台上线。

用友供应链金融是连通企业产业链，为核心企业以及其上下游企业提供综合性金融服务的云平台。操作过程中，用友供应链金融云平台前端对接核心企业的ERP系统、财务系统、采购平台、销售平台等，通过和它进行系统对接，获取到真实交易数据；后端对接资金方，包括商业银行、信托、基金、保理公司等，根据企业存货、财务、贸易等数据，经过多维度分析，为企业授信、融资、贷后监控提供数据支撑，实现资产端和资金端深度穿透融合，为供应链上下游中小企业提供融资服务。

当供应链上更多的公司使用该软件，则可以通过公司间的数据进行交叉验证，有助于供应链金融的扩展。因此，各类数据软件公司也参与到供应链金融中来。本质是通过掌握公司的运营数据，建立公司征信数据，对公司的信用情况进行评级，从而有利于控制放贷风险。

**【训练7-2】**

请从自己感兴趣的行业出发，搜集行业内典型供应链金融模型和业务模式，以小组为单位完成调研、PPT制作、课堂展示。

## 课程思政

1. 培养学生具有敬业精神、团队精神、求索精神的职业道德品格

通过组织学生讨论、分析现代供应链金融服务模式的组织框架和独特优势，引导学生一步步认识到到供应链金融中系统性、全局性的重要特征，培养学生具备全局观和系统性思维，增强学生团队协作精神和求知精神，强化学生的职业认同感和敬业精神。

2. 树立学生国民意识和社会责任感

组织学生讨论、分析现代供应链金融的组成要素及个参与主体在供应链金融体系中所发挥的重要作用，通过职业情景假设的方式提出问题“若某一参与主体违背社会道德规范，做出失信行为将对整个供应链金融体系中的其他主体和市场消费者造成什么后果?”，从而带领学生进一步剖析各参与主体在供应链金融体系中应当承担的社会责任，树立学生国民意识和社会责任感。

3. 树立法治意识与诚信意识

带领学生分析供应链金融的运营模式，并通过分析运营模式的底层逻辑、剖析各融资模式中签署的销售合同、服务合同、保理协议、信用担保合同等

内容引导学生认识到现代商业运营中法治和诚信的重要性，树立学生法治意识与诚信意识。

4. 培养学生创新思维和创新能力

通过启发学生对比思考传统金融服务和供应链金融服务的特点，剖析实现供应链金融持续发展对社会环境和技术创新方面的要求，并通过小组讨论的方式让学生发散思维，分享自己对未来金融科技发展的想象，培养学生创新思维和创新能力。

## 单元评价

对于每一个单元，结合业务能力和评价指标，根据掌握情况在下表相应的方框中打√，自测结果共分为三类：A 掌握，B 基本掌握，C 未掌握。

**单元测评表**

| 任务 | 任务布置 | 评价指标 | 自测结果 | 要求 |
| --- | --- | --- | --- | --- |
| 供应链金融 | 梳理、总结并绘制出供应链金融应收账款融资模式的运营模式图 | 1. 应收账款融资模式的操作流程<br>2. 应收账款融资模式中各参与主体的功能介绍 | □A □B □C | 1. 记录详实<br>2. 条理清晰<br>3. 逻辑在线<br>4. 展示风采 |
| | 梳理、总结并绘制出供应链金融存货质押融资模式的运营模式图 | 1. 存货质押融资模式的操作流程<br>2. 存货质押融资模式中各参与主体的功能介绍 | □A □B □C | 1. 记录详实<br>2. 条理清晰<br>3. 逻辑在线<br>4. 展示风采 |
| | 梳理、总结并绘制出供应链金融预付账款融资模式的运营模式图 | 1. 预付账款融资模式的操作流程<br>2. 预付账款融资模式中各参与主体的功能介绍 | □A □B □C | 1. 记录详实<br>2. 条理清晰<br>3. 逻辑在线<br>4. 展示风采 |
| | 梳理、总结并绘制出供应链金融信用融资模式的运营模式图 | 1. 信用融资模式的操作流程<br>2. 信用融资模式中各参与主体的功能介绍 | □A □B □C | 1. 记录详实<br>2. 条理清晰<br>3. 逻辑在线<br>4. 展示风采 |
| | 以小组为单位，选择一项市场上具有代表性的供应链金融服务，通过查阅资料、数据统计等展开调研，并做小组汇报。 | 1. 调查材料的详实情况<br>2. 团队合作的具体情况<br>3. 平台介绍 PPT<br>4. 课堂展示表现 | | 1. 记录详实<br>2. 条理清晰<br>3. 逻辑在线<br>4. 展示风采 |

## 单元测试题

### 一、单项选择题

1. 制约中小企业融资的主要因素不包括（　　）。

A. 信用等级评级普遍较低　　B. 可抵押资产少

C. 财务制度不健全　　D. 中小企业没有必要发展

2. 供应链金融的产生可以解决中小企业的（　　）。

A. 信用等级评级问题　　B. 可抵押资产少问题

C. 财务制度不健全问题　　D. 融资难、融资贵问题

3. 在供应链金融服务中，金融机构是以（　　）以及与核心企业有着稳定贸易往来的上下游企业所形成的供应链整体作为信用评价的主体。

A. 供应商　　B. 核心企业

C. 经销商　　D. 银行

4. 供应链金融相较传统银行融资的创新不包括（　　）。

A. 对供应链成员的信贷准入评估不是孤立的

B. 对供应链成员的融资严格局限在其与核心企业的交易活动

C. 强调授信还款来源的自偿性，即引导销售收入直接用于偿还授信

D. 扩大了客户范围

5. 下列说法错误的是（　　）。

A. 开展供应链金融有利于促进金融和实业经济的有效互动

B. 供应链金额有融资成本相对较高的缺点

C. 运营模式的多样化是供应链金融未来的发展趋势

D. 供应链金融融资不存在任何风险

### 二、多项选择题

1. 供应链金融服务中所运用的现代金融科技主要包括（　　）。

A. 互联网　　B. 大数据　　C. 云计算

D. 物联网　　E. 区块链

2. 供应链金融的组成要素主要包括（　　）。

A. 金融机构的支持

B. 核心企业的参与

C. 标准化的金融监管仓库和金融电子仓单

D. 多样化的融资方式

E. 完善的防控体系

3. 供应链金融服务中具有代表性运营模式的主要包括（　　）。

A. 应收账款融资　　B. 固定资产融资　　C. 存货质押融资

D. 预付账款融资　　E. 信用模式融资

### 三、判断题

1. 在供应链金融服务中，金融机构仅以企业的信用状况和经营状况作为授信的标准。（　　）

2. 供链链条是互相依存、互相协同的。若供应链中中小企业陷入不利困境，也将不利于核心企业。 ( )

3. 存货质押融资可以帮助企业释放库存占用的资金，加快资金的周转速度，帮助企业平衡和保证生产销售的稳定性，提高资金的流动性和利用效率。 ( )

4. 通过大数据技术对融资企业进行整体评价，是开展供应链金融业务的技术前提。企业可以通过虚构业务交易数据提高资产流动性。 ( )

5. 流动性较差资产是开展供应链金融业务的主要针对目标。 ( )

**四、综合案例**

## 苏宁金融提供一站式在线融资服务

近年随着新冠肺炎疫情暴发，产业链遭到系统性冲击，实体企业发展困境愈发显现，中小微企业生存更是举步维艰。供应链金融作为产融结合，特别是促进金融脱虚向实、解决中小微企业融资难题的一种重要途径和方式，已上升至国家战略。

2020 年 6 月，央行等 8 部门发布《关于进一步强化中小微企业金融服务的指导意见》指出，支持对中小微企业开展供应链金融服务，支持产融合作，推动全产业链金融服务，鼓励发展订单、仓单、存货、应收账款融资等供应链金融产品。

苏宁金融专注于供应链内中型企业，为其提供供应链金融服务。苏宁经历了 30 年线上线下的发展，苏宁金融充分利用苏宁生态圈的服务经验，不断创新供应链金融产品和服务模式，先后推出“账速融”、“货速融”、“票速融”三大核心产品，从供应链产、供、销、存等各环节解决产业链企业融资痛点。

账速融：可为苏宁供应商提供的基于应收账款转让的单笔融资和保理池融资服务。

票速融：票速融是基于苏宁等核心企业开具的商业汇票提供票据贴现服务，有出票即贴、快速到账的特征。

货速融：一方面存货融资可帮助盘活企业库存，加速现金流转。企业可将存放于苏宁仓库的货品作为质押，由苏宁货速融提供最高 1000 万元的融资授信；另一方面订单融资可解决采购资金缺口，减少基础投入。

提问：请大家以小组为单位开展网络搜索，对苏宁金融先后推出的“账速融”、“货速融”、“票速融”三大核心产品展开全面的分析。

完成步骤：

1. 开展网络搜索，关于易宝支付进行全面的分析；
2. 制作 PPT，并上台展示；
3. 拓展思考，能否为供应链金融服务公司提供运营模式的新思路。

单元 8

# 智慧金融服务

## 知识目标

1. 掌握智慧金融的含义
2. 理解智慧金融的特征
3. 了解智慧康养的含义
4. 熟悉智慧康养金融服务的内容
5. 了解智慧社区的含义
6. 熟悉智慧社区金融服务的内容

## 技能目标

1. 能辨析传统金融和智慧金融
2. 能分析智慧金融带来的影响
3. 能介绍智慧康养金融服务
4. 能解释社区银行的发展优势

## 素质目标

1. 锻炼学生团队沟通能力和经济分析能力
2. 培养学生适应我国金融改革就业岗位的能力
3. 培养学生需具备全球化、专业化的职业视角

## 思政目标

1. 培养学生具有协作和创新精神的职业道德
2. 树立学生经世济民的理想信念
3. 培养学生敬老爱老的道德情操

## 情景引入

### 智慧金融走进生活

2019 年 7 月 11 日，中国建设银行正式推出首批 5G + 智能银行，首批 3 家“5G + 智能银行”分别亮相北京。在这 5G 引领信息技术飞速发展的时代，建行发出了金融行业的最强音。智慧柜员机在业内首次将语音、刷脸、电子证件等技术融入客户自助业务流程。客户走进厅堂入口，人脸识别设备会主动识别到店客户，提前提醒大堂经理，从而实现客户“刷脸”入门。借助“5G + AR/VR”技术，创新推出突破时间空间限制的“云座席”服务，客户可以在任意时间任意网点，办理以往只能在柜面处理的复杂业务，而远程“云座席”通过视频画面轻松实现对线下客户的业务指导、协同操作、身份审核，仿佛就在客户身边。利用 5G 技术使对私业务、对公业务、支付结算业务等 19 大类、近 300 项功能都可以在智慧柜员机上快捷实现。客户无需带卡，只需在刷脸识别后对着设备说话就可快捷办理转账业务。同时，5G + 智能银行以追求用户极致体验为目标，不仅能够快捷办理常见金融业务，而且还能办理百姓缴费、预约挂号等生活服务，代表未来银行趋势的银行网点新概念，实现“联接无感、服务无界、智慧金融、智慧生活”。打造家居银行体验区，在智慧音箱中嵌入利率、汇率、理财等金融查询服务，让用户体验未来“场景化、个性化、唯你专属”的金融服务。

（资料来源：知乎，https：//zhuanlan. zhihu. com/p/112439322，有改编。）

## 思考实践

1. 什么是智慧金融吗？
2. 生活中有哪些智慧金融应用场景？

# 任务 8.1　智慧金融的概述

## 8.1.1　智慧金融的内涵

### 8.1.1.1　智慧金融的定义

智慧金融（AiFinance）是依托于互联网技术，运用大数据、人工智能、云计算等金融科技手段，使金融行业在业务流程、业务开拓和客户服务等方面得到全面的智慧提升，实现金融产品、风控、获客、服务的智慧化。

初识智慧金融

随着科技的发展，金融行业与各项前沿科技的结合应用使得金融行业的智慧化得到空前的提升，逐渐革新传统金融经营模式。传统金融业从原来的“坐商”转为“行商”，从日常生活入手，将金融和客户的生活场景结合，提供满足客户群需求的产品与服务，以提升客户的体验感和幸福感。

互联网技术（互联网、移动互联网、物联网）、大数据、人工智能、分布式技术（区块链、云计算）、安全技术（生物识别技术）等的愈发成熟，金融与科技的融合也在不断迭代升级，广度和深度在延伸和扩展，科技在金融发展中的地位越来越高。从国家发展智慧金融的举措来看，这使得资金的流通更顺畅、资金的配置更合理和资金的使用更安全。

#### 8.1.1.2　智慧金融的特征

（1）智能化。“智能化”是智慧金融最本质的特点，智慧金融在产品开发时以客户为主体，围绕客户的所思、所想、所愿来进行设计规划以满足客户的需求、提升客户的体验感。除客户服务的升级外，在效率提升、风险防范上也更加的“智能化”，充分利用前沿科技，打造人性化的体贴的金融服务，利用人工智能、大数据、云计算等高科技使金融活动中的人工干预减少。

（2）高效率。智慧金融在业务办理、资金划转、交易决策、风险防范等应用上能实现快速的反应、处理和结果反馈等功能，满足客户在办理业务时想要的实时、准时需求。

（3）便捷化。智慧金融服务在操作上更加的简单，流程也更容易理解，通过互联网搭建的平台使得消费者不再局限于时间与空间的限制，在服务上使客户的获得感更容易触发。

（4）普惠化。智慧金融的客户群没有特殊要求，不管是高学历还是文化水平低，年轻人或者银发族都适用，具有明显的广泛性和普遍适用性。

（5）个性化。智慧金融通过的人工智能、大数据、云计算等高科技手段为客户提供服务，在把握客户需求、客户营销与制定服务方案上更能提供精准的、精细的服务，不再像以前一种产品或服务对应多个客户，而是“千人千面”的服务格局。

（6）绿色化。智慧金融通过先进的科技手段与金融业务的融合，具有节能、绿色的特点，减少金融活动中人力、物理和其他能源的消耗。

（7）无感化。智慧金融可将传统金融服务与消费场景无缝融合，实现特定场景下的无感支付和无感消费，使金融支付活动与消费场景下的其他行为融为一体，如智能停车场、无人超市等场景。

#### 8.1.1.3　智慧金融与传统金融的关系

智慧金融是传统金融的继承与创新，与传统金融一样，其始终围绕”金融“这一本质开展活动，相较于传统金融，智慧金融具备“智慧”属性，除金融产品与服务的智能化、普惠化、精准化、个性化等特点外，在提升金融行业的效率、降低金融成本、优化金融服务、防控金融风险等方面也更具优势。

智慧金融和传统金融虽然在本质上都是推动资金的有序流动，但是，智慧金融并不是传统金融信息化的升级版本，也不是网络化的传统金融。事实上，智慧金融和传统金融有着显著的区别，具体区别如表8－1所示。

表 8－1　智慧金融和传统金融的区别

| 区别 | 传统金融 | 智慧金融 |
|---|---|---|
| 服务的主体不同 | 金融机构与客户形成一对一的服务关系 | 金融服务的形式呈现多对一的服务关系 |
| 市场的主导地位不同 | 银行在客户服务关系中处于支配地位，起主导作用 | 客户成为整个金融服务链条的核心，客户起主导作用 |
| 服务的状态不同 | 在某一段时间内处于相对静止的状态 | 永远处在动态调整的过程中 |
| 演化的动力不同 | 政府是规则的制定者和变革者，金融机构是实现经济、金融目标的执行者 | 金融机构的主体通过不断感知外界信息，自发地、自主地调整演化方向并加速运转 |

### 8.1.2　智慧金融的生态

智慧金融是一个庞大的生态，其建设是一项系统性工程，不仅需要金融机构、互联网企业、消费用户等直接关联方参与，更需要技术企业、行业协会等诸多金融外领域相关者参与。智慧金融生态系统以满足用户多样化需求为中心，各主体间围绕需求的满足形成积极的双向互动关系，并在运动过程中通过反馈控制向目的趋移，以此推动生态系统不偏离需求中心而保持正常运转，实现自我更新、自我完善。智慧金融的主要业务形态如图 8－1 所示。

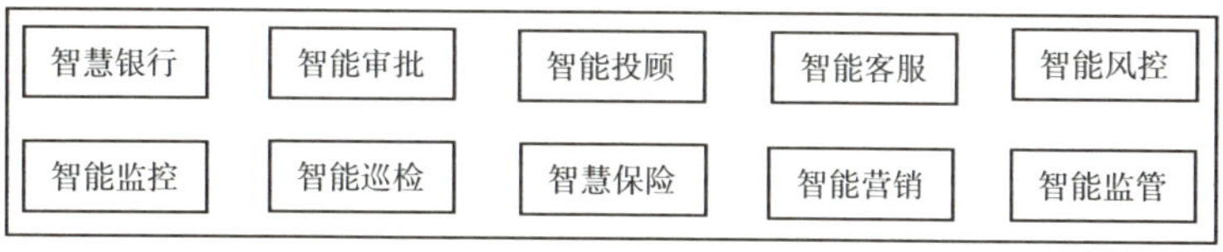


图 8－1　智慧金融的主要业务形态

#### 8.1.2.1　国内智慧金融的发展现状

近年来，国内多家银行开始与国内信息科技公司合作，将金融机构的客源优势与信息科技工作的高科技结合，联合开发金融产品及服务，推动智慧金融的发展。其中，中国工商银行联合京东金融为客户推出了“工银小白”数字银行服务；农业银行与百度合作成立了“金融科技联合实验室”，研究包括客户画像、精准营销、风险监控等方向的智能银行体系；中国银行和腾讯在共建人工智能云客服实验室、精准营销、公有云平台、金融反诈实验室等方面展开合作。多家银行积极应用大数据、人工智能等科技研发智慧产品及服务，积极开展智慧银行、智慧网点的建设，通过搭建各种智慧场景，优化资金的流通。保险行业也积极加入智慧金融的建立队伍中，大型知名保险公司如太平人寿、中国平安、人保等机构积极开发创新金融应用服务。

2017 年 5 月 15 日，中国人民银行成立金融科技委员会，并提出“强化监管科技的应用实践，积极利用大数据、人工智能、云计算等技术丰富金融监管手段，提升跨行业、跨市场交叉性金融风险的甄别、防范和化解能力”。今年来，我国金融科技迅猛发展，资金流转越来越快速，金融交易量也比以往增加了许多，在这过程中暴露出来的风险传播速度比以往更为迅速，受波及的范围也更加广泛，加之科技的发展也使得有的风险更为隐蔽，难以识别，需要金融监管部门组织研究金融科技发展对货币政策、金融市场、金融稳定等领域的影响。

2019年8月，央行公布首轮金融科技发展规划——《金融科技（FinTech）发展规划（2019—2021年）》，文中提出，“到2021年，建立健全我国金融科技发展的“四梁八柱”，进一步增强金融业科技应用能力，实现金融与科技深度融合、协调发展，明显增强人民群众对数字化、网络化、智能化金融产品和服务的满意度，推动我国金融科技发展居于国际领先水平，实现金融科技应用先进可控、金融服务能力稳步增强、金融风控水平明显提高、金融监管效能持续提升、金融科技支撑不断完善、金融科技产业繁荣发展。”

2022年1月，央行公布第二轮金融科技发展规划《金融科技发展规划（2022－2025年）》，全文以8项重点任务为主体，从治理体系、数据要素、基础设施等方面明确目标，重点解决发展不平衡不充分等问题，推动金融科技健全治理体系，完善数字基础设施，促进金融与科技更深度融合、更持续发展。

文件：金融科技发展规划（2022－2025）

【拓展学习】

**人民银行印发《金融科技发展规划（2022－2025年）》**

近日，中国人民银行印发《金融科技发展规划（2022－2025年）》（以下简称《规划》）。《规划》依据《中华人民共和国国民经济和社会发展第十四个五年规划和2035年远景目标纲要》制定，提出新时期金融科技发展指导意见，明确金融数字化转型的总体思路、发展目标、重点任务和实施保障。

《规划》强调，要以习近平新时代中国特色社会主义思想为指导，全面贯彻党的十九大和十九届历次全会精神，坚持创新驱动发展，坚守为民初心、切实履行服务实体经济使命，高质量推进金融数字化转型，健全适应数字经济发展的现代金融体系，为构建新发展格局、实现共同富裕贡献金融力量。

《规划》指出，要坚持“数字驱动、智慧为民、绿色低碳、公平普惠”的发展原则，以加强金融数据要素应用为基础，以深化金融供给侧结构性改革为目标，以加快金融机构数字化转型、强化金融科技审慎监管为主线，将数字元素注入金融服务全流程，将数字思维贯穿业务运营全链条，注重金融创新的科技驱动和数据赋能，推动我国金融科技从“立柱架梁”全面迈入“积厚成势”新阶段，力争到2025年实现整体水平与核心竞争力跨越式提升。

《规划》提出八个方面的重点任务。一是强化金融科技治理，全面塑造数字化能力，健全多方参与、协同共治的金融科技伦理规范体系，构建互促共进的数字生态。二是全面加强数据能力建设，在保障安全和隐私前提下推动数据有序共享与综合应用，充分激活数据要素潜能，有力提升金融服务质效。三是建设绿色数据中心，架设安全金融网络，布局先进高效的算力体系，进一步夯实金融创新发展的“数字底座”。四是深化数字技术金融应用，健全安全与效率并重的科技成果应用体制机制，不断壮大开放创新、合作共赢的产业生态，打通科技成果转化“最后一公里”。五是健全安全高效的金融科技创新体系，搭建业务、技术、数据融合联动的一体化运营中台，建立智能化风控机制，全面激活数字化经营新动能。六是深化金融服务智慧再造，搭建多元融通的服务渠道，着力打造无障碍服务体系，为人民群众提供更加普惠、绿色、人性化的数字金融服务。七是加快监管科技的全方位应用，强化数字化监管能力建设，对金融科技创新实施穿透式监管，筑牢金融与科技的风险防火墙。八是扎实做好金融科技人才培养，持续推动标准规则体系建设，强化法律法规制度执行，护航金融科技行稳致远。

《规划》要求各方加强组织统筹、加大投入力度，做好规划实施监测评估，确保各项任务落到实处、取得实效。

（资料来源：中国政府网 http：//www.gov.cn/xinwen/2022-01/05/content_5666525.htm）

#### 8.1.2.2 国外智慧金融的发展现状

智慧金融的发展离不开信息技术的创新，在智慧金融这一领域对大数据、人工智能等技术的使用直接影响到其发展速度，相较我国，国外的信息科技发展的较早，技术较成熟，金融领域的创新应用也较多。

在智慧金融发发展中，客户的体验感是产品及服务开发时最重要的考虑因素之一，客户体验越佳，吸纳的客户越多，国外许多金融机构、IT公司试图通过搭建智能人机交互平台、开发智能支付应用等不断优化和改善客户体验。例如，万事达推出的“自拍支付”、亚马逊推出的“眨眼支付”、苹果公司推出的“指纹支付”等基于生物特征识别的智能支付服务，都在不断丰富用户的支付体验。部分保险企业在降低经营成本、拓宽营销渠道等方面积极探索，并将有关成果应用到自身的服务改进中。例如，Lemonade公司引入人工智能系统，帮助客户计算保费、自助投保和提供保险方案。寿险企业John Hancock为客户提供运动传感器，根据收集的客户的生活数据实时定制保费。

**【议一议】**

谈谈为什么近年来智慧金融发展得如此迅速？

### 8.1.3 智慧金融的典型应用场景

金融行业的发展与信息科技的进步息息相关，两者的融合速度也比其他行业更迅速、深入。近年来，金融科技应用不断出现新服务，新的金融概念不断涌现，人们的金融生活方式也不断革新。从传统的柜面服务到如今的数字金融，金融服务不仅打破了时间与空间的局限，更是线上线下联动，为客户打造智慧场景，让客户感受全新的体验。

#### 8.1.3.1 智慧康养金融服务

随着人口的老龄化，社会不断关注到“银发一族”的问题，在国家的政策扶持及市场的需求下，智慧康养产业不断发展，面对巨大的发展空间，各类型企业及金融机构如房地产商、养老服务机构、商业银行、保险公司等纷纷进入智慧康养产业投融资市场，许多养老地产企业开始联合金融机构研发、销售老年金融产品，以及为老年人提供有温度人性化的金融产品及老年型理财平台，从 2015 年开始，多家房地产企业与保险资金在医疗保健、养老地产及金融等很多方面强强联合，共同打造“养老地产 + 养老医疗 + 养老金融”模式。

#### 8.1.3.2 智慧社区金融服务

随着区块链、大数据、人工智能等各种现代信息技术的快速发展，我国智慧社区已经取得了阶段性成果，促使社区治理开始朝向现代化、智慧化的方向发展，社区居民足不出户便能够享受到多种服务，使得社区居民的归属感、舒适感也能够显著提高。

在智慧社区的诸多服务中，金融服务是为社区资金流通提供保障，主要以社区支行和金融驿站的方式开展。银行在社区服务中，不同于以往的网点支行服务，而是从社区客户的需求出发，为客户搭建“金融 +”场景，为客户提供更加人性化、智慧化的服务。

## 任务 8.2 智慧康养金融服务

### 8.2.1 智慧康养的概述

智慧康养是指利用物联网、云计算、大数据、智能硬件等新一代信息技术产品，能够实现个人、家庭、社区、机构与健康养老资源的有效对接和优化配置，推动健康养老服务智慧化升级，提升健康养老服务质量效率水平的养老服务。

全国第七次人口普查数据显示，我国 60 岁及以上人口为 26402 万人，占比 18.7%，有 12 个省份已经迈入深度老龄化。人口老龄化既带来了挑战，也促进了“银发经济”发展，扩大了老年产品服务消费。在“智慧 +”助力下，人类老龄化的问题正在逐步解决，老年人的生活也更加美好。

随着物联网、区块链、人工智能等信息技术的不断发展，依托互联网、云技术、GPS定位等技术，可实现个人、家庭、社区、医疗机构与养老资源有效对接和优化配置，助力传统养老行业的升级，以人性化、智慧化的手段为“银发族”提供高质量服务。在国家政策支持下，各省、地区、市等纷纷响应，积极出台相应的地方办法、意见支持养老行业的发展。

2015年，国务院印发《关于积极推进“互联网＋”行动的指导意见》（国发〔2015〕40号），明确提出了“促进智慧健康养老产业发展”的战略规划，鼓励健康服务机构利用云计算、大数据等技术搭建公共信息平台，提供长期跟踪、预测预警的个性化健康管理服务。2017年2月，工业和信息化部、民政部、国家卫生计生委印发《智慧健康养老产业发展行动计划（2017—2020年）》（工信部联电子〔2017〕25号），规划部署智能养老产业的发展。随着“十四五”规划的开启，注重科技数据赋能，提供贴心服务、满足更多样需求的“智慧养老”进入新的发展阶段。2021年10月20日，工业和信息化部、民政部、国家卫生健康委共同印发《智慧健康养老产业发展行动计划（2021—2025年）》（工信部联电子〔2021〕154号，以下简称154号文），内容涉及智慧医疗、中医智能化、产融结合、人才队伍培养、拓展示范应用场景等方面。

目前国家高度重视智慧养老模式建设，并从政策倾斜、资金支持、机构建设等多方面采取举措，助推智慧养老行业迅猛发展。2020年11月公布的第四批智慧健康养老应用试点示范通知中公布了智慧健康养老示范企业51家，智慧健康养老示范基地17家，智慧健康养老师范街道72个。

**【拓展学习】**

文件：智慧健康养老产业
发展行动计划（2021－2025年）

工业和信息化部 民政部 国家卫生健康委关于印发《智慧健康养老产业发展行动计划（2021－2025年）》的通知

（资料来源：中国政府网 http：//www. gov. cn/fuwu/2018－11/23/content_5342676. htm）

### 8.2.2　智慧康养金融服务

智慧康养金融服务是由智慧养老产业与金融产业相互渗透、交叉，在多维度融合形成的针对社会成员多样化、人性化、智慧化养老服务需求开展的金融活动。行业研究普遍认为，智慧康养金融服务主要分为三方面内容，分别为养老产业金融、养老服务金融和养老金金融。其中，养老产业金融是指，为与养老相关产业提供投融资支持的金融活动。养老服务金融是指，金融机构根据全体社会成员养老相关需求采取的一系列金融创新活动，主要有养老财富管理和金融支持。养老金金融是指、通过制度安排积累养老资产，并实现资产保值、增值的金融活动，其主要包括两项内容，分别为养老金制度安排和资产管理。

### 8.2.2.1 智慧康养 + 银行

在经济和科技发展迅速的背景下，许多信息科技手段在金融服务与产品创新中得以应用，针对养老产业的金融服务体系逐渐得到完善，“银发一族”的金融服务趋于智能化、便利化、区域化。

在智能化方面，银行针对老年人提供的服务更加人性化、易接受，让老年人感受到高质量的金融服务。例如，渤海银行立足长三角一带，充分发挥区域优势，致力于提升长三角“养老一族”的金融养老规划服务品质，积极打造智能化的养老金融服务体系。

便利化方面，老年人由于生理机能的退化，视力、体力等都会受到影响，加上互联网的飞速发展，许多老年人对网上的诸多便利化产品的使用体验不佳，针对这种问题，银行积极开发老年人适用产品。例如，光大银行推出的“简爱版”手机银行，让“银发族”更加便利的使用手机银行（图 8－2）。

区域化方面，政府积极鼓励并引导金融机构研发智慧健康养老金融产品和服务，完善智慧养老服务产业的金融服务。在此政策支持下，各地区金融机构应用互联网技术，推出适合本区域老年人需求的养老金融产品与服务。如北京农商银行搭建的“一站式”养老服务平台，将金融科技和政策高度融合，为养老相关企业提供金融服务。

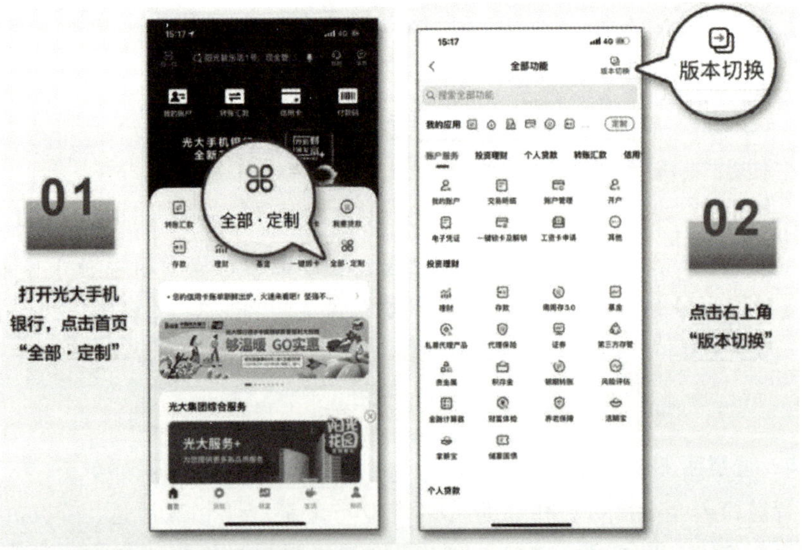

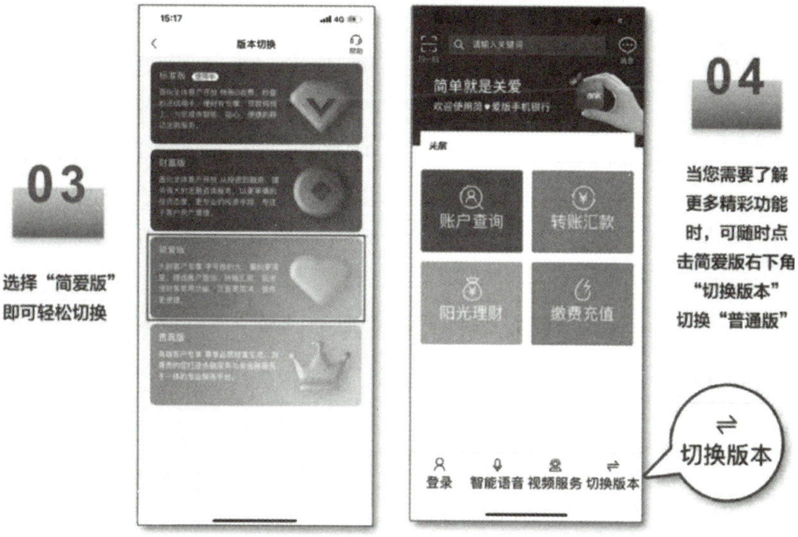


图 8－2　光大银行“简爱版”操作步骤

资料来源：腾讯网。

近年来，多家商业银行积极创新智慧康养金融产品，进入智慧康养金融市场，将“银发一族”的现状与金融服务差异需求化有机结合，根据老年人的养老需求，推出针对老年群体健康保障、日常生活、资产增值等需求的多元化金融产品。我国商业银行的智慧康养金融产品如表 8－2 所示。

表 8－2　　我国部分商业银行智慧康养金融产品

| 金融产品名称 | 产品介绍 |
| --- | --- |
| 平安银行广州分行：“健康小屋”、“颐年门店” | 为老年客户提供到店免费健康检测服务，定位满足老年群体“金融＋生活”的多重需求 |
| 中国建设银行：“乾元－养颐四方”养老主题理财产品 | 针对个人高资产净值客户发行养老主题理财产品 |
| 光大银行：“光大颐享阳光”养老理财产品 | 非保本浮动收益型开放式理财产品 |
| 中国银行：养老专属——“寿”系列产品 | 专门设计定期分红功能，每半年收益分配一次，投资消费均可，满足多元化养老需求 |
| 上海银行：“慧财”人民币养老无忧理财产品 | 对 50 周岁（含）以上个人客户或 VIP 客户目标客群发行极低风险、保本保收益型理财产品 |
| 华夏银行：“龙盈理财增盈增强型（老年客户优先）” | 本产品为 PR2（稳健型）理财产品 |
| 招商银行：“岁月流金之‘金颐养老 1 号’理财计划” | 针对高净值客户发售“岁月流金之‘金颐养老 1 号’理财计划” |
| 兴业银行：“安愉人生” | 集“产品定制、健康管理、法律顾问、财产保障”四项专属服务为一体整合贵宾服务资源，为老年朋友们提供专属产品定制、身心健康管理、财产安全保障、法律顾问服务等符合中老年客户需求的专项金融和增值服务。 |

资料来源：根据各银行网站资料整理。

我国养老产业的发展，离不开金融行业的支持。整体来看养老企业的资金来源主要有政府补贴、银行贷款、养老债券、股权融资、信托投资基金、产业基金等。商业银行作为金融体系中重要的组成部分，在养老产业的发展中，是资金流通的关键渠道，为养老相关产业提供金融支持。例如，光大银行温州分行为温州市泊岙老人公寓提供了3000万元养老项目贷款。

**【训练8－1】**

请你查一查当地商业银行推出的养老金融服务和产品，并用表格的形式展示。

### 8.2.2.2 智慧康养＋保险

在国家政策的扶持下，智慧康养金融服务的跨界合作日益增多。随着政府扶持力度的不断增加，金融机构与养老产业相关企业开始合作，推出新的适老产品和服务，如理财产品、商业养老保险产品、基金、房产等。且随着科技的发展，养老金融产品与服务逐渐智能化。

在金融科技应用于养老产业的过程中，养老机构通过虚拟现实、电子商务、大数据等技术，搭建老年人的各类生活场景，将金融科技融入其中，不断推进养老金融业务流程创新，拓宽养老产业金融边界。在保险行业中，有的企业通过整合社会及市场上的养老资源为老年人提供保险、投资、健康管理等方面的综合服务。

1. 泰康养老社区——“保险、资管、医养”三位一体协同发展

泰康养老作为智慧养老产业早期的实践者之一，进入养老产业较早，经过长期实践逐渐形成了一套金融和养老产业相结合的“保险、资管、医养”三位一体协同发展的养老模式，在生活方式、服务能力、心理需求、医疗健康等方面具有特色及参考价值。泰康养老不断提升专业服务能力及服务效率的同时，积极探索养老金融模式，重塑投资理念，选取价值较高的养老地产作为长期投资标的，在满足养老健康的现实需求基础上，收益长期投资带来的高收益高回报，实现保险业务和养老投资在资金上的互补，逐渐形成特色鲜明的“保险、资管、医养”三位一体协同发展养老模式。

2. 光大养老生态圈——颐享阳光·健康养老生态圈

为了满足老年人的全方位健康养老需求，光大养老整合光大保险、光大银行、泰康人寿、太平人寿、平安好医生等内外部优质资源与先进技术，于2020年4月发布了“颐享阳光·健康养老生态圈”这一线上健康养老专区。该生态圈包括在线医疗健康、养老保障、生活服务、旅游出行、投资理财、资金融通等业务，涵盖养老社区、养老测算、健康养老、金色课堂、健康资讯等七大功能场景。并且，该生态圈已形成一条完整的“数据—产品服务—客户—场景—产品服务—数据”循环价值链，在有效提升老年人服务体验的同时，实现了养老金融从线下转向线上线下协调、从单一服务变为多元综合服务、从实体转为

虚实结合的业务升级。未来，在养老金融跨界融合过程中，金融科技将进一步赋能养老产业金融，不断整合社会资源，优化产业金融服务模式与业务流程，在满足老年人需求的同时，推进养老产业金融持续升级（图8-3）。

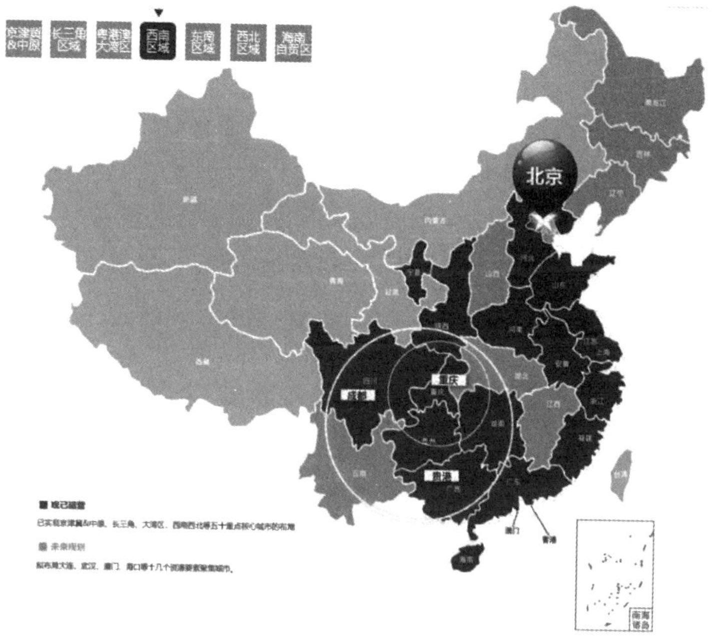


**图8-3 光大养老布局分布图**

资料来源：光大养老。

光大集团提供的金融服务主要是“金融+养老“”模式。例如，保养结合，由光大永明保险提供保险产品，光大养老提供社区入住权益，合作双方开展“保单+养老社区”的产品模式，即客户购买指定保险产品后，除享受正常的保单保障外，还可获得养老社区长期养老、旅居养老的权益，且价格更优。银养结合，与光大银行合作，利用“云缴费”“购精彩”等平台，为高净值客户研发并推介养老权益产品。信养结合：联合光大信托，积极探讨资产证券化和养老信托创新业务（图8-4）。

**图8-4 光大养老金融服务宣传图**

资料来源：光大养老。

# 任务 8.3　智慧社区金融服务

## 8.3.1　智慧社区的概述

智慧社区这一概念是从智慧城市中引申出来的，早在 2008 年 11 月 IBM 公司就提出了一个新的概念——智慧地球，2009 年 8 月 IBM 发布的《智慧地球赢在中国》计划书中提到了中国的六大智慧解决方案：智慧电力、智慧医疗、智慧城市、智慧交通、智慧供应链和智慧银行，智慧城市建设在全球陆续展开。我国自 2008 年以来“智慧 +”系列发展迅速，围绕“智慧城市”这一概念又派生出“智慧小镇”、“智慧社区”、“智慧园区”、“智慧城市群”、“智慧社会”等相关概念。而在智慧城市的建设中，智慧社区是重要组成部分，本节内容将围绕智慧社区这一内容展开。

智慧社区是指通过利用各种智能技术和方式，整合社区现有的各类服务资源，为社区群众提供服务、商务、娱乐、教育、医护及生活互助等多种便捷服务的模式。大数据、区块链、人工智能等科技是智慧社区发展的技术支撑，可对社区各类信息进行收集分析，为居民提供智能化的服务。常见的智慧社区服务有智慧安防、智慧停车、智慧门禁、智慧物业、智慧生活等。本章主要介绍智慧生活中的金融服务。

九部门印发《关于深入推进智慧社区建设的意见》的通知

## 8.3.2　智慧社区金融服务

### 8.3.2.1　智慧社区支行

“社区银行”概念最初源自美国，社区银行是指资产规模较小、主要为经营区域内中小企业和居民家庭服务的地方性小型商业银行。社区银行致力于“小而美、小而精”，力求更贴近零售客户，将社区周边的居民、中小微企业作为目标群体，主要填补被传统银行所忽视的金融服务空白点，被称之为“家门口的银行”。

2013 年原银监会发文《关于中小商业银行设立社区支行、小微支行有关事项的通知》中，明确社区支行、小微支行是指定位于服务社区居民和小微企业的简易型银行网点，属于支行的一种特殊类型。与传统银行网点相比，社区支行实行有限牌照经营，功能设置简约、定位特殊区域和客户群体、服务便捷灵活，并对经营范围作出了规定：社区支行实行有限牌照经营，不办理人工现金业务，现金业务主要依托自助机具办理，不办理对公业务，单户授信余额不超过 500 万元。

【拓展学习】

中国银监会办公厅关于中小商业银行设立社区支行、小微运行有关事项的通知

目前我国社区支行的发展模式主要有三种，分别是“储蓄所”模式、“服务主导”模式、“产品主导”模式（表8－3）。

表8－3　国内社区支行的发展模式区别

| 发展模式 | 特征 | 经营情况描述 | 代表银行 |
| --- | --- | --- | --- |
| “储蓄所”模式 | 提供综合性金融服务 | 该类社区支行布局与传统银行网点相似，只是更加突出了布局的社区性，定位于大社区，主要选址在居民社区、写字楼、专业市场主要出入口附近，所提供的服务与一般网点基本无异，主要是依托位于社区的支行来满足客户的综合性金融需求。 | 兴业银行 |
| “服务主导”模式 | 服务属性强 | 该类社区支行不但在网点提供移动开卡、手机银行、网上理财、投资咨询等基础产品销售和咨询服务，还会根据客户需要提供延时、错时服务，更重要的是通过积极参与到社区生活活动的方式，以社区化的服务手段提高客户黏合度，服务属性强于产品属性。 | 民生银行 |
| “产品主导”模式 | 渠道特征更明显 | 该类社区支行定位于金融产品的销售渠道和展示场所，为客户提供方便、快捷的用户购买体验，此类社区银行作为金融产品和服务销售的渠道特征较为明显。 | 平安银行 |

互联网与金融科技发展对传统商业银行造成了很大的冲击，银行为获取更多的资源，必须主动去接近客户，了解客户所需，并为客户提供相关服务。银行以利差为主要利润来源，社区支行的出现无疑扩宽了银行的业务范围，增加了利润来源。由于社区支行选址都是位于社区客户集中的地段，社区支行的员工通常十分熟悉当地市场，与贷款客户的接触较为频繁，信息不对称程度相对大银行而言较小，风险识别能力较强，这使得社区支行在对中小企业贷款中获得比大银行更大的安全盈利空间。社区支行吸收当地存款后通过当地的贷款客户又将资金投入到当地，从而推动当地经济的发展，因此比大银行更能获得当地政府、中小企业、个体工商户和居民的支持（表8－4）。

表 8-4 2015-2020 年中国银行业金融机构社区网点统计表

| 年份 | 2015 | 2016 | 2017 | 2018 | 2019 | 2020 |
|---|---|---|---|---|---|---|
| 社区网点数量（个） | 4955 | 6362 | 7890 | — | 7228 | 5580 |

数据来源：2015-2016《中国银行业服务改进情况报告》、2017-2020《中国银行业服务报告》。

**【想一想】**

为什么 2020 年我国银行业金融机构社区网点数量骤降？

有的社区支行为了改善营业气氛，会为客户提供沙发休息、影音设备以及儿童娱乐设施等，服务时间也没有限制，开展错时服务，为上班族提供了很大的便利。具体实践过程中，从社区终端定位，以满足客户日常需要为目标，主打自助存款与取款、自助开卡、便民缴费、自助转账汇款等业务，有的甚至还会开展快递代收代发等特色业务，定期开展金融活动，为附近居民社交提供场所，成为居民情感连接点。

目前，我国社区支行发展已经实现了差异化和特色化运营，实现了社区化营销。社区支行通过应用互联网技术来丰富业务类型，强化客户的体验，提供金融服务和非金融服务，结合社区实际环境，建设良好社区生态，以社区居民的需要为出发点，与周边力量进行合作，突出金融服务的质量，打造社区支行服务生态。综合来看社区支行具有以下优势：

（1）综合成本低。首先，社区支行一般规模小、人员少，营业成本相对较低。其次，社区支行运营机制灵活，决策开展效率较高。再次，社区支行业务流程简单，能够迅速、快捷的为客户提供服务，满足客户对效率、便捷性等方面的要求，获得客户较为容易。

（2）获取信息便利。社区支行一般较为熟悉当地市场，这对于开展小微企业类及个人类贷款十分必要。在办理贷款时，除关注客户财务资料外，社区支行还能最大限度的对申请人的性格、家庭结构、日常开销等个性化的因素进行评估，克服信息不对称问题，风险识别与判断能力显著增强。这使社区支行在零售型贷款款中，安全系数更高，客户违约风险更小，出现不良贷款的机率更低。

（3）差异化定位。社区支行的目标客户群是中小型企业和住宅区民众等中小客户，拥有自己特色化、个性化的金融服务，针对不同客户的不同需求，为其量身定做个性化金融产品，满足其特定的金融需求。同时，在网点布局上注重补缺，填补了大银行退出后的市场空白，在保持小微企业和住宅区民众客户市场方面有独特优势。而大银行的客户服务相对来讲较粗糙，金融产品、金融服务也较为粗线条。

**【训练8－2】**

请在当地寻找一家社区支行，以小组为单位完成调研、PPT制作、课堂展示。

### 8.3.2.2 智慧金融驿站

金融驿站设在社区内部，是科技引领下的幸福驿站2.0模式，具备金融、电商、便民、科技、社区等“五位一体”便民功能，提供一站式、多功能、综合性金融服务。

例如，2021年9月，山东昌邑农商银行推出“畅e金融驿站”旗舰店，驿站内布设网银体验机、便携式智慧柜员机等各种便捷金融设备，以及体检机、复印机等便民服务设施，可实现存取款、即时开卡、跨行大额转账、健康体检等事务办理。尤其是疫情期间，昌邑农商银行联合智e购推出生鲜专区，居民“足不出户”即可享受安全购物和业务办理一站式服务。

浙江农信推出的“丰收驿站”，带领全省农信系统在全省首创10435家集金融、电商、物流、政务、民生服务五位一体的“丰收驿站”，与近4200个营业网点一起，共同构成遍布全省每个乡镇和绝大多数行政村的服务网络（图8－5）。

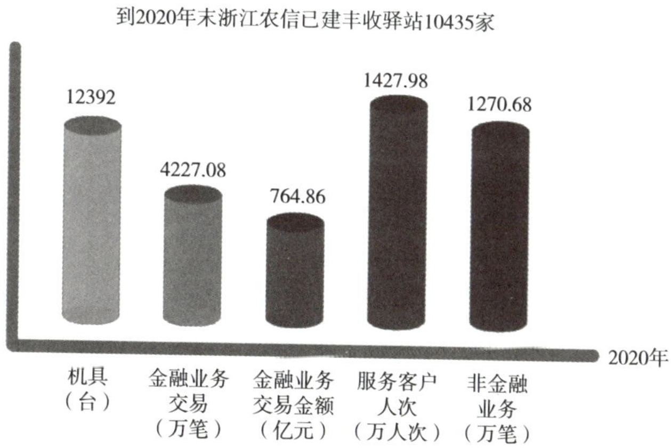


**图8－5 浙江农信丰收驿站截止2020年服务情况**

资料来源：搜狐网。

浙江农信将绝大多数丰收驿站设立在比较偏远的农村地区，有效填补了乡村金融服务空白，让广大农村百姓足不出村就能享受到“一站式”便民生活服务，基本上形成了“基础金融不出村，综合金融不出镇”的农村金融新格局，成为了深化普惠金融、助力乡村振兴、深度融入社会治理、打通金融服务“最后一公里”的重要载体。

## 课程思政

1. 培养协作和创新精神的职业道德

通过让学生组建团队，鼓励他们去一起完成作业，直到他们想要一起认真学习，他们就会在完成作业的过程中各自互补缺失的技能，进而培养学生具有协作和创新精神的职业道德。

2. 树立经世济民的理想信念

在学习智慧金融服务时，会引入大量行业实际数据及典型案例，让学生体会商业银行、保险公司等金融机构在国家民生方面的贡献，深入社会实践、关注现实问题，解决现实问题，树立学生经世济民的理想信念。

3. 培养学生敬老爱老的道德情操

通过政策解读、案例分析，让学生能够深刻理解智慧金融发展过程中金融机构关注老年人的难处，为老年人提供人性化、便利的服务，让学生在学习的过程中关注银发团体的问题，关注老年人的生活问题，培养学生敬老爱老的道德情操。

## 单元评价

对于每一个单元，结合业务能力和评价指标，根据掌握情况在下表相应的方框中打√，自测结果共分为三类：A 掌握，B 基本掌握，C 未掌握。

单元测评表

| 任务 | 任务布置 | 评价指标 | 自测结果 | 要求 |
|---|---|---|---|---|
| 智慧金融服务 | 体验商业银行推出的适老服务 | 1. 服务介绍<br>2. 体验感受分享 | □A □B □C | 1. 记录详实<br>2. 条理清晰 |
| | 寻找校园中的智慧金融场景 | 1. 场景介绍<br>2. 记录该场景的使用频率 | □A □B □C | 1. 记录详实<br>2. 条理清晰 |
| | 调查一家康养社区 | 1. 调查材料的详实情况<br>2. 团队合作的具体情况<br>3. 社区介绍 PPT<br>4. 课堂展示表现 | □A □B □C | 1. 记录详实<br>2. 条理清晰<br>3. 逻辑在线<br>4. 展示风采 |

## 单元测试题

### 一、单项选择题

1. 2017 年 5 月 15 日，中国人民银行成立（　　），并提出“强化监管科技的应用实践，积极利用大数据、人工智能、云计算等技术丰富金融监管手段，提升跨行业、跨市场交叉性金融风险的甄别、防池和化解能力”。

A. 金融科技委员会　　　B. 银监会

C. 保监会　　　D. 证监会

2. 兴业银行推出的智慧康养金融服务产品是（　　）。

A. “慧财”　　B. “健康小屋”

C. “安愉人生”　　D. “乾元－养颐四方”

3. 国内社区支行的发展模式中采用“储蓄所”模式的银行是（　　）。

A. 兴业银行　　B. 民生银行

C. 平安银行　　D. 中国人民银行

4. 以下哪项不是社区支行的客户群体（　　）?

A. 个人　　B. 家庭

C. 中小企业　　D. 大型企业

5. 2013年原银监会发文《关于中小商业银行设立社区支行、小微支行有关事项的通知》中对社区支行经营范围规定，单户授信余额不超过（　　）万元。

A. 50　　B. 100　　C. 500　　D. 1000

**二、多项选择题**

1. 智慧金融的特征有（　　）。

A. 普惠化　　B. 绿色化　　C. 智能化

D. 无感化　　E. 高效率

2. 智慧金融的主要业务形态有（　　）。

A. 智慧银行　　B. 智能投顾　　C. 智能监管

D. 智能风控　　E. 智慧保险

3. 社区支行的优势主要有（　　）。

A. 综合成本低　　B. 获取信息便利　　C. 差异化定位

D. 规模大　　E. 人员多

**三、判断题**

1. 传统金融服务正转向智慧金融服务。（　　）

2. 社区支行不受银监会监管。（　　）

3. 智慧金融中金融机构与客户形成一对一的服务关系。（　　）

4. 社区支行被称作“家门口的银行”。（　　）

5. 智慧社区是指通过利用各种智能技术和方式，整合社区现有的各类服务资源，为社区群众提供服务、商务、娱乐、教育、医护及生活互助等多种便捷服务的模式。（　　）

**四、综合案例**

### 陕西汉中市南郑区农行：以金融科技赋能智慧城市建设

央广网西安3月28日消息 近日，陕西省汉中市南郑区农业银行与汉中市南郑区投资控股集团有限公司签订协议，决定合作共建城市智慧停车项目，促进汉中智慧城市建设。

陕西汉中市南郑区“智慧停车”项目将传统停车场与农行网络金融、掌银有效结合，搭建起智能化、便捷化的停车生态圈，真正将农行“数字经营”

战略融入到民生服务当中，打造全面覆盖南郑区核心区域的网络金融场景，使智慧城市建设迈上一个新台阶。

据了解，该合作项目通过创新银政企合作模式，将充分发挥农行优势，依托金融科技赋能，将智慧停车项目建成汉中市中心区域的一张亮丽名片，为全市智慧场景发展积累宝贵经验，提供新的动力，助力南郑区高质量发展。

以服务智慧城市建设为己任，陕西汉中市南郑区农行主动响应党中央、国务院关于“推行电子政务、建设智慧城市”号召，充分利用深厚的金融资源和丰富的金融服务经验，大力开展智慧场景建设，不断提升产品质量，持续优化服务体验，当好服务乡村振兴领军银行、服务实体经济主力银行，彰显国有大行使命担当，

“汉中市南郑区是乡村振兴和区域中心建设重点地区，农行将充分利用本次合作契机，进一步探索银政企三方互惠共赢新模式，早日在医院、城市中心供水等支持民生项目方面展开全方位的合作，助力汉中智慧城市发展。”农行汉中市分行公司业务部总经理李娟在双方合作协议签字仪式上表示。

提问：请你通过案例中存在的问题，设计解决方案或解决流程，在方案或流程中加入金融科技的应用和展望。

完成步骤：

1. 开展网络搜索，对智慧城市金融服务进行全面的分析。
2. 发现案例中存在的问题，设计解决方案或解决流程。
3. 制作 PPT，并上台展示。

# 单元9
# 风险控制与金融科技

## 知识目标

1. 理解风险控制的含义
2. 掌握传统风险控制的方式
3. 了解金融科技风控的含义
4. 掌握金融科技风控的方式
5. 了解金融科技风控的生态体系

## 技能目标

1. 能辨析金融科技风控的方法
2. 能画出金融科技风控的生态体系
3. 能介绍并展示金融科技风控平台
4. 能运用实训平台完成模拟风控

## 素质目标

1. 锻炼学生团队沟通能力和经济分析能力
2. 培养学生适应我国金融改革就业岗位的能力
3. 培养学生需具备全球化、专业化的职业视角

## 思政目标

1. 培养协作的团队合作精神
2. 树立创新思维和创新创业精神

## 项目情景

**科技破解消金风控难题**

近年来，以人工智能、区块链、云计算、大数据为代表的新一代信息技术，在金融行业尤其是在主营零售业务的消费金融行业得到普遍应用，大大提升了消费金融公司的综合能力。其中，在风险控制方面，金融科技帮助消费金融公司提升效率、降低成本成效明显。

数据显示，2021年，马上消费金融、招联消费金融、兴业消费金融等公司的业绩位居行业前列。记者从上述多家消金公司获悉，这与各公司应用金融科技来促进风控能力的提升密不可分。

“风险管理措施的自动化执行对系统的要求极为精细和高效，尤其是每天面临数十万申请，每秒并发几百单申请，每个申请单要秒级处理人民银行、征信部门、银联、公安等多个数据源，生成上百个模型和策略规则，这对企业科技能力挑战巨大。”马上消费金融相关负责人对《中国银行保险报》记者表示。

据悉，为提升风控能力，马上消费金融构造了自有复杂网络，由千万级的内部黑名单作为种子，产生几十亿条数据的复杂网络关联数据，对反欺诈具有极强的效果。

（资料来源：https：//www. 163. com/dy/article/H7L0RL560519QIKK. html。）

## 思考实践

1. 在运用科技管理风险方面，头部消费金融公司有哪些值得行业学习的做法？

2. 金融科技如何改变风控难题？其中存在哪些隐患？

# 任务9.1　传统风险控制

### 9.1.1　风险控制的含义

#### 9.1.1.1　风险控制概况

风险控制是指风险管理者采取各种措施和方法，消灭或减少风险事件发生的各种可能性，或者减少风险事件发生时造成的损失。

金融风险是一定量金融资产在未来时期内预期收入遭受损失的可能性。对于金融经营，风险是一种客观存在，我们要做的，就是学好如何去控制风险，规制金融风险隐患。

金融的核心是风险控制，风险控制的四种基本方法是：风险回避、损失控制、风险转移和风险保留。金融是现代经济的核心，金融市场是整个市场经济体系的动脉。而金融本身的高风险性及金融危机的多米诺骨牌效应，使得金融体系的安全、高效、稳健运行对经济全局的稳定和发展至关重要。金融机构发生的风险所带来的后果，往往超过对其自身的影响。金融机构在具体的金融交易活动中出现的风险，有可能对该金融机构的生存构成威胁；具体的一家金融机构因经营不善而出现危机，有可能对整个金融体系的稳健运行构成威胁；一旦发生系统风险，金融体系运转失灵，必然会导致全社会经济秩序的混乱，甚至引发严重的政治危机。

金融风险的基本特征有以下几个：

（1）不确定性：影响金融风险的因素难以事前完全把握。

（2）相关性：金融机构所经营的商品——货币的特殊性决定了金融机构同经济和社会是紧密相关的。

（3）高杠杆性：金融企业负债率偏高，财务杠杆大，导致外部风险性大，另外金融工具创新，衍生金融工具等也伴随高度金融风险。

（4）传染性：金融机构承担着中介机构的职能，割裂了原始借贷的对应关系。

#### 9.1.1.2　风险要素

1. 个人贷款

个人贷款信息的收集从个人的角度，分别分为三类：基本资料、财务信息及资金用途（图9－1）。

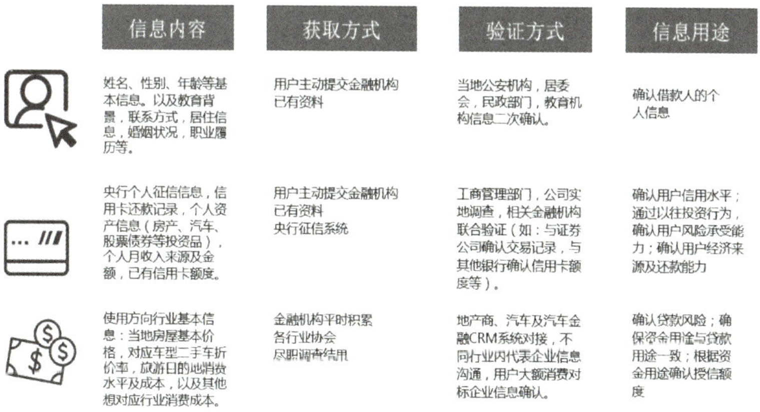


**图9－1　个人贷款风控的流程**

2. 企业贷款

企业贷款信息的收集从企业的角度，分别分为三类：基本资料、财务信息及资金用途（图9－2）。

| 信息内容 | 获取方式 | 验证方式 | 信息用途 |
| --- | --- | --- | --- |
| 企业工商基本注册资料，企业发展历程，企业高管对行业的认知，企业生产经营状况，企业销售情况。 | 企业提交材料<br>研究机构报告<br>中小微企业甚至需要借助报刊杂志的报导以了解行业信息 | 经营环境实地考察，设备运营状况，工艺水平，销售人员KPI核对，以往销售合同校验 | 确认企业基本信息和经营状况，评估企业在行业中所处的地位 |
| 企业经营数据，财务报告，库存规模，公司股权结构，知识产权，专利信息，企业债务关系，投融资历史 | 企业提交材料<br>金融机构已有材料 | 企业实地考察，贷款企业客户及供应商访问，企业水电单据，相关注册机构信息确认。中小微企业贷款对于企业的实际控制人个人信息的获取更加重要，必要时甚至可以参考邻居的意见 | 了解企业财务实力，债务债权关系，盈利能力，现有资产变现能力，有些信息是隐性担保物（库存、专利等），综合评测企业偿还能力，以及贷款是否真正处于经营需要 |
| 企业所处行业信息，企业生产产品或提供服务服务在区域内的公允价值，产业链情况（尤其上游供应商及原材料市场变动情况） | 金融机构以往的同行业企业的贷款经验<br>金融机构对贷款企业所处行业产业链的掌握<br>尽职调查结果 | 地产商、汽车及汽车金融CRM系统对接，不同行业内代表企业信息沟通，用户大额消费对标企业信息确认。 | 确认贷款风险；确保资金<br>用途与贷款用途一致 |

**图 9－2　企业贷款传统风控的流程**

## 9.1.2　传统风险控制的方式

通常来说，传统银行贷款审核过程分为八个步骤，分别为①贷款申请；②信用评估；③尽职调查；④贷款审批；⑤签订合同；⑥贷款发放；⑦贷后检查；⑧贷款回归。不同的银行在部门职能上可能存在一定差异，但总体来说，都会将这八个步骤融合进去（图 9－3）。

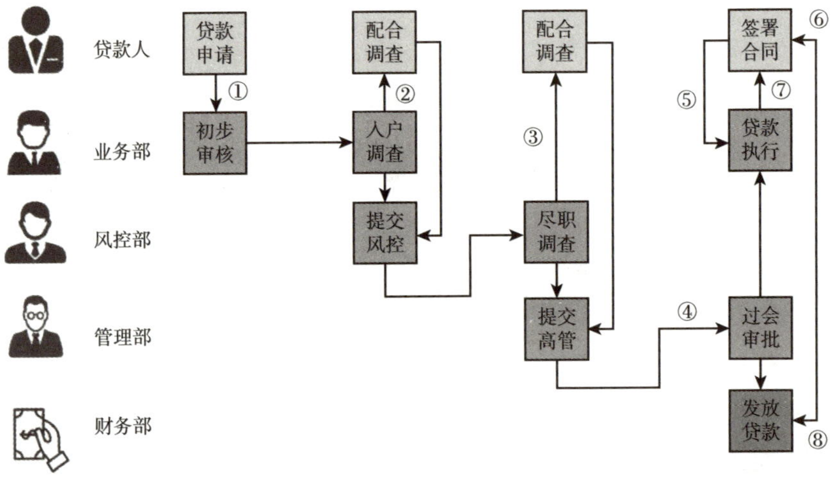


**图 9－3　传统银行贷款风控的步骤**

在传统风控模式下，银行等金融机构主要运用人工信审，借助中国人民银行征信中心的个人或企业征信报告、信用评分卡和信审人员经验来判定客户的信用情况，作为是否放款的重要依据。

**【训练 9－1】**

请用流程图画出传统银行贷款审核的流程。

# 任务 9.2　金融科技风险控制

## 9.2.1　金融科技风控的含义

2019 年 9 月，中国人民银行印发了《金融科技（FinTech）发展规划（2019—2021 年）》，明确指出金融科技成为防范化解金融风险的新利器。运用大数据、人工智能等技术建立金融风控模型，有效甄别高风险交易，智能感知异常交易，实现风险早识别、早预警、早处置，提升金融风险技防能力。《规划》中可以看出，随着金融业数字化程度进一步加深，金融科技在金融风险控制上已经成为了重要的基石。特别是对于银行、第三方支付和供应链等行业，风控的作用尤为重要。

初识金融科技风控

传统风控依靠央行征信数据、企业财务报表或其他等作为信用评估的重要依据，存在一定的弊端。因为我国存在大量信用空白户，众多有贷款需求的人群还没有被征信覆盖，中小微企业的贷款申请则依靠金融机构客户经理的尽职调查，第三方支付机构对部分风险交易无法做到尽早排查。传统风控还较为依靠人力，存在较高的人力成本，对部分风险监控也基于较为单一的数据，很难做到实时监控。

技术在不断进步，以人工智能、大数据、云计算和区块链为核心的金融科技开始不断崭露头角。在技术赋能下，金融科技风控应运而生，作为传统风控的升级补充，极大地提升了金融机构在风险管理、排查、监控、预警等方面的能力。

一般来说，金融科技风控是指在企业全生命周期中，运用新兴技术和数字化手段针对存在的风险因素进行监控和分析，最终通过避免、预防、分散、抑制等手段实现风险管控。

相较于金融科技风控等概念，广义的风控科技（RiskTech）行业并不局限于与金融机构的业务合作，而是将视野进一步拓展，注重与实体行业的业务联合。如今的风控科技行业，在信息化、数字化提升业务灵活性，促使原有业务个性化、智能化转变的同时，一些新兴的业务模式也渐渐开始崭露头角。

**【拓展学习】**

**昊天镜智能风控**

昊天镜智能风控是百度智慧云的金融科技风控平台，专业的风控防护产品，基于业务场景，结合 IP 画像、设备指纹、黑卡检测、威胁情报等多维度信息实时有效识别风险，解决渠道推广、账号安全、支付安全、营销活动、爬虫流量等作弊问题，避免企业出现巨大的经济损失。

一、产品功能

营销活动防刷：有效识别与解决黄牛党、羊毛党进行刷单刷水、抽奖作弊、恶意下单等营销作弊问题，降低企业经济损失。

渠道推广防护：有效识别人肉刷量、机器刷量、模拟器、一键改机等虚假推广激活的作弊行为。

账号安全保护：有效识别和解决垃圾账号注册、账号隐私泄漏、暴力破解、拖库撞库、漏洞注入等安全隐患。

威胁情报分析：通过IP维度识别地域、IDC、防代理、历史攻击行为等维度信息和背后对应的风险等级。

爬虫流量识别：有效识别各种爬虫类别，阻断恶意爬虫对于网站内容的爬取，减少企业的经济损失。

二、产品架构

昊天镜风控服务基于强大的决策引擎系统和大数存储与分析平台，对业务数据进行加工处理与数据分析，并通过多年沉淀的模型算法，对当前用户存在的各类风险问题进行精准定位（图9－4）。

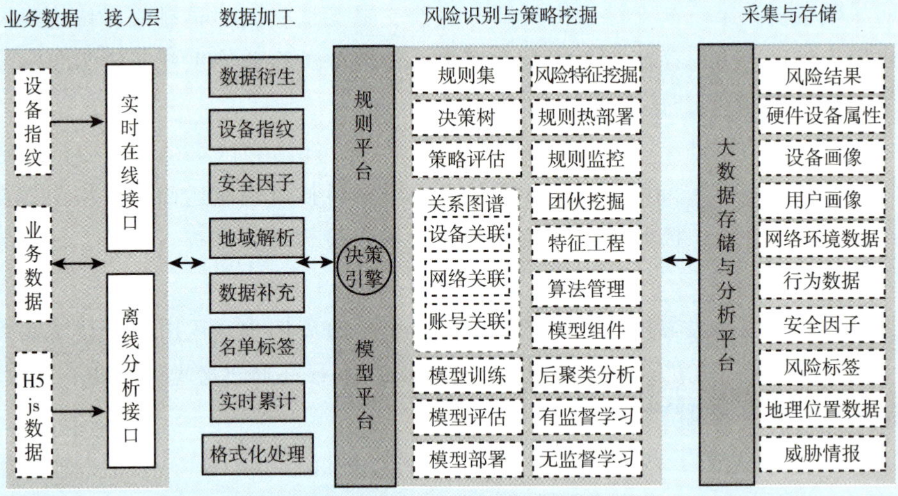


**图9－4　昊天镜风控的产品架构**

### 9.2.1.1　金融科技风控概况

2005年互联网金融的兴起，催生了金融科技风控的萌芽。发展十几年来，金融风控模式的变化大致经历了三个阶段：

（1）萌芽时期：2005－2012年，这一时期也是互联网金融发展的萌芽期，此时互联网金融方兴未艾。P2P网络借贷逐渐兴起，第三方支付平台高速发展，互联网开始与传统金融行业融合。由于互联网金融线上特征，使得金融服务冲破了地域和时间的限制，难以像传统金融机构与客户那样建立面对面的链接，为了满足风控需求，互联网金融公司纷纷开始进行线上风控系统搭建。在此阶段，大部分互联网金融公司仍处于探索时期，传统金融机构尚未出现风控改革。

（2）高速发展时期：2012 – 2014 年，这一时期对应互联网金融高速发展期，此时 P2P 网络借贷高速发展，网络股权众筹逐渐兴起。2012 年深度学习在语音识别和图像识别领域取得重大进展，以人工智能为代表的技术发展迎来爆发期。在此时期，互联网金融企业为了业务发展，降低不良率，纷纷完成金融科技风控系统的初步搭建，头部企业为了提升风控运营效率也开始更新模型，革新算法，进行风控系统的迭代，金融科技风控理念开始在传统金融行业传播。

（3）全面发展时期：2014 年 – 至今，这一时期对应金融科技全面发展期。与 1.0 时期相比，金融科技公司开始主动布局金融科技风控，应用大数据、人工智能和云计算等多种技术实现实时风控和个性化风控，加速金融科技风控多场景渗透，注重客户体验和客户潜在价值挖掘，力求将金融科技风控作为核心竞争力。尤其是传统金融公司，在扩大技术团队的同时，主动与技术公司合作，解决反欺诈、客户评级、风险监测、贷后催收等问题。

#### 9.2.1.2　金融科技风控要素

金融科技风控内涵丰富，是传统风控的有效补充。在目前阶段，并没有明确的法律法规对互联网信贷进行约束，因此从监管约束的角度看，互联网信贷在信用收集过程中，有了更多的创新机会，在数据与信息收集的过程中，所采用的方式方法更多，所收集到的信息更广泛，并且在对信息的应用和处理上，受到的限制也会更少，虽然这套完整的体系，并不被传统金融机构认可，但从电商小贷以及 P2P 贷款的发展情况来看，其是具备可行性的，未来在互联网与金融逐渐融合的大背景下，这种独特的风控体系和风控思想将是传统风控手段的有效补充（图 9 – 5）。

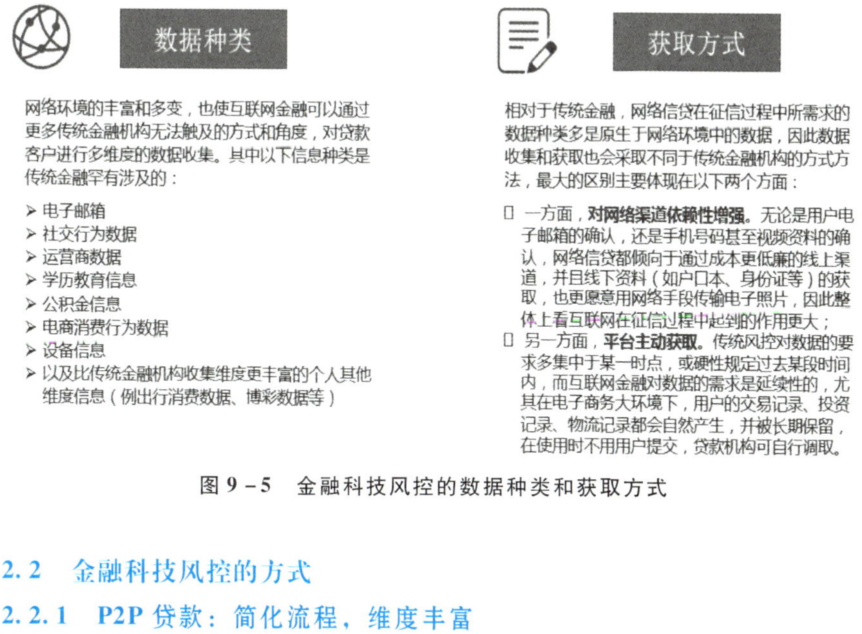


图 9 – 5　金融科技风控的数据种类和获取方式

### 9.2.2　金融科技风控的方式

#### 9.2.2.1　P2P 贷款：简化流程，维度丰富

由于 P2P 贷款所服务的对象，绝大部分都无法通过银行等专业金融机构的

资质审核，所以这导致 P2P 平台不可能完全沿用银行的风控体系。在欧美等金融及个人征信体系较为发达的地区，P2P 平台可以依靠第三方机构完成资信的审核。但在中国无法实现，因此在中国 P2P 发展过程中，衍生出了一套独特的风险控制体系。相比于银行，这套体系所收集的信息更加丰富，更加电子化，过程也相对简单，比较重视贷后操作和用户在平台内的活跃度（图 9－6）。

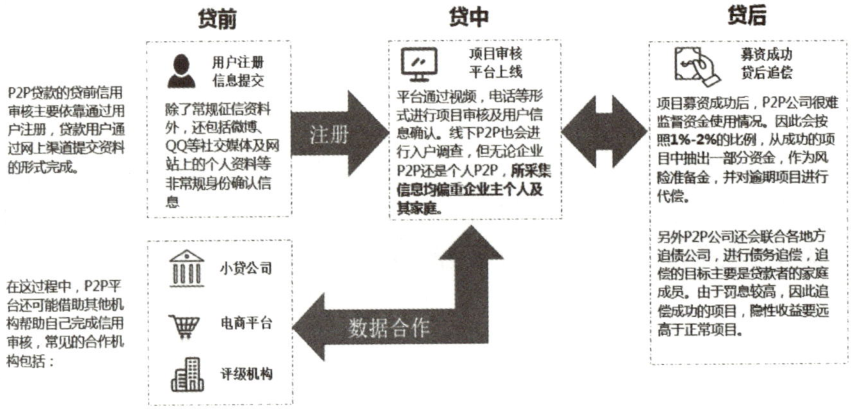


图 9－6 金融科技风控在 P2P 贷款领域的应用

### 9.2.2.2 电商平台：以消费带动金融，“贷物不贷钱”

在传统金融和互联网创新金融模式之外，电商平台也在消费金融领域有所建树。在电商平台所做的信贷过程中，采取了一种不同的风险控制方式。电商平台主要参考了供应链融资的理念，把平台自身当做供应链融资中的核心企业，而电商产业链上的个人用户及中小企业作为上下游企业，利用其在平台内积累的交易数据，以及交易数据背后透露出来的信息，为企业授信，完成信贷业务（图 9－7）。

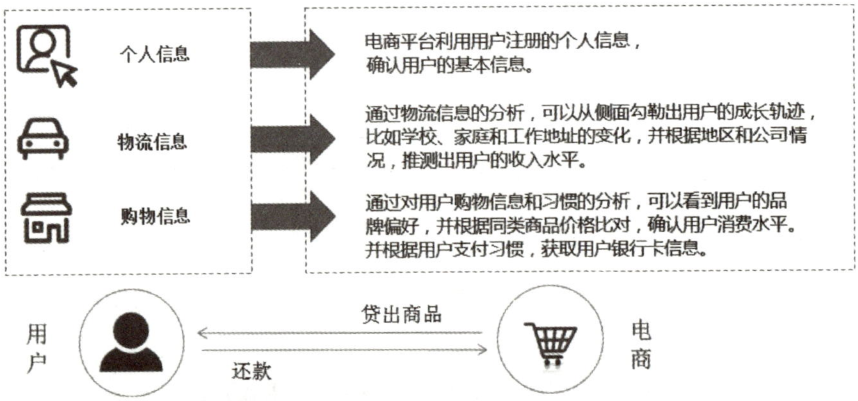


图 9－7 金融科技风控在电商平台领域的应用

目前电商平台的消费金融风险更小，主要有以下两方面原因：

一方面，贷前风控。由于电商平台掌握用户历史交易记录，因此其对用户信息的掌握更加稳定，并且通过数据分析，电商平台可以将大量风控工作放在贷前，因此能够从平台上贷款的用户，实质上已经满足了风控的要求，这样一方面可以严控风险，另一方面也大大优化了用户体验；

另一方面，贷物不贷钱。对于普通用户来讲，通过电商平台贷款的主要原因就是在资金短时紧张的情况下，提前购物消费，因此他们的目标是商品而非资金，所以电商平台所贷出的不是资金而是商品，变相的把握了用户贷款资金的用途。

#### 9.2.2.3　FICO：五类因素将信用量化

FICO 信用分是由美国个人消费信用评估公司开发出的一种个人信用评级法，已经得到社会广泛接受。核心理念是利用五大因素，将个人信用以分值的形式量化，FICO 评分系统得出的信用分数范围在 300－850 分。分数越高，说明客户的信用风险越小。影响个人信用分数的因素主要有以下五个方面：客户的信用偿还历史、信用账户数、使用信用的年限、正在使用的信用类型、新开立的信用账户（图 9－8）。

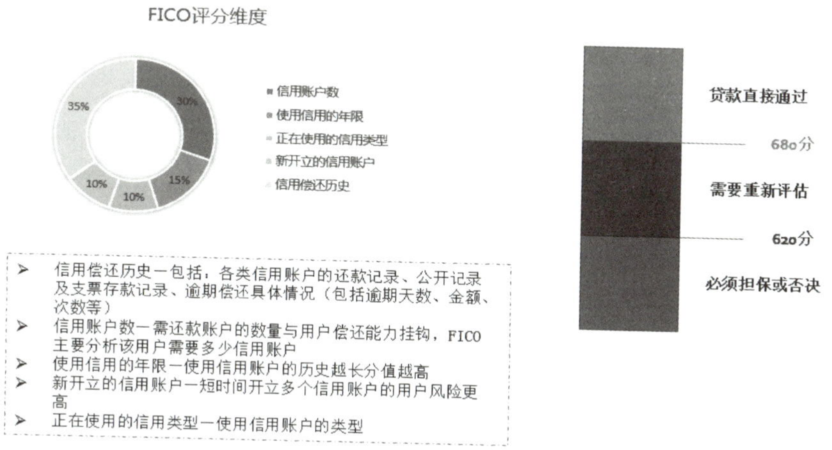


**图 9－8　FICO 评分维度**

### 9.2.3　传统风控与金融科技风控对比总结

依托大数据、云计算、人工智能、机器学习、模型算法等技术，金融科技风控厂商从数据、技术以及客户三方面切入，通过科技赋能，采用新型的风控模式，极大地改善了金融机构日益增长的风控效能需求同落后的风控模式之间的矛盾（表 9－1）。

金融科技风控的逻辑

传统风险控制手段与金融科技风险控制都具备自己的优势，同时也存在自己的短板，传统金融机构只依赖固有的风险控制手段，必然无法适应新的环境。而互联网金融机构仅凭互联网的风控方式，有时也无法完全保证数据的真实性，因此在面对未来更多变的金融环境时，需要将传统风控手段与金融科技风控方式综合运用（图 9－9）。

表 9－1　传统风控与金融科技风控的对比

| 项目 | 传统风控 | 金融科技风控 |
|---|---|---|
| 风控模型 | 以人工审核为主，依靠专家经验 | 以模型、策略体系自动分析决策为主，人工审核为辅 |
| 数据来源 | 公司内部资料、央行征信资料、客户提交资料 | 除传统风控数据来源外的第三方数据、线上线下多维度数据 |
| 数据维度 | 数据特征数量少，以基本信息为主的强变量为主 | 特征数量大于 1000，以基本信息、行为特征信息为主的弱变量信息 |
| 数据关联性 | 数据关联度低 | 数据关联度高，可交叉验证 |
| 模型设定 | 以线性模型为主，因果关系强 | 以深度学习、集成学习模型为主，可应用相关关系 |

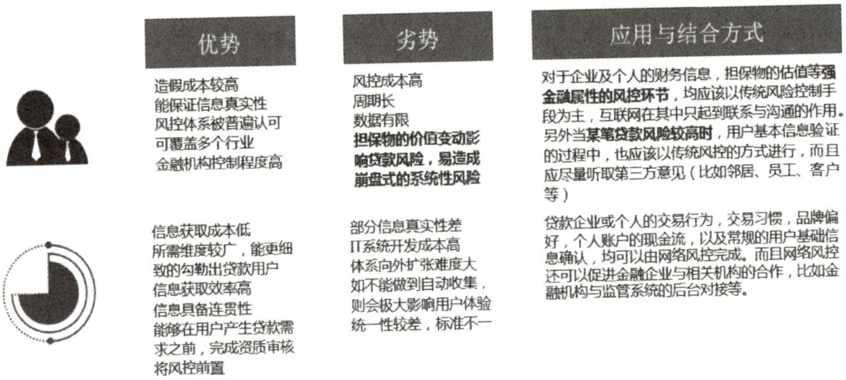


图 9－9　传统风控与金融科技风控的优势劣势对比

综上所述，当传统风控手段和金融科技风控手段相互结合，互相补充时，一方面，互联网金融方式将因传统风控手段的结合，更能深刻的了解传统金融机构的运营，利用互联网技术实现传统风控的做法和模式，大大提高信贷审核的效率以及资金使用效率。另一方面，传统金融机构也会因互联网金融在风控过程中的创新点、互联网市场的广阔、互联网信贷的独特视角，进而对自身业务进行补足，最终实现双向整合促进。

**【议一议】**

金融科技风控的作用有哪些？请举例说明。

### 9.2.4　金融科技风控存在的问题

（1）数据安全问题：泄露数据很大程度威胁到企业安全甚至国家安全，所以部分核心企业不愿意披露企业经营数据。这导致银行难以收集信息，从而数据维度不全面，无法对贷款企业做出精准判断。

（2）数据质量问题：例如淘宝存在“虚假”以及“刷单”交易。

（3）数据有效性问题：大数据风控对于偶发事件判断错误率较高，例如大数据无法预测黑天鹅事件对贷款企业造成的风险。

### 9.2.5 金融科技风控的生态

随着社会数字化程度不断加深，金融科技风控正在发挥着巨大的作用。但是，随着技术的不断进步，技术也可能被用在不妥当或违规的地方，正如之前在行业内引起震动的“爬虫”事件，部分机构将爬虫技术用在灰色地带，过度采集用户数据用于风控数据补充。技术无罪，只是被人利用。

因此，在一个健康发展的金融科技风控生态中，厂商负责开发解决方案或产品给予技术支持，金融机构将产品或方案赋能业务场景，用户授权金融机构征信，获取贷款或服务，监管部门负责监控行业生态链的每个环节，社会舆论作为社会监督者，多方参与构成生态闭环。

进一步，可由监管部门牵头，构建风险数据共享平台，通过统一的数据标准和系统接口，将海量的黑名单数据归集、分类并设置相应权限，打破数据“孤岛”，将多方数据整合，以提升全社会风险监控能力。

#### 9.2.5.1 中国金融科技风控行业生态产业链

我国金融科技风控行业上游市场参与主体为资源供应商，为中游智能风控服务商提供数据、技术及配套资源。我国金融科技风控行业中游参与主体包括智能风控产品供应商、智能风控服务提供商，为下游各应用场景提供智能风控产品及解决方案。伴随金融科技风控技术日益成熟，以及消费金融机构对于低风险运营的需求，智能风控逐渐向各应用场景渗透，其中较典型的应用场景包括信贷领域、保险领域（图9－10）。

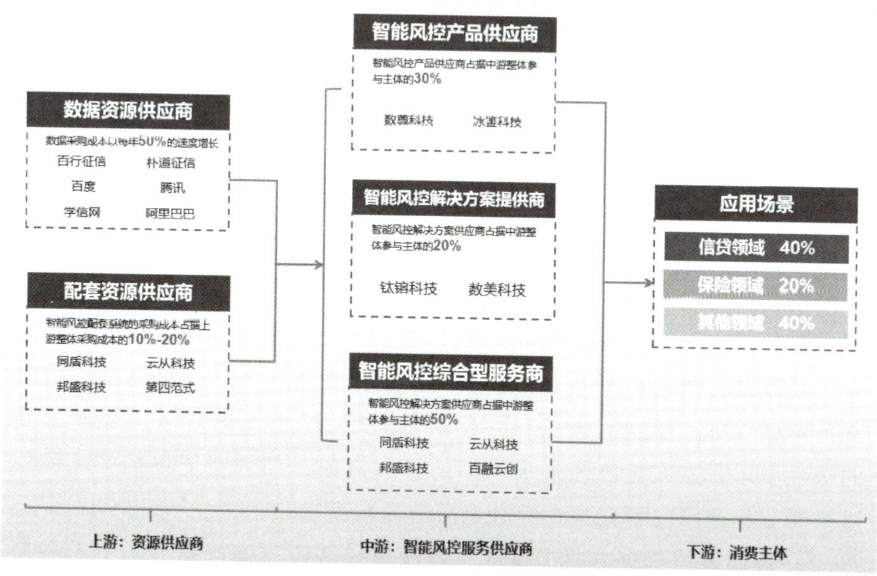


图9－10 我国金融科技风控行业产业链

1. 我国金融科技风控行业生态产业链上游

我国金融科技风控行业上游参与主体包括数据资源供应商、配套资源供应商。有多年智能风控行业市场运营经验的专家表示，数据是智能风控行业的核心竞争资源，行业利润率高达70%～80%，但智能风控行业尚未建立数据资源共享机制，智能风控大数据资源分散，数据集中度较低，中游智能风控服务商的数据采购成本以每年50%的速度增长。配套资源供应商为智能风控行业中游提供智能风控系统及技术资源，其采购成本占据上游整体采购成本的10%－20%。

我国金融科技风控行业上游参与主体包括三类，第一类参与主体是为产业类企业（传统征信公司，如前海征信、鹏元征信）提供数据的国家机关、行业协会，例如公安部、工商局、航空公司、社保局及学信网等。国家机关可为产业类企业提供居民身份证信息、银行卡信息、航空出行信息、企业工商信息、学历信息等。

第二类参与主体是为创新型企业（同盾科技、百融金服等企业）提供数据的金融机构、银行，创新型企业通过采集、整合各类基础数据为银行、互联网金融机构提供模型和数据，同时积累网贷数据。

第三类参与主体为互联网巨头，其自身生态链积累较多电商、社交、搜索数据，具备向智能风控业务端输出风控产品和数据的能力，通常互联网巨头所产生的数据不对外开放，主要应用于企业内部的风控数据积累。

2. 我国金融科技风控行业生态产业链中游

我国金融科技风控行业中游参与主体包括智能风控产品供应商、智能风控解决方案提供商及智能风控综合型服务商，其中智能风控产品供应商占比约30%，智能风控解决方案提供商占比近20%，智能风控综合型服务商占据中游整体参与主体的50%。

（1）智能风控产品提供商。智能风控产品供应商为下游应用场景提供智能风控产品，代表性企业包括上海冰鉴科技、大箴（杭州）科技等企业。部分智能风控产品供应商凭借其自身优势布局智能风控各应用场景，如信贷场景、保险场景等，其中信贷业务场景占比高达80%。智能风控产品供应商数据资源及技术实力强劲，但服务领域及对应产品较单一，如大箴（杭州）科技，发布“实时个人风控信息查询产品”整合众多权威机构数据源，覆盖个人用户逾8亿，助力金融机构提升个人信贷决策效率。智能风控产品提供商可基于其数据优势，扩展其服务领域的多场景业务需求。伴随智能风控行业的规范发展，单一孤立的风控产品难以适应行业发展现状，产品结合解决方案的综合型运营方式将成为未来风控的发展方向，部分智能风控产品供应商通过拓展业务范围向智能风控综合型服务商转型。

（2）智能风控解决方案提供商。智能风控解决方案提供商为下游各应用场景提供智能风控解决方案，代表企业包括云从科技等企业。智能风控解决方案提供商通过覆盖下游应用场景智能风控各环节，满足各场景应用需求，例如数据管理、模型建立、决策引擎、数据分析等。智能风控解决方案提供商所提供的解决方案相对独立，可适应下游多场景覆盖。例如钛镕科技的智能风险管理解决方案，该解决方案提供欺诈监测、信用评分、身份认证、授信额度、资产定价等问题的模型构建，适用于金融、保险、税务、社保以及精准营销等众多应用场景。智能风控解决方案服务商为扩大业务辐射范围有望增加业务类型，部分智能风控解决方案提供商通过拓展业务范围向智能风控综合型服务商转型。

（3）智能风控综合型服务商。智能风控综合型服务商为下游各应用场景提供智能风控产品和服务，代表企业包括同盾科技、邦盛科技、云从科技、百融金服等企业。智能风控综合型服务商自主研发能力较强，技术实力强劲，部分企业通过研发差异化产品或核心技术构建技术壁垒，保持较强的竞争优势。例如邦盛科技，企业自主研发国际领先的“流立方”大数据实时分析处理平台，流式大数据实时处理技术，用于解决数据高并发与低延时的处理难题，可在毫秒间做出复杂计算、并行计算、关联分析等，打破实时风控面临的大数据处理瓶颈。目前，智能风控综合型服务商通过加深产品和服务在各场景应用，包括银行、第三方支付、证券、保险、互联网金融等应用场景延伸。伴随智能风控综合型服务商技术及品牌实力的增强，其应用场景有望得以持续拓宽，产品及服务的渗透有望持续加深。

3. 我国金融科技风控行业生态产业链下游

金融科技风控（智能风控）是智能化技术手段在金融领域的重要应用，行业中游智能风控服务商为下游各应用场景搭建智能风险管理体系，研发智能风险产品，以提高下游应用场景的业务效率和安全性。智能风控产品及服务的应用，为下游各应用场景降低风险事件的发生概率，扩展各场景业务覆盖人群、完善业务流程、降低风控成本。

（1）信贷领域。在信贷领域，金融科技风控的应用可覆盖包括贷前、贷中和贷后三个阶段的信贷业务全流程。

①贷前风控。在贷前风控业务环节，可分为获客、身份验证、授信管理等环节，帮助下游信贷场景对其客户进行申请人风险评分和预测。

➢ 获客：基于大数据建立用户画像，基于人工智能技术对用户进行产品生命周期管理。

➢ 身份验证：通过生物特征识别等技术核验申请人身份，以及通过关联技术对申请人进行关联分析，构建智能反欺诈模型，避免及排除团伙诈欺的可能性。

➢ 授信管理：智能风控服务商可基于数据源，通过建模进行风险定价，针对有优质信贷资格的客户可降低贷款费率，对于信贷资信差的客户，可提高费率，实现资金有效分配，保证资源优化配置。

②贷中风控。在贷中风控环节，智能风控服务商将助力下游信贷场景实现交易欺诈识别，通过接入大数据协助贷方实现借款方的动态监控、异常行

为预警等风控管理流程，有效防范与控制欺诈交易等贷中风险。贷中风险控制主要包括信用评分、风险定价、审批、交易监控和交易反欺诈五大环节，智能风控服务商将利用智能化手段为下游信贷场景的信贷交易进行风险判定。

➢ 信用评分：基于信用评分指标，标示出个人偿付贷款能力和意愿的过程。

➢ 风险定价：通过放贷成本、基准利差建立风险定价体系。

➢ 交易审批：依据借款人信息、房贷机构的贷前审查一键和信用报告等资料决策是否放款。

➢ 交易监控：针对贷款流程中潜在或者已经发生的风险进行监控，以预防交易欺诈。

➢ 交易反欺诈：利用机器学习等技术构建反欺诈模型，降低欺诈损失针对信贷业务发生时的第三方欺诈。

伴随互联网信贷的发展，线上信贷业务逐渐增多，为避免信贷欺诈的发生，部分金融机构选择与上游供应商或第三方智能反欺诈机构进行合作，通过金融机构内部数据和第三方数据融合，基于高维度变量和丰富应用场景，构建反欺诈模型。同时，智能风控服务商利用大数据、机器学习等技术优化反欺诈规则，提高欺诈案件识别率，为下游信贷场景降低欺诈风险。

③贷后风控。贷后风控是信贷管理的最终环节，贷后风控可针对有逾期征兆或行为的信贷用户进行管理、识别和催收，贷后风控的精细化程度将影响下游信贷场景的业务管理质量。中游智能风控服务商可利用机器学习等技术精准估计违约风险，制定风险管理策略，并通过自动监控策略执行情况及时优化调整方案，提升业务端风险管理体系的有效性，打造信贷风控闭环。贷后风险控制主要包括贷后监控、存量客户管理、催收三大环节。

➢ 贷后监控：通过扫描借款人新增风险，帮助信贷机构动态监控借款人信息变更。

➢ 存量客户管理：经营存款客户和贷款之间交叉营销，提升客户价值。

➢ 智能催收：智能技术赋能催收产业实现智能化、科技化、合规化。

（2）保险领域。保险企业面临的风险覆盖业务风险、财务风险、资金运用风险等诸多方面，而业务风险中的承保和理赔风险较突出。承保风险的产生源于保险企业对经济环境、市场环境、投保人信用等风险的把控不足，理赔风险的产生主要来自承包人、从业人员和第三方服务商的欺诈与渗漏。据国际保险监管者协会测算，全球每年约有 20% ~30% 的保险赔款涉嫌欺诈，损失金额高达 800 亿美元。中国车险欺诈是保险欺诈的重灾区，车险欺诈在保险欺诈中占比高达 80%，每年涉案金额高达 200 亿元。因此，通过应用智能风控产品和服务，精准识别潜在风险，并对其进行制度化管控，降低保险企业整体赔付水平，提升保险企业运营效率是智能风控在保险领域的应用重点。

在保险领域，智能风控的应用主要体现在定价承包、核保核赔环节，中国智能风控服务商可借助内外部数据在财产险的查勘、定损、核算等环节识别风险特征，降低保险企业所承担的风险。在核保环节，中游智能风控服务商利用人工智能、大数据等技术实现对投保材料的自动识别与结构化，提升信息采集效率，通过AI+大数据建模，自动识别高风险客户与异常指标，为核保与定价提供辅助。在理赔环节，中游智能风控服务商应用深度学习算法、大数据挖掘等技术，为保险客户提供智能理赔服务体验。智能理赔服务覆盖从报案调度、查勘定损、核损核价、理算核赔到结案支付的理赔全流程。

例如，平安集团旗下的金融壹账通推出的“智能保险云”是以智能认证、智能闪赔、智能公估为核心的保险金融科技产品体系，在“智能闪赔”环节，智能保险云可利用图片定损、自动定价、智能风控技术高效准确完成对车辆的查勘定损。该技术可使车险理赔时效由行业平均的两三天缩短至两个小时，减少由人工操作带来的管理风险，改善理赔服务“时效慢纠纷多”和“渗漏风险高”等情况。

#### 9.2.5.2 中国金融科技风控行业商业模式

1. 产品服务变现

金融科技风控服务商基于银行业金融机构、消费金融企业等需求主体的运营需求，向其出售智能风控产品及解决方案实现盈利。风险控制是降低金融机构运营风险的核心手段，因此在智能风控行业需求端，城市商业银行、股份制商业银行、消费金融公司和互联网借贷公司客户数量占比较高，其数量占据行业整体需求的60%。现阶段，金融科技风控行业各需求主体对于智能化风控尚处于尝试阶段，伴随金融核心数据技术的延伸，金融科技风控的应用将逐渐走向成熟。

2. 联合运营

金融科技风控服务商通过与消费金融公司合作，深入消费金融企业各业务流程，获取利润分成。常见的应用场景为信托借贷，如消费金融企业需自建消费金融业务，金融科技风控服务商需辅助其建立智能风控模型、风控审批系统等产品及服务，金融科技风控服务商可从中获取贷款利润分成。在联合运营模式下，消费金融企业的放款量、在贷余额、坏账数据都将影响金融科技风控企业的利润分成。

3. 中国金融科技风控行业相关政策法规

防范化解金融风险是政府保护居民、国家财产安全的重要手段。在政策层面，自2017年起，政府针对消费金融领域的专项整治活动及监管政策出台，消费金融进入合规发展阶段，完善科技与金融结合机制，加强金融机构内控，提高信贷支持创新等政策红利为金融科技风控行业的发展提供政策支持。2018年中国金融科技风控行业市场规模为32.8亿元。2014年至2018年，中国金融科技风控行业市场规模的年复合增长率17.5%。2018年下半年，政府出台多项利好政策，为智能风控行业的合规化、智能化发展提供制度保障。2018年6月中国人民银行在《中国区域金融运行报告（2018）》中强调，政府需充分发挥窗口指导和信贷政策的结构引导作用，重视应用“技术+数据”进行风险管理，改变传统以人为主的风控模式，借助于全面多维度的数据、通过模型自动甄别分析、实时计算结果，防范金融风险。2019年8月中国人民银行在《金融科技（FinTech）发展规划（2019－2021年）》中要求进一步增强金融业科技应用能力，实现金融与科技深度融合、协调发展，实现金融科技应用先进可控、金融服务能力稳步增强、金融风控水平明显提高、金融监管效能持续提升、金融科技支撑不断完善、金融科技产业繁荣发展。政府积极推动信息技术在金融风控领域的应用，助力智能风控行业科技水平的稳定提升。在技术层面，大数据、人工智能、云计算区块链等金融科技代表技术的发展，助力金融科技风控应用的落地，为行业发展提供技术支持。在良好的经济、政策、技术背景下，中国金融科技风控行业有望持续扩容，2023年中国金融科技风控行业市场规模预计达到170.8亿元。

**【训练9－2】**

请你在网络上搜索金融科技风控平台，制作PPT，并在课堂上进行展示

# 任务9.3 金融科技风控的典型案例

## 9.3.1 信贷融资——云从科技软件

随着银行智能化改造的近一步加深，数据价值被不断挖掘。推进大数据应用，全面提升数据治理与数据服务能力，提升业务服务质量，促进银行资产保值、增值成为银行智能化发展的重要议题。灵云数据智能产品解决方案是应用于银行信贷、精准营销、存款理财等场景，主要解决数据建模难，运营数据处理工作繁重，数据分析不灵活等问题的产品级解决方案。

云从科技基于银行等金融公司在信贷融资、投资理财等场景下的需求，推出了灵云数据智能解决方案，方案涵盖数据治理、模型加工，模型应用等板块，实现对银行进行全生命周期的数据智能化提升。

### 9.3.1.1 平台构成

灵云数据智能解决方案包含三个部分：数据专家系统、模型加工平台、分析决策系统。

➢ 数据专家系统：作为数据基础服务系统，提供多样的数据接入功能，并提供对接入数据的二次加工，实现银行数据统一规则、统一格式、信息串联的功能。

➢ 模型加工平台提供全自动机器学习建模系统（模型工厂）和可视化专

家辅助建模系统（专家实验室），适应银行的多种建模需求。

➢ 分析决策系统采用分布式、流计算、批量计算等技术实现模型的高速运行，提供基于模型的高性能数据处理能力（图 9－11）。

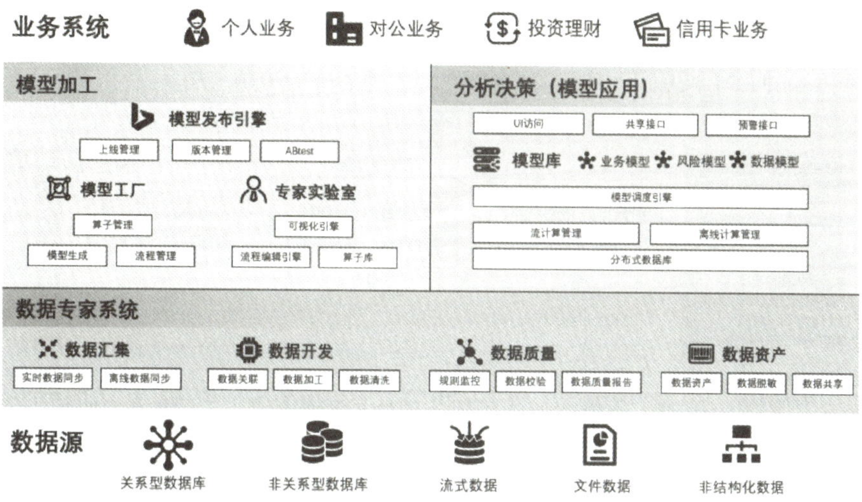


图 9－11　灵云数据智能解决方案

### 9.3.1.2　数据专家系统——数据中台

数据专家系统用于搭建银行数据应用基础，核心价值就在于在大数据平台/数据湖的基础之上，对数据进行进一步的加工和提炼，形成以实体（人事地物网组织等）为中心的大脑数据，包括实体数据，ID 映射，标签数据，行为数据，事件数据，轨迹数据等。为进一步形成知识图谱，机器学习和业务模型构建，提供知识服务打造坚实的数据基础，解决银行数据治理和数据共享的基础需求（图 9－12）。

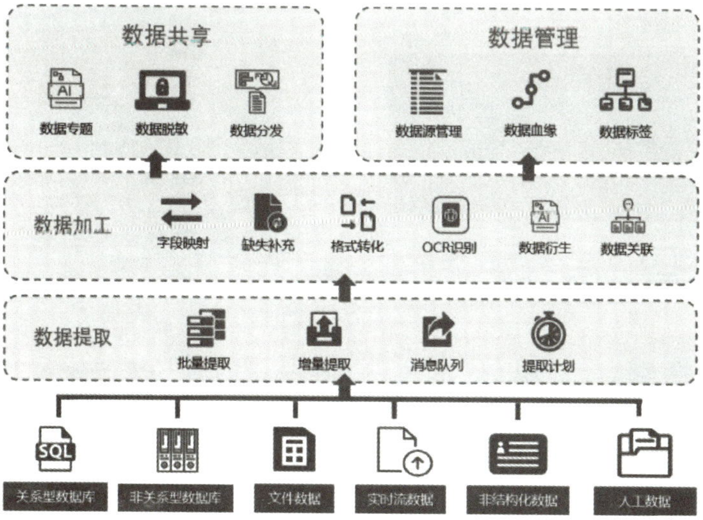


图 9－12　数据专家系统

数据中台主要由三大模块构成：数据的采，存，管；

“采”包括数据探查，数据采集，数据填报等模块；

“管”主要指对数据标准的管理，数据质量管理，元数据管理，标签管理等；

“存”主要涉及各种数据库的设计和数据的存放形式，包括实体库构建，标签库构建，主题库构建等，具体如图 9－13 所示。

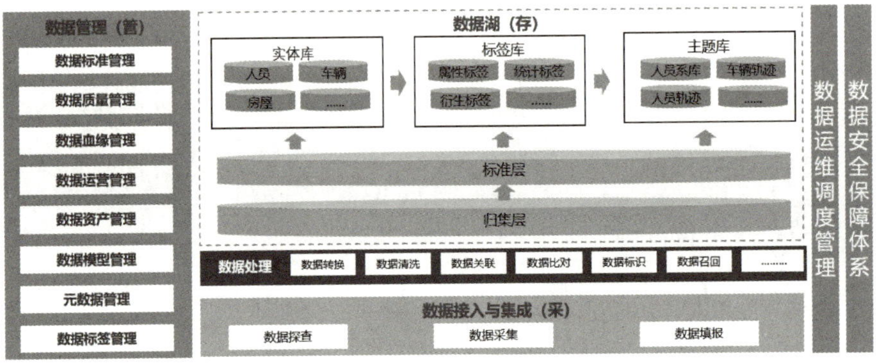


图 9－13　数据中台三大模块——数据的采、存、管

### 9.3.1.3　模型工厂——自动建模平台

模型工厂是一站式全自动建模平台，旨在为 AI 开发者打造一站式、高性能的分析建模平台，平台通过内置全流程建模算法及验证算法，只需选择建模样本及算法即可完成一键式建模。通过云从科技自研的 AutoML 算法自动调参，达到快速建模、准确开发的效果，同时解决了银行及消金等金融机构客户在建模方面门槛高的痛处（图 9－14）。

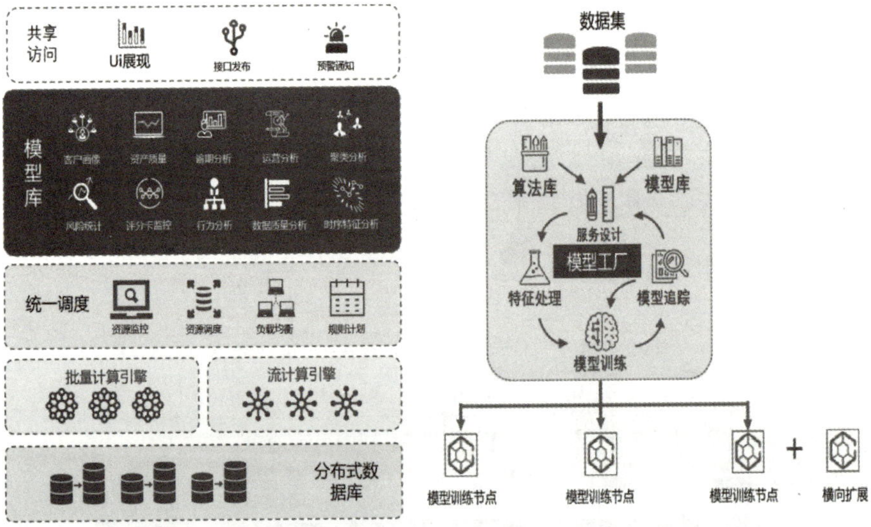


图 9－14　云从科技软件布局

（1）自动特征生成：模型工厂拥有先进的自动特征生产方案，利用资深算法工程师在实际建模中总结的经验，为客户提供高质量、可解释特征的一键生成。

（2）自动特征工程：系统在提供多种算法实现的同时，为每种算法配备了最适合的特征工程步骤，让用户免于了解算法原理和细节，就能完成高水准的建模。

（3）智能评分卡：系统解决了传统评分卡在拟合能力和人工投入上的缺陷，能够一键式完成评分卡的建模、超越人工调参的拟合结果。

（4）分布式训练技术：模型工厂采用多节点分布式训练技术，使得较为耗费计算机资源的模型训练过程能够横向扩展，达到同时支持多个模型并发训练的目的。

#### 9.3.1.4　专家实验室——机器学习平台

专家实验室是云从科技自研的一款智能化模型训练平台，可以为建模人员提供可视化数据建模环境，本产品主打过程精细化建模，集成了包括资源管理、数据处理、特征工程、模型训练、模型实验、模型发布、推理部署在内的 AI 开发全链路服务。平台内置 100 + 种算法，为用户提供低门槛、高性能的 AI 工程化能力。主要面向金融行业，帮助用户更高效地构建、训练和部署机器学习模型，并帮助银行和消金公司建立规范、有效的模型全生命周期管理体系，已在多家银行落地，可以实现以下功能。

（1）直观的流式建模。专家实验室的流程拖拽引擎，支持可视化探索，轻松理解数据质量和数据并联，流程节点可查看数据，模型参数自动调整。

（2）专业算法能力。系统内置机器学习成熟算法，包含了神经网络、双模异构等算法，构建用于分类、回归、聚类等机器学习模型，满足全方位需求。系统提供众多示例工程，用户可从中选择模板，一键创建，快速运行。

（3）数据加工。系统支持对数据进行统计，包括均值、分位数和标准差，或应用统计检验来验证假设，将降维、相关性分析等集成到工作流程中。

（4）数据可视化。专家实验室支持建模流程及结果数据可视化，支持将模型报告导出为 PDF，以便结果展示。可将处理过后的数据或分析结果保存至数据库中，方便储存。支持将工作流程保存为模板或导出，分享给其他用户，一键使用。

#### 9.3.1.5　卧龙数据分析决策系统——大数据可视化分析决策系统

卧龙数据分析决策平台是一套可视化模型应用系统，通过可视化和动态管理的方式进行灵活的加载应用，提升模型部署的快捷性和易用性。对于模型计算后的结果数据，卧龙可视化分析模块可进行多维度、多层次的全方位展示。

卧龙平台应用于银行信贷、精准营销、存款理财等场景，主要解决运营数据处理工作繁重，数据分析不灵活等问题，对银行进行全生命周期的数据智能化提升，从而提升银行数据服务效率。

（1）高性能计算。系统采用分布式数据库和高性能计算框架提供高效可靠的数据计算。分析处理亿级数据秒级得到结果。

（2）稳定可靠。系统采用了负载均衡策略，保证系统全天候可靠运行。

（3）模型种类丰富。卧龙数据分析决策系统包含三大类（业务模型、风险模型、数据模型）数十种模型，并支持自定义模型动态添加，帮助银行应用系统快速决策。

（4）多样化访问机制。卧龙数据分析决策系统提供 UI 展现、接口访问、预警通知三种访问机制，帮助银行应用快速对接。其中定制化 UI（用户操作界面）的展现方式，可满足客户的个性化需求。

**【想一想】**

为什么信贷融资需要进行风险控制？

你知道哪些金融科技风控的头部互联网企业？

### 9.3.2 第三方支付

典型案例：支付宝 AlphaRisk 风控引擎

毫无疑问，风控是金融领域最适用人工智能的环节之一，也是迄今为止收获最大的环节。作为移动支付领航者的支付宝，借助大数据和 AI 技术，并历经十多年的发展，更是构建了世界级领先的风控技术能力。

在人工智能和大数据等核心技术驱动下，支付宝的 CTU 大脑风控引擎升级为 AlphaRisk 第五代智能风控引擎，风控引擎的核心是由 AI 驱动的智能风险识别体系 AI Detect，能够为支付宝的支付交易安全保驾护航。

在支付宝上，平均每日都会产生上亿笔交易，大规模和数量的交易事件非常依赖风控系统的保护。AlphaRisk 风控引擎用 AI 技术颠覆传统风控的运作模式，构建 4 大模块（图 9 – 15）。

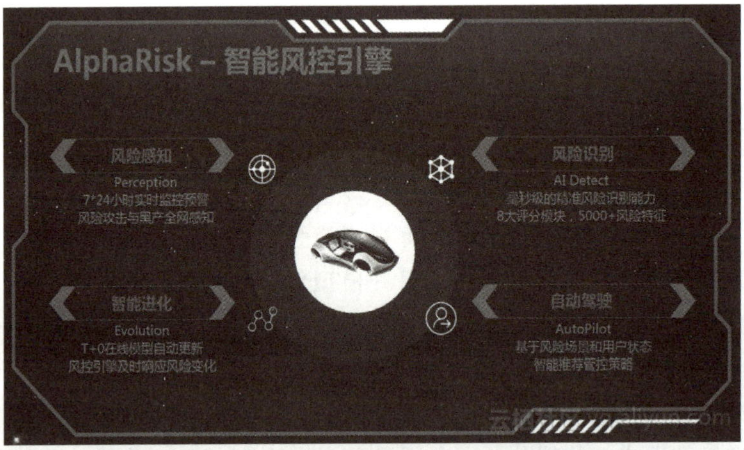


图 9 – 15 AlphaRisk 智能风控引擎

将人类直觉 AI（Analyst Intuition）和机器智能 AI（Artificial Intelligence）两者进行融合，形成具有机器智能的风控系统，并在未来逐步实现风控领域的无人化管理体系。

（1）Perception（风险感知）模块主要用于解决事前风险预警、事中风险感知和事后风险应对的运营问题。该模块可以实现监控预警、归因下探和风险分析等功能。其中，监控预警功能会预先设置好预警指标，通过算法和风险感知矩阵，输出实时、小时级或天级的风险预警报告。归因下探通过数据维度下探和风险因子特征刻画，结合策略、模型、政策和业务特点，输出风险评估结果，辅助业务实现数据化决策。风险分析则可以对案件进行聚类和特征挖掘，通过卷积神经网络、深度特征合成或 SimRank 等算法，输出相应的报表，助力线下团伙打击（图 9－16）。

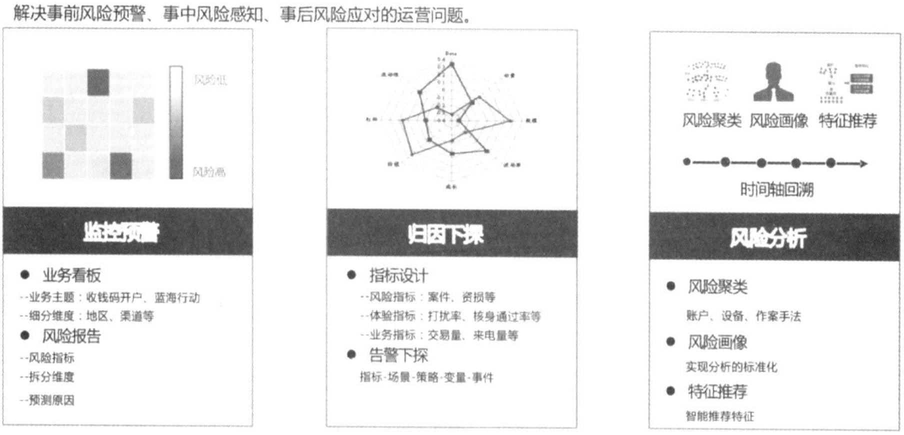


**图 9－16　风险感知模块**

（2）AI Detect 风险识别模型体系主要运用机器学习和深度学习模型，来提高风险识别准确率。通过立体化模型体系构建，AI Detect 可以实现同步计算、异步计算和离线计算。另外，在深度学习的可信模型和 ATO 模型帮助下，AI Detect 能够快速生成有效风控策略，并且根据事件智能调整阈值。目前，AI Detect 算法组件化在应用在蚂蚁金服集团内部、泰国和越南站点，以及线上盗用、个人欺诈、商户欺诈、反套现、政策、网商等领域（图 9－17）。

（3）AutoPilot 决策推荐能够实现多模式动态切换和决策推荐功能。多模式动态切换能够基于风险、体验、业务目标等，进行模式切换，以此适应各种流量场景，并能够根据不同风险档位，拟合最优化风险定价。决策推荐经由风险问题进行建模，实现业务层面上的数据预处理和问题建模，算法可以应用在反盗用、反欺诈、反作弊和其他领域（图 9－18）。

（4）Evolution 自动机器学习模块能够实现模型自动迭代、特征自动生成、风险模型攻防、自动机器学习等功能。在该模块上，模型能够根据风险形势，在线迭代系统，提高风险对抗能力。自动特征工程（AlphaTrion）不同于以往

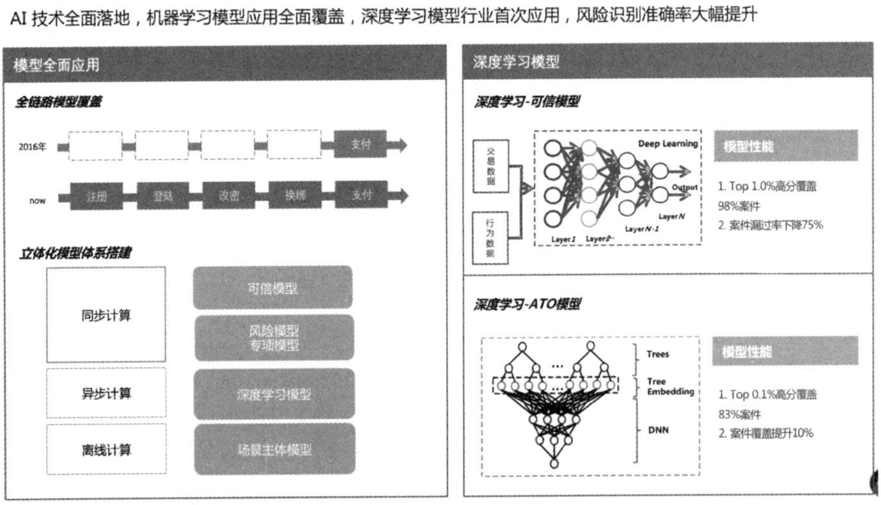


**图 9－17　风险识别模型体系**

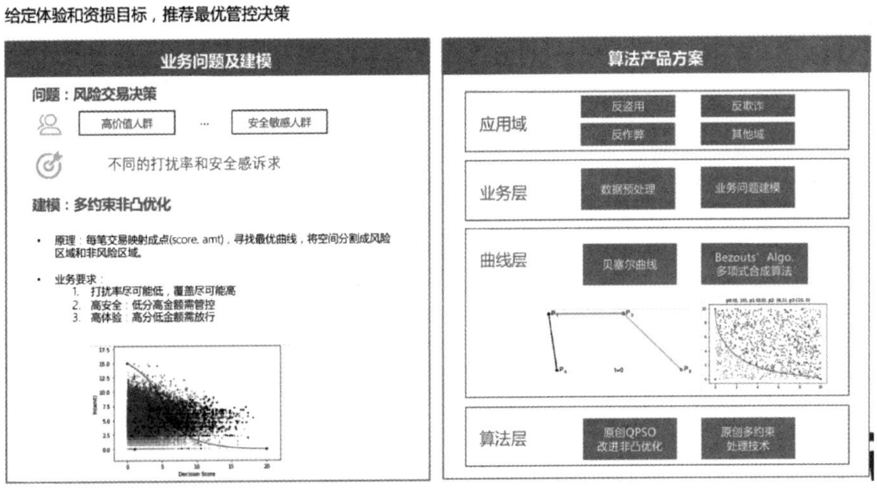


**图 9－18　决策推荐模块**

特征工程将大量时间集结在特征生成上，而且将 90% 时间用于问题风险，5% 的时间在特征自动生成，5% 的时间在模型建设和策略应用上。风险模型攻防则可以在多个业务场景实现 AutoML、表征学习、在线学习、智能决策等功能（图 9－19）。

在每日上亿笔交易量的背后，支付宝都有着一套精密的智能风控系统保护，在 0.1 秒之内进行风险预警、检测和拦截等各种复杂的工作。不仅如此，支付宝智能风控引擎也一次次经受住了每年天猫双十一大促实时并发计算的大考。

目前，蚂蚁 80% 以上的场景都是采用模型来实现智能防控，以通用模型和专项模型的组合拳实时对抗着互联网上数以亿计的黑产攻击。更重要的是，蚂蚁金服在对外输出风控能力时，一方面基于蚂蚁自身场景沉淀的技术和算法能力，另一方面结合金融客户当前的现状，整合出更加定制化、合适、合

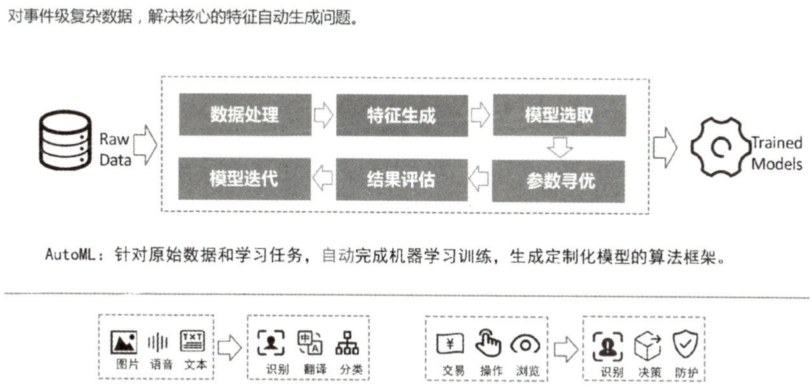


图9－19　自动机器学习

理的方式来实施风控。助力外部金融机构快速提升风控水平，帮助客户平衡好风控和用户体验，保障业务安全，同时促进业务发展。

## 9.3.3　供应链金融

### 9.3.3.1　云从科技供应链金融方案

传统模式的供应链金融业务中，“四流”难合一以及数据的真实性的问题导致企业融资难、银行风控难、政府监管难。随着互联网和区块链等科技的日益发展，云从科技基于区块链技术对传统业务模式下的供应链金融业务进行了创新与优化，主要体现在：凭证可多级拆转融、业务线上执行、数据存储上链（图9－20）。

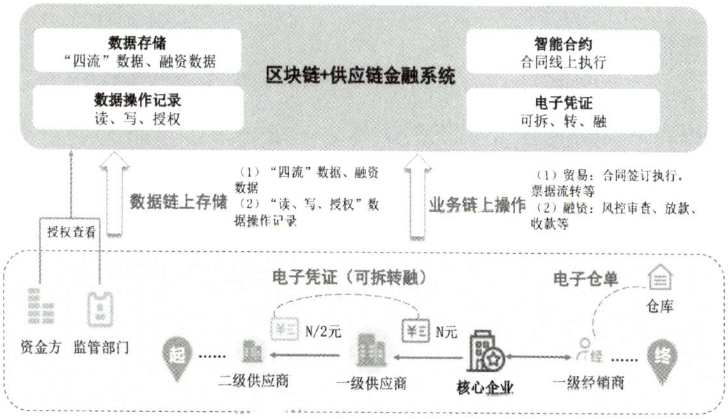


图9－20　区块链＋供应链金融系统

该方案相较传统模式进行了创新，主要体现在如下几个方面：

（1）最大化实现“四流”合一，区块链难篡改使数据可信度更高，降低企业融资及银行风控难度；

（2）风控数据获取、合同签订、票据流转等业务执行线上化，周期短、效率高；

（3）凭证可多级拆转融，解决非一级供应商融资难、资金短缺的问题；

（4）智能合约固化资金清算路径，极大减少故意拖欠资金等违约行为的发生。

#### 9.3.3.2 方案价值

（1）融资风险更可控：关键业务信息上链管理，金融机构不依赖核心企业也能获取中小企业底层资产信息。

（2）办理业务更高效：票据、合同实现电子化存储和流转，记账的同时即付款。办理业务更高效、成本更低。

（3）融资成本更低：中小企业获得更多话语权，改善融资难融资贵的现状。

（4）拆转融更便利：链上电子凭证可无限拆分转让，可贴现，可融资。有利于中小企业缓解资金压力。

（5）商业数据更安全、提升数据价值：上链数据难以篡改，防止违规交易。非对称加密技术可以实现在交易及融资过程中针对性展示数据，保护商业机密。利用链上的数据可以增加企业履约数据维度。

**【训练 9－3】**

请你在网络上一款供应链金融的典型产品，制作 PPT，并在课堂上进行展示

#### 9.3.3.3 业务流程（图 9－21）

1. 第一阶段——资质审核

在此阶段，需要完成企业的注册、三方授信及企业信息上链三个步骤：

（1）授信企业（核心企业）、一级供应商～N 级供应商以及第三方仓储都需在银行端完成注册，将企业的基础信息在银行私有云完成准入。

（2）银行基于准入企业提供的信息，向第三方云进行验证，完成授信信息的核准。

（3）为保证信息的准确性、流通性、可靠性，银行将核准且完成准入的企业信息、报表票据等材料通过 OCR 技术完成数据标准化采集并上链。

2. 第二阶段——贷前融资业务

（1）签约。

- 授信企业与银行签订合同，完成企业与银行的融资贷款申请；
- 银行收集与授信企业签订完成的合同后进行上链。

（2）应付账款产生。

- 授信企业将应付账款凭证上链，确保信息的全面及准确；
- 基于银行要求，授信企业为了增信向第三方仓储质押货物；
- 三方仓储与授信企业之间产生了用于监控货物的智能合约；
- 智能合约上链；
- 授信企业完成货物质押、智能合约签订后向一级供应商提供应付账款

凭证。

（3）凭证链上流转。

➢ 一级供应商收到凭证，根据自身业务评估进行拆分、转让；

➢ 各级供应商收到相关凭证并根据操作（指拆分、转让），完成链上记录的更改。

（4）融资贴现。

➢ 各级供应商向银行提供收到的应付账款凭证；

➢ 同时，各级供应商为实现增信向第三方仓储质押货物；

➢ 三方仓储基于收到的质押货物，产生用于监控货物的智能合约；

➢ 智能合约上链；

➢ 银行验证收到的凭证及链上数据，同时基于业务进展更新链上数据。

3. 第三阶段——贷中视频监控业务

（1）在为增信向三方仓储质押的过程中，智能合约需要借助摄像头等传感器实时监控第三方仓储；

（2）智能合约在感知到仓储的变化后会更新区块链相关数据，以确保数据的准确性。

4. 第四阶段——贷后数据模型业务

（1）银行私有云根据区块链上的数据不断的更新迭代行内企业模型，确保银行对供应链金融业务的有效监控；

（2）银行私有云基于同态加密的技术，与第三方联合计算更新企业模型，让模型更加准确。

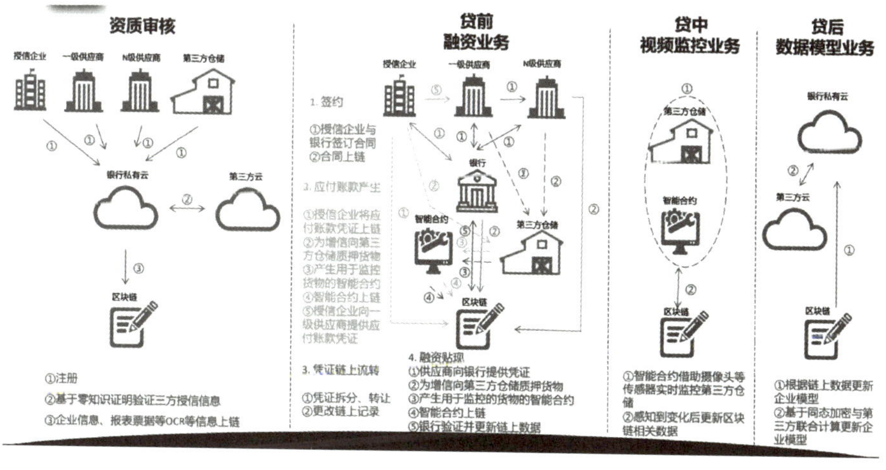


**图 9－21　供应链金融业务流程**

## 9.3.3.4　AI 助力银行融资业务

1. 资质审核

KYC 体系：基于人脸识别建立精准的企业－员工身份认证，完善 KYC 体系利用 OCR 等人工智能技术，将业务相关票据、流水信息、报表信息、资质信息上链，在保证数据隐私安全下，完善企业资质信息。

第三方授信信息辅助决策：在特别场景下，基于零知识证明等技术导入第三方授信决策

2. 贷中视频监控业务

员工行为分析：结合硬件设备，利用人脸识别、人脸比对、REID 辅助跟踪等技术对企业员工进行考勤、工作轨迹行为信息进行实时跟踪分析。

基于责任人的流程校验：通过人脸比对结合企业－员工体系，对重点责任人进行重点工作流程跟踪与分析。

货物实时监控分析：视频监控结合电子围栏等技术实现货品识别、货物统计、监控报警等数据，通过贷物的存储与流动数据进行企业库存物品的实时查看与离线分析。

生产经营监控分析：利用员工行为分析、轨迹分析、物品趋势会析等实现企业经营的实时查看与离线分析。

3. 贷后数据模型业务

企业授信模型、贷后模型更新：基于链上真实数据、流程数据、行为数据、视频分析等数据丰富风控数据来源，更新优化企业风控模型。

第三方联合计算：基于同态加密等技术联合第三方更新模型。

### 9.3.4　传统金融机构

经过多年的探索和积累，银行对于大中型客户已经积累了一套有效的风险管理方法和风险管控模型，但与互联网金融企业的风险管控模式相比，其灵活度和对客户的针对性则差强人意。大数据、人工智能技术的发展，可为银行的风险管理带来新的契机，智能风控将提升银行的竞争力，对于银行而言，其本质上要从线上获得、服务客户，但其关键点还在于对其风险进行识别和控制，充分了解、掌握客户，有效地获取客户行为、交易、经营的过程信息，在相关的各类交易、行为信息等基础上，对客户进行深入地分析。这样才能对客户信用进行真实的评价，充分识别金融交易过程中的各类风险，科学地进行风险管控，降低风险管理成本，更好地支持全面风险管理，体现精益风险管理思维。

#### 9.3.4.1　大数据智能风控平台的构建传统金融机构

银行有着丰富的数据积累，同时融合工商、税务、司法、海关等外部数据，有着构建大数据平台的先天优势，可基于平台强大的数据处理和计算能力，建立一套基于大数据的风险管控模型，将人工智能等各类算法融入其中，对不同的风险场景选择合适的模型，有利于对客户的风险进行科学地分析和评估，预测客户的还款能力和还款意愿，识别潜在的风险，对异常行为进行风险预警，形成主动和积极的风险管理模式，提高风险管控能力，守住不发生系统性风险底线。

1. 构建大数据风险管控平台

全面收集客户的数据，注重内外部数据的融合，整合银行内部积累的客户、交易、结算、流水、贷款、投融资、理财等各类金融信息，同时获取工商、税务、海关、司法等相关的外部数据或公共信息，同时还可以同电商平台进行深度合作，获取客户相关的商品交易信息等各方面的信息，对客户的信用情况、行为情况、交易情况等数据进行全面地收集，通过整合行内外、线下线上、跨界生态等各类数据，形成360度的客户视图，在其基础上构建银行的大数据风险管控平台。

2. 建立风险管控模型

风险管理模型的设计和建立，需要多年的模型积累和丰富的模型设计经验，借鉴国内外同业的做法，特别是参考国内外比较成熟的模型，根据银行实际情况，综合运用数据分析、知识图谱、商业智能、数据挖掘等多种技术，设计符合实际要求的模型，融入深度学习、机器学习、支持向量机、回归算法、神经网络等算法，配置模型参数，通过实际情况开展训练，输入实际的数据进行模型训练和验证，根据验证情况，合理地改进模型的配置参数，提高模型的准确度，基于合适的风险管理模型，开展风险评估及预警，为各类风险场景提供有效的模型支持。

3. 优化模型管理知识库

为了使风险管控模型发挥更好的效果，需要加强模型的设计、开发、验证、监测和优化的全生命周期管理，不断改进和提升风险管控模型，通过对模型不断训练和在实际风险管控中使用的情况，分析模型评估结果与实际情况的差距，对模型参数进行优化，对相关规则进行调整，将优化后的风控模型和业务规则纳入风险管理模型知识库进行知识管理，对知识统一归类和总结，不断地在实践中进行积累完善。根据高度的知识和经验总结，对不同的风险场景配置合理的模型参数和业务规则，让模型运行更加接近实际规律，评估结果更加符合风险的实际情况，使其真正在风险管理领域发挥相应的作用。

4. 大数据风险管理平台综合应用

基于相关风险管理模型，采取数据挖掘方法，可在风险计量、风险预警、反欺诈等风险场景进行实际应用，为其提供决策支持。利用大数据技术去认知客户，建立客户知识图谱；通过引入流式计算和实时分析，实现实时的风险监测和预警，显著提升风险监测和风险管控的时效性；通过机器学习和深度学习等人工智能技术，较好地对信用风险等进行计量；基于神经网络构建反欺诈模型，实现策略部署、交易预警、实时拦截和事件处理，实现企业级智能反欺诈的管理。

5. 大数据的安全管理

在数据的使用过程中要做好安全控制，保障数据安全，零丢失、不泄露，根据实际需要对数据权限进行分级限制，实现数据的访问权限实行最小化。在保障数据的安全基础上，设计、开发、验证模型，为风险管理模型提供可靠的数据，通过合理的平台和管理手段，使数据更加真实，风险评估结果更加可信。

#### 9.3.4.2 智能风控在银行的主要应用

人工智能在银行多个领域得到了较好的使用效果，基于机器学习和深度学习等算法构建的风险管控模型，能使风险决策更加精准，将融合了人工智能技术的风控模型融入到风险控制全流程，能使风险评价契合实际，风险计量更加科学，从而提高风险控制能力、准确率和覆盖率。

1. 客户关联风险分析

大数据能对数据进行全维度、全视角地整合、加工和处理，实现客户 360 度的精准画像，有效刻画客户的特征和行为，建立客户的关联视图，形成客户的知识图谱，将客户之间的担保关系、关联关系充分展现出来，对违规担保、多头授信等风险事件进行深入地分析和监测。

2. 信用风险计量引擎

信用风险内部评级法要求商业银行建立较为健全的内部评级体系，构建内部评级模型，对违约概率（PD）、违约损失率（LGD）、违约风险暴露（EAD）、有效期限等信用风险因素进行自行估计，并计算每笔债项的信用风险资本要求。实施内部评级高级法，需要商业银行积累相当时期的历史数据，并在其基础上建立相关内部评级模型进行计算，特别是利用神经网络、深度学习等技术建立风险计量模型，通过自我学习和深度学习，使相关评价指标权重更加准确，实现量化确定违约概率、违约风险暴露、违约风险暴露，从而更加精确地计量监管资本和风险成本，实现信用风险管理从经验管理到科学管理、从定性管理到定量管理、从单一管理到组合管理的转变，推动银行强化资本约束，实现科学的风险定价。

3. 客户信用评分

信用评分模型需要科学客观地反映申请客户当前的风险情况，并合理预判申请客户未来的风险情况，合理规避银行信贷审批过程中的主观因素、情感因素和判断失误等人为因素，为所有申请客户提供一个客观、公正的信用风险评价，实现快速融资的申请、审批，提供线上的投融资服务。特别是可以借助决策树、聚类、多元判别分析等方法建立信用评分模型，以大数据作为计算源泉和支撑，为全面准确的信用评分提供动力，实现对客户全景式透视，实时进行科学的信用评分，根据评分结果实现实时的审批策略，实时确定贷款额度，进行信贷审批。

4. 实时风险监测

通过大数据分析，对客户的异动实现全面、客观、实时地监测和介入，及时提示预警，提高银行风险的识别、管理和控制能力，提前进行介入和规避，避免银行可能发生的损失。全面的风险监测预警功能为银行的风险监测、风险管理和控制提供了科学精确的平台和工具，能满足预警及时、识别准确、紧急管控等风险管控需求。

5. 智能反欺诈

在银行反欺诈实践中，为了更加准确地发现、拦截欺诈行为，根据欺诈的历史交易特征进行深度训练和学习，能够准确识别相关特征，实时对客户借记卡、信用卡这个交易行为进行全面的扫描，根据基于深度学习的风险模型进行甄别，对每笔交易实时评分或评级，可以结合侦测规则进行预警提示，并介入处置。同时在实践中不断完善侦测策略，优化相关侦测规则，实现更大范围、更加准确的风险欺诈发现。为了提高欺诈侦测效率，实现多渠道、全流程的欺诈行为拦截，将事后化解、事中处理提前到事前拦截，使欺诈的防线不断前移。同时风险欺诈实现跨平台管控，快速获取到跨平台交易关联信息，从而不断提升反欺诈平台化、智能化管理水平。

总之，智能化的风控已经成为银行发展的助推器，在大力推进金融科技赋能金融业务的同时，将人工智能、大数据等技术引入到风险管理领域，以适应越来越线上化的交易行为、金融场景和金融产品，让金融服务客户的质量更高、效益更好，促进银行的可持续发展，并向更高质量发展。

## 课程思政

1. 培养协作的团队合作精神

通过团队完成练一练任务和课后综合案例作业，鼓励他们去一起完成作业，直到他们想要一起认真学习，他们就会在完成作业的过程中各自互补缺失的技能，培养协作的团队合作精神。

2. 树立创新思维和创新创业精神

通过对金融科技风控的头部互联网平台的介绍，讲述企业家们的创业故事和取得的辉煌成绩，激发学生的创新创业热情，倡导学生梳理创新思维。

## 项目评价

对于每一个项目，结合业务能力和评价指标，根据掌握情况在下表相应的方框中打√，自测结果共分为三类：A 掌握，B 基本掌握，C 未掌握。

**项目测评表**

| 任务 | 任务布置 | 评价指标 | 自测结果 | 要求 |
|---|---|---|---|---|
| 风险控制与金融科技 | 画出金融科技风控的流程图 | 1. 掌握金融科技风控的模式<br>2. 流程图的全面性和正确度 | □A □B □C | 1. 记录详实<br>2. 条理清晰 |
| | 运用实训平台完成一次智能风控管理 | 1. 实训平台的操作数据<br>2. 智能风控结果 | □A □B □C | 1. 记录详实<br>2. 条理清晰 |
| | 调查一个金融科技风控平台 | 1. 调查材料的详实情况<br>2. 团队合作的具体情况<br>3. 平台介绍 PPT<br>4. 课堂展示表现 | □A □B □C | 1. 记录详实<br>2. 条理清晰<br>3. 逻辑在线<br>4. 展示风采 |

## 项目测试题

### 一、单项选择题

1. 可以有效地将一切不正确、不合理、不合法的经济行为制止在发生之前，属于（　　）控制。

A. 事前　　B. 事中　　C. 事后　　D. 全程

2. （　　）是金融行业的主线和核心，贯穿业务始终。

A. 盈利能力　　B. 运营效率

C. 风险控制　　D. 保持流动性

3. 金融科技风控的全面发展时期是（　　）。

A. 2005 年以前　　B. 2005—2012 年

C. 2012—2014 年　　D. 2014 年 - 至今

4. 金融科技强调（　　）洞察风险，基于客户多维度的数据分析建立信用模型，在具体放贷中，不仅可以做到无抵押、无担保。

A. 实物资产　　B. 实地考察

C. 用户数据　　D. 担保情况

5. 大数据、人工智能等新型技术的不断演进让数据直接或者间接用于风险定价，改变了传统金融行业风控模型搭建的逻辑，结合用户（　　）的大数据对用户的分群、分层、画像精准度不断提升。

A. 信用和收入　　B. 行为和场景

C. 资产和财务　　D. 担保和财富

### 二、多项选择题

1. 金融风险的基本特征有（　　）。

A. 不确定性　　B. 相关性　　C. 高杠杆性

D. 传染性　　E. 准确预测性

2. 传统风险控制过程中着重收集和考察的信息，这些信息的收集从个人的角度，分别分为三类信息：（　　）。

A. 基本资料　　B. 财务信息及　　C. 资金用途

D. 社交数据　　E. 电商平台数据

3. 传统风控与金融科技风控的对比主要体现在（　　）方面。

A. 风控模型　　B. 数据来源　　C. 数据维度

D. 数据关联性　　E. 模型设定

4. 支付宝 AlphaRisk 风控引擎用 AI 技术颠覆传统风控的运作模式，构建 4 大模块，分别是（　　）。

A. Perception（风险感知）　　B. AI Detect（风险识别）

C. Evolution（智能进化）　　D. AutoPilot（自动驾驶）

E. AUTOlearning（自动学习）

### 三、判断题

1. 大数据技术的发展和进步，拓宽了我们分析问题的思路，提供了更先进的技术手段、工具和方法。银行可将大数据技术与银行传统的风控方式进行有效结合，在稳健经营的同时，提升风险管理的水平。（ ）

2. 与传统供应链金融相比，金融科技供应链金融的商业数据更安全、提升数据价值，上链数据难以篡改，防止违规交易。（ ）

3. 第三方支付平台的主要业务支付，风险不大，不需要运用金融科技进行风险控制。（ ）

4. 大数据风控完全了改变传统风控，利用更加多维的数据，使风控模型触及人的每一个行为变量，从而使模型的输出结果更加准确。（ ）

## 四、综合案例

### 京东金融“京保贝”助力商户决战双十一

“‘京保贝’刚上线就已为一家化妆品公司放款30万元。”京东金融发展部总监王琳介绍。12月6日，京东“京保贝”上线，供应商可凭采购、销售等数据快速获得融资，且无需任何担保和抵押。这是京东继去年推出供应链融资业务以来，基于互联网推出的又一项创新融资业务。

“京保贝”通过对采购、销售、财务等数据进行集中和处理，自动完成审批和风控。“京保贝”由京东提供资金并负责运营。王琳指出，“京保贝”是一个快速融资品牌，以后其他融资业务也将秉承快捷、高效的客户融资体验，融合在这一品牌之下。

王琳介绍，“京保贝”的门槛很低，只要与京东有3个月以上的贸易关系就可以申请融资。京东会根据供应商的产品入库情况、销售情况、合作长短等指标做出评级。目前供应商分成5个级别，京东可以向其中3个级别提供融资，无需额外抵押和担保。供应商可以自己控制融资金额，选择还款方式。

提问：为什京保贝可以做到门槛很低，自动完成审批和风控？请你查找资料，理清京东的解决方案思路。

完成步骤：

1. 开展网络搜索，关于京东金融和京保贝进行全面的分析；
2. 理清京东的设计解决方案或解决流程；
3. 制作PPT，并上台展示。

单元 10

# 金融监管与金融科技

## 知识目标

1. 了解金融科技监管的必要性
2. 了解金融科技监管的发展
3. 了解金融科技监管的体系
4. 熟悉金融科技监管的逻辑
5. 掌握金融科技在金融监管的应用

## 技能目标

1. 能解释金融科技监管的底层逻辑
2. 能掌握金融监管的相关技术及应用
3. 能配合相关部门进行金融监管

## 素质目标

1. 锻炼学生团队沟通能力和经济分析能力
2. 培养学生适应我国金融改革就业岗位的能力
3. 培养学生全球化、专业化的职业视角

## 思政目标

1. 培养学生具有协作和创新精神的职业道德
2. 树立学生经世济民的理想信念
3. 树立学生法治意识与诚信意识
4. 增强学生的民族自豪感和国家认同感

## 情景引入

### 从 P2P 看金融风险管理

伴随着互联网技术发展，互联网金融迎来了一波大发展。然而，互联网金融在取得快速进步的同时，部分从业机构法律意识、风险意识、消费者权益保护意识缺失，金融风险事件时有发生。且以互联网金融名义实施的各类违法犯罪活动，行踪更加隐蔽，吸收资金速度更快、金额更大，危害更为严重。

以 P2P 网贷为例，2007 年国内首家 P2P 网络借贷平台拍拍贷在上海成立，在 2013 年左右开始大规模兴起，到 2015 年，国内 VC 们对近百家 P2P 平台投资了 130 多亿元。2016 年，P2P 公司开始集中上市，趣店、乐信、拍拍贷、信而富、融 360 等纷纷登陆美股市场。

然而随着监管政策出台，政策收紧，问题平台资金链断裂，P2P 网贷行业频频爆雷，大批投资人血本无归。2018 年，P2P 开始频繁出现爆雷问题。据 iiMedia Research（艾媒咨询）发布的《2019 年全球及中国 P2P 网贷行业研究及风险预警报告》数据显示，截至 2018 年 7 月 24 日，2018 年中国 P2P 网贷停业及问题平台超过 850 家，整体涉案金额超过 8000 亿元，波及用户规模超过 1500 万人。2019 年，信而富、陆金所更是接连宣布退出 P2P；第三方评级网站评为 A 级的网贷头部平台团贷网在运营 6 年后资金链断裂，账上待还款金额约 150 亿，85 后亿万富翁唐军入狱，64 套房产被查；42 岁比特易创始人惠轶去世，疑似自杀，曾踩雷 P2P、爆仓 BTC。近年来，红岭创投、合力贷等多家 P2P 网贷平台主动清盘退出；团贷网、e 租宝等也被爆非法融资而爆雷。

2019 年，全国有九个省市对辖内网贷机构的 P2P 业务进行清退取缔，截止 2020 年 11 月，全国范围内实际运营的 P2P 在线借贷机构将完全为零。

（资料来源：根据网络资料整理。）

## 思考实践

1. P2P 网贷应如何监管？
2. 哪些监管科技可用于 P2P 网贷监管呢？

# 任务 10.1　认识金融科技监管

## 10.1.1　金融科技监管的必要性

### 10.1.1.1　金融科技带来的金融风险新形势

随着云计算、大数据、人工智能和区块链等新兴技术在金融行业的深入应用，金融业发生了翻天覆地的变化，但金融科技并没有改变金融功能的实质，金融风险依然存在，同时金融、技术和网络风险更易产生叠加与聚合效应，使风险传递得更快、波及面更广，且在数据风险、技术性风险、信用风险与系统性风险等层面更加突出。

1. 数据风险

数据隐私问题是金融科技领域最重要的问题。一方面，大量的数据有助于改进信用评估的效率，但如果数据管理不善，容易造成数据泄露。例如，2019 年，Facebook 超过 5.33 亿用户数据被泄露，其中包括 3200 多万条美国用户记录，1100 万条英国用户记录和 600 多万条印度用户信息，共涉及 106 个国家。另一方面，金融公司可以利用大数据技术分析客户偏好、习惯和需求，提供定制化的金融产品，对不同群体进行差别定价，实行“价格歧视”，典型案例就是大数据杀熟，这个词条 2018 年甚至被当选为 2018 年度社会生活类十大流行语。

2. 技术风险

监管措施需要跟上金融科技的步伐。技术快速迭代和发展，为金融行业提供了先进的技术服务，但也可能带来技术黑箱等新型风险隐患。例如，移动通信技术的发展与普及，伪基站、伪造银行服务信息等诈骗事件频发，国家反诈中心梳理 2021 年电信诈骗案件，总结出十大高发诈骗类型：刷单、网络贷款、冒充客服退款、投资理财、虚假购物服务、“杀猪盘”、冒充领导熟人、冒充“公检法”、网络游戏虚假交易、注销贷款信用卡，基本件件都和金融相关。

3. 信用风险

传统金融机构纷纷布局金融科技业务，容易引发信用风险。一方面，由于我国征信体制、征信监管环境等监管措施有待完善，风险事件容易发生。另一方面，金融机构在与第三方支付、P2P 网贷、众筹等机构的合作时，由于合作不规范、违规行为以及监管不完善所带来的连锁反应，也可能会导致信用风险爆发。例如，P2P 网贷平台携款跑路，涉案金额高达数十亿，受害者还难以追讨自己的损失。截至 2021 年，P2P 平台倒闭的总数量已超 4000 家，涉案金额难以估量。

4. 系统风险

在金融科技背景下，经营环境不断开放、业务边界逐渐模糊，金融风险形势更加复杂。跨行业、跨市场的跨界金融服务日益丰富，不同业务之间相互关联渗透，业务、技术、网络、数据等多重风险的交叉叠加，金融风险较之以往传播性更快、隐藏性更强、波及面更广，可能引发系统性风险。

#### 10.1.1.2 传统金融监管应对乏力

随着金融创新层出不穷，金融业态不断丰富、金融科技迅猛发展，金融风险也愈显复杂，传统金融监管应对乏力，给金融监管增加了难度、带来了挑战，因此，寻求新型而有效的金融科技监管成为新时代金融监管的必然选择。

1. 金融监管的固有困局

传统金融学理论认为，信息不对称是金融体系脆弱性的原因。尽管金融科技可以提高信息的有效配置，但信息不对称问题仍然存在。在市场经济活动中，被监管者会因利益驱动向监管者提供不全面、不真实的信息，监管者因而无法全面评估被监管者的实际运行情况，从而引发金融市场中的逆向选择风险和道德风险。

例如，在P2P网贷中，P2P借贷双方交易的达成依赖于借贷信息的传递，信息的真实性、准确性、完整性和及时性对借贷双方进行理性决策有重要意义。但在P2P市场中，信息不对称是普遍存在的。以“拍拍贷”为例，在竞拍标的资金用途介绍中仅写明“资金周转”、“日常花费”等信息，没有详细说明，信息披露不完全，贷款人处于信息弱势一方，这使得贷款人承担较大的投资风险。

2. 金融科技跨界化

随着金融与科技的融合发展，金融市场与金融产品跨界化发展，金融业务跨越多个金融子部门。金融科技企业可能是一个横跨多个金融子行业和金融子市场、具有复杂内在关联性的金融机构。它可能既从事科技业务，也从事金融业务，在监管定位上认定其是一个信息中介还是信用中介，是一个科技企业还是金融企业，监管边界出现模糊与重叠，给金融监管体系带来了深远影响。

例如，蚂蚁金服是一家金融企业还是科技企业，对其如何进行金融监管呢？一方面，蚂蚁金服拥有当前市场上较为全面且稀缺的金融牌照，包括网商银行、天弘基金、支付宝（第三方支付）、小贷、保险等，蚂蚁金服还出现在近期曝光的五家金控监管试点名单中；另一方面，蚂蚁金服更强调自身是技术公司，要做的是TechFin（用技术服务金融机构），与外部许多金融机构展开合作，在其员工团队中，技术人员的比重也很高。

3. 金融科技的去中介化

在传统的金融体系中，银行等金融中介机构发挥了基础性作用，是金融体系的核心组织架构。但是，随着金融科技的快速发展，金融交易更加快捷、低成本，使资金供给能够绕开现有的银行体系，直接输送给资金需求方和融资者，完成资金体外循环，金融交易逐渐去中介化，金融脱媒日益深化。金融的去中介化，给现有金融监管体系带来新的挑战：一是为降低监管成本，传统金融机构可能会“主动脱媒”；二是金融交易的去中介化，可能使得金融机构脱离现有金融管制，监管部门不明确；三是金融交易的创新发展，可能会给金融消费者带来新的问题。因此，亟需改革现有的监管体系，强化监管技术和功能监管。

例如，第三方支付创新之一——Ripple支付体系，它绕过了传统的SWIFTS体系，以做市商机制作为流动性的提供机制，进行汇率的即时兑换以及资金的跨界流动。与传统通过银行汇款的方式相比，没有跨行、跨境支付费用的Ripple，其交易在几秒以内就能完成确认，而且交易费用几乎是零，简便易行快捷。但目前却无统一的监管体系，一旦该系统出现问题，监管主体是不明确的。

4. 金融科技的智能化

人工智能快速发展，可能会促使金融服务公司更加公平、有效地扩大金融服务，但同时也会导致相应监管问题的产生。传统金融监管的有效性依赖于监管体系的微观审慎监管规则，比如风险监管是以监管资本为核心，以设定资本充足率为微观准则，但是现在将会逐渐转化为对技术本身的监管，监管有效性将更多取决于技术风险的控制而非微观监管标准的强化。比如，在金融人工智能应用领域中，监管对象将变为虚拟化的非实体技术，金融监管的重点将从原来的金融机构和金融从业人员变为人工智能技术。

### 10.1.2 金融科技监管的内容

#### 10.1.2.1 金融科技监管的内涵

金融监管是金融监督与金融管理的统称，是指政府通过中央银行、证券交易委员会等对金融企业、金融交易行为等进行监管管制的行为。金融监督指金融主管当局对金融机构实施的全面性、经常性的检查和督促，并以此促进金融机构依法稳健地经营和发展。金融管理指金融主管当局依法对金融机构及其经营活动实施的领导、组织、协调和控制等一系列的活动。

监管科技，最早在2014年英国金融行为管理局FCA发布的《创新工程，征求意见书》中提到，其将之定义为“运用新技术，促进金题单位更有效地达成监管要求”。其后，国际金融协会（IIF）将监管科技描述为“能够高效和有效地解决监管和合规性要求的新技术”。相比于欧美国家，中国监管科技起步相对较晚。目前，还没有中国企业能够跻身于全球监管科技领域的主要公司名单。但是，中国监管科技的发展积极性高，应用需求非常广阔。国家亦给予了监管科技以大力支持。

从监管部门来看，面对金融科技背景下更加复杂多变的金融市场环境，监管部门有运用监管科技的充足动力，对金融交易行为进行监管。

#### 10.1.2.2 金融科技监管的内容

从业务流程来看，金融监管内容主要有三个方面，分别是市场准入监管、市场运作过程（日常业务运营）监管和市场退出监管。

1. 市场准入监管

市场准入监管是金融监管的首要环节，市场准入监管是指金融监管当局根据法律、法规的规定，对金融机构进入市场资格、业务经营范围和从业人员资格等实施监管的一种行为。在我国，金融机构的设立采取特许权制度，其最后的审批权在中国人民银行。例如，对第三方支付机构实施市场准入管理，就由中国人民银行发放牌照。

2. 市场运作过程监管

金融机构经审批开业后，金融监管当局需对其业务运作过程实施有效监管，以便更好地实现监控目标。

（1）资本充足性监管。对于金融机构的资本金，除了要有符合规定的注册资本最低限额之外，一般还要求金融机构的自有资本与资产总额、存款总额、负债总额以及风险投资之间保持适当的比例，通过对金融机构实际资本比率、风险资本比率等资本比率的监管，可以达到以资本规模制约资产规模（特别是风险资产规模），从而降低金融机构经营风险的目的。

（2）流动性监管。流动性监管是对各类金融机构特别是银行的资产在无损失状态下迅速变现能力的监督和管理。2012 年 7 月发布的《商业银行资本管理办法（试行）》明确要求强化流动性风险管理部门职能，以及加强日间流动性、融资抵押品和优质流动性资产管理，以推动银行和监管机构及早识别和控制流动性风险。在流动性风险监管标准方面规定了“流动性覆盖率、存贷比、流动性比例”三项指标，具体要求流动性覆盖率分期达到 100%；存贷比不高于 75%；流动性比例不低于 25%。

（3）业务范围监管。业务范围监管是金融监管当局对各类金融机构经营业务的范围进行的监督和管理。从世界各国来看，金融业的经营模式主要有分业经营和合业经营。分业经营是指金融业中传统商业银行业务与证券业务、保险业务等金融业务分别由不同的机构来经营，国家一般通过法律明确界定不同机构的业务范围；混业经营是指管理当局允许商业银行开展多种业务，既能经营传统商业银行业务，又能经营证券、投资保险和其他金融业务，实现银行业与证券业、保险业等的相互渗透与一体化经营。

（4）经营活动监管。金融机构经营的直接目的，是追求最大限度的利润。因而，金融机构会尽可能地将吸收的资金集中投向盈利高的贷款与投资。但是，在盈利性提高的同时，经营风险也相对增大。各国金融监管当局都对金融机构的经营活动进行监管，通过对资产负债比例的管理、资本流动性管理等，限制银行贷款过度地集中，限制银行对单个借款者提供过多的贷款。

（5）外汇风险管理。由于世界各国的金融领域开放程度不同，金融机构的国际金融业务发展状况和面临的外汇风险也就不同。有的国家对银行的外汇及外汇业务实行严格的监管，有的国家则实行比较宽松的管理。例如，美国、法国和加拿大等国家对金融机构的外汇及外汇业务的监管比较宽松，而英国、日本、荷兰和瑞士等国家则比较严格。

（6）准备金管理。一般来说，银行的资本充足性与中央银行存款准备金政策之间存在着一定的内在联系，金融监管当局在对银行的资本充足性进行监管时，必须考虑银行准备金的计提问题，确保银行准备金是在充分考虑谨慎经营和真实评价业务质量的基础上的提取，避免准备金提取不实所掩盖的潜在风险。

（7）存款保险管理。在有些国家，金融体制中建立了存款保险制度。当本国金融机构由于经营不善或受外部环境变化等各种因素影响而出现信用危机时，存款保险机构将向金融机构提供财务支援，或者由存款保险机构直接向存款者支付部分或全部存款，以保护存款者的利益，维护正常的金融秩序。

3. 市场退出监管

市场退出监管是指金融监管当局对金融机构退出金融业、破产倒闭或合（兼）并、变更等实施监管，也包括对违规金融机构终止经营的监管。

**【拓展学习】**

由于P2P平台频繁暴雷，2019年1月，监管层下发《关于做好网贷机构分类处置和风险防范工作的意见》（整治办函〔2018〕175号，简称“175号文”）提出网贷机构“能退尽退，应关尽关”。

报统计，目前已有深圳、江西、北京、上海、济南、大连、浙江、广东、广州等地出台P2P平台良性退出指引或者征求意见稿。

综合各种退出指引，总结P2P平台退出流程主要有如下步骤：（1）成立退出小组、停止相关业务。（2）向相关部门申请、报备。（3）邀请或聘请第三方律所、会计所介入。（4）制定退出方案和流程。（5）执行。（6）完成退出。

**【想一想】**

监管当局运用科技来进行金融监管的原因有哪些？

#### 10.1.2.3　金融科技监管体系

目前，我国实行金融分业经营体制，金融监管框架表现为“一委一行两会一局”，即国务院金融稳定发展委员会、中国人民银行、中国银行保险监督管理委员会和中国证券监督管理委员会、各地金融监管局。

1. 中国人民银行

中国人民银行主要负责货币政策与宏观审慎政策，致力于实现金融币值稳定和金融稳定，同时也在一定程度上参与审慎监管。具体职责有以下方面：

中国人民银行印发《金融科技发展规划（2022－2025年）》

（1）监督管理银行间市场和黄金市场。包括对银行间同业拆借市场、银行间债券市场、银行间外汇市场和黄金市场的监管；监测金融市场运行情况，对金融市场实施宏观调控，促进其协调发展。

（2）监督管理作为货币政策操作基础性制度的执行情况。包括：对准备金管理规定和利率管理规定执行情况的监管；根据需要，建议银监会对银行业金融机构进行的检查监督。

（3）监督管理为履行金融服务职能而建立的相关制度的执行情况。包括对人民币管理规定、清算管理规定、关于金融机构代理人民银行经理国库的管理规定、关于人民银行特种贷款的管理规定、信贷征信管理规定等执行情况的监管。

（4）监督管理系统性金融风险。包括对可能危害金融稳定的银行业金融机构的风险监管和金融市场的风险监管。

（5）监督管理有关外汇管理规定和黄金管理规定的执行情况。

（6）监督管理有关反洗钱规定的执行情况。

（7）对人民银行系统内部的监督管理。

（8）第三方支付的监管。

2. 中国银行保险监督管理委员会

2018年，银监会和保监会合并，组建中国银行保险监督管理委员会，主要负责银行与保险业的监管工作。具体职责有以下方面：

（1）对全国的银行业和保险业进行统一的监督管理，维护银行业和保险业合法、稳健运行。对派出机构实行垂直领导。

（2）对出现违法违规行为的银行或保险公司依法进行查处。

（3）对银行业、保险业的组织机构及业务范围实行准入管理，审查高级管理人员的任职资格，制定银行业和保险业的从业人员行为管理规范。

（4）统一编制全国银行业和保险业监管数据报表，并按照国家的相关规定进行发布。

（5）建立我国银行业和保险业的风险监控、评价和预警体系，对银行业和保险业的运行状况进行跟踪分析，做到及时的监测和预测。

（6）打击非法金融活动，负责非法集资的认定、查处和取缔以及相关组织协调工作。

3. 中国证券监督管理委员会

证监会统一监管全国的证券期货业，依法对证券发行人、上市公司、证券交易所、证券公司、证券登记结算机构、证券投资基金管理机构、证券投资咨询机构、资信评估机构以及从事证券业务的律师事务所、会计师事务所、资产评估机构的证券业务活动进行监督管理。例如，股权众筹的监管就由证监会负责。

# 任务10.2　金融科技监管的应用

## 10.2.1　监管科技的逻辑

### 10.2.1.1　监管科技核心技术

监管科技的核心技术主要包括云计算、大数据、人工智能、区块链和API等五大领域。

微课：金融监管科技技术

1. 云计算

云计算为监管科技提供廉价的计算和存储资源，通过数据集中汇聚提供大规模的数据资源，提升监管工具的共享程度。云计算的核心概念就是以互联网为中心，包含云技术、数据湖、数据处理器等在内的大数据技术，在网站上提供快速且安全的云计算服务与数据存储，让每一个使用互联网的人都可以使用网络上的庞大计算资源与数据中心。在金融监管中，云计算可收集、计算、储存并快速读取大量数据，且对数据规模、数据结构以及数据类别的限制较少，既包括内部系统的交易元数据、客户信息，也包括外部信息，如来自暗网的威胁情报，来自公开网站、KYC机构的信息等，有助于监管机构预测即将发生的风险，有利于实施动态监管。

2. 大数据

大数据则是依托云计算处理技术，对海量数据进行专业化处理。大数据的优势不止于数据的多、广，更为重要的是数据分析与应用。具体而言，大数据可以通过对金融机构间资金链的分析，绘制出金融体系的结构关联图，进一步对金融系统性风险进行预测，以便监管人员提前采取防范措施。

3. 人工智能

人工智能进一步提升数据的智能分析能力，提升客户交互能力。人工智能作为计算机科学的一个分支，研究内容包括机器人、语言识别、图像识别、自然语言处理和专家系统等，可以对人的意识、思维的信息过程的模拟，提升数据的智能分析能力，提升客户交互能力。在进行金融监管时，可以通过机器学习、自然语言处理、知识图谱等技术构建出可跨机构通用、自动迭代、便携的检查工具，辅助监管人员从海量数据中筛查出可疑交易，提升各级监管机构的监管能效。

4. 区块链

区块链保证获取的基础信息的真实性和效率，保证业务合规性，同时提高业务办理的效率。区块链作为一种去中心化的分布式记账系统，将数据块通过密码学联接起来，链条上的数据一旦被写入不会被篡改、也不易丢失、同时公开的区块链上的数据能够被所有人查看。用在金融监管中，区块链的去信任、防篡改、可追溯、去中心化、共享机制、代码即规则的技术内核，可以保证监管过程中获取信息的真实性和效率，使监管更及时、经济、可靠，提高效率。

5. API

API有助于监管政策及合规准则的有效落实，提高监管的规范性。作为应用程序的“中间人”，应用程序接口（API）的发展，促进不同系统、软件之间通信流畅，信息和数据交互交流。在金融监管中，监管API是监管机构向金融机构提供各项“监管服务”的程序接口，方便金融机构对其内部流程和数据进行编程，并通过统一协议交换数据和生成报告，向监管机构自动报告数据，金融监管变得更加高效。

### 10.2.1.2 监管科技助力金融监管

（1）提升合规效率，降低成本。监管科技有助于降低监管者与被监管者的合规成本，提高双方的效率，并最终提升行业发展健康程度，让普罗大众受益。例如，金融机构往往需要向不同的监管部门报送涉及反洗钱、征信、风险管理等繁杂的合规类报表。如果完全由人工处理，势必降低效率且造成资源浪费。通过云计算、大数据、API等监管科技的使用，可以实现数据自动收集、整理和精确分析，快速形成报告，减少人工干预并降低错误率。

（2）提高监管的规范性。通过人工智能，可对新出台的金融政策进行数字化转译，避免理解上的歧义和执行层面的混乱；利用大数据技术手段，可以对不同部门出台的政策进行比对，找到重合和不一致之处，避免多头监管。

（3）提高风险监测识别的能力。监管科技能降低人为操作风险，实现金融风险的感知和预警。2015 年 3 月，中国人民银行副行长潘功胜在互联网金融协会成立仪式上的致辞中提出，要实施穿透式监管，透过互联网金融产品的表面形态看清业务实质，将资金来源、中间环节与最终投向穿透联接起来，按照“实质重于形式”的原则甄别业务性质，根据业务功能和法律属性明确监管规则。监管科技通过对金融机构交易数据的收集与梳理，可以清晰地甄别出每一笔交易触发者和交易对手信息，并能够持续对该笔交易进行跟踪、监测，从而实现对资金的来源和最终去向进行实时监控、全链条监控，揭示各种金融产品的业务实质。因此，监管科技是对实现穿透式监管技术层面的有力支撑。

（4）提升客户体验。监管科技将有助于提升客户体验。基于强大的风险欺诈检测平台，利用各类欺诈检测工具对客户行为进行深入研究，并对欺诈风险迅速做出准确判断，能缩短交易时间，减少客户身份验证的次数，提高交易效率。数字加密技术能保证客户个人信息和财务信息更加安全，在保护客户的消费者权益的同时，使客户可以放心交易，提升了客户体验。

**【议一议】**

监管当局运用金融科技监管，主要实现哪些功能？

### 10.2.2　监管科技应用场景

应用场景一：交易行为监控

近年来，金融科技快速发展，但在发展的同时，金融机构和广大消费者也面临着更多的风险。监管机构和金融机构可以借助大数据、云计算和人工智能等技术进行实时监控，完整覆盖交易前中后全过程，可以更好地防范潜在风险，进行金融监管。

交易前：金融机构将合规条文、监控指标、风险评估工具嵌入监测系统，利用云技术，建立资源与数据中心。

交易中：金融机构挖掘、分析交易数据，通过人工智能自动生产合规报告，并将合规报告并上传至监测平台。监管机构通过大数据比对，对金融犯罪风险、客户行为风险进行监测分析。

交易后：通过可视化工具对多维度数据图表化处理，数据更加简明有效。同时，基于实时传送的风险监测分析，金融机构可获得更加有效、快捷的监管建议和指导，更好地了解监管法规和合规责任，在后续经营活动中不断改进自身工作（图 10－1）。

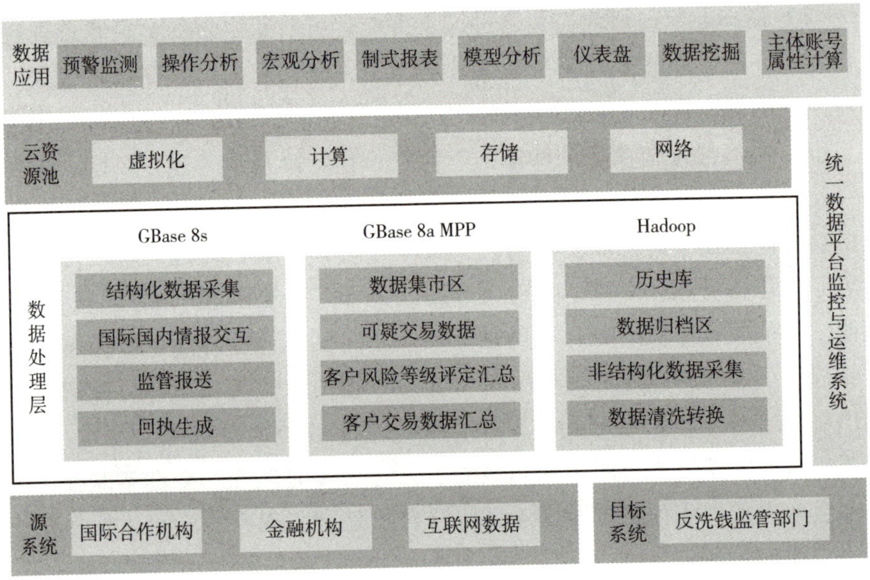


**图 10－1　交易行为监控**

**【拓展学习】**

### 中国人民银行反洗钱二代系统

2018 年 11 月 30 日，中国人民银行办公厅发布《关于做好反洗钱监测分析二代系统上线工作的通知（银办发【2018】213 号）》，自 12 月份起，逐步上线运行反洗钱监测分析二代系统，并将于 2019 年 6 月 30 日前完成所有报告机构交易监测系统以及报送接口的切换工作。这意味着，自 2019 年 7 月 1 日起，各报告机构均须通过反洗钱二代系统履行反洗钱数据报送义务。

大数据综合分析平台是反洗钱二代系统的重要组成部分，基于大数据技术，采用分布式架构，包括数据接收（报告收集、报告机构管理和报告机构能力建设）、匹配信息获取、数据管理（数据治理和数据处理）、监测预警（名单预警、规则模型预警）、操作分析（可疑分析、数据协查、人民银行反洗钱信息交互和分析移送管理）、宏观分析、国内合作和国际合作，为反洗钱二代系统实现高效的数据处理与查询分析，为反洗钱监管机构提供及时高效的数据分析结果。

应用场景二：合规数据报送

自 2008 年金融危机以来，监管机构对金融机构数据报送内容的要求逐渐提高，对金融机构的数据处理能力也提出了新要求，金融机构需要面向多个监管机构报送不同结构、不同统计维度的数据，报送前需对数据进行进一步的清洗和加工。随着新一轮监管合规政策的实施，金融机构和金融科技企业需要借助新技术对现行的操作系统进行调整、改进以满足合规要求。

（1）在合规数据处理阶段，金融监管部门与金融机构利用 API 技术、系统嵌入、云计算等方式，完成实时数据交互，提高金融机构报送数据的能力，降低金融机构合规成本。在数据标准化方面，云计算能对不同维度、不同类型和不同形态的数据进行集中处理分析，实现金融机构之间数据的通用性。同时，平台各方基于云计算技术可以制定统一的金融数据统计口径（API）、数据交互标准，加强数据综合利用实现监管合规要求的自动化处理。

（2）在合规数据传输过程中，可以利用安全多方计算、数据安全存储单元等加密技术保证数据传输过程中不被窃取、篡改、破坏等，通过属性、对象和访问类型标记元数据，增强监管数据采集过程的安全性和可靠性。

（3）在数据清洗环节，针对海量异构金融数据，特别是由于数据来源广、关联系统多等原因而产生的低质量数据，综合运用数据挖掘、模式规则算法、分析统计等手段进行多层清洗，使获得的数据具有高精度、低重复、高可用优势，为风险态势分析等提供更为科学合理的数据支持。

**【拓展学习】**

**澳大利亚的通用数据结构 SBR**

澳大利亚监管当局规定金融企业在提交监管报告时，采用标准业务报告（以下简称 SBR）这一通用数据结构。SBR 报告由多个监管机构合作设计，由监管机构定义报告中的字段名，通过这些字段名能够访问特定的数据。

从 2008 年开始，澳大利亚政府开始对其监管机构从行业收集的信息采用统一的标准化数据结构。2010 年，政府发布了第一个版本的综合分类，即数据字段列表，涵盖了澳大利亚公司向多个监管机构提交的报告。与此同时，政府与澳大利亚软件行业合作，鼓励科技公司使用这些数据字段来构建软件，以实现自动化合规。此外，澳大利亚政府还调整了法规，使报告过程以数据为中心。

SBR 通用数据结构降低了企业的合规成本，被监管机构使用 SBR 可以同时满足多个监管报告要求。据澳大利亚税务局估计，澳大利亚的 SBR 计划在 2015—2016 年为政府和企业节省了 11 亿澳元的合规成本。同时，SBR 减少或消除了重复的报告，提高了监管效率。

应用场景三：客户身份识别

客户身份识别（Know Your Customer，KYC）是金融监管中识别风险、防控风险工作中的重要环节。随着金融科技的发展，越来越多的金融业务向线上转移，这一变化使客户身份识别在金融监管中的作用愈发重要。

（1）人物识别。利用人脸、虹膜、指纹、声纹等生物特征信息稳定性、不易复制性和不易窃取性的特点，金融机构在建立账户和进行账务交易时只需对客户提供的生物信息进行识别，就能快速、有效识别客户的真伪，将有效提升金融机构用户身份识别能力。

（2）大数据比对客户信息。通过大数据技术，分析客户的客观、主观数据，对客户进行分级，确定哪类用户或产品需要进行额外的监督，从而对风险进行精确控制。

【拓展学习】

**金融反洗钱系统防止客户身份被用于非法活动**

目前京东金融已自建反洗钱系统，在客户身份识别方面，基于完备的KYC流程及客户信息收集与验证，充分运用人脸识别、语音识别、设备指纹等技术，且凭借京东金融自身的大数据基础和数据挖掘能力，为每个客户构建出精准的画像，将客户行为立体化，提高了获取客户信息的完整性与准确性，从而进行客户风险等级划分，为不同风险等级的客户制定针对性的风控策略，这对于及时打击洗钱等犯罪行为具有重要意义。

值得一提的是，除了生物识别技术，京东金融还运用了设备识别和人机识别技术，帮助企业判断操作者与账户所有者是否是同一人，防止客户身份被黑色产业分子截取、盗用或修改，用于非法活动。

应用场景四：压力测试

压力测试是一种以定量分析为主的风险分析方法，利用一系列方法来评估金融体系承受罕见但仍然可能出现的宏观经济冲击或重大事件的过程，能够帮助监管者了解潜在风险，预先制定应对措施，减少极端情况带来的损失。

（1）大数据技术。通过大数据技术，将更多的变量纳入压力测试中，可以更好的还原或模拟现实情况；对大规模的数据进行分析，可以避免由于变量有限而造成的情况失真。

（2）人工智能。运用人工智能技术，构建“监管沙盒”，在虚拟环境中模拟真实交易场景，进行压力测试时，持续记录金融机构运行数据，评估系统风险防控能力，能更快更及时的发现风险，避免风险积累的现象。

【拓展学习】

**源自英国的“沙盒模式”**

监管沙盒，最早由英国政府于2015年3月提出。按照英国金融行为监管局（FCA）的定义，“监管沙盒”是一个“安全空间”，在这个安全空间内，金融科技企业可以测试其创新的金融产品、服务、商业模式和营销方式，而不用在相关活动碰到问题时立即受到监管规则的约束。再直白一点就是，监管者在保护消费者/投资者权益、严防风险外溢的前提下，通过主动合理地放宽监管规定，减少金融科技创新的规则障碍，鼓励更多的创新方案积极主动地由想法变成现实，在此过程中，能够实现金融科技创新与有效管控风险的双赢局面。

2019年，中国人民银行印发《金融科技（FinTech）发展规划（2019－2021年）》，宣布在北京率先试行金融科技创新监管试点，中国版的金融监管沙盒正式开始。人民银行按照划定刚性底线、设置柔性边界、预留充足发展空间的设计思路，研究设计的刚柔并济、富有弹性的创新试错容错机制。

截至2021年12月27日，全国已有17个地区进行了金融科技“监管沙箱”创新应用公示，涉及项目近120个，不管是试点地区还是项目数量，都较2020年有了较大量级的突破。

具体来看，2020年已有北京、上海、重庆、深圳、河北雄安新区、杭州、苏州、成都、广州9市（区）先后成为试点地区，至2021年，试点地区再次新增山东、湖北、贵州、广西、山西、安徽、河南、甘肃等地，17个地区均已发布金融科技创新监管试点应用名单，近120个惠民利企创新项目。除了已经公示入选应用的地区外，还有大连、新疆以及福建等地也相继启动了金融科技“监管沙箱”创新应用征集工作。此外，在天津发布的金融发展新规划中，也鼓励自贸试验区建立金融科技“监管沙箱”，开发建设金融科技监管系统。

目前，工商银行“基于物联网的物品溯源认证管理与供应链金融”、中国银行“基于区块链的产业金融服务”、中信百信银行“AIBank Inside产品”、百行征信“百行征信信用普惠服务”经全面评估后完成测试，成为中国版金融科技“监管沙盒”的首批“出盒”应用。

## 课程思政

1. 培养协作和创新精神的职业道德

通过让学生组建团队，鼓励他们去一起完成作业，直到他们想要一起认真学习，他们就会在完成作业的过程中各自互补缺失的技能，进而培养学生具有协作和创新精神的职业道德。

2. 树立风险意识

在学习金融科技监管时，会引入大量行业实际数据及典型案例，让学生认识到金融风险，了解金融风险，树立学生的风险意识。

3. 树立法治意识

通过法规解读、案例分析，让学生能够深刻理解金融监管的国家战略、法律法规和相关政策，尤其是铭记监管人员依法办事、严谨无误的工作要求，树立法治意识。

金融科技监管政策文件

## 单元评价

对于每一个单元，结合业务能力和评价指标，根据掌握情况在下表相应的方框中打√，自测结果共分为三类：A 掌握，B 基本掌握，C 未掌握。

单元测评表

| 任务 | 任务布置 | 评价指标 | 自测结果 | 要求 |
| --- | --- | --- | --- | --- |
| 金融科技监管 | 大数据风控应用调查 | 1. 调查材料的详实情况<br>2. 团队合作的具体情况<br>3. 平台介绍 PPT<br>4. 课堂展示表现 | □A　□B　□C | 1. 记录详实<br>2. 条理清晰<br>3. 逻辑在线<br>4. 展示风采 |

## 单元测试题

### 一、单项选择题

1.（　　）是在金融与科技更加紧密结合的背景下，以云计算、人工智能、区块链等新技术为依托，以更高效合规和更有效的监管为价值导向的解决方案。

A. 监管科技　　B. 创新科技
C. 电子金融　　D. 服务金融

2. 监管沙盒模式最早由（　　）开始。

A. 英国　　B. 美国　　C. 法国　　D. 中国

3. 以下不属于银保监会负责监管的金融业态是（　　）。

A. 网络银行　　B. 第三方支付
C. 保险公司　　D. 互联网消费金融

4. 通过（　　），方便金融机构能够对其内部流程、数据编程，形成统一的协议交换数据和生成报告。

A. 大数据　　B. 云计算
C. 应用程序接口　　D. 人工智能与机器学习

5. 关于金融科技风险的特征说法错误的是（　　）。

A. 传播性强　　B. 无法监管
C. 传播速度快　　D. 破坏性大

### 二、多项选择题

1. 金融科技存在的风险问题包括（　　）。

A. 金融科技使金融风险更具隐蔽性、传播速度更快、传播范围更广，增加了金融系统性风险

B. 金融科技使传统金融“脱媒风险”加大

C. 金融科技使技术风险更加突出

D. 数据风险与信息安全风险相互交织

2. 我国金融科技监管的部门包括（　　）。

A. 中国人民银行　　B. 中国银行保险监督管理委员会
C. 中国证券监督管理委员会　　D. 中国银行监督管理委员会

3. 金融监管的主要内容有（　　）。

A. 市场准入监管和资本充足率监管　B. 流动性监管和信贷风险监管

3. 业务范围监管和存款保险制度　D. 经营活动监管和市场退出监管

4. 关于大数据在金融监管中，说法正确的是（　　）。

A. 提高风险识别效率　B. 降低风险发生概率

C. 提升风险监测时效　D. 提高风险预测效率

5. 监管科技的主要技术包括（　　）。

A. API　B. 区块链

C. 大数据与云计算　D. 人工智能

**三、判断题**

1. 金融科技监管只需对金融科技进行监管。（　　）

2. 金融科技监管仅是国家监管部门的责任，与企业无关。（　　）

3. 2008年金融危机之后金融监管逐步宽松，金融机构遵守监管法令的成本也明显降低。（　　）

4. 随着金融交易的更加复杂，人工智能在金融监管中所发挥的作用将越来越大。（　　）

5. API技术的运用使得信息能在金融机构内部、金融机构、客户、监管机构之间更加安全、快速、高效的共享。（　　）

单元 11

# 金融科技服务平台应用案例

——以个人信贷为例

## 知识目标

1. 掌握信贷的流程和注意事项
2. 了解金融科技信贷规则策略和模型
3. 掌握金融科技服务平台的术语和释义
4. 了解金融科技服务平台的建模和分析过程

## 技能目标

1. 能辨析金融科技信贷风控的方法
2. 能说出金融科技信贷规则的策略
3. 能运用实训平台完成模拟风控
4. 能使用实训平台分析信贷客户

## 素质目标

1. 锻炼学生团队沟通能力和经济分析能力
2. 培养学生适应我国金融改革就业岗位的能力

## 思政目标

1. 培养协作的团队合作精神
2. 树立普惠金融理念和全心全意为人民服务的精神

## 情景引入

**金融科技赋能银行业务再下沉，AI信贷审批员来了**

为助力更多小微企业发展，网商银行对外发布“百灵”智能交互式风控系统（下称“百灵系统”），在行业内首次探索人机互动信贷技术，填补市场空白。

通过该系统，小微企业主可将手里的合同、发票、甚至自己的店面、货架等资产拍照上传，系统会尝试识别这些材料，从中分析用户的经营实力，判断一个更为合适的贷款额度。

而在此前，银行信贷投放主要是依据小微企业主的征信、工商、税务、异动支付流水、网络经营行为等数据。“虽然有很多第三方的数据作为参照，但对于小微企业来说，还有很多个性化资产没有被数字化，无法被识别。”网商银行首席风险官孙晓冬告诉第一财经记者。

能正确识别仅仅是第一步，最关键的是还需要理解这些材料背后的含义，具备认知智能。对此，孙晓冬对记者称，该行以图计算技术为基础，构建了目前业内最大规模的动态企业图谱和行业图谱，将行业的经营周期、资产构成、上下游逻辑也都纳入风控评估；同时，还尝试与行业专家合作，将他们对行业的经验和判断转化成可用于风控的知识库。

上述种种措施让系统在信贷审核上更加智能。据介绍，系统推出的提额自证任务可以帮助用户平均提升3万元，甚至还有用户能获得超过10万元的信贷额度提升。试运行半年以来，已有超过200万用户借此提升了信贷额度。这也是网商银行继服务于农村金融的“大山雀系统”、服务于供应链金融的“大雁系统”后，又一次新的技术探索与创新。

（资料来源：https：//baijiahao. baidu. com/s？ id = 17581948&wfr = spider&for = pc。）

## 思考实践

1. 为什么要开发金融科技平台进行信贷审批？
2. 智能信贷审批有哪些优点？

# 11.1　项目背景

某银行于2018年7月推出了一款纯线上个人消费用途信用贷款产品——市民贷，该产品是某银行面向省内有人行征信信息的客户投放的一款信用贷产品，可满足该省区域内客户或家庭对购车、家装、旅游等日常消费需求。

基于对产品的定位，可实现：

➢ 线上申请免担保，手机随借随还，减少了线下操作的复杂性；

➢ 最高额度可达 60 万，支持随时申请授信提额；

➢ 年化利率低至 4.35%（单利），最快当日放款；

➢ 期限最长 36 个月，提前还款免违约金；

➢ 还款方式灵活可选，支持等额本金、等额本息、按月还息一次性付本。

银行对该产品也定义了最低门槛：

➢ 年龄在 22－60 周岁之间；

➢ 生活范围位于该银行所在省范围内；

➢ 有稳定收入来源的个人客户。

### 11.1.1 贷款申请（图 11－1）

（1）客户端申请贷款：客户通过该银行官网、小程序、App 或展业经理提供的二维码即可提起贷款产品申请，填写个人信息（姓名、身份证号、手机号），绑定银行卡账户，点击“提交”即可完成贷款申请。

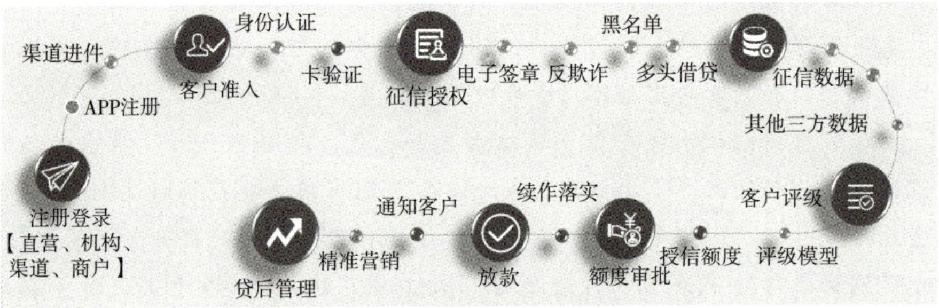


图 11－1 线上信贷申请流程示意图

（2）银行审批：银行后台系统收到客户贷款申请，信息同步流转到云从科技（人工智能厂商）为银行提供的网贷核算系统及决策引擎。

（3）银行－决策引擎系统：决策引擎系统外接三方个人征信数据及行内个人征信数据，且已提前内置了一批风控规则策略及风控模型。决策引擎系统收到贷款请求信息，匹配行内个人征信数据及调用三方个人征信数据。完成数据收集后执行规则策略、模型，根据提前配置的规则策略及模型判断该客户是否为优质贷款客户，并最后判定是否同意该笔贷款审批或决定授信额度。完成判定后系统将结果反馈给客户及网贷核算系统。

（注：现在个人信贷产品常见的有消费贷款及现金贷款。消费贷属于个人消费信用贷款，针对的主要贷款对象是个人消费者，它是针对商品消费者进行的“购物放款”，常见产品：花呗、京东白条等；现金贷就是我们常见的小额贷款，它虽然也用于借贷人的相关消费，但是范围更加广阔，对消费场景的限制更小，用起来灵活度比较大，现金贷一般通过授信额度的方式运营，

客户知晓额度后可自行决定是否支用，常见产品：借呗、微粒贷、京东金条等。二者在贷款用途上有着较大的差异，现金贷的使用途径基本上没有什么限制，灵活度很高，且借贷人能够直接“拥有”这笔贷款金额；与之相对的，消费贷使用的灵活度就要差上很多，大部分只能用于场景消费之中，这笔贷款的直接流向是服务产品或实体商品的销售商。）

（4）网贷核算系统：客户申请贷款的记录会在该系统内记录，同时决策引擎系统完成判定后也会将客户风险评级、判定结果、定额定价等信息反馈到网贷核算系统，便于贷款订单的生成及后续还款、风控、监测、运营的管理。

（5）客户端收到贷款审批结果：客户通过线上申请的渠道知晓贷款审批的结果。若审批拒绝，则本次申请贷款失败；审批通过，若为消费贷，则完成此笔贷款对应的交易，后续按月进行还款即可，若为现金贷，则根据银行给予的额度，可在额度允许的范围内支用现金，每笔支用则为一次贷款子订单。

至此，即可完成一笔贷款申请。

**【训练 11－1】**

请你用思维导图画出个人信贷的过程

## 11.1.2　规则策略 & 模型

在整个信贷业务体系中，从产品设计、营销、贷前风控、贷中风控到贷后风控环节，都离不开规则策略、模型（图 11－2 至图 11－4）。

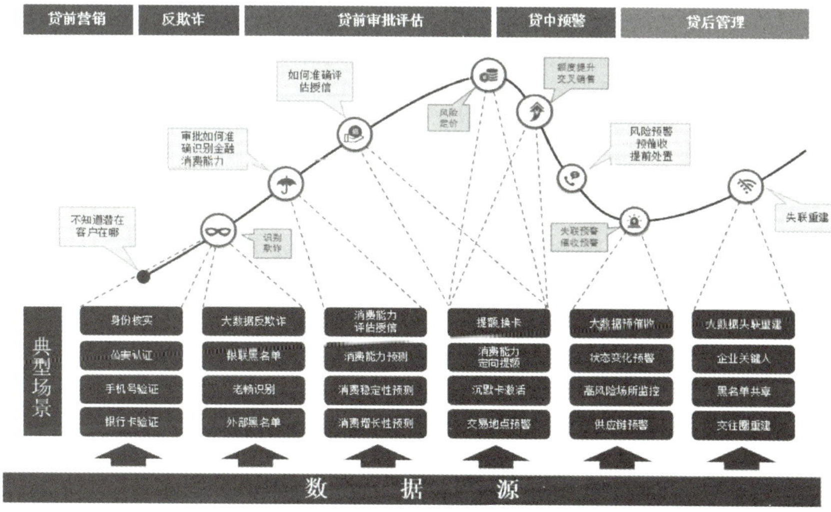


图 11－2　贷款规则策略图

在产品设计的环节，产品经理需要分析客群，可利用机器学习平台——专家建模实验室描绘高纬度、全面的用户画像，基于用户的需求设计出最贴

| 规则对象 | 规则名称 | 规则内容 | 监控频率 | 风险等级 |
|---|---|---|---|---|
| 企业 | 申请人在制裁黑名单中 | 申请人在制裁黑名单中 | 日 | 预警类 |
| 企业 | 申请人对应企业反洗钱等级 | 申请人对应企业反洗钱等级为较高或高 | 日 | 预警类 |
| 个人 | 我行行员 | 申请人为我行行员 | 日 | 预警类 |
| 个人 | 我行行员配偶 | 申请人为我行行员配偶 | 日 | 预警类 |
| 个人 | 我行关系人 | 申请人为我行关系人 | 日 | 预警类 |
| 个人 | 我行关系人近亲属 | 申请人为我行关系人近亲属 | 日 | 预警类 |
| 个人 | 我行关联方 | 申请人为我行关联方 | 日 | 预警类 |
| 个人 | 申请人行内贷款当前逾期 | 申请人在我行有未结清贷款且当前逾期 | 日 | 预警类 |
| 企业 | 申请人对应企业行内贷款当前逾期 | 申请人在我行有未结清贷款且当前逾期 | 日 | 预警类 |
| 个人 | 申请人行内信用卡当前逾期 | 申请人在我行信用卡当前逾期且逾期金额>=500 | 日 | 预警类 |
| 个人 | 申请人行内贷款逾期次数异常 | 近6月申请人在我行贷款30天及以上逾期次数>=1 | 日 | 预警类 |
| 企业 | 申请人对应企业行内贷款逾期次数异常 | 近6月申请人在我行贷款30天及以上逾期次数>=1 | 日 | 预警类 |
| 个人 | 申请人行内信用卡逾期次数异常 | 近6月申请人在我行信用卡30天及以上逾期次数>=1 | 日 | 预警类 |
| 个人 | 申请人行内贷款逾期次数异常 | 近12月申请人在我行贷款60天及以上逾期次数>=1 | 日 | 预警类 |
| 企业 | 申请人对应企业行内贷款逾期次数异常 | 近12月申请人在我行贷款60天及以上逾期次数>=1 | 日 | 预警类 |
| 个人 | 申请人行内信用卡逾期次数异常 | 近12月申请人在我行信用卡60天及以上逾期次数>=1 | 日 | 预警类 |
| 个人 | 申请人行内贷款逾期天数异常 | 申请人在我行贷款有90天及以上逾期 | 日 | 预警类 |
| 企业 | 申请人对应企业行内贷款逾期天数异常 | 申请人对应企业在我行贷款有90天及以上逾期 | 日 | 预警类 |
| 个人 | 申请人行内信用卡逾期天数异常 | 申请人在我行信用卡有90天及以上逾期 | 日 | 预警类 |
| 个人 | 申请人在我行有核销贷款或信用卡 | 申请人在我行有核销贷款或信用卡 | 日 | 预警类 |
| 企业 | 申请人担任法人代表的企业在我行有纯信用的贷款 | 申请人担任法人代表的企业在我行有纯信用的贷款 | 日 | 观测类 |
| 个人 | 重复申请 | 近1个月申请人在我行同类线上信贷产品直销税务贷有过申请记录 | 日 | 观测类 |

**图 11-3 贷款规则策略示例1**

合市场的贷款产品及流程，迎合大众需求，申请操作流程便利，以便于打开市场，提高产品接受度。

基于贷款产品，营销人员需要寻找更优质、更丰富的客流量，基于专家建模实验室，营销人员可建立客户画像，通过客户画像推送符合客户的信贷产品，解决客户选择困难。对于存量客户可以起到激活、促活的效果，对于新增客户可实现优质产品推送，增加成单几率。

而在最核心的风控环节，主要分为贷前、贷中和贷后三个部分。

（1）贷前就是借款人的资质审核，注重审批。贷前调查是信贷业务中风控的第一道防线，也是风控工作中的重中之重。首先，通过前期掌握的贷款申请人/企业相关信息，全面审查承贷主体的合规性、合法性和有效性。其

| 规则名称 | 规则内容 | 监控频率 | 风险等级 |
|---|---|---|---|
| 申请人在高危行为名单中 | 申请人在高危行为名单中 | 月 | 预警类 |
| 申请人银行拒绝或高风险 | 申请人查询银行（含信用卡）拒绝或高风险 | 月 | 观测类 |
| 申请人非银拒绝或高风险 | 申请人查询非银（含全部非银类型）拒绝或高风险 | 月 | 观测类 |
| 申请人电信欠费 | 申请人电信欠费 | 月 | 观测类 |
| 申请人银行资信不佳 | 申请人查询银行（含信用卡）资信不佳 | 月 | 观测类 |
| 申请人非银资信不佳 | 申请人查询非银（含全部非银类型）资信不佳 | 月 | 观测类 |
| 申请人在网贷黑名单中 | 申请人在网贷黑名单中 | 月 | 观测类 |
| 申请人存在吸毒 | 申请人存在吸毒 | 月 | 观测类 |
| 申请人存在涉毒 | 申请人存在涉毒 | 月 | 预警类 |
| 申请人存在违法行为 | 申请人存在违法行为 | 月 | 预警类 |
| 申请人存在在逃 | 申请人存在在逃 | 月 | 预警类 |
| 申请线上小额现金贷的机构数异常 | 近1个月申请线上小额现金贷的机构数>=5 | 月 | 观测类 |
| 申请现金分期次数异常 | 近1个月申请线上现金分期的次数+申请线下现金分期的次数>=3 | 月 | 观测类 |
| 申请消费分期次数异常 | 近1个月申请线上消费分期的次数+申请线下消费分期的次数>=5 | 月 | 观测类 |
| 在非银机构申请机构数异常 | 近1个月在非银机构申请机构数>=7 | 月 | 观测类 |
| 在非银机构申请夜间申请次数异常 | 近1个月在非银机构申请夜间申请次数>=5 | 月 | 观测类 |
| 在非银机构申请机构数异常 | 申请人近12月在非银机构申请机构数合计>=5 | 月 | 观测类 |
| 距最近在非银机构申请的间隔天数异常 | 距最近在非银机构申请的间隔天数<=3 | 月 | 观测类 |
| 最近开始在非银机构连续申请的次数异常 | 最近开始在非银机构连续申请的次数>=5 | 月 | 观测类 |
| 距最近在银行机构申请的间隔天数异常 | 距最近在银行机构申请的间隔天数<=3 | 月 | 观测类 |
| 最近开始在银行机构连续申请的次数异常 | 最近开始在银行机构连续申请的次数>=3 | 月 | 观测类 |

**图11－4 贷款规则策略示例2**

次，基于申贷人/企业的基本材料进行。客户还款能力、还款意愿的审查。归根结底就是两条：让不对称信息最大限度对称、让软信息最大限度真实还原。为了解决这两个问题，金融数智产教服务中心拉通合作企业，基于合作企业提供的三方脱敏合规数据在专家建模实验室进行建模，输出申请评分，例如反欺诈评分、信用评估、额度策略或定制化模型等。

（2）贷中偏向于过程跟踪管理，即贷款过程中的持续监控。申贷人/企业在贷款审批通过后，贷款结清前的这个时间段，金融数智产教服务中心将在合规的基础上定期收集客户在其他平台的贷款情况，是否新增法律纠纷，以及是否有新的诈骗行为等，结合获得的持续性行为数据，在专家建模实验室中结合多维度风险信息及财税信息输出客户的行为评分，阶段性的监测客群质量变化，监测已授信的贷款额度用于合规的场景，以确保资产的优质性及业务的合规性。

（3）贷后主要侧重于风险预警及商机发现。基于贷中的情况，在每次还款周期中提前发现还款能力突降的问题，对于信用资质良好的客户，作为银行如何进行续贷获利就显得格外重要，即保证客群优质的前提下发现新的商机，扩大银行的营业规模，增强银行的创收能力。为实现贷后的预警及二次营销，整合客户在贷款过程中的消费偏好、支用行为、使用频率及其他三方金融数据一并导入专家建模实验室，输出早期预警模型、续贷策略模型及二次营销模型等。

### 11.1.3 不良贷款率提升

由于不良贷款率的提升，银行需要对现有的规则策略及模型进行调优、迭代。

该银行按照运营的监测、合规要求，每月、季、年都会对该贷款产品的不良率进行监测复盘，在2020年新冠疫情爆发后，大量客户的工作受到了疫情的影响，部分客户因失业、无收入等问题不再进行还款，经过一段时间的发酵，于2020年年末，该银行不良贷款率上升到了3.71%，超出了该行不良贷款率的阈值。

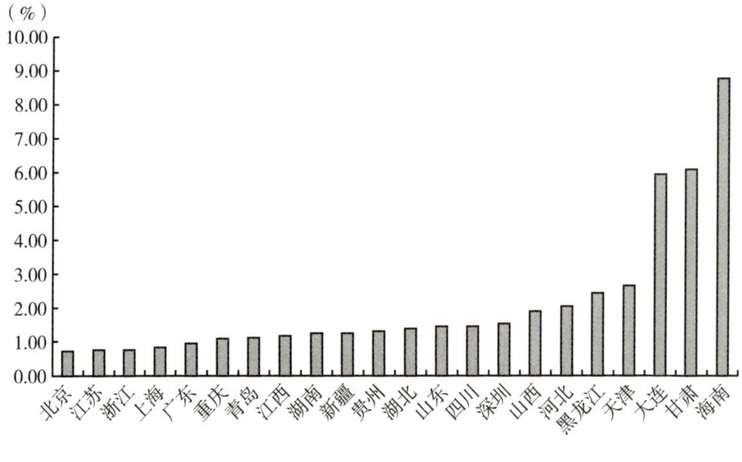


**图 11－5　部分地区银行业不良率**

（注：2021年，商业银行不良贷款余额2.8万亿元，不良贷款率1.73%。需要说明的是，有些银保监局披露的是银行业金融机构贷款不良率，有些则是商业银行贷款不良率，鉴于商业银行资产占比极高，因此口径上的差异不太会影响到基本结论，在此不做区分。）

银行业资产规模最大的五个区域，也正是不良率最低的区域：北京、江苏、浙江、上海、广东（不含深圳）分别为0.67%、0.74%、0.74%、0.81%、0.94%，均在1%以内。

贵州、新疆的银行业不良率很低，分别为1.23%、1.29%，显著低于行业平均水平；深圳银行业不良率达到1.52%，显著高于北京、上海。

在披露了不良率数据的区域里，不良率最高的是海南，高达 8.75%；其次是甘肃、大连，分别为 6.06%、5.95%。它们也是仅有的不良率超过 3% 的区域。

具体到海南，2020 年末，海南商业银行不良贷款余额 140.84 亿元，不良率 2.11%，拨备覆盖率 440.71%，整体情况不算差，尤其拨备覆盖率远好于行业平均。但到了 2021 年末，海南商业银行不良贷款余额暴增到 636.89 亿元，不良率飙升至 8.75%，拨备率掉到了 96.96%。

## 11.2　建模分析过程

因与合作客户有签署保密协议，具有保密义务，以及建模过程所有的过程文档都在客户方的环境中交付，故下面的专家实验室模型建设过程以编撰的数据进行试验。

### 11.2.1　术语和释义

（1）AUC：AUC（Area under the Curve）被定义为 ROC 曲线下与坐标轴围成的面积，简单来说：AUC 值越大的分类器，正确率越高。

从 AUC 判断分类器（预测模型）优劣的标准：

- AUC = 1，是完美分类器。
- AUC = [0.85，0.95]，效果很好。
- AUC = [0.7，0.85]，效果一般。
- AUC = [0.5，0.7]，效果较低，但用于预测股票已经很不错了。
- AUC = 0.5，跟随机猜测一样（例：丢铜板），模型没有预测价值。
- AUC < 0.5，比随机猜测还差；但只要总是反预测而行，就优于随机猜测。

（2）KS：KS（Kolmogorov - Smirnov）值衡量的是好坏样本累计分部之间的差值。好坏样本累计差异越大，KS 指标越大，那么模型的风险区分能力越强（表 11 - 1）。

**表 11 - 1　　KS 值的区别能力**

| KS 值 | 区别能力 |
|---|---|
| <0.20 | 几乎无区别能力 |
| 0.2 ~ 0.4 | 较好的区别能力 |
| 0.41 ~ 0.5 | 良好的区别能力 |
| 0.51 ~ 0.60 | 很强的区别能力 |
| 0.61 ~ 0.75 | 非常强的区别能力 |
| >0.75 | 模型异常，很可能有问题 |

（3）IV：IV 值（Information Value）主要用来输入变量进行编码和预测能力评估。特征变量 IV 值的大小即表示该变量预测能力的强弱（表 11－2）。

**表 11－2　　IV 值的区别能力**

| IV 值 | 预测能力 |
|---|---|
| <0.02 | 无预测能力 |
| 0.02～0.09 | 有一定预测能力 |
| 0.1～0.29 | 中等预测能力 |
| 0.3～0.49 | 较高预测能力 |
| >=0.5 | 极高预测能力 |

（4）相关性：相关性，是指两个变量的关联程度。一般地，从散点图上可以观察到两个变量有以下三种关系之一：两变量正相关、负相关、不相关。在模型建设中，一般认为相关性系数超过 0.7 认为变量之间的相关性过高，会进行变量剔除。

（5）VIF：（Variance Inflation Factor，VIF）方差膨胀系数，多重共线性 VIF 是指变量之间存在线性相关关系，即一个自变量可以是其他一个或几个自变量的线性组合。VIF 的取值大于 1，VIF 越接近 1，多重共线性越轻，反之越重。在模型建设中，一般认为 VIF 大于 10 则存在严重多重共线性。

（6）PSI：稳定度指标 PSI（population stability index），PSI 指标常用于量化评估观测样本与开发样本的分布差异，需要将模型分数划分为 10 个档位，统计各档位跨时间窗口分布的变化程度（表 11－3）。

**表 11－3　　PSI 值的区别能力**

| PSI 范围 | 稳定性 |
|---|---|
| 0－0.1 | 稳定性高 |
| 0.1－0.25 | 稳定性中等 |
| 大于 0.25 | 稳定性差 |

（7）Accuracy：（Accuracy）准确率，代表的是预测正确的样本占全部样本的比例。

（8）Precision：（Precision）精确率，也叫查准率，是 True Positive 占预测为正例的比例，即预测为正的样本中，有多少是真正的正样本。

（9）Recall：（Recall）召回率，也叫查全率，是 True Positive 占样本中所有正例的比例，即正样本中，有多少被预测到了。

（10）F1－Score：F1 分数，是统计学中用来衡量二分类模型精确度的一种指标。它同时兼顾了分类模型的精确率和召回率。F1 分数可以看作是模型精确率和召回率的一种调和平均，它的最大值是 1，最小值是 0。

## 11.2.2　专家实验室建模过程

（1）数据源加载。

①进入到专家实验室的“数据源管理”页面（图 11－6）

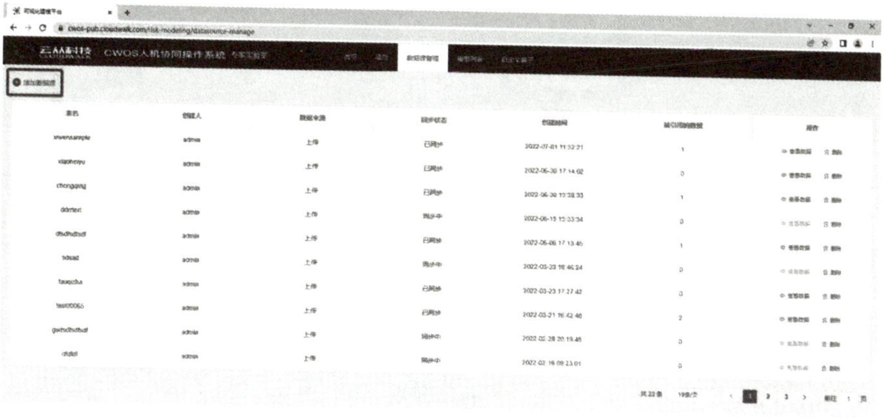

图 11－6　“数据源管理”页面

②点击“添加数据源”（图 11－7）

图 11－7　“添加数据源”页面

③上传测试数据（图 11－8，测试数据仅支持 256M 以内的 UTF－8 编码的 CSV 文件。内容要求：无空行、无空列 、无重复表头、无重复内容 ）

本次测试数据有 57402 条客户数据和 36 个特征变量（其中有 1 个是标签，也就是 bad，代表的是坏客户）特征列表如表 1－4 所示：

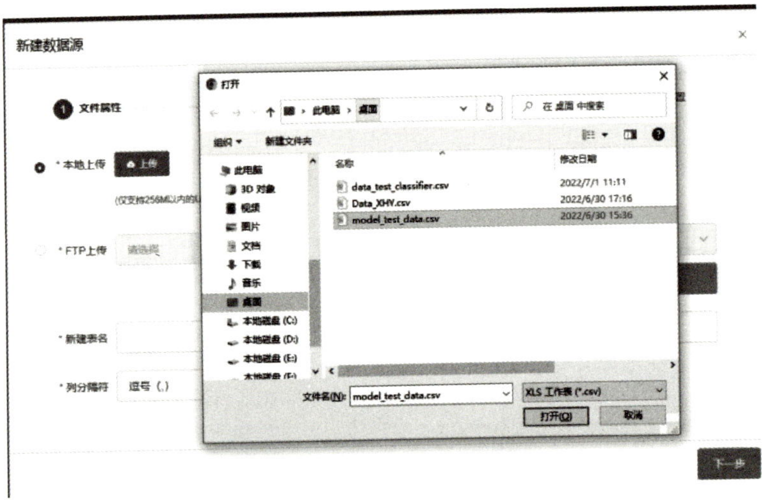


**图 11－8　上传测试数据页面**

**表 11－4　特征列表**

| 特征 | 特征类型 |
|---|---|
| BH_ABAR180D | X |
| BH_ABAR7D | X |
| BH_AFRR180D | X |
| BH_AFRR7D | X |
| BH_AGAA180D | X |
| BH_AGAA7D | X |
| BH_AMAA90D | X |
| BH_ASRR180D | X |
| BH_ASRR7D | X |
| bad | Y |
| 小众 App 活跃度（180 天） | X |
| 小众 App 活跃度（7 天） | X |
| 大众 App 活跃度（90 天） | X |
| 设备品牌 | X |
| 设备欺诈风险等级（7 天） | X |
| 设备欺诈风险等级（90 天） | X |
| 设备质量等级 | X |
| 设备操作系统 | X |
| 设备启用时间 | X |
| 设备欺诈风险等级（180 天） | X |
| 设备价格 | X |
| 大众 App 活跃度（7 天） | X |
| 大众 App 活跃度（180 天） | X |

续表

| 特征 | 特征类型 |
| --- | --- |
| 小众 App 活跃度（90 天） | X |
| 多头借贷等级（90 天） | X |
| 购买力等级（180 天） | X |
| 社交风险等级（7 天） | X |
| 多头借贷等级（180 天） | X |
| 社交风险等级（180 天） | X |
| 金融风险等级（7 天） | X |
| 金融风险等级（180 天） | X |
| 社交风险等级（90 天） | X |
| 金融风险等级（90 天） | X |
| 购买力等级（90 天） | X |
| 购买力等级（7 天） | X |
| 多头借贷等级（7 天） | X |

④填写表名（例；test_data），并点击下一步。预览数据点击下一步，字段设置点击完成（图 11－9 至图 11－11）。

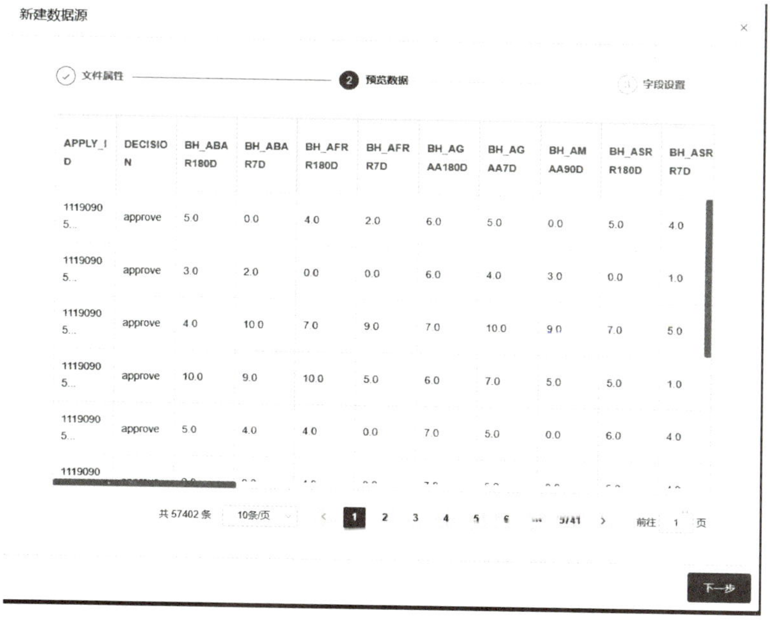


图 11－9　填写表名第一步

⑤数据添加成功（图 11－12）。

（2）进入“首页”，点击准入评分卡（从模板中创建）。

①创建准入评分卡，输入项目名称（例：评分卡模型开发），并点击确定（图 11－13、图 11－14）

图 11-10　填写表名第二步

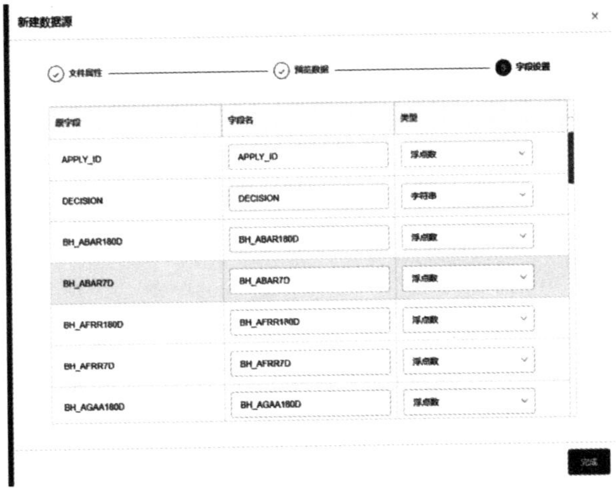


图 11-11　填写表名第三步

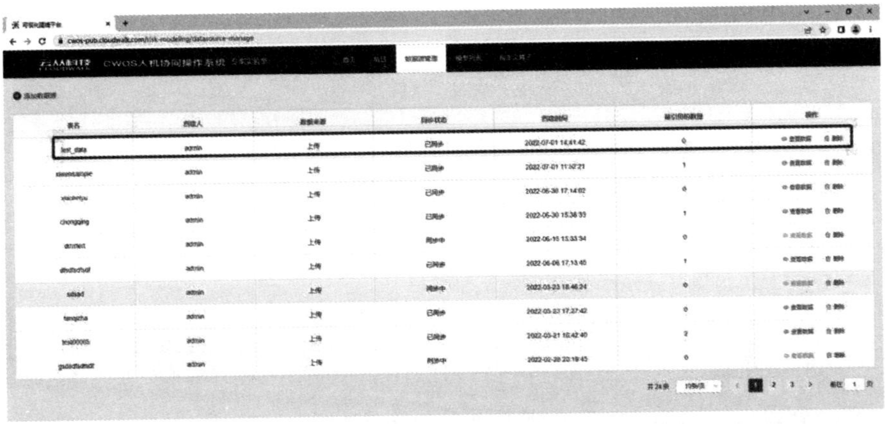


图 11-12　数据添加成功页面

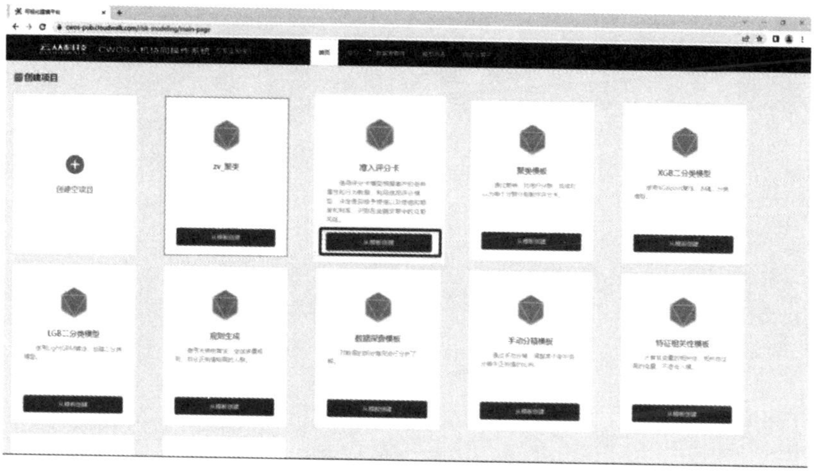


**图 11－13　创建准入评分卡页面 1**

**图 11－14　创建准入评分卡 2**

②进入画布（图 11－15，评分卡模型开发步骤的各算子已经由模板直接生成，可以直接使用进入模型建设环节）

③数据表读取（图 11－16，鼠标左键点击“读数据表”，然后在右边的参数设置板块点击“请选择表”，选择第 1 步上传的数据表名“tcst_data”（文件源名：“model_test_data. csv”）），并将所有字段全选，切记要点击保存。

④点击“执行”按钮，进行算子执行操作（图 11－17）。

⑤概率密度设置。点击“概率密度”，在参数设置板块中进行标签字段选择，选择到“bad”字段，进行保存后继续点击“执行”按钮，进行算子执行操作（图 11－18、图 11－19）。

⑥卡方分箱设置。点击“卡方分箱”算子，在参数设置板块中进行字段设置。先勾选所有特征字段，再剔除“APPLE_ID”和“DECISION”两个字段，然后找到“bad”字段，将特征字段的“bad”去除勾选，并将标签字段的

图 11－15　评分卡画布 1

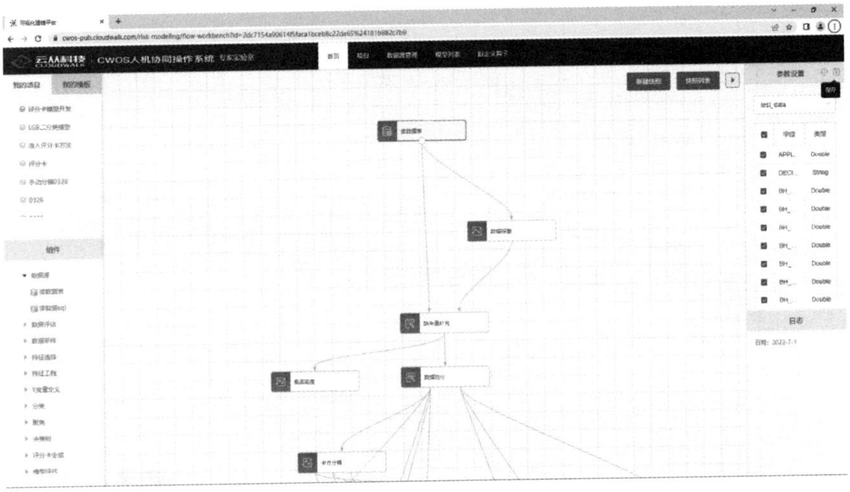

图 11－16　评分卡画布 2

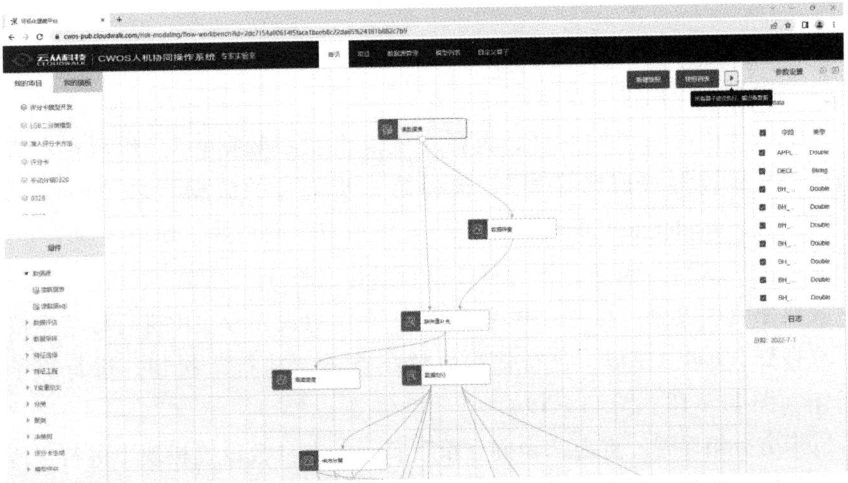

图 11－17　评分卡画布 3

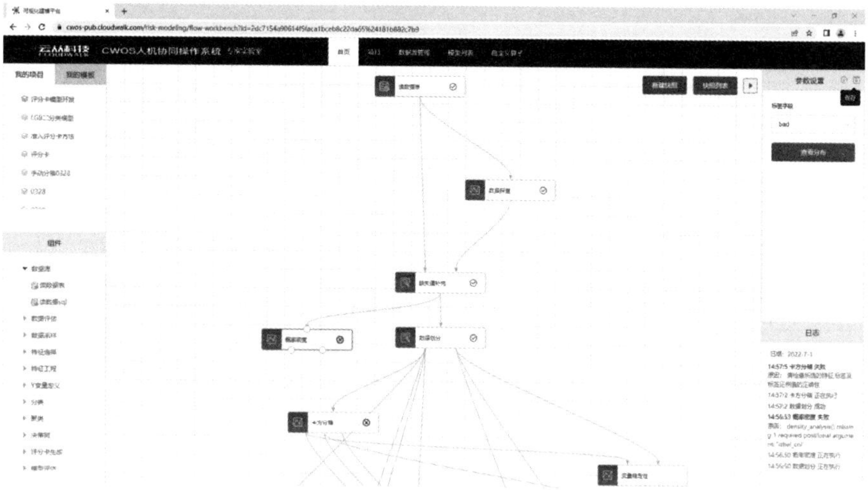

图 11－18　评分卡画布 4

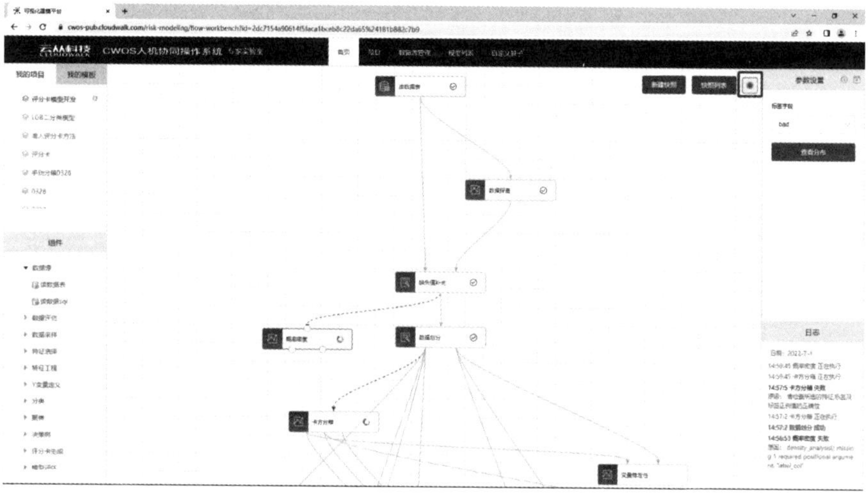

图 11－19　评分卡画布 5

“bad”进行勾选。关闭弹窗页面后，对参数设置进行保存（已选择 36 个字段）。然后继续点击“执行”按钮，进行算子执行操作（图 11－20 至图 11－22）

图 11－20　卡方分箱页面 1

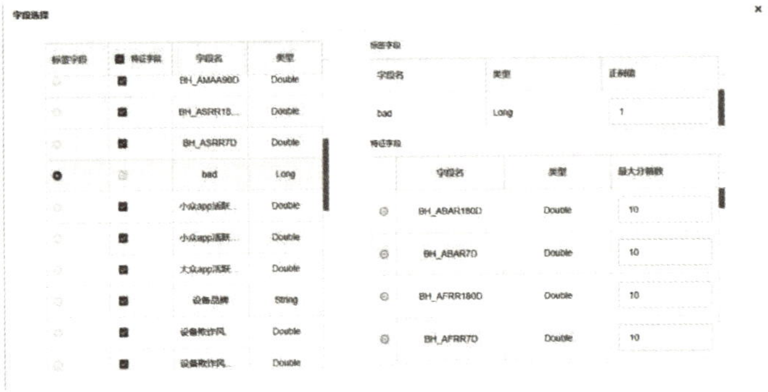

**图 11－21 卡方分箱页面 2**

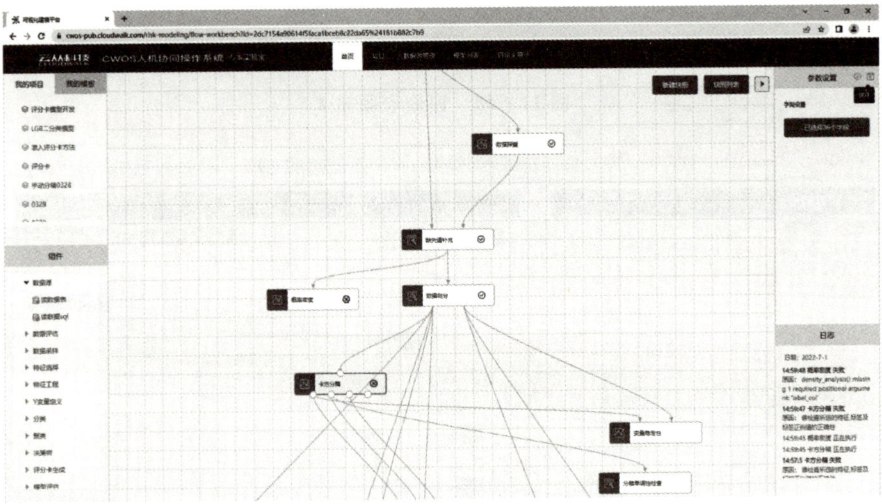

**图 11－22 卡方分箱页面 3**

⑦点击“特征选择”算子，在参数设置板块中进行特征选择规则。

➢ IV 区间设置（IV 区间设置在 0.02－1）。

➢ VIF 设置（VIF 最小值设为 10）。

➢ 相关性设置（相关性最大值设为 0.7）。

设置完之后点击弹窗页面的保存后，记得在参数设置板块中再次点击保存按钮。然后继续点击“执行”按钮，进行算子执行操作（图 11－23）。

⑧点击“二分类评估”算子，将正例值设置为 1 后进行保存，然后继续点击“执行”按钮，进行算子执行操作（图 11－24）

⑨模型训练完成，查看二分类评估、模型分数分布、评分卡、评分稳定性结果。

二分类评估：右键点击“二分类评估”算子，查看数据（图 11－25）。模型的 AUC 指标为 0.6436，KS 指标为 0.2670。

### 11.2.3 模型分数分布：

训练集模型分数分布、测试集分数分布【流程中默认测试集和训练集的

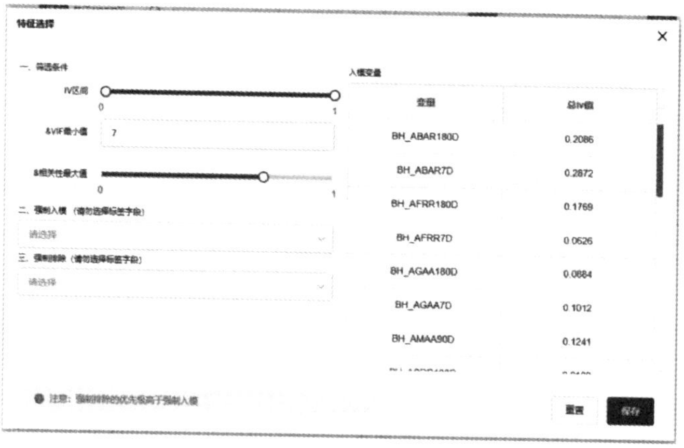


图 11-23　“特征选择”算子页面

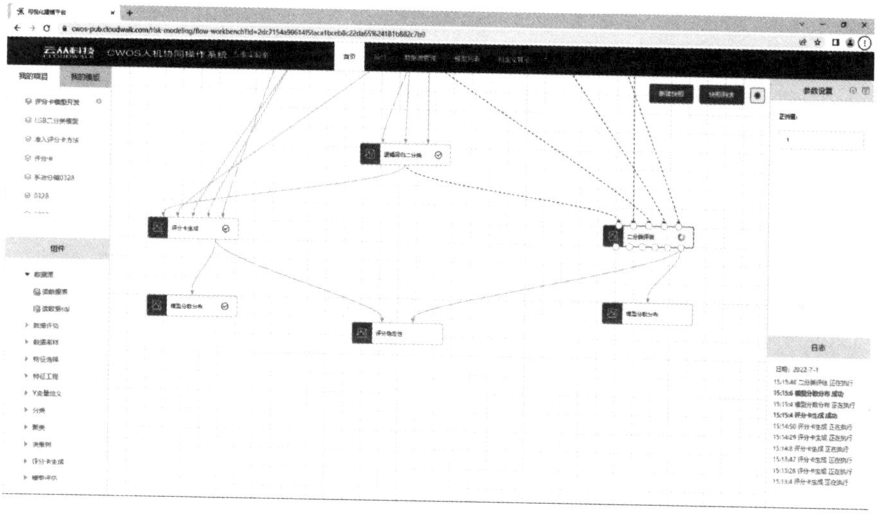


图 11-24　“二分类评估”算子页面

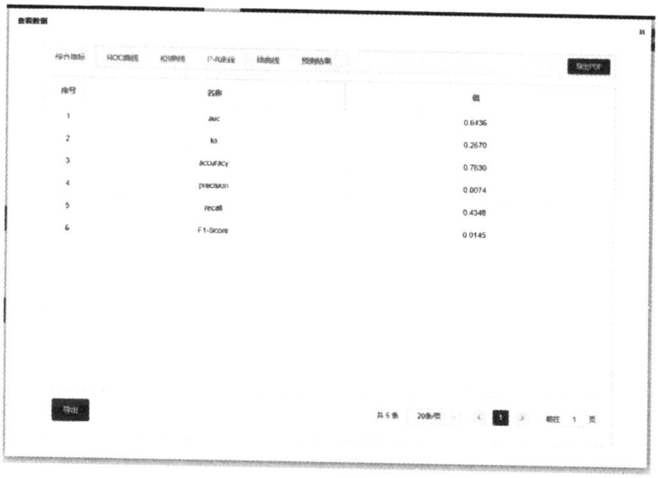


图 11-25　“二分类评估”算子页面

比例为70%和30%】，左边是训练集模型分数分布，右边是测试集模型分数分布（图11－26）。

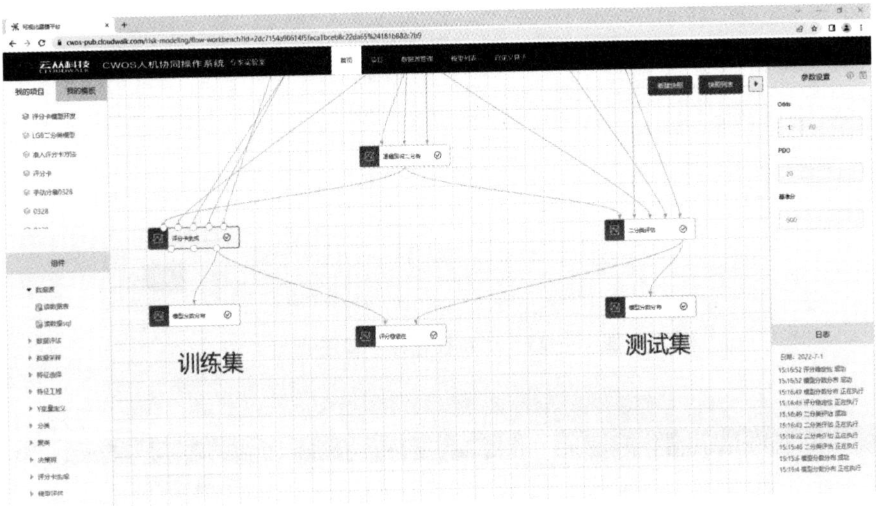


**图11－26　模型分数分布页面**

右键点击训练集“模型分数分布”，点击查看数据。可以看到红色的柱子代表的是客户量，折线代表的是坏率，整体呈现的分数越高，逾期率越低。训练集的客户分布整体偏正态分布，符合实际业务情况（图11－27）。

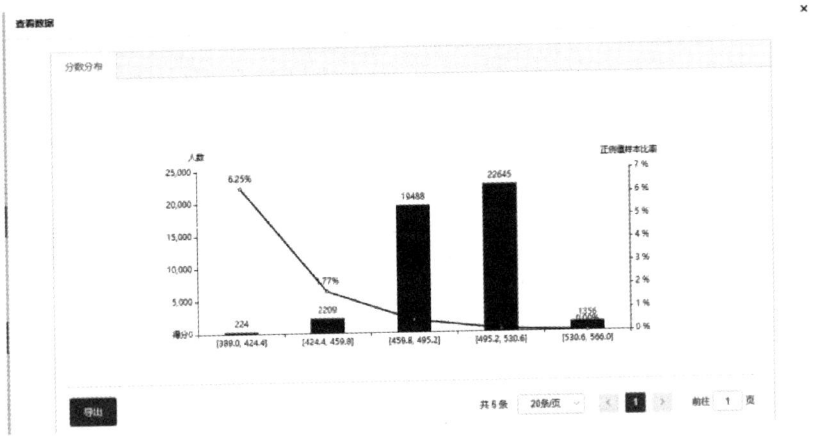


**图11－27　训练集“模型分数分布”页面**

右键点击测试集“模型分数分布”，点击查看数据。可以看到红色的柱子代表的是客户量，折线代表的是坏率，整体呈现的分数越高，逾期率越低。测试集客户分布整体偏正态分布，符合实际业务情况（图11－28）。

评分卡结果：右键点击“评分卡生成”算子，点击查看数据。可以看到评分卡中的变量、各变量的分箱及对应分数。（评分卡结果可以进行导出，图11－29）

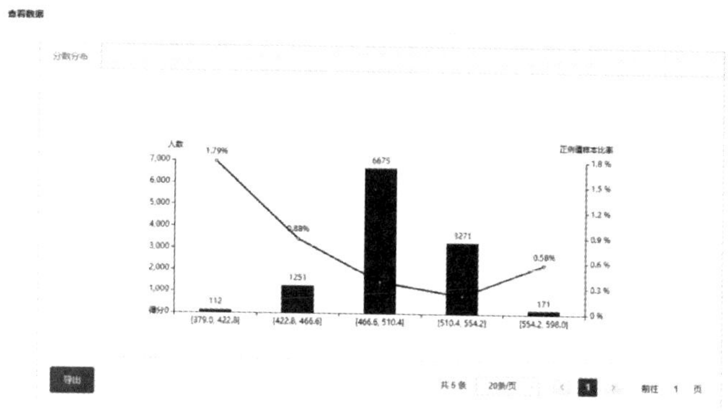


图 11－28　训练集“模型分数分布”页面

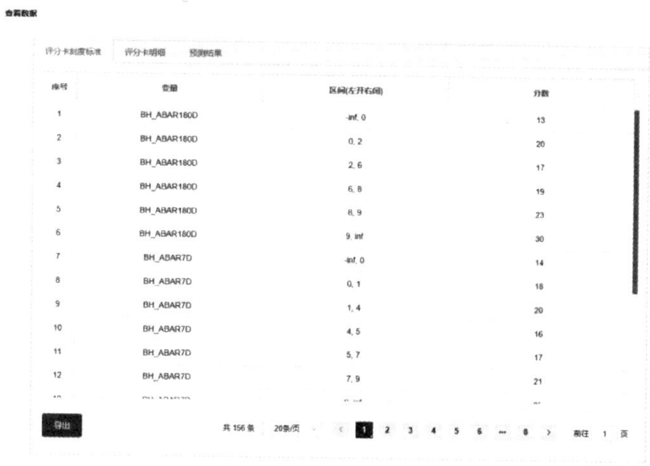
查看数据

评分卡刻度标准　评分卡明细　预测结果

| 序号 | 变量 | 区间(左开右闭) | 分数 |
|---|---|---|---|
| 1 | BH_ABAR180D | -inf, 0 | 13 |
| 2 | BH_ABAR180D | 0, 2 | 20 |
| 3 | BH_ABAR180D | 2, 6 | 17 |
| 4 | BH_ABAR180D | 6, 8 | 19 |
| 5 | BH_ABAR180D | 8, 9 | 23 |
| 6 | BH_ABAR180D | 9, inf | 30 |
| 7 | BH_ABAR7D | -inf, 0 | 14 |
| 8 | BH_ABAR7D | 0, 1 | 18 |
| 9 | BH_ABAR7D | 1, 4 | 20 |
| 10 | BH_ABAR7D | 4, 5 | 16 |
| 11 | BH_ABAR7D | 5, 7 | 17 |
| 12 | BH_ABAR7D | 7, 9 | 21 |

导出　共 156 条　20条/页　1 2 3 4 5 6 … 8　前往 1 页

图 11－29　评分卡结果页面

评分卡稳定性：右键点击“评分卡稳定性”算子，点击查看数据。PSI_summary 为 0.0499，指标低于 0.25 比较稳定（图 11－30）。

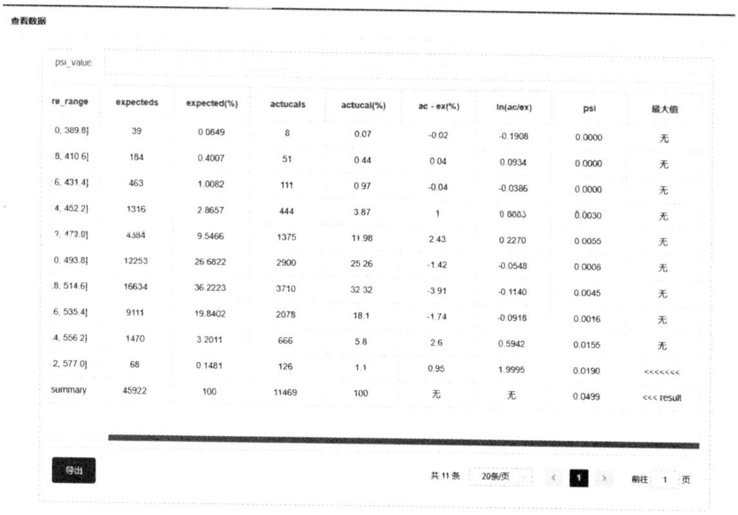
查看数据

psi_value

| re_range | expecteds | expected(%) | actucals | actucal(%) | ac - ex(%) | ln(ac/ex) | psi | 最大值 |
|---|---|---|---|---|---|---|---|---|
| 0, 389.8] | 39 | 0.0849 | 8 | 0.07 | -0.02 | -0.1908 | 0.0000 | 无 |
| 8, 410.6] | 184 | 0.4007 | 51 | 0.44 | 0.04 | 0.0934 | 0.0000 | 无 |
| 6, 431.4] | 463 | 1.0082 | 111 | 0.97 | -0.04 | -0.0386 | 0.0000 | 无 |
| 4, 452.2] | 1316 | 2.8657 | 444 | 3.87 | 1 | 0.0083 | 0.0030 | 无 |
| 2, 473.0] | 4384 | 9.5466 | 1375 | 11.98 | 2.43 | 0.2270 | 0.0055 | 无 |
| 0, 493.8] | 12253 | 26.6822 | 2900 | 25.26 | -1.42 | -0.0548 | 0.0008 | 无 |
| 8, 514.6] | 16634 | 36.2223 | 3710 | 32.32 | -3.91 | -0.1140 | 0.0045 | 无 |
| 6, 535.4] | 9111 | 19.8402 | 2078 | 18.1 | -1.74 | -0.0918 | 0.0016 | 无 |
| 4, 556.2] | 1470 | 3.2011 | 666 | 5.8 | 2.6 | 0.5942 | 0.0155 | 无 |
| 2, 577.0] | 68 | 0.1481 | 126 | 1.1 | 0.95 | 1.9995 | 0.0190 | <<<<<<< |
| summary | 45922 | 100 | 11469 | 100 | 无 | 无 | 0.0499 | <<< result |

导出　共 11 条　20条/页　1　前往 1 页

图 11－30　评分卡稳定性页面

**【训练 11 -2】**

请你运用金融科技服务平台完成信贷客户评分项目。

### 11.2.4 模型上线观测情况

模型上线后需要进行持续性监测。主要是监测评分卡模型的稳定性。

评分卡得分分布，简称 PSI（Population Stability Index），是评分卡所有涉及变量的 PSI。此指标监测模型打分结果的分布是否有变化，主要将评分卡上线后的样本 RealData 与建模时的样本 Train_Data 比较。使用的统计指标为 PSI (Population Stability Index)。使用的指标是 PSI。

PSI 计算步骤：假设我们要比较样本 A 与样本 B 中某一变量 Y 的分布，首先按照同一标准将 Y 分为几个区间（通常分为 10 段），计算样本 A 和样本 B 中每个区间的占比。在每个区间段上，将两个样本的各自占比相除再取对数，然后乘以各自占比之差，最后将各个区间段的计算值相加，得到最终 PSI（图 11 -31）。

| | 样本A | 样本B | ln ( A% / B% ) | ( A%–B% ) *ln $\left(\frac{A\%}{B\%}\right)$ |
|---|---|---|---|---|
| 分段1 | 0.05 | 0.08 | –0.47 | 0.01 |
| 分段2 | 0.06 | 0.09 | –0.41 | 0.01 |
| 分段3 | 0.06 | 0.1 | –0.51 | 0.02 |
| 分段4 | 0.08 | 0.13 | –0.49 | 0.02 |
| 分段5 | 0.12 | 0.12 | – | – |
| 分段6 | 0.12 | 0.11 | 0.09 | 0.00 |
| 分段7 | 0.14 | 0.1 | 0.34 | 0.01 |
| 分段8 | 0.14 | 0.09 | 0.44 | 0.02 |
| 分段9 | 0.13 | 0.09 | 0.37 | 0.01 |
| 分段10 | 0.1 | 0.09 | 0.11 | 0.00 |
| PSI | | | | 0.02 |

**图 11 -31 评分卡得分情况页面**

PSI 监测报表：（正常 PSI 监测按月进行统计分析，超过 0. 25 就需要进行模型迭代，表 11 -5）

**表 11 -5 PSI 监测报表**

| 申请评分 | 评分分数 PSI | | | | | | |
|---|---|---|---|---|---|---|---|
| | 基准 | | 观测月 | | 变化情况 | | |
| | 数量 | 比例 | 数量 | 比例 | 差异 [C - E] | 信息比重 [LN (C/E)] | 贡献指数 |
| 73 - 100 | | | | | | | |
| 66 - 72 | | | | | | | |
| 60 - 65 | | | | | | | |

续表

| 申请评分 | 评分分数 PSI | | | | | | |
|---|---|---|---|---|---|---|---|
| | 基准 | | 观测月 | | 变化情况 | | |
| | 数量 | 比例 | 数量 | 比例 | 差异 [C－E] | 信息比重 [LN（C/E）] | 贡献指数 |
| 56－59 | | | | | | | |
| 53－55 | | | | | | | |
| 50－52 | | | | | | | |
| 47－49 | | | | | | | |
| 44－46 | | | | | | | |
| 41－43 | | | | | | | |
| 36－40 | | | | | | | |
| 25－35 | | | | | | | |
| 0－24 | | | | | | | |
| 总计 | | | | | PSI：＿＿＿＿ | | |

# 11.3　模型升级后效果反馈

在经过两周的数据清洗、分析、建模及不断调试后，该银行在云从科技（人工智能厂商）的帮助下，成功完成了模型的升级并部署在决策引擎系统上，正式投入使用。

银行设定 3 个月为一个周期，进行客户数据复盘，经过一年的反复修正、调整、优化，该银行的市民贷产品不良贷款率成功降到了 2.14%，控制到了银行业普遍接受的水平。在未来，银行也许持续对信贷数据进行不间断的监测复盘，掌握客户群体的变化趋势，以便应对突如其来的信用风险、欺诈风险及市场风险。

## 课程思政

1. 培养协作的团队合作精神

通过团队完成实训平台作业，鼓励他们去一起完成作业，直到他们想要一起认真学习，他们就会在完成作业的过程中各自互补缺失的技能，培养协作的团队合作精神。

2. 树立普惠金融理念和全心全意为人民服务的精神

通过讲述中小微企业对我国经济社会的重要性，政府为解决中小微企业做出的努力，金融科技企业赋能中小微贷款的创业故事，让学生树立普惠金融的理念，培养学生全心全意为人民服务的精神。

## 项目评价

对于每一个项目，结合业务能力和评价指标，根据掌握情况在下表相应的方框中打√，自测结果共分为三类：A 掌握，B 基本掌握，C 未掌握。

**项目测评表**

| 任务 | 任务布置 | 评价指标 | 自测结果 | 要求 |
| --- | --- | --- | --- | --- |
| 金融科技服务平台应用案例 | 画出个人信贷的流程图 | 1. 掌握个人信贷的流程<br>2. 流程图的全面性和正确度 | □A □B □C | 1. 记录详实<br>2. 条理清晰 |
| | 运用实训平台完成一次平台建模 | 1. 实训平台的操作数据<br>2. 智能风控结果 | □A □B □C | 1. 记录详实<br>2. 条理清晰 |
| | 运用实训平台完成一次信贷客户分析 | 1. 实训平台的操作数据<br>2. 智能风控结果 | □A □B □C | 1. 记录详实<br>2. 条理清晰 |

## 项目测试题

### 一、论述题

1. 个人信贷最核心的是风控环节，主要包括哪些内容，请详细论述。

2. 请在银保监会官网查询各大银行不良贷款率，请进行分析，并写成分析报告。

3. 请论述金融科技服务评分卡对可助力银行完成哪些业务？如何建模？如何分析？

### 二、综合案例

**乘金融科技之风银行探索小微企业融资破局之道**

无科技，不金融，这已渐渐成为各界人士共识。近年来，金融科技作为技术驱动的金融创新，是深化金融供给侧结构性改革、增强金融服务实体经济能力的重要引擎。

一位股份制商业银行的金融科技业务人员对记者表示，金融科技可为中小微企业发展注入持续动能。“从小微企业自身来看，其抗风险能力比较弱，财务不透明，抵质押品很少，很难满足贷款门槛。从银行角度来看，小微企业与银行之间存在信息不对称难题，操作成本高，银行风控的评估难度打。此外，国内担保体系相对还比较滞后，虽然现在社会信用体系还在逐渐完善过程当中，但这方面客观加剧了整个小微企业融资的困境。”而金融科技的发展为整个小微企业创业带来了新契机，可显著降低小微金融服务成本。同时，大数据的应用有助于多维度评估企业，更好识别风险。

提问：金融科技的发展为整个小微企业创业带动了新契机自动完成审批和风控，运用了哪些技术？如何建模？如何完成评分？请你查找资料，理清解决方案和思路。

完成步骤：

1. 开展网络搜索，查找一家为个人信贷赋能的金融科技平台；
2. 结合金融科技服务平台，理清个人信贷风控的解决流程；
3. 制作 PPT，并上台展示。